謹以此書　獻給我在天上的父親　景明遠

母親　陳秀玲

與結縭二十年的牽手　台南市議員　王家貞

以及我生命的延續　景　崴

景　緻

景　昊

戎 序

　　過去我國的飛安紀錄一直都不是很好，經常是國際航空界及我國人民所詬病的對象。民國83年及87年的兩次重大空難，似乎喚起了政府及民航業界的覺醒，行政院飛航安全委員會也因應而生，彌補了飛安領域中獨立，公正，專業事故調查的一環。這幾年來，不論是政府（民航局），業者（航空公司），及學界，對飛航安全做了不少的努力，而導致飛安環境及紀錄上很顯著的改變。自從2002年底迄今，尚未發生一件有人員傷亡的空難。我認為其重要的因素之一，應該是學界的直接參與，及民航局及業者對學者採取了比較開放的態度，景鴻鑫教授在這一領域上所做的貢獻，更在飛安改善的領域佔有極重要的地位！

　　景教授以「龍的傳人」的中華文化，來探討民航駕駛員，在操作西方文化下產物的航空器時，所面對的環境（歷史文化的背景及包袱，單線式思維方式設計的航空器及操作程序），及以不同的價值觀所產生的文物，有其非常獨到的見解及分析。景教授在書中以深入淺出的文字，解釋我圖像式思維方式的龍的傳人，操作西方文物所面對的困難，及如何去克服，更是一個大膽的嘗試，是值得我們深思的。很不幸的是，我們這一堆「龍的傳人」，必須要面對這個不同的環境、價值、及文物，卻也是不容置疑的事實。希望讀者及景老師的學生，在讀完這本書，或上完景老師的課後，能夠把我們所習慣的圖像式思維方式，應用到單線式思維方式的文物上，並更加以改進，以期我國在飛安工作上能做得更好！

　　古人說過一句話：「成事存乎一心」，又記得一個很知名的美國NTSB（National Transportation Safety Board）的資深事故調

查員說過一句話：The most important aspect of safety is "attitude"。Attitude 這個字，在太空領域把它翻譯成「姿態」，我覺得在這裡應該是「心態」比較恰當，這就是古人所謂的「心」吧！有些學者認為文化可劃分為「國家民族文化」、「公司企業文化」及「職業文化」，為什麼在同樣或類似的民族及職業文化下，有的航空公司的飛安工作可以做得比較好？景教授在書中也指出「韓航」成功的例子，我認為主要是在乎領導者的「存乎一心」吧！如果政府有心，業者的領導者有心的話，不是只看利益，而對飛安虛應故事的話，雖然我們的思維方式不同，在景教授這本書提供給我們「知己知彼」的深奧知識（Profound knowledge）下，必定能把我國的飛安做得更好！這也是我看完景教授這本書後，希望和讀者及所有的安全工作者所共勉的！

前行政院飛航安全委員會主委兼執行長

自　序

　　民國 83 年 4 月，名古屋空難發生，舉國譁然。身為航空界的一份子，很好奇的開始思考此一攸關大眾生命財產的重大課題－飛航安全，卻很快地發現學術界好像沒有人在關心。當然這是有原因的，長期以來，台灣的航空學術界，已經將幾乎所有教學與研究的資源，全部都投注在「飛具設計與製造」上。雖然大家也都知道，台灣要自己設計製造飛機、火箭或人造衛星，可能性幾乎可以說是零。換句話說，我們把寶貴的資源投注在一個不可能達到的目標上；卻對一個我們社會裡活生生、血淋淋的大問題——飛航安全視而不見。

　　這樣一個讓人難以理解的現象，卻並沒有引起我多大的驚訝，因為另一個更不可思議的現象，已經讓我困惑了好幾年。身為教授的我們，每天汲汲營營的讓自己跟得上潮流，因為我們自許在研究的是尖端的科技。可是，所謂的潮流、尖端，卻是美國人在定義的。於是，不論美國人做什麼，我們都毫不猶豫的緊緊追隨在後，以免落伍，並以此為榮。造成了台灣的學術界，爭先恐後地在為美國人解決問題。問題解決之後，再爭先恐後地將研究成果寄去美國發表，把自己的心血結晶，拱手奉獻給美國人。在這樣的情況下，誰會去關心台灣自己的問題呢？可是，什麼樣的社會，會對於一個如此不合理的現象安之若素？還引以為榮呢？

　　一個如此不合理的現象被視為天經地義，背後不可能沒有原因。在遍尋不著答案、又非常渴望有一個合理解釋的情形下，只好把自己的科技研究放在一邊，一頭栽進文化領域裡去尋找答案。經過將近十年的深入思考，不敢說有一愚之得，只能說是以

一個野人獻曝的心情，把自己所找到的角度，看問題的角度，講出來給有心人聽，也算是身為中華民族的一份子，對中華文化所能盡的一點微薄心力。

從航空事故開始，本書是關於中華文化在面臨西方文明大軍壓境後的演化與適應，所產生的種種現象，而提出的一種看法。將近兩百年來，中華文明從船堅炮利開始，大量引進西方的文物典章。在數不勝數的眾多西方思想買辦的推波助瀾之下，我們幾乎連靈魂都已經西化了。然而一百多年來不斷出現的挫敗，卻讓人不得不懷疑，我們是否已經陷入輪迴而無法自拔？讓人更感到不安的，是大家似乎早已習以為常，渾然不覺得這樣子輪迴有什麼不對。本書的出現，代表著一個迷途小書童的深刻反省，與反省之後所得到的不成熟謬見。本書不打算提出答案，但確實希望引發大家對答案的追尋，故而不知天高地厚地提出了一個近似解，以期拋磚引玉。

本書共分九章。第一章先從空難說起，從台灣航空史上，具有深刻意義的名古屋空難、大園空難、以及桃園龜山空難開始，點出其中特別值得我們深入思考的地方。第二章則說明隱藏在航空事故背後的真相，並具體解釋東西方的空難其本質並不相同。西方的航空事故大多起因於「探索未知」，而我國的航空事故則多是來自「適應不良」。第三章針對航空事故真相的看法與解釋，提出了進一步的說明，說明西方人是從什麼角度來看航空事故的，以及他們為什麼會採取那樣的角度。由於這一類的討論，已經進入了文化的範疇，欲進一步探究，必須先釐清一些有關文化的基本認知。因此，本書在第四章說明了中西思維方式的特色與結構，同時也包含了兩者之根本差異，以及差異的來源。基本上，由於環境因素使然，西方人形成了單線式的語言思維，我們中國人則被塑造成圖像式的文字思維。基於第四章的基礎，本書

在第五章中提出了一個思維文化理論，將思維方式視為文化的作業系統，並以此理論來做為解釋架構，解釋西方科學何以會是現在這副模樣，我們又為何會老是適應不良，以及日本明治維新何以成功。

從第六章開始，本書將眼光從過去轉向現在、以至於未來，同時也將眼光放寬，從飛航安全逐漸擴展至整個中華文化。我們首先嘗試使用第五章中所提出的理論，來說明在台灣的航空領域裡，所遭遇到的諸多文化議題，並闡明其中一些西方觀點永遠看不到的現象，與不可能提供的解釋。接下來在第七章裡，再進一步嘗試建構出符合我們思維方式的飛安理論。然後，本書將關懷的重點轉移至一百多年來，中華文化在面對西方文明的強大壓力之下，步履蹣跚、跌跌撞撞的掙扎身影。第八章不僅提出對於過去經歷的解釋，也提出了對於未來中華文化改造的基本看法。至於第九章，則期望指出未來中華文化要超越西方文明所必須具備的核心關鍵。希望能夠基於我國古代名家的努力，結合西方思維的特色，將公孫龍與亞里斯多德共冶於一爐，從而更新中華文化的作業系統，為中華文化在二十一世紀的躍升，提供生命力。

本書是寫給所有關心中華文化前途的有心人看的。本書並非僅只討論飛航安全，雖然飛航安全確實是本書的起點。因此，不是學航空的人，一樣也可以理解本書的內容。本書也不局限在科技議題的討論上，所以，非科技背景的人，也同樣可以成為本書的讀者。此外，本書雖然很類似科普書籍，卻並不是為了傳播科學知識而寫的。所以，人文背景的人，更適合閱讀本書。本書的目的，是希望喚起讀者的思考、並鼓勵讀者的思考，從提供一個思考的角度、方向與架構開始，號召大家來共同努力，為中華文化建構新的基因，讓中華文化在經過將近兩百年的戰火洗禮之後，在二十一世紀裡，得以有如火鳳凰一般浴火重生。

　　本書要感謝行政院飛航安全委員會、民航局、國科會、飛行安全基金會、民航飛行員協會、以及國內各航空公司的大力協助，使得相關的研究得以順利進行。同時也要感謝許許多多航空界、學術界的前輩、先進，在這麼長的時間裡，提供了他們寶貴的知識、經驗、看法、意見、指點、與參考，使本人從一個飛航安全的門外漢，得以獲致難得的受教機會，學到了書本上不可能學到的東西，使得本書得以順利完成。在此要對這些前輩致上最誠摯的謝意：戎凱、李雲寧、周裕森、葉又青、戴旭東、高星潢、劉東明、宋孝先、許德英、施春樹、李雲、何立己、蔡秋月、林暉熹、劉光仁、何慶生、陳誌竭、鍾敏瑞、王心平、許平、邱怡然、林守義、田楚城、耿驊、邱垂宇、王文周、陳道千、閻駿、段蓬麟、張寶原等等，由於篇幅有限，在此僅能列出的部份，實不足以表達本人的感謝於萬一。此外，還要感謝我成大的同仁陸鵬舉、柯慧貞、王小娥、戴佐敏、袁曉峰教授，還有現任職飛安會的王興中，以及長榮大學的程千芳教授。當然，還要感謝我的學生，現職飛行員的王敦義，在這麼長的時間裡，隨時隨地提供有關飛航相關的資訊、與寶貴的看法。另外，還有這麼多年協助研究的學生李家宏、楊連誠、胡逵然、張立璿，以及在建構飛航安全裕度理論的林鈺峰、盛嘉昇。同時也要感謝成大學生呂姿芳在打字、繪圖、尋找資料與校對上的協助，以及好朋友陳涓淇小姐長期的支持與指正，在此一併謝過。除了國內的前輩先進之外，更要感謝世界知名的語言學家 Harald Haarmann 教授，無償提供寶貴的照片讓本書使用。

　　最後要特別感謝，前飛安會主任委員兼執行長戎凱博士、美國天普大學機械系陳時鈞教授、淡江大學航太系宛同教授、與長榮航空副總經理何慶生先生，在他們百忙之中，撥出寶貴的時間，幫忙閱讀本書的草稿，並提出許多寶貴的意見，修正本書許

多的錯誤，大幅提升本書的正確性與可讀性。

　　萬千的感謝，化作無邊的祝福，祝福台灣的航空永保安康，祝福中華文化繁榮昌盛。

　　　　　　　　　景鴻鑫　於成功大學民用航空研究所

目錄

第一章

空難 又見空難

1-1 魂斷名古屋

「小心撐傘，遮護牌位！亡魂不能見天日！」。一個高昂、清晰的聲音，帶領著一把把壓得低低的大黑傘，魚貫地出現在中正機場（聯合報，1994 年 4 月 29 日）。此時正是下午接近 3 點，豔陽高照、烈日當空。每一把大黑傘之下，都籠罩著一位罹難者，與傷痛欲絕的親人。就在幾天前，有一架飛機，失事墜毀在日本名古屋機場。67 位罹難者的骨灰及 30 具棺木，由專機運回台北。迎靈會場，就搭在中正機場貨運站。航空公司近百名員工，撐著白布條，斗大的黑字，迎風飄著：「XX 航空員工向罹難者請罪」，一次又一次的鞠躬，一次又一次的向家屬道歉……。

高雄國際機場，下午 4 點 35 分，迎來了南部地區 27 名罹難者的靈柩、骨灰。現場迎接的家屬們，看到親人的骨灰與靈柩出現時，滿腔的悲痛，再也無法壓抑，現場瞬間爆出一片嚎啕，痛不欲生的家屬，響徹雲霄的呼喚，卻再也喚不回親人；悲悽的場面，聞者莫不鼻酸、落淚。航空公司的副總經理、客運處長、高雄分公司各級主管等，一字排開，合掌下跪，向罹難者及其家屬致歉，跪求家屬們的原諒……。

民國 83 年 4 月 26 日兩位中華民國籍的駕駛員，駕駛著空中

巴士 A300-600R 型全自動化飛機，從桃園中正機場啟程飛往日本名古屋。機上坐了 256 位乘客以及 13 位客艙組員加上正機師、副機師共有 271 人。該班機在桃園中正機場準時順利起飛，兩位機師遵照著飛行計畫，飛到所規定的航道上，順利的前往日本名古屋機場。

名古屋的夜空，繁星點點。名古屋機場，燈火通明。當地時間，接近晚上 8 點，一個小小的光點，逐漸出現在機場東南方的夜空。此時，名古屋的近場台管制員，引導著班機，降低速度，並一步一步地轉到下滑道上。8 點 07 分，飛機在近場台的導引、與儀降系統的協助之下，準備降落在 34 跑道上。近場台並將管制權，交接給名古屋機場塔台的管制員。8 點 12 分，飛機通過外信標台，高度略高於 2000 英呎。飛機沿著儀降系統所標示的 3 度下滑道，執行著標準的降落程序，一切正常。8 點 14 分，飛機的高度剛好低於 1000 英呎，就在這個時候，飛機開始有一點異樣。不知道什麼原因，飛機的機頭微微抬起，逐漸的，飛機竟然開始轉成平飛，彷彿是飛機不想著陸了。但是，也沒有看到飛機往上爬升，進行重飛的動作。就在飛機平飛了 15 秒之後，這架飛機竟然又開始轉成朝下，似乎是又要繼續下降的樣子。這個時候飛機離地面只剩下 800 英呎，速度還有 146 節，也就是每小時 270 公里的速度。

飛機似乎是很平穩地持續下降，一切好像又回歸到正常的程序，飛機繼續準備著陸。8 點 15 分在飛機機頭又朝下飛了約 30 秒之後，此時飛機的高度已經低到只剩下 350 英呎，換算成公制，是 100 公尺多一點點，約 30 層樓高而已。龐大的身影，眼看著就要著陸。突然之間，飛機引擎發出一陣低沉、但卻令人震撼的吼叫，引擎的推力，驟然提升到最大！而且機頭開始改平。接下來發生的事，更讓人驚恐。飛機的機頭，竟然開始往上抬，

飛機開始急速爬升！理論上，飛機在最後進場階段，因故無法執行著陸動作，而必須重飛，偶而是會發生的，並不是非常不得了的事。然而，這架飛機的動作，實在不太像在重飛的樣子，因為機頭的仰角，還在繼續抬高，而且還抬到了駭人聽聞的 50 度！一架大型民航機，以 50 度的仰角往上衝！這種只有在電影中，才有可能出現的情節，竟然活生生的出現在名古屋機場！

對戰鬥機而言，50 度的仰角，是稀鬆平常的事。有些高性能的戰機，甚至還可以用 90 度的仰角，垂直往上爬升。飛機所能夠飛到的最大仰角，要看飛機的推力重量比。如果飛機的推力重量比是一比一，表示單純靠飛機的推力，就足以克服飛機的重量，而把飛機飛起來，也就是完全不需要機翼所產生的升力來協助。火箭就是這樣飛的，換句話說，即使機翼由於攻角過大，甚至失速，升力完全消失，飛機也不會掉下來。F-16 戰機的推力重量比是 1.1 比 1，所以 F-16 戰機可以垂直往上爬升。然而，一般大型客機，卻不可能採用如此大的推重比，因為太浪費，也不需要。空中巴士 A300-600R 型飛機，最大起飛重量為 170.5 噸，採用兩具美國普懷公司所生產的發動機 PW-4158，其最大推力可以達到 58000 磅，就以最大起飛重量來計算，其推重比約略只有 0.3 比 1。即使以該機當下比較輕的重量 290,900 磅來計算，其推重比也只有 0.4 比 1 而已，根本就不足以支持 50 度的仰角。

正常的飛機在起飛時，常常會使用最大的推力，以便儘快將飛機加速。當飛機的速度累積到機翼升力可以將飛機抬起的時候，飛機便進行仰轉的程序，把機頭拉起。接下來飛機就開始爬升。一直爬到巡航高度，然後改平，進入巡航階段。正常的起飛，飛機爬升的角度，通常都很小，一般都不會超過 15 度。

很明顯的，這架飛機已經不是在一個正常的飛行狀態了。隨著飛機姿態如此的詭異，機翼的攻角也急速增大。8 度⋯⋯9 度

……10 度……11 度……，在不到 15 秒的時間之內，機翼的攻角已經超過了 20 度。攻角是機翼弦線與氣流方向的夾角，一般的機翼，攻角只要大過 12 度，機翼就已經失速，無法再提供升力，而且阻力也將大幅增加。

機翼已經失速，升力大幅下降，阻力卻大幅增加。引擎的推力又無法單獨把飛機飛起來。一連串異常狀況的組合，造成飛機的高度瞬間增加，回到 1500 英呎。速度卻迅速下降，只剩下 87 節，就是時速 160 公里。這樣的速度已經遠遠低於該型飛機的失速速度 110 節，低到飛機已經無法飛行，但卻仍然高到足以撞毀整架飛機。

在全部不到一分半鐘的時間之內，飛機的情境，由進入 3 度下滑道，進行最後進場程序，很快速地就演變到一個人力無法挽救的地步。升力消失、阻力大增、推力不足、高度增加、速度降低，飛機已經全然失控！

飛機既已失控，表示人類設計的各種操作力量，皆已陸續失去作用。於是地心引力與飛機的慣性，開始接管飛機的行為。就如同自由落體一般，飛機在名古屋的機場上空，畫出了一道令人戰慄的拋物線……。

26 日晚上的名古屋機場，陷入了一片空前的混亂狀態。熊熊的火光，快速而且劇烈地閃爍著。機場上空血紅一片。35 輛消防車、25 輛救護車、700 多名救護人員，在探照燈光的照明之下，一面忙碌的救火，一面搜救可能生還的旅客。支離破碎的機體殘骸，散落在跑道旁邊。一具具被燒成焦黑的屍體，從殘骸中找出。「這兒有人！」「這裡也有一個人！」搜救人員的呼聲，此起彼落。有數名重傷的旅客，早已經被彈出，躺在跑道旁邊呻吟。火海裡，隱約傳出「快來救人呀！」「媽！你在那裡？」的慘叫……。271 個人，只有 7 人重傷生還。到底發生了什麼事？

兩年後，日本官方正式公佈的失事報告（Aircraft Accident In-vestigation Commission, Ministry of Transport, Japan, 1996）指出這起空難事故，並無任何跡象顯示有機械故障的情形發生，也沒有特別的氣象因素，也就是其事故主因，可歸之為飛航組員之人為因素。

　　日本交通部的失事報告中，遵循美國波音公司的事故鏈理論（Boeing Commercial Airplane Group, 1994），將事件的發生過程中，每一個重要的環節，相互影響、環環相扣、因果循環，而形成的事故鏈，依序列出：

1. 副機師不小心觸到重飛桿，意外地啟動了重飛程序。
2. 正機師指示副機師，操作控制桿，仍然繼續進場。
3. （飛行員控制的）升降舵與（飛機自動駕駛控制的）可調式水平安定面，持續反向偏轉。
4. 針對這種不正常的狀態，航機並沒有任何的警示設備。
5. 正機師與副機師，並未清楚理解飛行模式的超控功能。
6. 正機師對繼續進場的判斷有瑕疵，接手時機太晚，且未採取適當的作為。
7. 在航機姿態不正常的狀態下，攻角基準功能（alpha floor function）的啟動，使得狀況更為惡化，飛航組員更難將航機恢復正常。
8. 正機師與副機師的狀況警覺性，均有所不足。
9. 飛航組員之間的協調合作不足。

　　所謂的攻角基準功能，是一個預防飛機失速的保護裝置。當飛機的攻角超出 11.5 度時，機翼已經瀕臨失速，它會自動將油門啟動到最大且上鎖，使得推力迅速增加，速度提高，以便讓飛機立即脫離失速的危險。

　　最後，失事報告也針對空中巴士公司與航空公司，分別提出

了數點改善建議：

空中巴士公司：

1.改善 A300-600R 機型的電腦自動飛行系統；

2.改善 A300-600R 機型的飛航組員操作手冊中的說明；

3.強化技術資訊的傳播給航空公司，並儘速進行必要的補強動作以排除未來再發生類似事件的可能。

航空公司：

1.強化飛航組員的教育與訓練計畫。

2.駕駛艙中的分工，應予以適當的確立。

3.改善組員之間的協調合作。

4.確立飛行程序的標準化。

事發當時，以罹難人數來計算，高居全球第十大空難的名古屋事件，至此總算是水落石出。總結失事報告之後，失事的原因，可以簡單的說明如下：

1.副機師於降落時誤觸了重飛桿，造成自動駕駛開始執行重飛的程序。

2.該飛機的安全設計使得飛機在地面上 400 呎內的高度，以

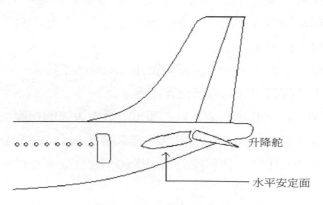

圖 1-1　人機對抗造成升降舵與水平安定面反向偏轉

自動駕駛降落或重飛時，手動無法超控自動駕駛。因此飛行員想把飛機降落，自動駕駛卻繼續執行重飛。

3. 而且在手動與自動駕駛的控制相反時，會造成可調式水平安定面與升降舵互相抵觸的現象。當駕駛員以手動的方式，用升降舵想將機頭向下壓的時候，自動駕駛卻能夠用水平安定面將機頭向上抬起，繼續執行重飛的指令。完全相反的兩個控制命令，竟然都有效。此外，駕駛員將機頭壓下的力量愈大，水平安定面配平的反應也愈快。

4. 在水平安定面與升降舵互相抵觸之下，因為水平安定面的效率較大，而造成駕駛員想要壓下機頭，反而造成機頭持續上揚。

5. 本來是設計用來保護飛機免於失速的攻角基準功能，在此時被啟動卻造成狀況惡化，於是機頭進一步持續上揚，升力大幅下降，阻力大幅上升，形成失速而墜毀。

簡單的說，本次空難的原因，竟然是飛行員與機上的飛行控制電腦，互相爭奪飛機的控制權！也就是說，飛行員跟電腦都爭著要控制飛機，一個要降落、一個要重飛，而且兩個都不放手！人跟飛機竟然在打架！名古屋事件之後，航空界誕生了一個新的專有名詞：人機對抗！

其實，類似的事件以前也發生過，只是都沒有嚴重到發生空難。空中巴士公司也曾發佈過通告，警告在某些狀況下，不要試圖去超控自動駕駛。但是空中巴士公司並未對這項設計，做任何的改變。顯然是因為空中巴士公司認為，這並不是一件非常嚴重的事。據空中巴士的駕駛員表示，類似名古屋事件的解決方法，就是很簡單地放手，讓自動駕駛接管飛機，執行重飛至 3000 至 4000 呎的高度即可。

事實是水落石出了，但是真相呢？如此乍聽之下，只會讓人

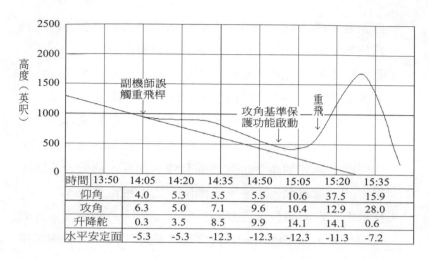

時間	13:50	14:05	14:20	14:35	14:50	15:05	15:20	15:35
仰角		4.0	5.3	3.5	5.5	10.6	37.5	15.9
攻角		6.3	5.0	7.1	9.6	10.4	12.9	28.0
升降舵		0.3	3.5	8.5	9.9	14.1	14.1	0.6
水平安定面		-5.3	-5.3	-12.3	-12.3	-12.3	-11.3	-7.2

圖 1-2　名古屋空難發生的過程

覺得不可思議的人機對抗，怎麼會發生的呢？既然解決的方法是如此的簡單，放手就可以了，又何以飛行員沒有去做呢？難道是飛行員執意要跟飛機對抗？

　　依照美國 NTSB 的看法，就如同日本的報告所指出的一樣，機械並未出現任何的問題，自動駕駛完全是依照指令操作飛機，抵抗手動駕駛的超控來執行重飛。因此，幾乎所有的人都認為，是人為因素造成此次事件。例如，副機師操作不當或是組員對飛機自動化的功能不了解所致。解決之道，就是飛行員應該加強訓練，就如同日本交通部所建議的一樣。但是，真的是這樣子嗎？飛行員加強訓練之後，就可以防止類似的事件再發生？

　　理論上，失事調查所追尋的核心目標是找出原因，予以改正防止再發生類似事件。然而名古屋事件之後，還不到四年，幾乎完全一樣的事件：大園空難，再次重演！讓人不得不深入思考，名古屋事件的真相，到底找到了沒有？失事調查所提出的改善建議，只是治標而不治本？

航空事故的調查結果，因為常常牽涉航空公司形象與聲譽，更與高額的保險金或賠償金有關，有時還會引起司法的介入。因此，失事的調查，只能本諸證據、陳述具體事實。有一分證據，說一分話。遣詞用字，不可以有絲毫模糊的空間，更不容許揣測。

這樣的失事調查理念，現階段絕對是正確的。然而，隨著航空科技的飛快進步，機械因素乃至於如氣象等其它因素，在航空事故中所占的比例，早就已經降到非常的低了，而人為因素則長期居高不下。受制於失事調查的基本理念，即便是人為因素，也只能針對人的具體行為來陳述，不可以去猜測其動機。然而這樣的思維，在面對越來越多的人為因素所造成的事故時，會不會有所不足呢？會不會因此反而造成真相被掩蓋而使得錯誤失去被提出，乃至於被糾正的機會呢？

任何人類的行為，都有其背後的來龍去脈。有些可能是經過深思熟慮之後，屬於決策判斷的行為；有些則可能是由來自文化傳統，所引發的行為；或者是下意識層面的行為；甚至可能根本就是生物本能所造成的無意識行為。表面上相同的行為，其背後所造成的原因，可能大相逕庭。如果我們只針對屬於表面現象的具體行為去陳述，而不去深究造成這些行為背後的原因，又如何能夠提出正確的改善建議呢？不能對症要如何下藥？總不能只看發燒就開藥方吧？很明顯的，現在國際航空界所普遍接受的基本理念，確實是有可能造成自我設限的結果，而使得真相被埋沒。

因此之故，從更深一層的角度，不論是心理的層面或是文化的層面，來探索組員具體行為背後的原因，對於真相的發掘，絕對是有助益的。屬於心理層面的行為，比較容易理解，屬於文化層面的行為，則有如九天飛龍，不但見首不見尾，瞻之在前忽焉在後，更有如海市蜃樓虛無飄渺。尤其是對於從不同文化背景出

身的人，有些行為根本就是難以想像甚至是驚世駭俗。

　　組員之間的通話記錄，為探討相關人為疏失的重要依據。常常可以提供有關飛航組員的心理狀態甚至文化習性的關鍵資訊。名古屋事件發生的主要原因，是在最後進場階段，主飛的副機師誤觸重飛桿，然後引發一連串的連鎖反應。失事報告是日本人寫的，日本雖然也是屬於儒家文化影響的一個地區。然而要說日本人能夠深切的體會到，飛行員所說的每一句中國話，其背後來自文化背景的深層含意，恐怕也是很難令人相信的。因此，如果要透過通話記錄，來了解空難事件發生的深層原因，最好是由同一文化背景的調查人員來理解較為恰當。

　　副機師誤觸重飛桿的時間，是在世界標準時 11 點 14 分 05 秒，也就是當地時間晚上 8 點 14 分 05 秒。世界標準時，以英國格林威治的時間為準，是航空界為了避開飛行跨越時區，所造成溝通上的困擾而設定的通用時間。副機師誤觸重飛桿之後，第一時間，正機師便提醒副機師此一狀況：

　　14'10"　正機師：你摳，你摳到那個 GO LEVEL（重飛桿）了。
副機師也隨即承認誤觸：

　　14'11"　副機師：對，對，對，觸到一點點。
此時，航機上的電腦化自動飛行系統，或簡稱自動駕駛，開始執行重飛動作，飛機開始改平。但駕駛員仍想要繼續降落，因而不斷的推駕駛桿，希望把機頭壓下，升降舵角度從此時開始增大。當然正機師了解這個狀況，下令副機師把重飛命令解掉。

　　14'12"　正機師：把它解掉。
隨即機上的座艙通話記錄器，記錄到俯仰配平控制的聲音。顯然是副機師仍然不斷地在推駕駛桿，使得升降舵角度持續增大，並控制配平，試圖解掉已在執行重飛命令的自動駕駛，對航機下降的反制以便飛機能夠繼續降落。然而自動駕駛接受到的命令是重

飛，為了將機頭抬起，可調式水平安定面的角度開始反向增大，以便平衡掉升降舵角度（在飛行員控制下）增大的效應。升降舵的角度與水平安定面的角度不但反向偏轉，而且差異越來越大。尾翼上本來應該互相合作一起控制飛機俯仰的兩個控制面，開始互相對抗！

　　兩個相反的控制命令，持續在飛機尾翼上發生效用。過了十幾秒鐘之後；

　　14'30"　正機師：你，你用 GO AROUND MODE（重飛模式）。正機師再次提醒副機師，飛機仍在重飛模式，表示他們兩位都了解到重飛命令仍然沒被解除掉。

　　14'34"　正機師：沒關係，慢慢再解，再扶到手上。接下來，相同的俯仰配平控制的聲音，又斷斷續續出現了 5 次，表示副機師仍然不斷在努力，試圖解掉自動駕駛並下降，只是他始終在做相同無效的動作，而且造成升降舵角度與水平安定面角度之間的反向偏轉差異更大，衝突更為嚴重。

　　從正機師提醒副機師誤觸重飛桿開始，到現在已經過了 24 秒，副機師也努力嘗試了 6 次要解掉這個命令，一直都沒有成功。但是他卻始終都沒有開口說他解不掉不會解，或是他不知道該如何解。根據失事報告，副機師很顯然是不知道該怎麼解。但是他卻絕口不提，只是一直埋頭在做無效的嘗試。然而幾秒鐘後，當正機師問副機師，另一個自動化控制解掉了沒，副機師毫不猶豫地回答解掉了。

　　14'39"　正機師：ENGINE THRUST 解掉囉？

　　14'40"　副機師：是的，教官，解掉了。很顯然的，這個動作副機師是知道該怎麼做的，他也做了。也很有信心的立刻說了出來。至於解掉重飛副機師嘗試了 6 次沒解掉，他也沒開口。不曉得當日本人看到這樣的通話記錄，他們會

有什麼樣的想法。對同樣都是龍的傳人的我們而言，倒是很容易理解。每當老師上完課之後，下課前總會問大家：各位同學懂了沒有？有沒有什麼問題？有問題的舉手！通常都不會有人舉手。大家都懂了嗎？當然不是！那又為什麼不懂卻不舉手發問呢？是怕老師罵？還是怕同學笑？不論是那一個原因，恐怕大家都能夠心領神會吧！因為我們每一個人都是這樣長大的。

　　副機師解了那一部份之後，正機師隨即叫他繼續下降：

　　14'41"　　正機師：再推，再推，再推。

　　14'42"　　副機師：是。

　　14'43"　　正機師：再推下去。

當然還是無效！

　　14'45"　　正機師：它現在在 GO AROUND MODE。

　　14'46"　　副機師：是的，教官。

正機師再次提醒副機師，飛機仍然在重飛，副機師也表示理解。幾秒鐘之後：

　　14'51"　　副機師：教官，還是推不下去。

又過了幾秒鐘：

　　14'58"　　正機師：我剛那個 LAND MODE（著陸模式）了嗎？

正機師的意思，很明顯是詢問副機師，重飛模式是否已經被解掉而改成著陸模式了，然而副機師並無反應。又過了幾秒：

　　15'01"　　正機師：沒關係，慢慢來。

正機師才剛安慰完副機師，就忍不住了：

　　15'03"　　正機師：OK，我來，我來，我來。

正機師終於接手，不再等待副機師來完成解除重飛的動作。然而此時飛機上的攻角基準功能卻已被啟動，引擎的推力已經開始逐漸增至最大。但是，由於引擎推力的作用線是在機翼的下方，當然也就在飛機重心的下方。也就是說，推力的增大對重心而言，

造成了正向的俯仰力矩，機頭進一步上揚，使得飛機的仰角快速增大。

接下來發生的事，更讓人大吃一驚：

15'08"　正機師：這怎麼搞的？

副機師也慌了：

15'09"　副機師：解掉，解……。

機頭持續抬高，飛機繼續往上衝……；

15'11"　正機師：GO LEVEL。

他媽的，怎麼會這樣子？

正機師竟然也不知道該怎麼去解除重飛命令！而且，此時座艙通話記錄器，記錄到 2 次俯仰配平控制的聲音，正機師竟然在重複副機師已經試過 6 次的無效動作！

飛機的仰角此時已經抬高到 21.5 度了，而且還在繼續。不正常充滿危險的徵兆，已經是立即而且明顯。於是副機師立刻呼叫塔台，準備重飛：

15'14"　副機師：NAGOYA TOWER，GOING AROUND。

幾秒後機艙內出現了襟翼移動的聲音，同時飛機上的近地警告系統（GPWS）聲音也響起，飛機的仰角達到 36.2 度。面對如此未曾聽聞且九死一生的嚴峻狀況，兩人似乎已經都束手無策：

15'21"　正機師：哎，它這樣會失速耶。

15'25"　正機師：完了。

飛機失速警告聲響起，飛機的仰角，在此時達到了最大值 52.2 度：

15'26"　副機師：快，推機頭。

機艙內，氣氛慌亂到了極點，各種警告聲與操作聲，夾雜一道；

15'31"　副機師：SET，SET，推機頭。

飛機往上衝到了最高點，開始往下掉……。

15'34"　正機師：沒關係，沒關係。

　　　　　　　不，不要，不要急，不要急。

　　副機師：POWER。

飛機掉得越來越快。飛行員的驚恐，溢於言表：

15'37"　正機師：啊，哇。

　　副機師：POWER，POWER，POWER。

15'40"　正機師：啊，哇。

　　副機師：POWER。

　　正機師：完了。

　　副機師：POWER。

　　正機師：啊。

　　副機師：POWER，POWER。

15'45"…………。

座艙通話記錄器一片死寂；名古屋機場的跑道上，則是一片火海。

　　任何一個龍的傳人在看完座艙通話記錄之後，恐怕都是五味雜陳，再也無法單純以一個旁觀者的心態，來看此事件。雖然不能說是兔死狐悲，但是冥冥之中我們跟這兩位飛行員之間，似乎存在著那麼一點點斬不斷的連繫。做為中國人的我們看到這樣的通話記錄，會不會隱隱約約地覺得這兩位飛行員的身影，有很多地方都非常的熟悉？

　　名古屋事件已經逐漸被人所淡忘，名古屋事件的教訓，也已經深深地烙印在人類的飛安發展歷史上。然而 264 條人命的犧牲，能夠告訴我們的卻不應該僅只是失事報告上所寫下來的而已。尤其是對做為中國人的我們，應該有更為深刻的啟示。

　　人機對抗，確實是這次事件的真正原因。但是人機對抗又為什麼會發生的呢？人機對抗的真正含意到底是什麼呢？人又怎麼

可能跟飛機打架呢？

在航空界有一個專有名詞：人機耦合（aircraft-pilot coupling），專指飛行員與飛機之間的不正常互動，諸如飛行員涉入振盪、發散現象、以及如名古屋事件的人機對抗，都屬於人機耦合。這個現象在飛機高度自動化之後，更為頻繁嚴重。

早期的飛機沒有配備計算機，只有機械本身的動態特性在影響飛機的行為。即使飛行員的操控與飛機的動態特性不一致，問題也不會太嚴重。隨著飛機越來越複雜，以及電腦科技的快速發展，大型民航機越來越自動化，用通俗的話來說，就是飛機本身漸漸擁有部份認知的能力，而且依據飛控軟體的設計，甚至會自己做決策，儼然就像一個真人一樣。於是航空界把飛機上的自動化飛控系統稱為電了組員，就是電子飛行員或是虛擬飛行員。這一位電子飛行員由飛機製造廠的航空工程師所設計，工程師賦予它分析、判斷、決策的能力與權限，來協助飛行員，共同完成飛行任務。

基本上電子飛行員所提供的協助，主要是在提醒與保護。當飛行員沒有注意到某些飛行情境的變化，或是漏掉什麼程序的時候，電子飛行員負責提醒，以便飛行員趕快修正。或是當飛機進入準危險狀態時，介入飛機控制迴路，防止情境進一步惡化，以保護飛機與飛行員。

然而，一旦電子飛行員擁有分析、判斷、決策的能力之後，它就開始擁有自己的看法與意見以及權力。當然它的看法與意見，事實上就是飛控軟體設計工程師的看法與意見，它的權限也是由飛控軟體設計工程師所賦予。因此，也有人這麼說，真正在駕駛或開飛機的並不是飛行員，而是飛控軟體的設計工程師。這句話當然有點開玩笑的性質，但是，絕對有部份是真實的。至少我們可以這麼說：飛行員與軟體工程師一起合作在駕駛飛機。

隨著飛機越來越自動化，電子飛行員意見越來越多，權力也越來越大。可是設計飛控軟體的工程師，幾乎都不會駕駛飛機，更沒有飛行經驗，他們只是依據物理定律、飛行原理、以及控制理論等知識來設計飛控軟體。乍聽之下，好像有點恐怖。完全不會飛飛機的工程師，竟然在設計飛控軟體。不過再想一下，也未必盡然。因為只要電子飛行員所發表的意見，是屬於物理方面的，本來就不會發生任何問題。不幸的是，由於飛機越來越複雜，飛機設計工程師，開始賦予電子飛行員，非物理性質的判斷與決策的能力。對於涉及到判斷與決策的自動化功能，就不僅只是物理在發揮影響力而已，工程師的心理素質、價值判斷甚至文化傳統，開始逐漸進入飛機的自動化飛控系統。於是我們慢慢地發現，原來跟飛行員一起飛飛機的虛擬電子飛行員，是一個白皮膚、金頭髮、藍眼睛的白人！

　　終於有一天，中國飛行員跟虛擬白人電子飛行員之間，開始意見相左判斷各異，又堅持己見且互不相讓……。

　　名古屋事件人機對抗的悲劇，可以分為人與機兩方面來深入探討以尋求真相。機械因素方面，首先兩個互相衝突的控制命令竟然都有效，充份說明了這是一個飛機設計上的瑕疵，且形成了飛行員操控飛機的陷阱。這個陷阱隨時在等待著捕捉飛行員的疏失。第二點原先設計來保護飛機免於失速的攻角基準功能，卻造成了危險情境的進一步惡化。很顯然的，這位白人電子飛行員並不完美，也會有疏忽不週到的地方。

　　可是，這個並不完美的虛擬白人電子飛行員，又何以在跟別人飛飛機的時候，大致都可以合作愉快。就算有一些小衝突，也不致於大打出手造成重大災難。為何在名古屋事件中，這位白人電子飛行員會跟我們的兩位飛行員如此水火不容？

　　現代化的大型民航機都已高度自動化，所謂的自動化包含了

相當多的判斷與決策的動作。至於如何判斷如何決策，其依據都是軟體工程師所賦予。因此，工程師的心理素質、價值判斷甚至文化傳統，都將伴隨著物理定律，滲透到飛控軟體的每一個地方。此時，如果再不深入探討文化的影響，就完全不符合科學的精神了。

舉一個簡單的例子：副駕駛誤觸重飛桿後，曾多次想藉著推駕駛桿來解掉重飛命令，甚至當正駕駛接手之後還在嘗試相同的動作。飛行員嘗試了許多次，為什麼就是不放棄？當然是有原因的。因為飛行員就是不相信，這樣的動作竟然會沒用。而飛行員之所以會有如此詭異的行為，其真正的原因卻很簡單。在空中巴士飛機公司問世之前，全球的大型客機，都是波音公司製造的。全球的飛行員，自然是只熟悉波音的飛機。波音公司的設計理念，是把飛行的最後控制權，交給飛行員，不論是在什麼樣的危急狀況之下，也就是說：任何時候只要飛行員想要超控自動駕駛，都可以毫無阻礙的順利進行，因為波音公司認為是人在開飛機。熟悉波音飛機的飛行員，自然都做如是想，而且並不知道還可以有不同的認知。在空中巴士出現之前，這是飛機危機處理的唯一價值與信仰。

然而，空中巴士公司卻有不同的認知。對於危機處理，空中巴士認為：一些性格比較容易緊張的人，在危急的狀況下，通常都無法冷靜的面對問題，為了要避免這些比較不確定的狀況發生，因而決定在相對危急的狀況下，將飛機的最後控制權，交給航機上的電腦，不讓駕駛員超控航機。因為空中巴士公司認為是物理定律在開飛機。當然這也是有道理的。決定飛機是否能夠飛翔的，本來就是地心引力與空氣動力、再加上引擎推力。

不過，在名古屋事件之後，空中巴士公司為了避免人機互相抗衡的情形再度發生，決定在緊要關頭，將飛機的操控權歸屬於

飛行員，而將自動飛航系統改為可由飛航組員超控航機的設計，亦即只要飛航組員下壓駕駛桿的力量大過 33 磅自動駕駛即可解除，飛航控制權即回到組員手上。

同屬於西方的波音與空中巴士兩家公司之間，都有文化上的認知差異，何況東方與西方之間。

現在就讓我們從更深一層的觀點，來探討名古屋事件的人為因素。名古屋事件中正機師年齡 42 歲，總共的飛行經驗有 8340 小時。其中，在空軍的飛行經驗有 4826.5 小時，在公司的年資 5 年。進公司之後，駕駛波音 747 的飛行時數有 2163 小時，駕駛空中巴士 A300 的飛行時數則有 1350.5 小時。副機師 26 歲，總共的飛行經驗只有 1624 小時，在公司的年資有 4 年。扣除在美國接受 590 小時的飛行訓練，A300 的經驗只有 1034 小時。很顯然的，副機師就年齡與經驗來看，都是屬於菜鳥級飛行員。

從座艙通話記錄來看，至少有以下幾點，值得我們深思的地方：

1. 依據失事報告，副機師在 14'05"不小心碰觸到重飛桿之後，從 14'10"正機師告訴副機師摳到 GO LEVEL 之後開始，正機師分別又在 14'30"、14'45"、14'58"，都提到重飛指令還未解除，總共提出 4 次。在 14'12"，正機師指示副機師把它解掉之後開始，正機師也分別又在 14'23"、14'34"、14'41"、14'43"，指示副機師把它解掉，總共提出 5 次。然而，副機師對正機師所作的提醒與指示，在口頭上並未作出任何的回應。這段時間內只聽到 6 次調整俯仰配平的聲音。副機師如果在第一次嘗試失敗之後，就說他不會解，至少可以多爭取到 40 秒鐘的時間，讓他們兩位可以比較從容地來處理此情況，甚至連絡地面人員求助。問題是副機師為什麼就是不說他不知道該如何解除重飛指令呢？

2. 在副機師不慎誤觸重飛桿之後，正機師總共指示副機師 5

次，將重飛指令解除掉。副機師雖然口頭上沒有反應，卻一直在努力重覆相同的操作動作，試圖將重飛指令解除掉。連座艙通話記錄器都有錄到，副機師操作俯仰配平控制的聲音，正機師必然也知道副機師的多次努力。從 14'12" 第一次指示到 15'03" 正機師接手，總共經過 51 秒，為何正機師一直袖手旁觀遲遲不接手幫副機師解除重飛指令呢？

3. 副機師嘗試多次推駕駛桿調整俯仰配平控制之後，都未能將重飛指令解除掉。當正機師接手之後，卻同樣作推駕駛桿及調整俯仰配平控制的動作。為什麼在副機師嘗試多次未成功之後，正機師仍然重複同樣的操作呢？

副機師為何不早說，他不會解除自動駕駛？正機師為何不早點協助副機師解除自動駕駛？正機師為何在副機師嘗試多次未成功之後，仍然重複同樣的無效操作呢？這些行為在失事報告中是不會有任何著墨的。可是它們的影響卻是如此的明顯而且不可忽視。做為一個中國人，我們很快就可以發現，這些行為都可以在傳統文化中找到其根源。這些深受中國傳統威權文化影響的行為，西方人要深入了解，其困難是可想而知的。即便是直接面對這些行為，西方人想必也是有看沒有懂。可是，全球的大型客機，都是西方人設計的，每一個機艙之中，都有一個白人電子飛行員，隨時準備以西方人的方式提供協助。在這樣的機艙中，將會存在多少陷阱？透過飛行員的加強訓練可以改善多少？下一次衝突又會發生在那裡？要求西方人認識了解中華文化，以便設計飛機的時候，避開這些可能的陷阱，是根本就不切實際的。這是我們的職責，我們要根據中華文化的特質，中國人的民族性以及在機艙中面對白人電子飛行員的時候，我們的飛行員可能會有的反應，告訴飛機的設計者，那些是可能會存在的陷阱，然後設法避開，才是解決之道。

1-2　血濺大園

名古屋事件之後不到 4 年，又一架 A300 飛機，在落地時墜毀，這次是在自己的家門口。

民國 87 年 2 月 16 日，晚上 8 點 05 分，中正機場塔台突然發出緊急通報：XX 航空六拐六班機與塔台失去聯絡，北站與南站所有消防車出動搜尋！不祥的氣氛，立刻籠罩在整個中正機場。

中正機場所有的消防車以及航站的相關人員，立即趕往北機坪。但是，所有的消防車，在北機坪卻找不到有任何班機降落的跡象。就在此時，塔台的通報又來了：XX 航空的班機落在機場外！機場外？不明所以的消防車，立刻又從北機口趕出機場。5 分鐘後，無線電內，傳來趕到現場消防人員的聲音：現場一片火海，滿地碎片，需要所有的單位支援！

桃園大園鄉沙崙村國際路 2 段一位陳姓居民，晚上 8 點左右，正在客廳悠閒的看電視。此時，卻傳來一陣讓他心生疑竇的引擎聲。飛機的引擎聲音，對他來說稀鬆平常的很，因為中正機場就在隔一條馬路。不過現在傳來的引擎聲，卻讓他覺得怪怪的，實在是太大聲了，好像飛機就在隔壁。陳先生很自然的被巨大的引擎聲所吸引，轉頭從客廳玻璃窗看出去。不看則已，一看之下，幾乎把他的魂都嚇掉了。一團巨大的黑影、閃爍著強光、夾著震耳欲聾的聲響，正朝他家飛來！就在 200 公尺外，一架飛機從機場由內向外，衝向沙崙村路口，飛機接近地面時已有火光，接著炸成一團火球，籠罩著國際路 2 段，燒成一條熊熊的火帶，然後衝向他家⋯⋯。

陳先生住在國際路 2 段 715 號，隔壁 717 號住著他弟弟一家人。飛機的機翼首先撞到 713 號及 715 號的房子，撞到後機身向

左偏，機頭往717號直撞過去，機身並再撞及719號的房子。其中，以717號被撞得最嚴重，房屋前半棟全毀，飛機撞入717號後又繼續發生爆炸。

　　住在717號裡面的，是陳先生的弟弟一家人，機頭撞進他家的時候，一家人正在客廳看電視，機頭進來的位置，正是客廳。陳先生的弟弟僥倖逃過一劫，他的女兒、孫子，則不幸當場被飛機撞死。更悲慘的事接踵而至。巨大的撞擊力道以及接下來的爆炸，估計有40多具乘客的屍體從飛機的窗子與機身破裂之處飛出來，散落在717號房屋內、屋頂、陽台以及後側的小樹林。另有數十具殘破屍塊、斷手、斷腳，散落在房子四週。屍身多殘缺不全衣衫不整，飛機殘骸也散佈附近各處。

　　住在隔壁713號的是林先生，晚上8點多，他正在樓下看電視連續劇，他的太太則在樓上看電視。突如其來的一聲巨響，在霎時間房子有如天崩地裂般傾斜。原本關著的鐵門，也被一股巨大的力量拉斷。一個黑壓壓的龐然大物跟著衝進屋內。林先生還來不及看清楚是什麼東西闖進他家，房屋已然崩塌。隨之電也被切斷，屋內一片漆黑。昏暗之中一股巨大的力量撞向他的身體與頭部，把他拖行將近10公尺。一股濃重的血腥味撲鼻而來，似乎還夾雜著血肉，林先生已經無法分辨，那是不是自己的血、自己的肉……。

　　慘劇終於獲得證實：XX航空的班機，已經墜毀在桃園縣大園鄉、國際路2段713號至721號之間。

　　班機失事的現場，5棟民房全毀。飛機的殘骸中，只有一片比較大的機翼，散落在路旁的草地中。路面上一眼望去，盡是殘破的飛機各部件，發動機、起落架、輪胎、機艙、座椅、行李等等，其間還夾雜著難以辨識的屍塊、頭顱、手、腳、肚腸、內臟等。國際路2段，此時有如「人間煉獄」真實上演，任誰鐵石心

腸也同樣是不忍卒睹如此駭人的場面。最先趕到現場的消防隊員，乍見當下連言語都難以形容的恐怖慘狀時，本能地很快把眼睛閉了起來，只希望自己是在做惡夢。然而，地獄般的景像卻在一瞬之間，就已經深深地烙印在他的腦海，而且胃也已經止不住地開始翻騰。隔天在跟記者描述當時的慘狀時，仍然忍不住地渾身顫抖：

一到飛機爆炸現場看到火球沖天現場很混亂，在滅火的時候，我們冒險前進，腳底下踩到的障礙物竟都是肉塊、隱約還可以看到殘缺的手和腳夾雜在飛機的殘骸中。當消防隊員救災以來，從沒看過這麼慘的場面！

空難中最血淋淋的一面就呈現在台灣人眼前。接下來更難堪的是兩個月內連同軍機，總共發生了 9 起事件，台灣的天空已被染紅。社會全面譁然，人人視搭乘飛機為畏途，政府所面臨的壓力越來越大。終於，已經呼籲多時的失事調查專責機構，立刻又被端上檯面討論。沒多久，行政院飛航安全委員會終於成立。從此，我們終於有了自己的失事調查專責機構，負責找出真相並提出建議，以便防止類似的悲劇重演。飛安的進步，竟然真的是用鮮血所澆灌出來的！

大園事件發生的第二天，就有航空界人士指出，飛機在最後進場階段，疑似降落高度過高，無法降落跑道，而準備拉高機頭重飛。可能在解除自

圖 1-3　大園空難現場救難人員揀拾屍塊的悲慘景象

動降落時與手控衝突，造成無法解除自動駕駛，使得機頭無法快速爬升。其經過與名古屋事件似乎很像。

很快地，隨著越來越多的資料浮現出來，大家逐漸發現大園事件跟名古屋事件，不但真的很像還非常的像，簡直就是翻版。它們真的很像嗎？兩者確實有關聯嗎？事實真相到底是如何？

現在，就讓我們細說從頭。民國 87 年 2 月農曆新年剛過不久，是大批出國渡假的遊客，過年回國的時候，而印尼巴里島更是許多台灣人渡假的好地方。這一天是 2 月 16 日恰巧是西洋情人節的後兩天。一架由中華民國籍的機師駕駛的空中巴士 A300-600R 型，從印尼巴里島返回台北中正國際機場。機上乘客人數有 182 位，以出國渡假返台的遊客居多，還有 12 位服務乘客的客艙組員（空服員），加上正機師、副機師，機上共有 196 人。該班機在印尼巴里島準時順利起飛，預計飛行時間為 5 小時 05 分。飛行前檢查及起飛情形，均無顯示有任何不正常的狀況。兩位機師遵照著飛行計畫飛到所規定的航道上，平順地返回台北中正國際機場。

飛機上的兩位機師，一位是資深的正機師 50 歲，總飛行經驗是 7226.5 小時，本機型飛行時數是 2382.5 小時。另一位是副機師 45 歲，飛行經驗有 3551 小時，本機型飛行時數較少只有 304 小時。兩位機師年齡差距只有 5 歲，但飛行時數，正機師卻是副機師的兩倍有餘。而且本機型的飛行經驗副機師更是只有正機師的七分之一還少。此外，此班機是正副機師首次簽派同機飛行。很顯然的，又是一次老鳥帶菜鳥的飛行。

桃園中正機場，當地時間 19 點 23 分 05 秒該班機聯絡上台北區域管制中心，報告預計通過台灣南部西港上空時間為 19 點 43 分，然後經雷達識別引導，開始緩慢的沿航路下降。進場落地程序一切按照計劃準確無誤。該機飛航組員於 19 點 53 分，聯絡

台北近場台，並得到許可下降至 7000 英呎，預計使用洞五左跑道落地。19 點 57 分該機由雷達引導，並再獲航管指示，下降高度至 4000 英呎一切正常。20 點 02 分 18 秒台北近場台突然冒出了一句：XX 航空六拐六你的高度是不是太高了？近場台似乎想要提醒飛行員什麼，然而飛行員並沒有回答，近場台也沒有繼續追問。

20 點 02 分 44 秒飛航組員於中正機場 5 邊 9 浬之處，轉換聯絡中正塔台，塔台管制員隨即許可落地。20 點 04 分 20 秒飛行員報稱距機場 3 浬進場。看起來一切似乎都非常的順利，沒有一絲一毫異樣的跡象。20 點 05 分 38 秒又傳來了飛行員的聲音：塔台，XX 航空……，話還沒講完，卻像斷線的風箏，聲音不見了。管制員一陣狐疑，猶豫了一下，7 秒鐘後，塔台管制員詢問飛行員：XX 航空六拐六確認重飛？……萬籟俱寂毫無回應。一股不祥的念頭瞬間升起，隨即立刻陷入莫名的驚恐好像看到鬼一樣，因為飛機在雷達幕上也消失了。塔台的人員立刻像發瘋了一樣，抓起麥克風就大叫：XX 航空六拐六班機與塔台失去聯絡，北站與南站所有消防車出動搜尋！

20 點 05 分 58 秒 XX 航空六拐六班機於降落重飛時，墜毀於桃園中正機場西北圍籬外至大園台 15 線（即國際路 2 段）公路間。連同 14 位機上組員與乘客 182 人全部罹難，196 人無一生還，還波及地面上民眾 6 人死亡。

兩年後由交通部民航局負責的失事調查報告（交通部民用航空局，2000）正式公佈。失事報告中指出：航機沒有顯示有任何的機械故障，氣候狀況也相當良好。因此，大園事件也可歸之於人為因素所造成的事件。又是人為因素！

調查小組進一步認為本次失事是由下列原因所造成：

1.整個下降與進場，飛機比正常進場航道為高，組員未能操

作航空器有效攔截正常下滑道。

2.在重飛階段正機師與副機師間，組員協調不良。

3.因重飛後使用最大推力，飛機有急劇上仰趨勢，組員未能採取適當之制止行動，造成飛機仰角向上增加，直到飛機失速。

又是最後進場重飛！又是機頭急速上仰！又是飛機失速墜毀！好像是生死輪迴一樣，上次名古屋事件時就已經發生過一次了，怎麼又來了？這次到底又是什麼原因，造成幾乎一樣的慘劇？

失事調查報告中指出：飛機在高度 21000 英呎時有 34 秒平飛未下降。報告中並說明之所以未下降，係受到空域的限制，因為航管並沒有要求它平飛。在下降的全程中飛機始終高於下滑道，報告中也說明是因為在冬季有強尾風的季節，飛行員很難依照所設計的下降剖面執行。很明顯的，不論原因為何，飛機在最後進場時確實是高度過高。在 20 點 02 分 18 秒當台北近場台發現航機高度太高時，曾詢問飛行員：XX 航空六拐六你的高度是不是太高了？飛行員卻正好將頻道切換到中正機場塔台，以致於組員沒有收到此訊息。

20 點 04 分 02 秒當飛機通過外信標台時，高度高了 1000 英呎。40 秒後正機師說：高 1000 呎啊！正機師的話，說明了飛航組員至少在此刻已經知道航機飛太高了。雖然如此，顯然飛行員仍然要繼續降落。在執行落地前檢查時有一位機師（失事報告並未說明是正機師還是副機師），以足夠大的力量將駕駛桿往前推，導致超控功能啟動使得自動駕駛被解除。隨後組員又取消了自動駕駛解除聲響。

根據公司內部程序要求，如果飛機在落地前 1000 英呎高度時仍未穩定則須重飛。因此 20 點 05 分 13 秒正機師下令重飛。然而失事報告中，寫下了一段令人費解的文字：「開始重飛後 11

秒內，駕駛盤及仰角調整片沒有動作」。而此時，卻由於啟動重飛的油門，引擎推力增加至全推力，導致飛機仰角姿態急速增加。當仰角到達 30 度向上時，駕駛桿上有一輕微的推仰角向下動作，但不足以抑止機頭向上趨勢。20 點 05 分 36 秒飛機開始失速，仰角急速下墜並有明顯的滾轉現象。此時飛機完全失速，悲劇已經無法挽回……。

根據失事報告的說明，以及其中所提供的各項飛航數據，如果我們仍然採用波音公司事故鏈的觀點，顯然大園事件的發生原因及其過程是這樣的：

1. 飛機在高度 21000 英呎時有 34 秒平飛未下降，造成航機高度過高。

2. 台北近場台發現航機高度太高，欲提醒飛行員，飛行員卻正好將頻道切換到中正機場塔台，以致於組員沒有收到此訊息。

3. 當飛機通過外信標台時高度高了 1000 英呎，航機仍然持續下降。

4. 由於組員不斷放下襟翼希望讓航機的高度快速下降，以致於造成航機速度降低，但為了維持足夠的升力，卻使得攻角同時持續增大。

5. 在 20 點 04 分 59 秒攻角大過 11.5 度，攻角基準功能的保護措施被啟動，航機的推力開始增至最大。

6. 由於攻角基準功能被啟動，航機的仰角開始增加。

7. 組員推駕駛桿，欲將機頭壓下，卻由於用力超過 33 磅，造成手動超控自動駕駛，使得自動駕駛被解除掉。

8. 正機師決定重飛，為了避免人機對抗再發生，飛航組員放開駕駛桿，讓自動駕駛去執行重飛命令。然而自動駕駛卻已經被解除，造成有 11 秒航機的駕駛桿與升降舵沒有動

作。

9.仰角持續增大直到失速。

走筆至此，讓人實在是忍不住擲筆三嘆！原來如此恐怖且血淋淋的空難，源頭竟然只是進場過高！進場過高是什麼玩意？飛太高而已！那一架飛機不是從飛得很高的高空降下來的？僅僅因為飛得太高，就要付出 196 條人命的代價？飛航安全到底是什麼東西，怎麼會如此讓人不解？

此次大園事件的調查屬民航局的權責。失事報告的最後民航局也依例針對各方提出改善建議：

空中巴士公司：

空中巴士公司應再檢視 A300-600 飛航組員操作手冊，並說明其中有關於重飛時，飛航組員應注意之飛行力學基本資料、程序、及組員互動執掌，以供飛航組員能安全的執行進場及重飛。

航空公司：

1.對飛航組員之訓練必須重新檢討與加強。

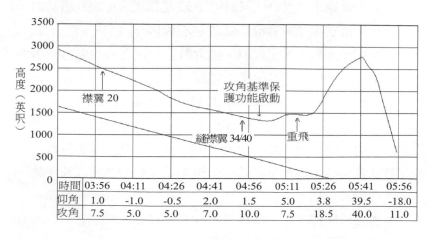

圖 1-4　大園空難發生的過程

(1)組員間之相互合作。

(2)對主飛飛行員與監控飛行員職責劃分要明確。

(3)接受指令與呼叫程序要肯定果斷。

(4)遵守標準操作程序。

2.A300-600R 機隊應落實在模擬機實施自動及手動方式重飛，及各項正常與不正常的操作，防止飛機進入不正常姿態。

3.應強化飛機不正常動作改正訓練，以增進飛航組員處理和改正信心。

4.應強化飛安文化，加強組員資源管理訓練，以增進飛航組員之間相互了解及溝通。

5.應加強飛航組員了解人為因素對飛行安全的重要。

6.必須落實現有的訓練及考核制度。

　　仔細看了報告中的改善建議之後，任何人都看得出來，改善建議其實只有兩個字而已：訓練！然而 196 條人命所得到的教訓只有兩個字？可能嗎？太昂貴了吧？如果我們回憶一下，名古屋事件發生之後，日本人所寫的改善建議，似乎也是加強訓練。訓練！訓練！訓練！航空公司又有誰不知道訓練的重要？那又為什麼始終無法落實呢？或者根本就是另有原因？

　　其實在大園事件的報告中，針對航空公司在發生名古屋事件之後所做的改善努力，有這麼一段話：

　　XX 航空公司自 A300-600R B1816 於民國 83 年 4 月 26 日失事後，其高層主管包含董事長、總經理、航務處長、飛安主任等均全部更換。並與國際知名的技術服務公司簽訂合約，訂立各項改進措施命名「自強專案」，執行各項改進作業。主要內容包括：

　　‧加強國際標準空域系統及本國民航法規。

　　‧增加自動駕駛系統了解與訓練。

・加強航空專業英語訓練。

・加強組員資源管理（CRM）教育。

・加強了解氣象與航機之關係對民航機性能分析之了解。

・在職機師對航機系統及操作理念於 CPT（座艙程序訓練器）、FTD（飛航訓練裝置）中訓練。

・機種訓練改進事項等包含航務、機務、各類改進作業。

其改進效果並不明顯。

確實，改進效果並不明顯，否則就不會發生大園事件了。然而每一個人都知道要加強訓練，卻又無法落實，表示問題並不是表面上看的那麼簡單，必然有其更為深層的因素在影響著整個事件的進行。「事出必有因，無風不起浪」，是古人給我們的智慧。如此重大的空難，必然有其極為深刻的原因與複雜的來龍去脈，絕不可等閒視之。現在就讓我們跟著座艙通話記錄，一步步去探索發掘，這些空難事件背後的深層結構，以及有如幽靈般的文化因素。

根據失事報告，大園事件事故鏈的第一個環節，是航機該下降卻仍平飛造成進場過高。在座艙通話記錄中確實也很清楚的說明了其來龍去脈：

35'46"　副機師：我先跟後面講還有七分鐘下降。

早在台北時間晚上 7 點 35 分的時候，副機師就提到還有 7 分鐘就要開始下降。正機師也立刻確認此事：

35'47"　正機師：好，謝謝！

然而 7 分鐘後，航機並沒有開始下降，正機師沒有下令，副機師也沒有提醒。此時廣播指出，機場天氣開始變壞，能見度持續下降。因此正機師擔心到了機場時，天氣會變得更差，以致於無法降落，所以口中唸唸有詞，以致於錯過下降的時間。整整 9 分多鐘之後，正機師才下令下降：

44'57"　　正機師：下降！

44'57"　　副機師：Sir，我這邊……。

副機師似乎有話要講，欲言又止……；

45'04"　　正機師：下降！

45'05"　　副機師：是！

於是副機師開始呼叫台北近場台請求准許下降。但是比起預定下降時間，已經晚了 2 分多鐘。如果以當時的進場速度 300 節來計算，多平飛 2 分鐘，比起 3 度下滑角高度，將高出下滑道 3200 英呎。也就是說，即使我們很粗略的估算，航機在開始下降的時候，就已經比 3 度下滑道高了 3200 英呎。如果再加上平飛的部份，高度的差異將會更大。正副機師並未針對這一點，進行任何的溝通。接下來通話記錄中，只有一些飛航組員之間的對話以及與進場台的互動。

47'36"　　正機師：……你看不下降的話，能見度越來越差，
　　　　　　　　　　趕快回去這是很重要的。

47'43"　　副機師：是！

沒過多久：

48'50"　　正機師：你看那邊閃電非常大！

又過了一會：

51'14"　　正機師：OK，哇塞！那邊能量有多大，看到沒有那
　　　　　　　　　　個挺恐怖的。

很明顯正機師一直在擔心天氣變壞，想趕快降落之情是可以理解的。可是航機的高度卻始終比正常下滑道要高。組員跟近場台一陣聯絡之後：

53'27"　　正機師：Approaching FL150，一到 2000 呎就報，他
　　　　　　　　　　希望讓我們一直下。

53'30"　　副機師：是！

53'31"　　正機師：這個一延遲的話，我們就要改啊！什麼
　　　　　　　　　的。

53'33"　　副機師：是！

副機師對正機師似乎是言聽計從，好像不論正機師說什麼，他都毫不考慮一律回答是。幾分鐘後，正機師要求執行進場程序檢查：

57'39"　　正機師：Approach checklist please。

57'40"　　副機師：Yes！

於是按照標準程序，副機師開始了一連串的動作。就在執行進場檢查前，航管又指示他們下至 4000 英呎：

57'43"　　近場台：676，Descend and maintain 4000。

但兩人都未確認收到訊息，所以組員也並未複誦，管制單位也沒有重覆這項指示，組員則繼續完成進場檢查程序。半分多鐘之後，進場檢查程序完成；

58'28"　　副機師：Approach checklist complete。

58'30"　　正機師：Thank you，complete。

但是正副機師卻未依據飛航組員操作手冊上之建議，比較飛機當時的高度、速度與距跑道頭的距離，根據手冊上提供的基本計算原則，在飛機高度 9000 英呎，速度 250 浬／小時，距著陸點之距離應為 30 浬。但事實上飛機高度為 10000 英呎，速度已來到 240 浬／小時，距著陸點之距離應為 26 浬，顯示飛機已太高了，但兩位飛行組員並未討論這一點。

40 秒後副機師通知管制單位，他們已接近 7000 英尺；

59'10"　　副機師：Taipei Approach，676，heading 050，
　　　　　　　　　approaching 7000。

由此可見，他們確實並未收到，先前管制單位所給予的高度 4000 英呎。於是管制單位再給予新的航向 090，並許可他們下降保持

4000 英呎，副機師正確複誦。幾秒鐘後飛機立即轉向新航向，速度穩定減至 180 浬／小時。

　　台北當地時間進入晚上 8 點。副機師似乎發現了什麼，帶點詢問的口氣說：

　　00'35"　副機師：只有 16 浬距跑道，現在高度 7000 英呎。
如果以 3 度下滑角來計算距跑道 16 浬，高度應該是 5100 英呎而已。也就是說，此時航機的飛行高度，整整比預定的高度高出 1900 英呎。實際差異可能更大。6 秒鐘之後正機師下令放襟翼：

　　00'41"　正機師：Flap 15。
也就是將襟翼放至 15 度。正機師並未針對副機師詢問式的提醒做出直接的回應。然而經過了幾秒鐘，正機師下令放襟翼。放下襟翼可以增加飛機的阻力，降低飛機的速度，升力自然也隨之降低。其結果就是航機的沉降率可以提高，也就是航機可以下降得快一點。所以正機師顯然是聽到了副機師的提醒，經過幾秒鐘的思考決定以增大阻力、降低速度的方式來加快航機的下降。

　　副機師立即檢查飛機飛行的速度：

　　00'42"　副機師：Speed check。
在航機速度如果還很高的時候就把襟翼放出來，將會造成機翼結構受損。副機師檢查飛行速度容許，於是複誦，接著將襟翼操作到 15 度：

　　01'06"　副機師：Flap 15。
此時航機的速度，已經低於 200 節。一分鐘後正機師再下令放起落架：

　　02'05"　正機師：OK，Gear down。

　　02'06"　副機師：Gear down。
很顯然的正機師不斷地嘗試增加航機的阻力，好讓飛機下降得快一點，這次用的是起落架。但是按規定襟翼放至 20 度後，才能

放起落架。當然，飛機的速度進一步下降到 185 節。就在這個時候，台北近場台也發現了航機的高度太高，立刻詢問飛行員；

02'18"　近場台：676，Is it too high for you？

翻成中文，就是：XX 航空六拐六，你的高度是不是太高了？無巧不巧，此時飛行員卻正好將頻道切換到中正機場塔台，以致於組員沒有收到這個訊息。接下來副機師轉而跟塔台保持聯絡。又過了一分鐘：

03'18"　正機師：還有 2 浬啊！

03'31"　正機師：呦，這樣是高了，再下去，沒關係。

03'32"　副機師：是。

按照調查報告中所公佈的數據，此時正常的高度，應該是 2100 英呎，而航機的實際飛行高度卻是 3400 英呎，整整高了 1300 英呎，確實是高了。在過去的 3 分鐘內，正機師已經藉著施放襟翼與起落架，來加快飛機的下降。本來正常的下滑角是 3 度，在這段時間內，航機的實際下滑角，卻達到了 3.75 度，陡了 25%。然而這樣的努力，仍然沒有達到他心裡所想要的目的。不過正機師面對這樣的情境，依然堅持繼續努力下降，副機師也毫不猶豫地回答是。

幾秒鐘之後，正機師很明顯的有點猶豫：

03'44"　正機師：唉呦，這樣不行！二三六，OK，兩千，二六一十二，應該是可以了，這樣做不行。

正機師的猶豫，顯而易見，一下子可以，一下子又不行。不過，顯然經過他簡單計算之後的結果還是不行，因此正機師決定再進一步增加阻力讓沉降率再大一些：

03'59"　正機師：OK，Flap 20。

04'00"　副機師：Flap 20。

襟翼進一步放下成 20 度，航機的下滑角增至 4.5 度，比正常角度

多出 50%更陡了，速度也已接近 180 節。副機師依然是毫不懷疑地執行正機師所下的命令。慢慢地飛機速度持續不斷地降低，攻角卻開始緩慢地增加，5 度、6 度、7 度、8 度……。航機繼續下降，副機師也繼續與塔台聯絡著陸事宜：

04'41"　正機師：高 1000 呎啊。

正常的高度，此時應該只剩 700 英呎，可是航機的高度卻是 1700 英呎。按照航空公司的規定，航機在落地前 1000 英呎的高度時，如果仍未穩定的話應該立刻重飛。所謂的穩定就是一切落地的準備，應該都要已經完成。所以這個時候飛機應該要立刻重飛才對。可是正機師並沒有下令重飛：

04'51"　正機師：啊，來了，1000 啊！

經過了這麼長時間的努力，到最後仍然高出 1000 英呎。在這最緊要的階段，正機師不但沒有依規定重飛，反而決定再放襟翼，並繼續下降：

04'54"　正機師：OK，30 ／ 40。

04'55"　副機師：30 ／ 40。

副機師仍然毫不猶豫地執行命令，將前緣縫翼放至 30 度，襟翼放到 40 度以便將速度減得更低，再增加沉降率。隨之並開始執行落地檢查程序。看起來正機師似乎是想讓飛機用飄的落地。不幸的是大型客機只會飛不會飄。4 秒鐘之後，由於航機速度進一步降低，造成攻角進一步增加，終於致命的攻角基準功能被啟動，因為攻角已經超過了 11.5 度且速度降至 167 節，飛機已經面臨失速！此時飛航組員卻正忙著進行落地程序。

攻角基準功能一旦被啟動，自動油門會自動將推力增至最大，以求航機能夠用最快的速度，飛離瀕臨失速的險境。由於推力增至最大，造成俯仰力矩正向增大，於是機頭開始逐漸改平並繼續往上抬，接著仰角也開始快速增大。此時疑似正機師注意到

飛機已停止下降並且高度開始回升，因此而將駕駛桿下壓，企圖以手動的力量強迫機頭向下以便繼續下降。由於施加在駕駛桿上的力量，超過了 33 磅的限制，導致自動駕駛被解除，也就是手動駕駛已經超控自動駕駛！經過這個動作航機上升的趨勢確實稍有減緩。然而由於引擎推力已經提到最大，僅僅 10 秒鐘之後飛機的仰角又再次逐漸增大。

這個 33 磅的界限，正是根據名古屋事件的慘痛教訓，為避免再次發生人機對抗、互爭飛機的控制權所作的修正。空中巴士原來的安全保護設計是當飛機在地面上 400 英呎的高度內，以自動駕駛降落或重飛時，手動無法超控自動駕駛。正因為這樣的設計造成名古屋事件的慘劇。空中巴士公司在各方壓力之下，更改了這個超控設計，將航機最後的控制權交還給飛航組員。只要組員下壓駕駛桿的力量大過 33 磅，手動駕駛即可超控自動駕駛。

飛航組員的落地檢查程序依然持續在進行。終於檢查結束：

05'12"　正機師：OK，Landing checklist complete。

此時飛機的仰角已經開始增大。航機的高度回升至 1500 英呎，距跑道頭也僅剩 3800 英呎，大約只有 1100 公尺而已。如果是正常落地的話，此時的高度應該只剩 200 英呎。也就是說，如果此時航機還想要落地的話，飛機的下滑角要用到 21.5 度才做得到，簡直就快要變成直升機了。這個時候即使飛機用飄的，也飄不下來了。此外 200 英呎是一般航機的決定高度，如果此時還看不到跑道的話，不論任何原因都要立刻飛走。因此狀況已經非常明顯，航機已經是不可能降落在跑道上了。正機師應該是已經發現這個狀況，於是立刻下令重飛：

05'13"　正機師：Go lever，Go around。

此話一出，令副機師感非常困惑，因為在此之前，他們並沒有討論在什麼情況下要重飛，如果要重飛又要如何去處理。所以在正

機師說 GO LEVER 重飛時，副機師順口直覺反應：

05'14"　副機師：Go around，Go lever。

接著正機師下令收起落架：

05'18"　正機師：Positive，Gear up。

因為事情來得太突然了，而且先收起落架並不符合重飛的標準程序，這一點更增加了副機師對重飛決策的困惑，所以副機師猶疑問道：

05'19"　副機師：Gear down？

05'20"　正機師：Gear up！

05'20"　副機師：Gear up！

一連串操作的聲音出現在駕駛艙中。此時飛機的仰角已經抬到18度。情境已然非常危急，一架飛機以最大的推力18度的仰角往上衝。不但高度急劇增加，仰角也依然還在增大。

　　然而最不幸的事，卻在這最緊要關頭發生了。在20時05分24秒至05分35秒之間，共有11秒鐘的時間，飛機的駕駛桿沒有任何的動作，以致升降舵完全沒有移動。除此之外，組員也未作調整俯仰配平的動作。俯仰配平的功能是改變可調式水平安定面的角度好與升降舵配合，協助驅使機頭作俯仰角的變化。空中巴士公司規定，當自動駕駛被解除之後，使用手操控重飛，必需儘快調整可調式水平安定面，以平衡由於推力增大、所造成之正向俯仰力矩好將機頭壓下。然而可調式水平安定面，卻完全沒有任何移動的跡像。因為，飛機上的自動駕駛已在20秒鐘之前，就被組員自己所解除掉，而組員卻並不知道。為了避免人機對抗再次發生，組員於是放手讓自動駕駛去執行重飛的動作。如此的巧合，造成了最不可思議、又令人毛骨悚然的詭異狀況：在最緊要的重飛時刻，飛機竟然沒有人在飛！自動駕駛被解掉，飛航組員放手！

飛機既然無人操控，升降舵與水平安定面的角度，於是維持不變。造成來自最大重飛推力、所形成之正向俯仰力矩，完全沒有被平衡掉，因而持續推動飛機的上仰。飛機仰角持續增大，航機繼續以大角度急速的往上衝！11 秒鐘之後，飛機的仰角已經達到了 40 度，一個大型民航機不可能維持的角度！而且此時飛機的攻角也高達 30 度，速度則降至 93 節，航機根本就已經失速了。於是如同名古屋事件一般，牛頓的慣性定律與萬有引力定律，又開始接手這架飛機的命運。這架飛機的軌跡，從這一刻開始變成是幾乎可以預測的，因為它已經進入了一條連國中生都知道的自由落體拋物線。

　　此時航機仍然以 40 度的仰角、93 節的速度往上衝。最後在 20 時 05 分 41 秒，飛機到達拋物線的最高點，飛機已經沒有足夠的推力再往繼續上衝，此時飛機的高度是 2751 英呎。就在飛機即將到達頂點之前，副機師呼叫塔台：

　　05'37"　　副機師：Tower……。

　　05'40"　　副機師：Confirm go around！

副機師的驚恐與慌亂溢於言表。完全可以理解，因為此時各種警告聲不斷此起彼落，失速警告、高度警告、近地警告……。當然，正機師也不例外；

　　05'42"　　正機師：啊！

　　05'44"　　正機師：啊！

航機開始急速地往下掉。此時卻傳來了塔台的詢問：

　　05'45"　　塔台：676，Confirm go around？

副機師仍然還在做最後的努力；

　　05'48"　　副機師：Confirm go around！

　　05'50"　　副機師：高度低了，帶起來！

　　05'57"　　………………。

座艙通話錄音停止。當然，因為飛機已經撞進民宅。

　　20 點 05 分 58 秒 XX 航空六拐六班機於降落重飛時，墜毀於桃園中正機場西北圍籬外至大園台 15 線（即國際路 2 段）公路間。由於航機是從 2751 英呎的高度墜下，也就是 830 公尺高度，是台北 101 大樓高度 509 公尺（連天線）的 1.63 倍。比起名古屋事件的最高點 1750 英呎，還要高出 1000 英呎（300 公尺）。因此之故，機上 196 人全部罹難無一生還。

　　依據失事調查報告，此次的失事肇因，起源於航機在下降時，由於下降較慢以致於飛機高度過高，組員希望藉著不斷增加阻力以便加速下降，導致一連串的錯誤發生而墜毀於機場外。從座艙通話記錄之中，有幾點是失事報告中沒有提到卻非常值得我們深思的地方。

　　此趟航程有一個明顯的特徵，正機師的發言佔極大部分，副機師對正機師的一切命令完全沒有意見，幾乎都僅以「是」來回應或是直接動作。從記錄到 7 分鐘後開始下降起算到記錄結束，一共 30 分 11 秒，副機師總共回答了 17 個乾淨俐落的「是！」，而且對正機師的決策毫不懷疑。對正機師多次的誤判，也毫無監督，任由正機師的連串失誤不斷累積。但是副機師並不是完全不知道正機師的失誤。在 20 時 00 分 35 秒副機師說：「只有 16 浬距跑道，現在高度 7000 呎。」代表著副機師了解到，下降過程中，高度確實有些不對，相信副機師在全部的飛行過程當中，有疑問的地方絕對不只一處。問題是副機師為何對正機師言聽計從毫不質疑呢？

　　正機師多次都不符合標準程序而且違反規定，甚至連最後重飛的規定也未遵守仍強行落地。為何副機師從不對他的行為提出意見或甚至質疑呢？

　　從頭到尾正機師的言行就像一個老師，不斷地教導副機師如

何處理事情，而副機師也就像一個乖乖聽話的小學生，不斷地點頭說是。基本上，教導副機師本來就是正機師的職責。關於這一點，完全沒有任何問題。可是當老師一直在犯錯的時候，當學生的為什麼一直沒有提醒老師呢？

整個事件中，最讓人百思不得其解的，就是在組員決定重飛之後，有 11 秒鐘的時間航機無人駕駛，自動駕駛已被解掉，飛行員也放開駕駛桿。合理的推測應該是組員並不知道自動駕駛已被他們自己解掉了，故而放手，好讓自動駕駛去執行重飛程序，以免再度發生人機對抗的事情。回顧名古屋事故的發生，由於飛行員的控制與飛機的自動控制相牴觸，造成人機對抗。也由於這樣的原因，導致飛機系統被改成不可與駕駛員相牴觸。只要組員下壓駕駛桿的力量大過 33 磅，手動駕駛即可超控自動駕駛。然而在大園事件中，由於進場過高，造成飛機不斷減速，以致於進入相對危險的狀態。為了避免失速，攻角基準功能被啟動，自動油門將推力增至最大，以求航機能夠用最快的速度飛離瀕臨失速的險境。由於推力增至最大造成俯仰力矩正向增大，於是機頭開始逐漸改平並繼續往上抬，接著仰角也開始快速增大。此時組員注意到飛機已停止下降並且高度開始回升，因而將駕駛桿下壓，企圖以手動的力量，強迫機頭向下以便繼續下降。由於施加在駕駛桿上的力量超過了 33 磅的限制，導致自動駕駛被解除。但是此時飛行員卻並不知道，自動駕駛已經被他們自己所解除，造成在重飛之後飛行員為了避免人機對抗而鬆開駕駛桿，將控制權交給航機的自動飛航系統。但該系統卻因名古屋事件之故，早已修改成可以被超控而早已被解除，造成了關鍵的 11 秒內航機無人駕駛的情境，最後還是產生與名古屋事故幾乎完全相同的結果。

名古屋事件讓人不解的是人機對抗怎麼會發生的。大園事件讓人不解的恐怕更為深刻。為什麼兩次座艙中的白人電子飛行員

想要提供協助，卻都弄巧成拙？而且大園事件、名古屋事件的起因完全不同，一個是人機對抗，一個是進場過高，為什麼最後都掉進同一個陷阱？

以上所列的數點疑問，有些明顯的與我國傳統的威權文化有關。有些則牽涉到中國飛行員與西方電子飛行員之間的互動。有的則恐怕與西方人如何看待飛航安全有關。

西方人受拼音語言的影響，其基本思維模式可以說是「序列式」的。每一個英文字都有一個固定程序來書寫、發音。我們中國字則完全不同，屬方塊字。同樣的，我們也受到方塊文字的深刻影響，使得我們中國人的基本思維模式是「圖像式」的。每一個中國字都沒有一個固定不變的程序來書寫。所以要西方人或使用拼音文字的民族（包括日本人），去遵守標準作業程序是很自然的事。至於叫中國人去遵守標準程序當然會比較困難，因為我們並不習慣程序。

西方人同樣習慣從序列式觀點來看飛航安全，因此所提出的飛安理論，也幾乎都是序列式的。波音公司的事故鏈理論就是一個典型的例子，當然還有其它類似的理論。事故鏈理論，將事故的發生視為一個個事件，依前因後果的順序串連在一起而形成。我們可以將之稱為「序列式因果」觀點的飛安理論。根據這樣的觀點，我們自然可以推論，如果事故是由一連串的事件環節串連而成，則打斷其中一個環節，自然就可以阻止事件的串連，從而阻止事故的發生。在名古屋事件發生之後，理論上，當我們拿掉其中一個環節：「讓飛行員可以超控飛機，以避免人機對抗」，應可打斷事故的串連，阻止類似事故的發生。然而事實並非如此。名古屋事件後，航機的自動控制系統已被修改，以避免人機對抗。在大園事件中卻正由於這個原因，造成關鍵時刻航機無人駕駛，終於造成幾乎完全一樣的悲劇。因此，這一類「序列式因

果」觀點的飛安理論，存在明顯的缺陷。這也不稀奇，原因其實很簡單，因為這一類的理論，皆不易掌握事故全盤的全貌，以致於無法提供完整的描述，僅能提供單純線性序列式的描述而已。而航空事故的發生，常常並非如此，因為事故會自己找出路，不會每次都按照人類給它劃定的路線進行的。

1-3 凝結的除夕夜

民國 84 年 1 月 30 日正是農曆新年的前一天，也就是除夕。過年的歡樂氣氛無所不在。陸海空交通人潮洶湧，大家都想趕著回家吃年夜飯。其中離島的居民，更是歸心似箭，因為他們可以選擇的交通工具不多，大部份都要倚賴飛機。生怕錯過班機，來不及趕回家吃年夜飯。

台北松山機場下午 5 點多，行色匆匆的旅客，手上提著大包小包的行李擠滿了整個大廳。緊張忙碌之中想到好久未見的家人，馬上就可以聚在一起，欣喜之情寫在每一個人的臉上。

為了讓旅客都能順利回家，尤其是離島居民，民航局早已擬妥 60 萬旅客的疏運計劃，要求每一家航空公司，特別是飛離島航線的公司，務必要讓每一位旅客都能夠在除夕夜回到家裡好跟家人團聚。航空公司也特別加開航班，全力配合民航局的計劃疏運旅客。

XX 航空 509A 班機是法國 ATR 公司製造的雙引擎渦輪螺旋槳客機，是航空公司特別安排的春節加班機，6 點正起飛從台北飛澎湖馬公。飛機並不大，狹窄的客艙載滿了 74 位，準備從台北回馬公過年的旅客，這已經是今天的第 10 趟飛行任務了。從台北起飛之後，整趟飛行任務一切順利。原來公司安排的最後一班飛馬公的班機，是晚上 10 點。所幸旅客疏運得相當順利，回

馬公的旅客看起來都已經運的差不多了。

　　晚上 6 點 50 分飛機順利抵達馬公機場。機上的旅客一個個興沖沖地，提著大包小包的行李，迅速地都下了飛機。機艙內瞬間完全安靜了下來，只剩下服務人員在整理機艙。沒多久飛航組員與客艙空服員，嘻嘻哈哈地回到機艙內，每一個人的臉上，都充滿了歡樂愉快的表情，因為他們剛接到台北總公司的電話，晚上最後一班飛馬公的加班機取消，旅客已經疏運完畢。意思是飛完這一趟班機飛回台北之後，兩位飛行員、兩位空服員，也都可以回家與家人團聚吃年夜飯了。而且這趟回台北的班機，一個旅客也沒有，該回台北的早就已經回去了。空機回台北，沒有旅客需要服務，太輕鬆了，尤其是在忙碌了一整天之後。想起這一整天，都在忙著運送旅客，正機師今天已經飛了 7 趟任務，副機師也已經飛了 6 趟，只要再飛完這一趟，公司所交賦的任務就順利完成，也就可以回家吃年夜飯了。輕鬆愉快的氣氛充滿了整個機艙。

　　晚上 7 點 16 分，這架編號 B-22717、班次 510A 的飛機，由馬公機場順利起飛，預計晚上 8 點 20 分飛抵台北。

　　16 分鐘之後，組員呼叫台北近場台，告知飛機距離苗栗後龍 16 浬，將下降高度並維持 9000 英呎。近場台隨即指示組員通過後龍，將高度降到 4000 英呎並準備降落松山機場 10 號跑道。7 點 36 分當航機通過後龍之後，組員要求直飛林口，請求以目視進場。近場台同意並指示高度降至 4000 英呎。

　　目視進場就是可以不必嚴格遵循助導航設施所設定的路線，飛行的自由度會比較大。一般助導航設施所設定的路線，必然是連接各相關設施所形成的折線來導引飛機的飛行。如果是目視進場，駕駛員可以視情況需要做必要的調整。因此有時候可以縮短一些距離與時間，當然也可以省點油。不過天氣要夠好才能目視

進場。除夕當天晚上天氣很好，符合民航局規定的目視飛行條件：能見度 8 公里、雲幕高 2500 英呎。

7點40分近場台再次呼叫組員，指示將高度降至3000英呎，組員表示收到並複誦。2 分鐘後組員表示看到松山機場，近場台同意班機目視降進場並降落在松山機場 10 跑道，駕駛員接獲許可並複誦確認。又過了 1 分鐘駕駛員呼叫松山機場塔台，告知距機場 15 浬，將採目視進場。到目前為止整個飛行一切正常。然而 7 點 44 分後，塔台連續呼叫多次組員皆無回答。7 點 53 分飛機從雷達幕上消失。

除夕晚上，偏遠的桃園縣龜山鄉兔坑村山區，因距離市中心較遠且交通不便，居民不是很多。兔坑村雖然正好位於飛機航道下方，但是由於經過的飛機高度都很高，飛行的聲音都很小。平時天黑之後，除蟲鳴鳥叫及狗吠之外，一切顯得安祥又寧靜。儘管今天是除夕，安靜一如往常。

住在桃園縣龜山鄉兔坑村的蔡姓村民偕同家人一起到龜山市區，一家熟悉的老餐廳吃年夜飯，一家人團圓其樂融融。七點半剛過蔡先生一家人回到家裡，休息的休息、看電視的看電視、聊天的聊天，蔡先生則準備燒開水泡茶。這時候蔡先生聽到一陣飛機的引擎聲音。兔坑村本來就在飛機航道的下方，聽到飛機聲是很普通的事。正因為如此平常聽慣了飛機的聲音，今天聽到的似乎不太一樣，甚至連電視的畫面也受到影響而一陣子晃來晃去，畫面顯得有點模糊不清。蔡先生正在納悶的時候，就連續聽到「咚、咚、咚」三聲沉悶的聲音，接下來又一聲巨響。隨之出現的火光把整個窗戶都照亮了。他很快地打開窗戶往窗外一看，順著火光的方向望去，他看到對面的山谷中，有一股很大的火光由山谷沖上半空中，看起來好像是在放煙火，接著又發生兩次的爆炸。驚魂未定的他，立刻抓起電話向龜山分駐所報案，並看著火

光燃燒半個多小時直到火光消失。

　　另一位兔坑村詹姓村民，當時人在自己家裡面，正好在家門口逗著小狗。突然之間，他聽到飛機低空掠過的聲音，引擎聲音很大、很奇怪，吸引他不自覺地抬頭往上看。沒幾秒鐘就聽到「轟」的爆炸聲，第一次爆炸的聲音很大，爆炸後伴隨著強烈的火光看起來宛如一團大火球，由半空中往山谷墜落。緊接著又是連續的爆炸聲。火球墜落山谷後，隨即起火燃燒，所幸山區潮濕，火苗未再擴大，且很快就自行熄滅。

　　接獲報案的警局，立刻向航管單位查詢，確實有一架 XX 航空的班機，剛好飛過該山區。當然很快地就證實，毫無疑問地，這一架飛機確實是墜毀了，就墜毀在桃園縣龜山鄉的山區。一向寧靜的龜山鄉兔坑村山區，在農曆新年的除夕夜，被搜尋失事班機的救難人員，進進出出地攪得忙碌異常，卻沒有往日過年的歡樂氣氛。所有的人員只想趕快設法抵達失事現場，希望能及時找到生還者。很快的九點多一點，第一批救難人員已經抵達現場並沒有發現生還者……。

　　根據首先趕到現場的龜山分駐所員警指出，飛機墜落在距離龜山鄉兔坑村福安宮南方，步行約 30 分鐘的山坡上，高度約 400公尺。墜毀的地點離山頂只有 8 公尺左右。殘骸散落的範圍方圓約 100 公尺。

　　按規定在這個位置時，飛機的高度應該在 2100 英呎以上。然而飛機撞山的高度卻只有 1375 英呎左右，低了 725 英呎。而這座山的高度是 1400 英呎，離山頂只差 25 英呎。同時飛機殘骸的中、後段，機尾、水平與垂直尾翼與部份機翼，散落在山頭的另一邊。另外，機頭深陷土中。附近處處可見被螺旋槳削平的樹枝、樹幹。很明顯的飛機並非是在空中爆炸，而是直接撞山之後才爆炸。由於撞擊的力道很大，造成部份殘骸越過只差 8 公尺的

山頂，掉在另一邊。問題是飛機為什麼會飛這麼低而導致撞山？

由於飛機上只有四個人，前艙飛航組員兩人，正機師與副機師，後艙空服員兩人，沒有載運任何的旅客。因此對社會的衝擊相對比較小，尤其是在過年期間，歡樂的氣氛依然充塞在社會各個角落。不到一個星期新聞熱度就已冷卻，好像空難從來沒發生過一般。然而對於這4個家庭來說，84年的除夕夜與來不及吃的年夜飯，卻已經永遠凝結在腦海裡。悲劇是怎麼發生的？這一回又是什麼力量，能夠讓除夕夜凝結？

兩年後民航局公佈調查報告，報告中並沒有單獨列出失事肇因，只是條列式地陳述調查的結論，其中主要的幾點如下：

1.有一空服員坐於駕駛艙內。

2.松山機場天氣符合目視天氣標準。

3.飛航組員未按正常程序執行標準呼叫程序。

4.機長對操控飛行及非操控飛行職掌權責不清。

5.飛航組員對松山機場附近地形狀況不熟悉。

6.正機師察覺 ILS（儀降系統）訊息是錯誤的，叫出「不對」、「不對」、「不要偏出去」。

7.失事前2秒鐘自動駕駛被解除，依據 DFDR（飛航數據記錄器）在最後一秒前，顯示飛機增加至1.8G力，機頭向上拉起。

當然，又是一個具體事實的陳述，這是正確的。根據這樣的結論，民航局對該航空公司以及其它航空業者，分別提出改善建議：

航空公司：

1.強調飛航組員之座艙紀律。

2.對PF（主飛飛行員）與PNF（監控飛行員）職責劃分要明確。

3. 要求飛航組員對標準呼叫程序應按規定執行。

4. 重新檢討訓練計劃對所有駕駛員，增加儀器進場系統之裝備及性能之科目。

5. 重新檢討標準操作程序並開始對不同儀器進場段之程序及強調參考其它助航之交互檢查事項重要性之訓練。

其它航空業者：

1. 重新檢討訓練計劃對所有駕駛員，增加儀器進場系統之裝備及性能之科目。

2. 重新檢討標準操作程序，並開始對不同儀器進場段之程序及強調參考其它助航之交互檢查事項重要性之訓練。

根據報告中的結論與建議，失事肇因已經很明顯。在民航局對航空公司的改善建議中，第一點就是強調飛航組員之座艙紀律，指的是飛航組員不守規矩。為什麼會有一個空服員坐於駕駛艙內？報告中也提到，飛航組員未按正常程序執行標準呼叫，又是為什麼？同時機長對操控飛行及非操控飛行職掌權責不清，又是什麼原因造成的？報告中又提到，飛航組員對松山機場附近地形狀況不熟悉。關於這一點事實可能未必盡然，因為當天正機師已經飛了 7 趟任務，副機師也已經飛了 6 趟。因此再加上以前的經驗，飛航組員對松山機場附近地形狀況應該不會不熟悉。最可能的狀況應該是飛航組員當時的疏忽。

但是，飛航組員也並不是疏忽到完全在狀況外。報告中指出，正機師有察覺到儀降系統的訊息是有問題的，因而叫出「不對」、「不對」、「不要偏出去」。只是為什麼沒有校正過來呢？直到最後一秒前，顯示飛機增加至 1.8G 力，機頭向上拉起。說明了在最後一秒鐘的時候，組員必然是察覺到飛機飛得太低了，正在努力要將機頭拉起，而且只剩下 25 英呎就可以飛越山頭了。當然，或許是察覺太遲，以致於來不及避免空難的發生。

所有的這一切，到底是如何發生的？從民航局的報告，我們可以看出來，民航局的調查小組，顯然認為是訓練不足所造成，只要加強訓練就可以防止類似的事件再發生。然而，每次空難之後，調查報告都建議要加強訓練，「加強訓練」都已經快變成飛安八股了，而空難卻仍時有所聞，這到底意謂著什麼？要落實訓練是很困難的？還是真的另有原因？另有更深層、且很難克服的原因？以致於使得連加強訓練都很難落實？或者其實已經加強訓練了，只是每一次都掉進不同的陷阱？

　　在這種情形下，深入探討具體行為背後的深層意義，已經是不可避免的事了，也唯有如此才有可能了解事故背後的真正原因，從而對症下藥。座艙通話記錄可以提供我們一個這樣的機會，現在就讓我們跟著組員在座艙的對話，一步一步地釐清事故發生的前因後果。

　　民航局的失事報告中，詳細地列舉出經由組員之間的對話、組員與飛航管制間的無線電通話及各式各樣的聲音，所構成的座艙通話記錄。記錄從晚上 19 點 13 分 23 秒馬公塔台核准起飛開始，直到 19 點 43 分 57 秒錄音結束為止，總共的長度是 30 分鐘 34 秒。從飛機還在地面上座艙中，就出現了一位空服員的聲音：

　　13'34"　正機師：你來吧！你表演一下。

　　13'37"　空服員：（笑聲）。

正機師顯然是叫副機師操控飛機，練習起飛動作。正機師當然應該帶領副機師。此時飛機正在跑道上加速還未離地。空服員的笑聲，推測應該是代表他們是非常熟稔的工作伙伴，以致於連組員正忙於起飛時，有人在旁邊發出笑聲都可以容忍。飛機起飛之後，正機師與管制員連繫並問候新年好；

　　15'32"　正機師：你好，過年好啊！

機艙裡的輕鬆氣氛顯而易見，因為空服員的笑聲又出現了；

15'38"	空服員：好好玩，過年聽到……（笑聲）……，剛才有人叫你……？
	正機師：阿佳。
	空服員：對呀！
	正機師：航管叫我阿佳，都知道…。
	空服員：聽說你的名字有太多人，有人還鬧笑話…。
	正機師：就是阿佳。
	副機師：阿佳變成阿家，台灣話的家…。

幾個很熟的工作伙伴，又是除夕夜，再加上沒有旅客，心情當然是很愉快。過年的氣氛不只在機艙裡，管制中心也一樣：

16'41"	正機師：陪爸爸回家吃年夜飯囉？
16'43"	管制員：沒有回去，剛吃了一半就回來了。
16'45"	正機師：辛苦啦！
16'47"	管制員：沒辦法，你們這些爺兒們要我們伺候，有啥辦法。
16'53"	正機師：真是！
16'54"	管制員：流量管制比較累一點，我們太多飛機了。
17'01"	正機師：還好，今天還好吧？
17'03"	管制員：今天還好，初二、初三可能就差一點了。
17'06"	正機師：對呀，初二、初三班次就多了，真討厭。

接下來是夾雜空服員聲音的談話及笑聲。

17'06"	空服員：（笑聲及談話）
18'19"	空服員：教官你明天還飛嗎？
	正機師：明天沒有啦，明天休息，初二、初三連飛5天。
	空服員：教官在家燒菜嗎？
	正機師：（閒話家常）

副機師：航管一聽阿佳就…（笑聲）。

其實，在整個航程中的大部份，都是諸如此類的輕鬆談話斷斷續續。當然，正常的飛行任務及連絡工作，也都無誤地在執行著；

　　21'50"　　空服員：要爬多高？

　　21'52"　　正機師：11000，現在才 10400。

　　22'06"　　空服員：外面氣溫幾度？

　　22'11"　　正機師：負二度 C，（修正）負三度 C…。

　　22'13"　　空服員：這樣跳好可怕噢，雲這樣衝過來。

　　22'25"　　空服員：已經結冰了？

　　………………

　　25'30"　　正機師：妳安全帶有繫呀？

　　25'32"　　空服員：好！

　　25'33"　　正機師：我說妳安全帶有繫起來呀？

　　25'35"　　空服員：好！

　　26'02"　　正機師：妳要用這個聽呀？

　　26'04"　　空服員：不然用哪個聽？

　　………………

　　28'56"　　空服員：現在是哪一站？

　　28'57"　　正機師：結冰啦！

　　28'58"　　空服員：結冰啦…

　　29'07"　　正機師：溫度沒有關係，水氣…那邊山頭沒有水，沒有水就…。

　　一路下來，機艙中的氣氛就一直是輕鬆愉快，也都沒有耽誤什麼事情。可是，狹窄的機艙中多了一個人問東問西的，影響是終究不可避免的；

　　30'26"　　正機師：Papa。

　　30'31"　　空服員：什麼叫 Papa？

管制員：XX 航空 510A say speed？

就在空服員詢問正機師 Papa 是什麼意思的時候，台北近場台的管制員，也同時開口詢問航機的速度。接下來疑是切換無線電頻道的聲音，可能影響到組員訊息的接收，之前機師都是跟台中近場台連絡的。但是，既然座艙通話記錄有錄到，表示飛航組員應該是有聽到。此時副機師僅回答空服員的問話，而沒有答覆管制員的詢問；

30'33"　副機師：（解釋航空專用術語的意義）

40 秒鐘之後，台中近場台通知組員連絡台北近場台，並問候新年快樂；

31'16"　管制員：510A，contact Taipei approach 119.7，Happy new year。

正機師回答之後，即刻與台北近場台連絡；

31'34"　正機師：Taipei approach，510A，descend and maintain 9000。

空服員的聲音又出現了；

32'15"　空服員：台北近場台的聲音都很年輕…。

32'28"　正機師：是、是、是。

32'52"　空服員：現在我們到哪裡了？

32'53"　正機師：還有 9 浬到後龍。

32'55"　空服員：快了…。

才安靜不到一分鐘，空服員的聲音又來了；

33'51"　空服員：啊！下雨了！

34'35"　正機師：…（聲音不清楚）。

此時，正機師請求定向林口外信標台，並希望目視進場。

35'28"　正機師：Taipei approach，510A，request direct LK，make a visual。

台北近場台立即許可定向林口，但並未許可目視進場。

35'36"　管 制 員：510A roger，direct LK approved，descend
　　　　　　　　　　and maintain 4000。

正機師遵循管制員的指示，繼續執行進場。

其實，空服員雖然問了很多問題，但都是趁空檔在問。只是
她到底不是飛行員，並不是很確定什麼時候才是空檔。很明顯的
安靜一陣子之後，空服員又問問題了。或許她是好意，想讓機艙
內不要太沉悶；

38'20"　空 服 員：已經到新竹了？

38'23"　正 機 師：過了，過了，快到中壢了！

38'42"　空 服 員：那邊有下雨嗎？

38'45"　正 機 師：沒有下雨。

39'37"　空 服 員：我們要排隊嗎？

39'38"　正 機 師：我們不要排隊了，我們第一架，我們對著
　　　　　　　　　　機場去了，我們連 ILS（儀器降落）都不
　　　　　　　　　　要作了。

39'48"　空 服 員：教官是報你的名字嗎？

組員並沒有回答，飛機持續下降高度。

兩分鐘後，正機師跟進場台表示看到機場，此時飛機高度約
為 3500 英呎。

41'39"　正 機 師：510A，airport in sight now。

41'42"　管 制 員：Roger，510A，cleared for visual approach，
　　　　　　　　　　runway 10。

41'45"　正 機 師：Clear for visual approach，runway 10，
　　　　　　　　　　510A。

既然正機師呼叫目視進場，台北近場台立即發出許可，許可 XX
航空 510A 實施目視進場。又過了一會：

42'26"　空服員：教官，什麼高度可以放 Gear，大概高度降
　　　　　　到什麼高度可以放 Gear？

正機師還沒有回答，管制員的詢問進來了，詢問航速；

42'31"　管制員：510A say speed？

正機師卻優先回答空服員，同一時間，管制員的詢問又進來了：

42'34"　正機師：呀！要看速度，到了距離看速度。

　　　　　管制員：510A say speed？

又過了幾秒鐘，正機師才回答管制員；

42'40"　正機師：245。

當時飛機的高度已經低到 2400 英呎。接下來，台北近場台管制
員的服務終止，將管制轉交松山機場塔台，隨及正機師與松山塔
台連絡；

42'54"　正機師：松山 Tower，510A，15 miles visual ap-
　　　　　　proach。

正機師通知松山塔台，XX 航空 510A 距跑道 15 哩，仍然是目視
進場，高度持續下降。塔台提示松山機場風向、風速資訊，正機
師複誦塔台的指示；

43'09"　正機師：Runway 10，1026 continue approach，
　　　　　　510A。

並提示副機師：

43'20"　正機師：快點，不要耽誤後面，522 在後面作 ILS。

正機師提醒副機師，後面還有一架飛機也要降落。不過，正機師
雖然把飛機的操控交給副機師，但是副機師卻並沒有按照標準程
序執行，起飛後檢查、巡航檢查、下降檢查都沒有做，負責監控
的正機師，也沒有提出指正。

43'37"　副機師：Capture……。

副機師叫出 capture，意義並不是很明確。不過據推測應該是在攔

截下滑道。因為此時飛行數據顯示，航機在左右定位台的有效範圍之外，同時上下滑降台攔截模式已經啟動，雖然下滑道也低於有效範圍。所以副機師正在努力將航機飛回正常的下滑道。但是顯然不是很正確；

43'40"　正機師：（…）不對，不對。

43'44"　正機師：教官不要偏出去。

正機師連續叫出不對兩次及不要偏出去，有可能是發現儀降系統接收到的訊息，顯示航機的下滑軌跡並不正確。正機師的提示剛結束，出現了連續 5 秒鐘的高度警告聲，可能是因為航機高度太低，而未放起落架的關係。不過副機師的反應並不明確，似乎仍然在攔截；

43'56"　副機師：Capture……。

43'57"　記錄終止。

四個家庭再也等不到家人回來吃年夜飯，等到的是公司的緊急電話與所傳來的惡耗。

如果單從通話記錄來看有一點是肯定的，航機飛行的軌跡不正確，正機師發現不對提出警示，副機師來不及校正回來，以致於發生撞山。

座艙通話記錄，只錄下了座艙中的聲音。在飛行的最後階段，從正機師發現飛行軌跡不對到記錄終止，僅有 17 秒鐘的時間。在這段時間內，正機師加上副機師，中、英文一起算，總共只說了 12 個字，其間到底發生了什麼事情，通話記錄所能提供的資訊太少了。飛航數據資料記錄器，則記錄了與飛行直接相關的各種硬體數據，對於重建最後階段的飛行狀況會有很大的幫助。

顯然，本次事件主要是起因於飛機的飛行軌跡不正確。因此我們把飛行數據中的無線電高度、磁航向、俯仰角、滾轉角隨時

間的變動列出來，好讓我們進一步了解，飛機在撞山之前到底發生了什麼事。下表中所列的磁航向是指機頭指向與磁北的夾角，可以告訴我們飛機在水平面上的航向。俯仰角是機頭方向與水平線的夾角，可以提供飛機的俯仰姿態。至於滾轉角，則是飛機側滾的角度，代表著飛行員將飛機轉彎的操控動作。

時間	高度（英呎）	磁航向（度）	俯仰角（度）	滾轉角（度）
19:43:36	1097	61	-3.8	2.1
19:43:37	1029	60	-3.8	6.0
（副機師說：Capture。）				
19:43:38	1033	60	-4.9	13.7
19:43:39	1063	61	-5.2	20.7
19:43:40	1019	62	-5.2	26.4
（正機師：不對，不對。）				
19:43:41	891	64	-5.2	29.9
19:43:42	780	67	-5.2	30.2
19:43:43	696	70	-5.2	27.1
19:43:44	536	74	-5.2	23.6
（正機師：教官不要偏出去。）				
19:43:45	296	76	-4.9	19.3
19:43:46	393	78	-4.9	14.1
19:43:47	474	80	-5.2	9.8
19:43:48	404	81	-5.2	6.3
19:43:49	252	82	-5.2	2.5
19:43:50	121	82	-5.6	0.0
19:43:51	124	82	-5.6	-5.6
19:43:52	185	82	-5.6	-9.1
19:43:53	189	81	-5.9	-12.3

19:43:54	189	80	-5.6	-15.8
19:43:55	111	80	-5.2	-15.1
19:43:56	96	78	-4.2	-11.2
（副機師：Capture。）				
19:43:57	104	77	0.4	-8.8

　　觀察以上所列的數據，在副機師叫出 capture 之前，磁航向有一段時間，都是維持在 61 度。代表著飛機是直線飛行，且以接近 5 度角朝下。當副機師叫出 capture 之後，磁航向的度數開始增加，表示飛機開始向東偏轉。俯仰角下降得更多，也就是機頭更朝下。滾轉角也開始快速增加，表示飛機開始轉彎。所以此時飛機的動作是向右轉且往下飛行。顯然副機師是在調整飛機的指向，以大角度向右轉彎，好去攔截下滑道。僅僅 3 秒鐘飛機的滾轉角，已經大到 26.4 度。正機師立即查覺有異，並叫出不對、不對。副機師的操作，顯然幅度太大了。然而飛機的滾轉角，在 2 秒鐘之內，達到最大值 30.2 度之後，隨即開始轉了回來。表示副機師應該是聽到了正機師的提醒，所以，立刻減緩他認為的攔截動作。但是飛機的高度，仍然在急速的下降，而且，磁航向也不停地在偏轉，表示飛機還在持續的轉彎中。

　　飛機此時的速度是 238 節，換算成公制，是每小時 440 公里。一秒鐘就可以飛出 122 公尺，非常快的速度。任何細微的操控動作，都會很快地造成大幅度的變化。儘管副機師還在努力調整飛機的姿態，但顯然還是沒掌握到正確的位置。僅僅又過了 4 秒，正機師又再提醒副機師不要偏出去。正機師呼叫之後，飛機的滾轉角明顯的轉了回來，而且開始朝另一個方向旋轉。也就是飛機開始向左轉。磁偏角也在達到 82 度的最大值之後，開始朝北轉向。但是在這整個過程中，飛機的俯仰角，幾乎全都大於負

5 度以上。造成飛機在大角度轉彎的時候，高度急速的降低。顯然飛機還在進行大幅度的修正，因而左右搖擺。甚至在撞山的前一秒，副機師還喊出 capture，居然還在修正攔截姿態。不過就在副機師還喊出 capture 之後，飛機的俯仰角，突然由負的變成正的，機頭開始朝上，而且高度也開始增加。根據這樣的數據，說明了最可能的情況，應該是副機師在喊出 capture 之後，就看到正前方的山了，副機師立刻想把飛機拉起來，也開始拉了，可惜已經來不及了。

綜合民航局的調查報告，座艙通話記錄以及飛航數據記錄，整個事件的過程，應該可以描繪出一個大致的輪廓。本次事件的主要肇因，確實是如民航局的報告所言，是飛航組員的座艙紀律問題。飛航組員的紀律問題，是一個具體事實。然而，是什麼原因，造成這樣的事實？座艙紀律何以會不彰？不彰的程度，又何以會嚴重到造成空難？

綜合所有的記錄，至少有以下幾點，值得我們深入思考：

1. 為什麼空服員會坐在駕駛艙內？
2. 從晚上 7 點 13 分 37 秒，第一次出聲開始，到 42 分 26 秒，最後一次發問，全部時間是 28 分 49 秒，空服員總共發聲 28 次，正機師回答 21 次，副機師回答 3 次，何以交談如此頻繁？
3. 在 30 分 31 秒以及 42 分 31 秒，空服員有 2 次，明顯造成組員與管制員通訊的干擾，而組員不但沒有制止，還優先回答空服員的詢問。
4. 正機師把飛機的操控，交給副機師，但是副機師在很多地方都沒有按照標準程序執行。起飛後檢查、巡航檢查、下降檢查都沒有做，而負責監控的正機師，為什麼沒有提出糾正？

5. 在 43 分 40 秒時，正機師叫出「不對、不對」之後，副機師暫緩轉彎的動作，幅度不再加大，也沒有迴轉，僅約略維持原來的轉彎姿態。因此，飛機仍然是以原姿態，繼續轉彎下降，正機師既然已經知道不對，何以沒有制止或接手？

6. 在 43 分 44 秒時，正機師說又叫出「教官不要偏出去」之後，副機師顯然仍未掌握重點，還在做大幅度的修正。為什麼正機師依然沒有動作？既沒有制止，也沒有出手接管飛機？

7. 正機師稱呼副機師為「教官」，據查證正機師是空軍官校 43 期，而副機師則是空軍官校 41 期的，原來副機師是正機師在空軍官校的學長！

　　以上幾點所謂的具體行為，乍看之下會有點令人不解。然而，任何一個中華兒女，只要靜下心來捫心自問，就會發現這些行為，其實都可以從我們中華文化的價值系統裡，找到其根源。換句話說，都可以從文化傳統中，找到蛛絲馬跡。空服員為什麼會坐在駕駛艙內？大家都是很熟悉的工作伙伴，甚至是很好的朋友。過年了又沒有旅客，全部都是自己人。任務完畢，準備一起回台北，輕鬆一下誰會這麼不近人情，拒人於駕駛艙之外呢？中國文化之中，人情壓力本來就不容易抗拒。因為人情，而扭曲規矩、制度、法律的，豈是只在駕駛艙內？大家都知道，是無所不在的。

　　當空服員有兩次，明顯造成組員通訊的干擾時，組員為什麼不立刻制止？我們的社會中，有誰會如此對待熟朋友？因此組員的行為終歸還是人情所造成。至於組員為何會優先回答空服員的詢問？答案其實也很簡單，因為我們中國人的人情是分等級的。如果，一個是多年的好朋友，一個是不認識的人，兩者在我們心

理上的距離是相差很大的，我們會很自然地比較傾向好朋友，而不是陌生人。

正機師既然把飛機的操控交給副機師，副機師就是主飛飛行員，負責飛行的操控。按規定正機師就是監控飛行員，負責通訊監控。但是，副機師在很多地方，都沒有按照標準程序執行，如起飛後檢查、巡航檢查、下降檢查，但是負責監控的正機師，為什麼沒有提出糾正？當然，很有可能也是因為人情的緣故，不好意思提出糾正。至於真相如何，恐怕永遠沒有人知道。不過有一點可以肯定，如果正機師與副機師一向相處不睦，甚至還有恩怨時，當副機師多次沒有按照標準程序執行，正機師恐怕不僅立刻公事公辦，提出糾正，甚至還會寫報告，交給上級。

最後，在飛機已經越來越接近地面，處於相對比較危險的情境時，副機師連續兩次犯錯，正機師為什麼僅是口頭提醒？眼睜睜地看著副機師犯錯，卻沒有任何動作？既沒有制止，也沒有出手接管飛機？當正機師稱呼副機師時，使用的是帶有威嚴、上下從屬意涵的「教官」，再加上原來副機師是正機師在空軍官校的學長，相信很多人已經了然於胸。在中國社會的各個角落裡，要動手糾正長官的錯誤，是多麼困難的一件事，下屬要承擔多少的壓力？甚至當學弟已經是正機師的時候，動手接管學長正在操控的飛機，依然困難到無法執行。

西方人強調人生而平等，屬基督教文明的個人主義式文化。他們認為衝突對抗是好事，不但不可以消除，還要設計成制度，好做為進步的原動力。我們中國人則強調各安其位、各守本份的和諧，屬情境主義式的倫理型文化。破壞既成的和諧，是大家都不願意看到的。和諧的社會，才能整合大家的力量，爭取整體的生存發展與進步。正機師與副機師的權責歸屬，是西方人所設計出來的。任何的制度，背後都有它的價值與信仰。當制度要求監

控飛行員，依據規定要隨時提出錯誤糾正時，提出糾正的人，不會有心理壓力，被糾正的人也不會覺得有何不妥。既不會覺得沒面子，也不會覺得被冒犯。因為不論是糾正的人，還是被糾正的人，大家都認為這是一件好事。當制度要求正機師負全責，必要時隨時可以接管飛機，以維持飛航安全的時候，在相對危急的情境下，接管與被接管的人，沒有人會覺得有何不妥，因為制度本來就是按照他們的價值觀所設計的。

然而，當幾個在潛意識裡，信仰和諧是好事，認為在座艙內，也要努力維持和諧的中國人，共同坐在狹窄的機艙內，面對來自完全不同信仰的人，所塑造出來的飛航環境時，如果要他們確實按照規定、程序來執行任務，叫他們不近人情、隨時糾正感情很好的哥兒們，或是不顧學長當年的照顧，直接指出他的錯誤，甚至動手接管他正在做的工作，他們所面臨的壓力會有多大？他們所要克服的障礙會有多強？他們成功的機會又會有多大？

走筆至此不禁讓人想起，二十世紀西方有一個很知名的哲學家卡爾波普，他曾經講過一句發人深省卻又讓人常常遺忘，甚至不願意去面對的話：制度，如果沒有傳統的支持，往往適得其反。

任何人如果沒有很慎重地，去面對文化傳統的影響，都將付出慘痛的代價，毫無例外！文化就像是如來佛的手掌，我們就像是孫悟空，任我們擁有金箍棒、筋斗雲、再加上 72 變，終究還是無法逃脫如來佛的掌握，因為我們根本就是活在文化裡面！

第二章

航空事故的真相

2-1　搭飛機真的很危險嗎？

　　飛行是運用空氣以克服阻力的方式，產生升力來持續與重力對抗的一種活動。重力是宇宙間最強大的一股力量，充塞在整個宇宙之中與無盡的時間長河裡，它從來也不需要休息。空氣則是地球上最柔弱的一種物質。人類要運用最柔弱的物質，來對抗這一股無所不在且永不止息的強大力量，其危險性當然是可想而知的。一個不小心，重力隨時都會不動聲色的提醒我們，誰才是老大。因此，只要有飛行，就隨時隨地都有可能發生意外；而且任何形式的意外都有可能發生；同時只要有意外發生，就是一件很恐怖的事情。因為本質上飛行的確是很危險的一件事。航空科技一百多年來的發展，人類費盡了九牛二虎之力，才勉強讓飛行安全了一點點（跟其它也會飛行的動物相比），而且一個不小心，心血就會立刻付之東流。

　　遠的不說，民國 87 年 2 月 16 日的大園空難之後，僅僅過了 3 天，也就是 2 月 19 日一架空軍的中興號教練機，由桃園基地起飛在執行任務時，因機械故障迫降在台北縣石門白沙灣外海，所幸飛行員跳傘逃生並安全獲救。

　　又過了 4 天之後，2 月 23 日一架波音 757 班機，從高雄飛松山機場時，因天雨路滑加上飛行員操作不當，不慎衝出跑道，造

成鼻輪「吃草」。所幸機上的 126 名乘客僅虛驚一場，並沒有任何人傷亡。

2 月 24 日下午空軍花蓮基地一架 T-38 教練機，在進行戰鬥飛行訓練時，因機件故障在台東外海失事墜落海中，機上的教官與學員雖跳傘逃生，結果卻不幸一死一傷。

3 月 2 日一架民用的貝爾直升機，在馬公外海執行鑽油平台的傷患護送任務時，不幸因為撞到鑽油平台，而失事墜海機上 3 人死亡。

3 月 17 日一架台南縣陸軍航空訓練中心的直升機，在執行飛行訓練時，因機械故障在迫降時為了閃避民宅，撞到高壓電線而墜毀，機上的教官與學員均不幸喪生。

隔天 3 月 18 日，接近凌晨的時候，還有數百名群眾，聚集在新竹南寮魚港分駐所以及大批救護車隨時待命，準備展開救援。因為幾個小時之前，一架某航空公司的客機，屬瑞士紳寶（SAAB）飛機公司所生產，紳寶 340 型的螺旋槳飛機，機師加服務員 4 人，乘客 9 人，於晚上 7 時 29 分，由新竹機場起飛，循著才開航 3 天的新竹-高雄航線預計飛往高雄。卻在飛機起飛後僅僅 3 分鐘，當飛機正由 1000 呎高度往 3000 呎爬升時，卻從雷達幕上消失。到了凌晨，民航局即證實，該機已經失事墜落新竹外海，機上 13 人無一生還。

3 月 20 日上午，另外一家航空公司的一架客機，搭載 52 名旅客，從台北飛往高雄，在起飛時，左邊發動機的整流罩脫落掉在跑道上。飛機起飛之後，塔台立刻通知飛機返航，最後平安降落松山機場。雖然無人傷亡，卻也讓社會大眾尤其是機上旅客嚇出一身冷汗。

3 月 20 日同一天的下午，一架空軍 F-16 雙座戰鬥機，在澎湖海域，執行海面炸射訓練時，因故墜海兩名飛官失蹤。

從 2 月 16 日的大園空難算起，到 3 月 20 日空軍的 F-16 戰機墜海為止，一共只有 33 天，卻發生了 9 起飛安事件，掉了 7 架各式大小軍用民用飛機。這一段時間，大概是中華民國航空史上最黑暗的日子。台灣的天空已經被鮮血染得滿天通紅。人人談機色變，整個社會對飛機充滿了恐懼，視搭機為畏途，各機場搭機的旅客數量明顯下滑，不少人非必要絕不搭飛機，也有人恐懼到拒絕出差，還有人甚至感染「飛機恐懼症」。當時聯合報還特別為此進行過民意調查，結果顯示有高達五成七的民眾，對飛航的安全已經失去信心。消費者文教基金會甚至還公開建議消費者，在國內飛航環境沒有改善前，改搭其它替代交通工具。

一項科技如果會讓人從心底產生莫名的恐懼時，它會有什麼發展與前景，是很難令人相信的。核能就是一個明顯的例子。航空其實也不例外。因此之故，只要大家都覺得搭飛機是一件很危險的事情，航空科技的發展，就必然大受限制。然而，搭飛機真的很危險嗎？

許多人終其一生與飛行最大的關係，就只有搭乘客機。而我們也常常可以在飛機上，看見許多人雙手合十，口裡念念有詞。這樣的現象，卻從來也不曾出現在其它的交通工具之中。飛行真的那麼不安全嗎？飛行真的有想像中那麼危險嗎？

如果我們真的去進行民調，我們將會發現，大多數人可能真的會告訴你：搭飛機是很危險的。但是，這卻僅只是個人的認知而已，並非是事實。當然，這樣的認知，必然也是基於部份的事實。此一認知的主要來源，應當是來自於航空事故一旦發生，通常都是衝擊很大的社會事件。除了事故本身的血淋淋之外，再加上一些繪聲繪影甚至捕風捉影的傳言，對社會人心的衝擊，自然是不容易平復的。然而就事論事，在飛航安全的領域之內，全球航空事故的發生其計算單位卻是百萬分之一！與其它的工業事故

相比，根本就是微不足道的。如果我們拿幾種科技相關事故的具體數據來看，我們就會發現，事實常常不是我們所認定的那樣。然後我們對所謂的安全或者是危險，就會有一個比較客觀的看法。

死亡人數	核能	航空事故	道路交通事故
79 年	0	0	7,333
80 年	0	6	7,322
81 年	0	2	7,216
82 年	0	6	7,367
83 年	0	264（名古屋）	7,250
84 年	0	5	7,427
85 年	0	6	7,077
86 年	0	16	6,516
87 年	0	219（大園）	5,903
88 年	0	7	5,526
89 年	0	84	5,402
90 年	0	2	4,787
91 年	0	226（澎湖）	4,322
92 年	0	2	4,389
93 年	0	1	2,152
總計	0	846	90,007

圖 2-1　核能事故、航空事故與道路交通事故，近 15 年來所導致的死亡人數

讓我們比較歷年來，在台灣運用航空、核能與道路交通工具等三種科技，所導致的死亡人數。近 15 年來航空事故造成了 846 人死亡，其中包含了名古屋、大園、與澎湖三大空難，相當於每年死亡 56 人左右。而人人聞之色變的核能事故，15 年內（其實是有史以來），不但沒有造成任何人死亡，也從來沒有發生過事故。與之相反，道路交通事故每年都造成數千人的死亡，15 年下來已經造成九萬人死亡。這個數字更超過航空事故 15 年來死亡

人數總和的 10 倍之多。而且這個數字還沒包括摩托車的傷亡。上述三種科技的使用記錄來看我們就知道核能是最安全的,航空次之,汽車反而最危險。但是核能明明是最安全,為什麼還有那麼多的人談核色變呢?關鍵就在事實與認知的落差,很多人常常分不清楚認知跟事實是兩回事,老是陷入自己的認知而不自知,因而無法理性的面對問題。這種態度對於增進社會的安全毫無助益。

然而飛行在本質上確實是很危險的。所謂飛安零事故只是一種遙不可及的理想而已。正因為這個原因,我們在面對飛安的時候一定要有一個理性正確的看法,而不是一廂情願地無限上綱自己的情緒認知與感受。自己畫了一個令人恐懼萬分的鬼,然後把自己嚇個半死。國際民航組織(ICAO)在其所出版的 9859 號文件中明確定義:安全是一種通過持續危險辨識,及風險管理的過程,將人員傷害或財產損失的風險降低,並保持在某個可接受的水準或以下的狀態。根據以上的定義,我們可以發現安全的關鍵詞是「風險」。因此從風險的觀點來看飛航安全才是一個理性的態度。而風險除了考慮事故發生的嚴重性之外,還需要考慮事故發生的機率才完整。

依據波音公司針對全球商用噴射飛機意外事故的統計,近 10 年全球的失事率約在 1.2 次/百萬離場,此數據代表著什麼樣的含意,我們可以舉個簡單的例子來說明:假設李先生每天搭飛機,往返於台北高雄兩地一趟(每天兩個離場)那麼他一年就有 2×365 個離場,於是我們可以知道李先生大約在連續搭了 1370 年的飛機,相當於 $2 \times 365 \times 1370 = 1,000,100$ 個離場,達到百萬次離場之後平均才會遇到 1.2 次的失事事件。也就是說一個人天天搭飛機上下班,連續一千多年平均才會遇到一次航空事故。誰能活到一千多歲呢?所以你就算是想故意去碰到航空事故,也要

運氣夠好才碰得到。除此之外，我們身邊包括親戚、朋友、同學、同事等，偶而總是會遇到在交通事故中傷亡的案例。但是在我們的接觸範圍之內，卻鮮少碰到有人在航空事故中傷亡的案例。由此可見人類飛行的危險性與一般人心目中的認知，恰好完全相反，把機率考慮進去之後坐飛機不但不危險，實際上反而是十分安全的。

不過，即使航空運輸已經是非常的安全，每次空難發生時，數百個家庭瞬間陷入愁雲慘霧之中，衝擊之大使得任何一個社會，必然要盡一切努力來防止空難發生的任何可能。因此，面對飛航安全的時候，所有參與其間的任何人包括乘客，秉持著戒慎恐懼的態度都是絕對必要的，不論飛航已經是多麼地安全。

2-2　航空事故發生的原因

對全人類而言飛機發明之後，由於航空科技仍處在萌芽的階段，飛行是屬於冒險家的事情，與一般人並沒有什麼關係，一般人也觸碰不到。接著發生的兩次世界大戰，雖然使得飛機成為戰場上的致勝利器，但是飛機與一般人，仍然是沒有什麼關係。二次世界大戰之後隨著航空科技的逐漸成熟，飛機慢慢地開始進入一般人的生活之中，航空事故才漸漸成為社會大眾關心的話題。

隨著地球村的形成，飛航安全的課題也就不分國籍了。全球的航空運輸網路，早已將地球連成一個休戚與共的生命共同體。任何一個地方發生了民航機墜機事件，總是會有不同國籍的旅客涉入其中。一個非洲維修人員的疏忽，隨時可能造成一個美國人的喪命。因此，任何一個國家尤其是先進國家，不但不可以只顧自己的飛航安全，還要隨時提供協助幫助任何需要幫助的國家，以共同提升全球的飛航安全水準。如今全球每百萬次離場，發生

有人死亡事故的失事率平均已經低於 1 次。能保持這麼低的水準，當然是許許多多各個不同領域的人共同努力的結果，也是一次又一次血淋淋的教訓所累積得來的成果。因此，美國的波音公司，每年都會作一項全球商用飛機意外事故之統計，並將所有的意外事故調查報告，完全公開在網路上，讓全球各國的民航主管機關、民航公司及與飛安相關的人員作參考及研究，進而對全球的飛航安全作出改善建議。圖 2-2 是全球 1959-2006 年間，全球商用噴射飛機失事率的統計。橫軸是年代，左邊縱軸是失事率，單位是每百萬離場次數，發生飛機意外事故的次數。表中實線是代表有人死亡的致命事故；虛線代表所有的事故；點線則代表飛機全毀或飛機毀損不值得送修的全毀事故。至於右邊的縱軸則為死亡人數。此三條曲線很明顯地皆隨著時間逐漸遞減。70 年代之前航空失事率大幅下降。70 年代以後則逐漸趨於穩定。雖然仍在下降之中，下降速度卻非常的緩慢。到了近幾年仍然維持在一定的水準之上。至於死亡人數則始終居高不下，每年幾乎都有數百人在航空事故中喪生。其原因當然是因為航空運輸量一直不斷在成長，雖然失事率很低，死亡人數則不見下降。

　　全球商用飛機製造大廠美國波音公司，將一趟完整的飛行分成七個階段，各階段的操作方式及飛行狀態都有明顯的差異。此七個階段分別為滑行、起飛、爬升、巡航、下降、進場、著陸。波音公司並進一步將 1997-2006 最近十年內，全球所有的飛行意外事故發生在那一個階段，作一個有系統的統計。波音公司同時也將此七個階段及其意外事故所占的比例，事故比例與時間比例製作成圖 2-3。從最左邊一開始的飛機滑行，依序到最右邊的飛機著陸。一趟完整的飛行經過可以清楚地看出，進場及著陸階段是最危險的時刻，也是意外事故中發生率最高的階段，幾乎占所有意外事故的一半。此外，起飛與爬升階段失事比例也占有相當

的比例。由此可
見，航空事故絕
大部份是發生在
靠近地面的地
方。

要防止空難
的發生就要先了
解空難為何會發
生。要了解空難
為何會發生就得

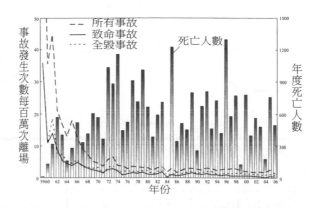

圖2-2 全球1959-2006年商用噴射飛機失事率的統計表

先從空難發生的現象談起，然後再抽絲剝繭一步一步找出原因。
飛機完成飛行任務的整趟過程，一般分成七個階段。在眾多階段
中，最後的著陸階段占去整體平均飛行時間百分之一的比例。在
這麼短的時間內發生事故的比例卻高達 29 ％，居所有飛行階段
之冠。既然航空的事故，主要是來自飛機與地球不正常的接觸。
那麼很自然的，飛機與地球要開始接觸的階段當然最是危險的。

航空屬於所謂的複雜系統，飛機要跟地球進行正常的接觸，
當然要有所準備而且必然是很複雜的準備。飛機在廣大的晴空要
降落在從天上根本就看不到的跑道上，其困難可想而知。此外，
飛機還是以極高的速度在運動著。這些因素加在一起，造成飛機
與地球要進行正常接觸的準備工作，必然是很複雜而且還有時間
的壓力。因此，準備階段出錯的機會就比較高。一般飛機在進場
階段就是在進行各種姿態的調整，做各式各樣的準備以便飛機能
夠非常平順地與地球正常接觸。這個準備階段所占的飛行時間是
14 ％，在此階段發生事故的比例則為 26 ％僅次於著陸，是所有
階段中第二高的。以上的數據充份地說明了，即便是為了跟地球
接觸的準備工作都時常會出錯。如果把與降落相關的這兩個階段

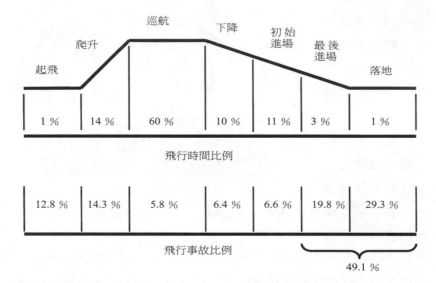

圖 2-3　1997-2006 十年內全球航空事故在各個飛行階段的發生比例

相加，只占了全部飛行時間的 15 ％，可是發生在這 15 ％時間內的事故卻超過所有事故比例的一半。可見降落是整個飛行任務中最危險的階段。也是飛航安全最需要關注的核心。

　　人類的大型客機市場，長期是由波音公司所獨占，他們也累積了最多失事調查的經驗。波音公司在許多年前曾經將航空事故的主要肇因，分成飛航組員、飛機、維修、氣候、機場／航管與其它等六大類。當然以上的分類並不包括劫機等蓄意破壞或其它軍事行為。很明顯的，就如同大家所理解的一樣在眾多肇因之中，飛航組員的因素高居榜首。以 2005 年之前十年的最新資料顯示，在這十年裡全球共發生 183 件飛機全毀的意外事故，有 49 件未知原因或正在調查，134 件已調查完畢並確定其事故肇因。其中可歸因於飛航組員的事故有 74 件，占了 55 ％！所有其它的因素全部都只有一成上下。居第二高位的因素是飛機，也就是我們一般熟知的機械因素，有 23 件占 17 ％。這樣的數據充份的顯示

出飛航組員的重要性，以及人為因素在整個飛航安全中的關鍵地位。

　　以上所描述的意外事故主要肇因的比例，是單純地針對所有飛行階段的統計結果，並沒有作更細微各飛行階段的統計分析。但是對於僅占全部飛行時間至多一成，然而意外事故比例卻高至四五成的最後進場及著陸階段，卻有必要作更為深入的探討。波音公司曾經針對 1959-1993 年間，全球共發生 984 件商用噴射飛機全毀意外事故。其中有 483 件發生在最後進場及著陸階段。波音公司將這些發生在最後進場及著陸階段的事故，按照同樣的肇因分類，分成組員、飛機、天氣、維修、航管／機場及其它，發現有 329 件事故是直接與飛航組員的人為因素有關，占此階段意外事故主要肇因的 78.9 ％！遠遠超過一般五六成的平均值。這樣的數據充份顯示出飛航組員的因素，在繁忙緊湊且高壓力下的飛行操作階段是更容易犯錯的。

　　當我們把肇因比例的計算，只採用最後進場與落地階段來

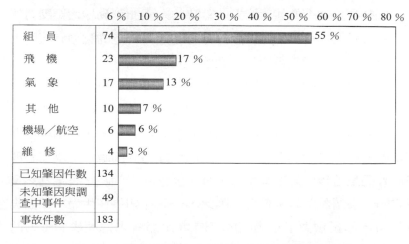

圖 2-4　1996 至 2005 年十年間全球航空事故之肇因分類

算，飛航組員所占的比例立刻提高到幾乎八成。代表著越靠近地面發生事故的比例越高，所發生的事故中飛航組員所占的比例也越高。意思是：越危險組員壓力越大就越容易犯錯！換句話說，這代表飛機越靠近地面時人往往也越容易慌張，而處在慌張狀況下，因疏失發生意外的比例也就相對增加。因此毫無疑問的，人的特質不僅僅是與飛行直接相關的知識技術，會影響到飛航安全而已；甚至其它與飛行並沒有直接相關的生理心理等特質，也都會對飛航組員的表現（尤其是在壓力之下）有嚴重的影響，而造成各式各樣的空難事件。

因此，飛機為什麼會掉下來？恐怕不是我們表面上看的那麼簡單，真正的原因遠比我們想像的還要來得深刻。

如果單單以飛機越靠近地面飛行組員犯錯的比例越大來看，明顯是一個壓力因應的問題。從心理學的觀點（Darley, 1981）來看，壓力是一種狀態，一種人們面臨環境要求他們改變時的狀態。因此壓力是一種來自環境的要求。當個人面臨環境壓力的要求時，個人會產生什麼樣的反應，即屬壓力因應的範疇。壓力因應主要來自一個人的適應能力，有時候人們能輕易地適應壓力情境，有時候則顯得很困難。有些特定的人對特定的壓力有適應困難的現象，但卻能夠很容易的適應其它壓力。

壓力對於人的影響是顯而易見的。在壓力情境中我們身體內的自主神經系統，會提高呼吸和心跳的速率壓縮血管、增高血壓、放大瞳孔與冒汗等，好把我們的身體武裝起來，為環境壓力作準備。以上是我們在生理方面對環境壓力的因應。那麼在心理方面人們是否也會對環境壓力，有所因應的準備呢？答案當然是肯定的。俗語說：有備無患。因此，一個人如果在生命早期面臨過壓力，已經預做了準備到成年時會比那些未曾面臨過壓力的人，適應能力要來得強一些。因為，由於壓力的因應能使我們產

生更多的心理資源，強化我們的心智使我們適應壓力的能力有所提升。因此，過去的壓力會使我們對未來的壓力有較好的適應。心理學的研究結果也充份地證明了此一觀點。

那又為什麼過去的壓力會使我們對未來的壓力有較好的適應能力呢？核心的原因是來自認知。心理學的研究顯示，個人對於壓力的認知在壓力因應中扮演了很重要的角色。也就是說個人對於環境要求的認識，以及對於自己因應能力的了解，是壓力因應的重要影響因素。如果過去曾經有過壓力因應的經驗，可以使得我們能更清楚地，評估環境壓力的嚴重性，如可能造成傷害的程度、威脅或風險的高低、或可否輕易克服挑戰等等；以及了解個人對於自己因應威脅或挑戰的資源和能力，則在面對未來的壓力時，自然就更能夠充份地發揮這項心理資源了。

人們常常會以自己過去的經驗來解讀這個世界，並對這個世界下定論。關於這個世界如何運作以及人們如何面對這個世界的認知一旦建立，通常都是非常穩定且不容易改變的。它們可以視為屬於一個人人格的一部份。曾經有學者研究過（Kobasa, 1979）在 837 名受試的經理主管人員中，經過 3 年的觀察研究發現，具備控制、承諾、挑戰三項人格特質的人，壓力因應的表現普遍均較佳。該項研究結果說明了，一個人的人格特質中如果具備了控制：「相信自己能夠控制事情的演變」、承諾：「對於達成目標有較堅強的信念」、以及挑戰：「將環境改變視為挑戰並勇於接受」的三項特質，通常都可以比較輕易地應付壓力。很明顯的以上所說明的這三項人格特質，其實都出自同一個來源，那就是對環境的認知。一個人如何看待環境所加諸於我們的壓力，將影響到我們如何因應環境以及因應的結果。

根據以上所討論的，我們可以整理出一個簡單的頭緒，嘗試摸索一下躲在航空事故背後，暗中操控的那隻看不見的黑手到底

是啥模樣。我們如何看待飛航環境，構成我們對航空的認知，將塑造我們某些的人格特質，從而影響到我們如何因應飛航環境所造成的壓力，以及因應的結果，並可能造成航空事故的發生。在我們將航空事故的發生率、發生階段與事故肇因等數據，結合在一起之後，配合心理學的研究成果，從宏觀的角度再來檢視航空事故，則以上的論點應屬全然可信的。換句話說，航空事故的發生最根本的源頭，在於我們用什麼觀點看待航空。就連西方航空帝國主義的龍頭：波音飛機公司，也逐漸的體會到了這一點，並慢慢地改變他們看待航空事故的角度。波音公司每年都會公佈，全球商用飛機的事故統計資料，並在資料中列出事故肇因，如飛航組員、飛機、天候、維修、機場／航管、其它等因素。多年來這樣的分類，已經成為全球航空界的標準典範，並滲透到社會各角落進而成為通俗的觀念看法與用語。連其它領域的事故也開始用機械因素、人為因素等名詞。然而從 2006 年起，波音公司卻取消了這一項分類。原因是：主要肇因的設定會過度簡化航空事故的複雜性並造成誤導！因此從 2007 年開始，我們將再也看不到波音公司用人為因素、機械因素等用語，來解釋航空事故發生的原因了。

2-3　西方航空事故的本質

　　航空事故的發生率不論是國內還是國外，多年來已經逐漸遞減。其內在的特性也隨著時間逐漸在演變之中。現在我們就以分別發生在航空科技萌芽、成長、成熟的三個時期，最具代表性的萊特兄弟的飛行器、英國慧星號空難與全球有史以來的最大空難：583 人罹難的 Tenerife 空難，來說明西方飛航安全的特性，隨著時代是如何的演變。

發明飛機的是美國人萊特兄弟。他們首次離開地面的飛行器，從今天的觀點來看當然是非常的粗糙。主要的原因是全人類對飛行的認識還處於剛萌芽的階段，一切都還在摸索之中。正因為如此，萊特兄弟當時所製造的飛行器，必然是一架極端危險的機器。當時對安全的考量一定也跟今天大不相同。以當時人類對飛行的無知，萊特兄弟顧慮的絕對不會是風險。因為從來就沒有人真正的飛起來過，所以摔下來幾乎是百分之百可以肯定的事。反之，能飛起來而又不掉下來才是怪事。既然掉下來幾乎是百分之百一定會發生的事，當然就不會有風險可言。因此之故，萊特兄弟對於安全的考量當然就會是：既然掉下來是幾乎無法避免的事，就讓它掉吧，可是一定要想辦法讓上面的人能夠活下來才可以。萊特兄弟當時所製造的飛行器，至少有三個地方可以充份的說明，他們在這方面考慮：儘量提高飛行員在飛行器墜毀後的存活率。

　　萊特兄弟所製造的飛行器給人第一個特殊的印象，是將升降舵擺在前面而不是在後面。念過航空的人都知道，把升降舵擺在後面，可以使得飛機的縱向運動變成穩定，擺在前面則反而使得升降舵變成不穩定的力量。萊特兄弟為什麼要製造一架不穩定的飛行器？他們不知道這個道理？還是故意耍帥？當然都不是。根據考證（Wolko, 1987），雖然萊特兄弟很清楚的知道，把升降舵擺在後面可以增加飛行的穩定性。然而他們畢竟還是把升降舵擺在前面，因為他們真正顧慮的，其實並不是穩定性而是安全性！升降舵放在前面，很明顯的可以在飛機墜毀的時候做為緩衝，提供飛行員多一層的保護，以減少傷亡的機會。有鑒於飛行先驅Lilienthal就是因為滑翔翼失速墜毀而死亡的，因此造成他們心底莫大的陰影。再加上至少有兩次他們在試飛的時候確實發生了失速，幸好他們藉著操控升降舵來保護自己，飛行器雖然墜毀，他

們卻沒有受到什麼實質的傷害。

除了升降舵之外，在萊特兄弟所製造的飛行器上還有另外兩項設計，同樣也是為了提升飛行員在飛機墜毀之後的存活率。第一項是把螺旋槳放在飛行器的後方。在人類的航空史上，第一個有實用價值的螺旋槳理論，就是萊特兄弟所建立起來的。他們了解到只要把機翼橫過來並快速旋轉就成為螺旋槳了。機翼所產生的升力就會轉成朝前而成為推力。如果將螺旋槳放在飛行器的前方可以讓推力拖著飛行器前進，對於飛機的穩定性是有幫助的。反之則對飛機的穩定性是不利的。但是如果考慮飛機墜毀的狀況，一個高速旋轉的螺旋槳放在飛行員的前方。一旦墜毀螺旋槳將非常有可能對飛行員造成重大的傷害。因此萊特兄弟同樣是為了安全的考量，而將螺旋槳放在飛行器的後方。

第二項是把發動機與飛行員並排，其目的依然還是為了要降低在飛行器墜毀時，飛行員受到傷害的機率。當萊特兄弟完成了大部份的飛行器之後，他們自然地會面臨到發動機的問題。開始的時候他們並不想花功夫自己去設計，只想用買的。於是他們根據他們的計算，寫信給很多家的發動機製造廠，請廠商幫忙製造一具可以至少產生 8 匹馬力、重量低於 180 磅的發動機。但是所有的回音，都表示做不出這樣的發動機，只有一家表示可以作卻很猶豫，擔心開發出來之後沒有市場。此外，這一家工廠所開出來的價錢與交貨的時程，卻又是萊特兄弟所無法負擔的。在沒有選擇的情形下，他們被迫決定自行設計製造這一具發動機。經過三個月的努力，他們終於完成一具可以產生 11 匹馬力重量只有 140 磅的發動機，性能比他們原先預期的還要優異，在將發動機裝上飛行器時，萊特兄弟考慮到發動機在運作的時候，溫度是很高的，重量再輕也有 140 磅，如果放在飛行員的前方，一旦墜毀毫無疑問將對飛行員造成不小的傷害。於是他們將發動機放在跟

飛行員平行的位置，如此一來飛行器一旦墜毀，發動機將不太可能會對飛行員造成什麼傷害。

當人類的航空科技不斷地往前邁進時，人類對飛航安全的認知當然也會發生本質上的變化。由於飛機墜毀的機會已經隨著航空科技的飛躍進步，而大幅地下降之後，飛機的設計就再也不會有人去考量飛機墜毀後，機上人員之存活率該如何提高的問題了。隨著人類對航空科技越來越有把握，人類前進的步伐越來越快。於是，偶而就會發生嚴重的疏忽……。

第二次世界大戰時英國空軍的主要任務，就是對抗來自德國的空襲。英國航空工業的全部能量，幾乎都投入生產戰鬥機用以保衛英倫三島；以及少部份的轟炸機用以轟炸德國本土。對於運輸機的製造則幾乎完全沒有著墨。反觀美國情況則大不相同。美國本土從來也沒有遭受過來自敵人的空中威脅。而且美國在二戰時，扮演的角色是同盟國的兵工廠，常常需要運送軍需物資到歐洲，因此美國始終需要大量的大型長程運輸機。二戰時美國就先後製造出 C-47、C-54、C-69 等運輸機。此外，美國的工業實力

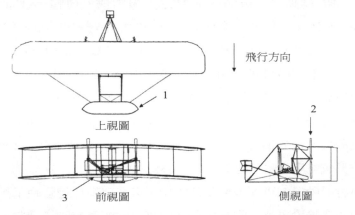

圖 2-5　美國萊特兄弟所發明的飛機中三項與飛安有關的考量：
1.升降舵放在飛行員前面 2.螺旋槳放在飛行員後面 3.發動機放在飛行員旁邊。

非常強大，一向採取攻勢國防的作法。同時美國又是兩洋國家，東邊要跨過大西洋跟德國作戰；西邊則要跨過太平洋跟日本作戰。對於長程攻擊的能力一向特別重視。所以，美國對長程轟炸機的需求一直都很高。二戰期間美國知名的轟炸機就有 B-17、B-24、B-26 以及對日本投擲原子彈的 B-29。

英國政府預見到二戰之後，歐洲以及跨越大西洋的運輸需求將會大幅成長。不過，考量到美國在大型運輸機與轟炸機的豐富經驗與能量，大西洋兩岸的航空運輸，將會被美國所完全壟斷。英國必須面對此一嚴酷的局面，並想出對策來因應。英國政府特別針對此一課題專門成立了一個委員會，並在 1942 年底提出了一個非常大膽先進的建議：製造一架渦輪噴射發動機推動的大型客機——慧星號。

何以說這個計劃非常大膽又先進呢？噴射發動機的基本概念是將燃料燃燒的能量，轉換成高速噴射的氣流，並導引其方向以便產生強大的推力。這個概念問世的時間很晚，要等到 1930 年代，才具備初步的雛型。到了二戰之前英德兩國才有人開始嘗試製造噴射發動機。德國的進展比英國稍快。德國人 Hans von Ohain 在 1936 年開始研發他的噴射發動機。經過多年的努力，到了 1939 年他所製造的噴射發動機裝在德國轟炸機 He-178 上試飛成功。噴射機時代正式開始。在英國方面，雖然 Whittle 很早就對噴射發動機這樣的概念充滿興趣，初期卻很不順利因為沒人相信他，其中還包括英國的航空部門。到了 1936 年 Whittle 才有機會具體展開他的追尋。1939 年英國政府開始正式委託 Whittle 製造一具航空用的噴射發動機。經過數年的努力，1941 年第一架裝上噴射發動機的英國飛機試飛成功，只是已經比德國晚了兩年。然而概念驗證可行，到真正發展出實用的噴射發動機則還需要一段時間。世界上第一架在戰場上使用的噴射飛機：德國的 Me-262

戰鬥機，要等到 1944 年秋天才出現，離第一次試飛成功已經 5 年。

　　英國人在 1942 年所提出的因應對策是製造一架噴射客機——慧星號，其性能如下：可以搭載 36 位旅客以每小時 800 公里的速度在 40000 英呎的高空巡航，航程可達 5200 公里。兩年後才出現的德國 Me-262 噴射戰鬥機，只能搭載一人，巡航速度每小時 740 公里，巡航高度是 20000 英呎，航程是 1050 公里。從上面的幾個數據，我們就可以看的出來英國的慧星號是多麼的大膽先進。此外，客機的安全性要比軍機高出許多。通常一個社會對一項科技非常有把握之後，才會加以商業化，尤其是關係到人命的科技更是如此。1942 年時英國的噴射機才剛試飛成功一年而已，英國政府就打算用來載客作商業飛行，而且還一次要載 36 人，可見英國政府當時想要藉著慧星號大幅超越美國的殷切之心有多強烈。

　　在英國政府的大力支持之下，慧星號在 1949 年中首次試飛，1952 年 5 月正式投入商業營運。當慧星號以唯我獨尊之姿問世的時候，被譽為英國航空工業皇冠上的珍珠，可見其耀眼的程度。

　　不幸的是慧星號這一步實在是跨得太大了，也注定了慧星號無法逃避的悲慘命運。僅僅 5 個月之後就有一架慧星號在義大利

圖 2-6　人類第一架噴射客機－英國慧星號

羅馬機場起飛時衝出跑道飛機重損，所幸無人傷亡。經過義大利政府的調查之後，在報告中指出事故的原因是飛行員的疏失。因為飛行員在起飛仰轉時，將機頭拉得太高造成阻力太大，以致於飛機無法加速至起飛速度，而且還造成了結構振動。有了這樣的結論之後，所有慧星號的飛行員都被規定要採用改正過的起飛技巧來操作飛機。

4個月之後 1953 年 3 月不幸的事卻又再度發生。一架慧星號在巴基斯坦喀拉蚩的機場起飛時再度衝出跑道，這一次就沒有上次那麼幸運了。這架飛機不但衝出跑道，還爆炸起火機上 5 名機組人員加上 6 名旅客全部罹難。由於這一次事故與 4 個月前的那一次相對照幾乎就是翻版。印度當局的調查結果也就非常的類似，事故的原因又是飛行員的疏失。

由於事故調查的結論並沒有觸碰到事實的真相，造成了錯誤不但無法糾正還一直在累積。不到兩個月真正的悲劇終於發生。

1953 年 5 月 2 日一架慧星號在下午 4 點 20 分從印度加爾各達機場起飛，目的地是德里。機上共有 43 人，其中機組人員 6 人，乘客 37 人。12 分鐘後飛行員報告正準備爬升至 32000 英呎隨即失去連絡。3 分鐘以後在機場以西 40 公里處，地面上有幾位目擊者宣稱聽到巨響並看到火球，接著就發現飛機的殘骸與碎片從天上掉下來。事後調查飛機的碎片分佈在航道下方長 9 公里的地面上。毫無疑問的慧星號是在空中爆炸解體的。經過印度當局的調查之後結論是：當飛機穿過雷雨區的時候，由於遭遇到異常強烈的陣風造成飛機失去控制。當飛行員極力想要控制住飛機時，飛機尾部因為承受不住飛行員的過度操控，所造成過大的力量而被拉扯至斷裂。當英國相關部門把殘骸運回英國之後，經過詳細的檢查也得到相同的結論。事情至此似乎已經找到答案，於是慧星號又繼續遨翔天際。

然而慧星號的悲慘命運卻尚未結束。8 個月後 1954 年 1 月 10 日早上十點半，有一架慧星號，從義大利羅馬機場起飛準備飛往倫敦。飛機上有正駕駛、副駕駛、飛航工程師、通訊員與兩位空服員共 6 人，連同旅客 29 人機上總計有 35 人。當飛行員跟塔台通報高度 26000 英呎繼續爬升之後，毫無任何的跡象飛機隨即失去連絡。就在這個時候地面上有人聽到雲上有好幾聲巨響好像打雷一樣。很快的就看到陸陸續續有東西帶著火與煙霧，從天空盤旋著掉落海中。消息很快獲得證實：又有一架慧星號在空中爆炸解體。

社會開始譁然大眾也開始恐慌。從 1952 年 10 月開始，1953 年 3 月、1953 年 5 月到 1954 年 1 月才 13 個月，慧星號已經連續發生四次重大事故，而且一次比一次嚴重。英國當局非常不情願地將他們在天上的榮耀全面停飛，靜待事故調查的結果出爐。

由於飛機的殘骸全部掉入地中海中，打撈的重任就落在英國皇家海軍的肩膀上。當打撈的工作持續在進行的時候，全機的疲勞破壞試驗也同時展開，以便早日找出解體的原因。為什麼要進行全機的疲勞破壞試驗？相同的事故重演顯然證明了以前的事故調查結論都有問題。意思是說，飛行員的人為疏失以及天候的因素，已經都可以排除在事故肇因之外。兩架爆炸解體的慧星號發生事故的時候都是在高度 27000 英呎左右，而且都是飛行了約 1200 趟，這樣的訊息很強烈地指向疲勞應該是一個嫌疑犯。

事實的經過當然沒有這麼簡單。慧星號爆炸解體的調查工作不但不簡單而且還極為複雜。英國當局曾經仔細調查過慧星號被放置炸彈的可能性，也思考過是否是因為機艙起火所造成，甚至還調查過是否因為發動機葉片脫落打穿機艙而造成爆炸解體。所有想得到的因素幾乎都被一一拿來仔細檢查。到了三月底，整個調查工作仍然一無所獲，全機的疲勞破壞試驗，也同樣沒有任何

的結果。於是英國解除慧星號的禁令，慧星號又重新回到天空。但是為了保險起見，全機的疲勞破壞試驗並未停止，依然持續在進行著。

悲慘的命運有如不散的陰魂，始終纏繞著慧星號。4 月 8 日晚上七點半又有一架慧星號，從羅馬起飛準備飛往埃及開羅，機上連同旅客共 21 人在起飛 30 分鐘後又失去連絡。經過英國海軍短暫的搜尋，很快就證實慧星號又在空中爆炸解體，跟前面兩次空難完全一樣，都是在起飛後 30 分鐘左右以及在朝 30000 英呎高空爬升的時候。至此慧星號已經連續第五次發生重大事故了，英國政府在極大的壓力之下，忍痛撤消慧星號的適航許可，卻已經無法挽回社會大眾與國際間對慧星號信心徹底的淪喪，人人對慧星號敬鬼神而遠之。

當慧星號被撤消適航許可的時候，航空客運市場卻已經被慧星號所打開。然而，英國卻沒有任何同等級的大型客機，來填補此一空缺。而美國卻早已在旁邊虎視眈眈摩拳擦掌，隨時準備搶食這一塊大餅，眼看著煮熟的鴨子就要飛了，英國政府心急如焚，當時的首相邱吉爾下令不計任何代價，務必在最短的時間內找出真相，好讓慧星號重回市場。於是，事故調查以無與倫比的速度在進行著。

痛苦又折磨的調查工作持續的在進行著。六月底全機的疲勞破壞試驗傳來令人振奮的消息。在模擬到飛行 9000 小時的時候，飛機的機身爆裂出一條長 2.4 公尺寬 30 公分的巨大裂縫！金屬疲勞的紋路從正方形的窗子旁邊，數個鉚釘孔的邊緣開始擴散到整個裂縫。這個發現到了八月初進一步獲得證實。因為剛從海底打撈上岸的機身中段在相同的位置，竟然發現完全一樣的金屬疲勞的紋路！

多災多難的慧星號前後只飛了 23 個月，連續五次的事故，

其中四次屬重大空難，至此終於找到答案，原來罪魁禍首是金屬疲勞。人類航空史上最複雜困難、代價最高、最曲折離奇的失事調查至此終於落幕。最後這一本失事調查報告在 1955 年 2 月公佈，厚度 25 公分共 80 萬字。報告中並沒有對製造慧星號的公司提出任何的指責或控訴，因為調查人員知道他們是站在航空科技的最前線，不斷地努力拓展人類的知識範圍，同時冒著巨大的風險領先進入前所未知的領域，也因此而付出了巨大的代價。

1958 年 10 月經過重新設計的慧星號推出加入商業營運。可惜已經太晚了，因為在旁邊虎視耽耽並記取慧星號教訓的美國波音公司，在三個星期後就推出了更為先進的波音 707 客機進入市場，波音 707 客機可以搭載乘客 87 人，巡航速度每小時 970 公里，航程 9270 公里，在搭載的旅客數方面，波音 707 是慧星號的兩倍還多，至於航程，波音 707 也幾乎是慧星號的兩倍。在波音 707 客機面前慧星號除了被淘汰之外，已經不可能有第二條路可以走，慧星號被無情地推入歷史的命運就此註定。

在進入二十世紀之後航太科技就一直是人類最尖端的科技，帶領著人類飛得更高更遠更快，隨著航空科技的益加成熟，事故發生的比例更為降低。航空事故發生率的計算，開始用百萬分之一為單位，藉著航空科技的協助，地球村的概念逐漸成形，即使是一個普通的一般人，也可以很容易的搭著飛機到世界各地去旅遊。當人類享受著航空科技所帶來的便利之際，全球有史以來最大的空難：583 人罹難的 Tenerife 空難卻在此時發生了。當人類仔細去檢驗事故發生的原因時卻赫然發現，原來整個航空科技體系之中，最脆弱最容易出錯的一環竟然是人類自己，當人類正得意於可以充份掌握航空科技的時候，同樣赫然發現人類最不能掌握的正是人類自己。

1977 年 3 月 27 日星期天，在摩洛哥外海西班牙屬地，也是

渡假勝地的卡那利群島上 Las Palmas 國際機場裡，擠滿了來渡假的歐美遊客，進進出出忙碌異常。下午 1 點 15 分一枚炸彈在機場裡的一家花店爆炸。雖然損害不輕但卻無人死亡，只有 8 人受傷其中一人比較嚴重。原因是 15 分鐘之前，卡那利群島獨立運動的恐怖份子已經來電警告。機場當局在沒有選擇的情況下，緊急宣佈疏散旅客關閉機場以便降低傷亡。然而第一枚炸彈爆炸之後，恐怖份子聲稱機場裡還有第二枚炸彈。於是機場持續關閉，以便儘快找出第二枚炸彈。

此時，所有正朝卡那利群島飛來的客機，全部被迫轉降到 100 公里外的另一個島嶼 Tenerife。島上的機場 Los Rodeos，長期以來就是 Las Palmas 國際機場的備降機場。設備當然不能跟 Las Palmas 國際機場比，後勤更差跑道也只有一條，停機坪也不夠大。臨時轉降來的飛機，早已超出 Los Rodeos 機場所能承擔的負荷。所幸這只是一個臨時的應變措施，等到 Las Palmas 國際機場裡的炸彈清除之後一切就可以恢復原狀。

沒多久一架來自阿姆斯特丹的荷蘭航空波音 747 飛機 KLM4805 降落在 Los Rodeos 機場。半個小時多一點又有一架來自紐約美國泛美航空的波音 747 飛機 PanAm1736 也跟著降落。很快的狹小的停機坪就擠滿了各式轉降的飛機，旅客也分別魚貫下機進入大廳等候。四點過後 Las Palmas 國際機場重新開啟，因為警方找不到任何的炸彈。於是這些轉降的飛機，陸陸續續又上了旅客，準備飛離 Los Rodeos 機場。

泛美航空 PanAm1736 的組員是從洛杉磯開始執勤的，前後已經飛了 13 小時都已經很疲累了。荷蘭航空 KLM4805 的組員，則在無法確定會延誤多久的情況下，通知機上的旅客暫時不要下機，以備隨時恢復正常時可以儘快起飛。同時考慮到節省時間，荷航決定先將回程的油加滿，以免回到 Las Palmas 國際機場後，

還要排隊等加油。於是，他們就叫機場把油加滿。午後又接近黃昏，Tenerife 島上的氣候，如同往常一樣，低雲霧氣夾著小雨，開始逐漸籠罩機場，機場上的能見度，也從 10 公里降到 3 公里以下。到了下午 4:30 當荷航要求塔台准許啟動引擎時，跑道能見度甚至一度低於只有 300 公尺。

下午 4:58 荷航要求塔台准許進入跑道準備起飛。由於 Los Rodeos 機場太小，停機坪上擠滿了轉降的飛機，把滑行道給擋住了。所有要起飛的飛機無法進入滑行道，都要經過跑道沿著跑道走一段距離之後，再從交叉口轉回到滑行道。然後沿著滑行道走到跑道頭才能準備起飛。當荷航提出要求之後，塔台人員以西班牙腔的英文回答：

　　塔台：滑行到 30 跑道的等待區……

　　　　　滑行進入跑道……

　　　　　到左邊第 3 個出口離開跑道。

半分鐘後荷航似乎有疑問：

　　荷航：你要我們在 1 號出口左轉？

　　塔台：不對，不對……前滑行，直到跑道頭轉過頭來。

　　荷航：OK！

於是荷航飛機就在跑道上慢慢地滑行朝跑道頭前進。此時泛美的飛機也已經啟動引擎準備進入跑道。不幸的是，隨著天色更加昏暗，霧氣使得塔台管制員已經無法清楚看見跑道，以及在上面的這兩架波音 747。下午 5：02 泛美的組員與塔台連絡：

　　泛美：我們在也要滑行進跑道對嗎？

　　塔台：正確……滑行進跑道，左邊第 3 個出口離開跑道。

　　泛美：左邊第 3 個，OK！

　　塔台：左邊第 3 個。

泛美的飛機進入跑道，並遙遙地跟在荷航班機的後面緩緩地滑向

跑道頭。然而，在駕駛艙內卻出現這麼一段對話：

正機師：我想他說的是第一個。

副機師：我會再問他。

很顯然的塔台管制員的西班牙腔英文，確實引起了一些困惑。不但荷航組員搞不清楚，泛美的組員也一樣有疑問。此時由於塔台管制員與泛美以及荷航的機師是用同一個頻道在交談，所以他們之間都可以聽得到雙方的對話。此時泛美的機師聽到塔台管制員呼叫荷航：

塔台：KLM4805 你經過了幾個出口？

這一條跑道上，除了兩端跑道頭上各有一個出入跑道的等待區之外，中間還有 4 個出口可以用來進出跑道。從塔台的問話可以看出來，管制員確實看不見跑道。荷航機師的回答是：

荷航：我想我們剛經過第 4 個出口。

塔台：OK，到跑道頭後轉180度，掉頭回來等待管制許可。

這個時候一條跑道上竟然有兩架波音 747 的飛機同時在滑行，荷航 KLM4805 在前面，泛美 PanAm1736 在後面。在泛美的駕駛艙裡，正機師與副機師還在討論著剛才管制員所說的話，同時對於到底該在那一個出口離開跑道，還是沒辦法確定。於是副機師又呼叫塔台：

泛美：可否請你確認一下你要我們在第 3 個出口左轉？

塔台：第 3 個，1、2、3 第 3 個。

塔台同時要求泛美班機在離開跑道進入滑行道後通報塔台。然而跡象顯示泛美航空的組員，似乎仍然困惑於到底是第 3 個出口還是 3 號出口。

正當荷航班機沿著跑道滑行快要抵達跑道頭時，泛美組員看到了 1 號出口是一個 90 度的轉彎。很快的他們又看到了 2 號出口則是一個幾乎要整個掉過頭來的 135 度轉彎。1 號、2 號的出

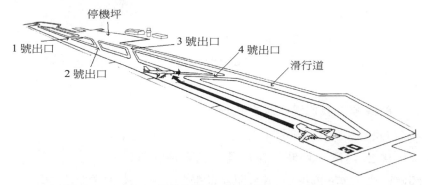

<figcaption>圖 2-7　Los Rodeos 機場的配置以及空難發生時飛機的相對位置</figcaption>

口都被等待起飛的飛機所擋住無法使用，當然也不是管制員所准
許使用的出口。因此泛美的班機當然是繼續在跑道上向前滑行。
可是就在這個時候荷航的班機，已經抵達跑道頭，747 龐大的機
身開始緩緩地轉過頭來。兩架巨無霸在同一條跑道上開始面對
面。而且，由於跑道上僅剩 500 公尺的低能見度使得他們互相都
看不到對方⋯⋯。

　　下午 17:05 荷航的班機已經在跑道頭上待命隨時準備起飛。
此時副機師剛完成起飛前檢查。但是不知道什麼原因，荷航的正
機師卻開始推油門，飛機開始往前緩緩移動⋯⋯。副機師立刻警
覺到正機師這個違規的動作並馬上提出異議：

　　副機師：等一下，我們還沒獲得許可。

　　正機師：我知道，你去問一下塔台。

正機師在回答的同時退油門並踩煞車，把飛機停了下來。副機師
接著呼叫塔台：

　　副機師：KLM4805 準備起飛，等待管制許可。

　　塔台：KLM4805⋯⋯，Papa 信標核准，爬升並維持在空層 90 起
　　　　　飛後右轉朝 040 方向前進，攔截 Las Palmas VOR 325⋯⋯。

正當副機師在複誦塔台的指示時，正機師卻鬆開了煞車，加滿油

門前進並呼叫：

　　正機師：我們走，檢查推力。

副機師此時正複誦到一半，卻發現飛機已經在全速前進，於是立刻改口：

　　副機師：我們現在正在起飛。

塔台的回應，卻有點奇怪：

　　塔台：OK，隨時準備起飛，我會再呼叫你。

誤解已經非常的明顯，塔台認為荷航的班機，仍然在跑道頭待命起飛，卻還不知道荷航的班機已經在跑道上全速的前進。塔台管制員其實並沒有錯，因為他並沒有給荷航的班機起飛許可，他給的只是航路許可，荷航的班機是不可以起飛的。

　　此時，也在頻道上的泛美班機，感覺到似乎事有蹊蹺，立刻緊急呼叫塔台：

　　泛美：我們還在跑道上滑行！

　　塔台：收到，PanAm1736，離開跑道後再回報。

　　泛美：OK，離開之後我們會回報。

　　塔台：謝謝。

顯然，塔台確實認為荷航的班機還在跑道頭待命。致命的錯誤已然出現。更為致命的是泛美班機與塔台的談話，竟然因為共用一個頻道，造成荷航的組員並沒有聽到以上的交談，只聽到吱吱的無線電雜訊。荷航的班機速度越來越快。正當荷航的正、副機師集中精神在起飛操作時，駕駛艙內的飛航工程師似乎也感覺到了不對勁：

　　飛航工程師：塔台還沒有把跑道淨空嗎？

　　正機師：你說什麼？

　　飛航工程師：塔台還沒有把跑道淨空嗎？那架泛美？

　　正、副機師：有，他有。

於是荷航的起飛動作繼續進行。巨無霸的波音 747 速度更快了，筆直的衝向跑道上的另一架巨無霸……。荷航班機上連同 14 位機組與空服人員，共有 248 人在機上。泛美的飛機上則有 396 人在機上。644 條人命已經危在旦夕。

此時泛美的班機正好滑行過第 3 個出口，正繼續朝第 4 個出口緩緩前進。塔台原來指示泛美在第 3 個出口離開跑道進入滑行道。然而，泛美顯然沒有遵守指示。如果從第 3 個出口離開跑道，則泛美的飛機得要向左轉 135 度，幾乎快轉回頭了，看起來就像是要回到擁擠的停機坪一般。而且進到滑行道後還要再向右轉 135 度，才能繼續前進；但是，如果走第 4 個出口則只要向左轉 45 度，進到滑行道後，再向右轉 45 度即可繼續前進。對於如波音 747 般的龐然大物，操作的難易度當然影響很大。至於泛美的班機是否是因為這個原因，選擇繼續前進到第 4 個出口，就不得而知了。

就在泛美班機到了第 4 個出口正準備要開始左轉，以便進入滑行道時，正前方的霧中隱約出現幾個光點。剛開始時好像停在前方並沒有移動。一轉眼，突然逐漸變得清晰放大，飛機模糊的身影，也隱約可以看見。本來泛美的機組人員對於在跑道頭上對著自己，隨時準備起飛的荷航，早就已經惴惴不安了。如今，竟然真的出現在自己的眼前，而且還朝向自己衝過來！驚悚萬分的氣氛，立刻如炸彈般地爆炸開來！

正機師：XXX，他在那裡！你看他！那個狗娘養的衝過來了！

正機師本能的把油門立刻提到最大，絕望的期待飛機能夠來得及離開跑道……。

在荷航的班機上，起飛程序仍在進行，副機師盯著速度，看是否達到決斷速度 V1，終於……

副機師：V1！

此時，飛機已經不可能停下來了。就在這個時候，荷航正機師看到了泛美的飛機，就在自己的正前方擋住去路，正要轉進滑行道。死亡的恐懼，瞬間籠罩整個駕駛艙！V1 剛過，飛機已經不可能煞車，正機師在驚恐萬分的情形下，把駕駛桿拼命地往後拉到底，希望飛機能夠趕快離地飛起來，好來得及越過眼前這架龐然大物。正機師的恐慌顯而易見。這一拉機頭很快地抬了起來卻抬過頭了，以致於機尾嚴重的擦到地面，擦出一串長達 20 公尺的火花。就在荷航飛機撞上泛美飛機之前的一瞬間，飛機竟然真的離開地面飛起來了！機頭越過了泛美的機身，眼看著幾乎就要從死神魔掌的指縫中，逃出升天……。無奈，高度還是不夠，機頭是過去了，然而荷航班機的主輪，卻以時速 250 公里的速度，從側面整個撞上了泛美的機身，飛的機翼被扯裂了滿滿的油箱瞬間爆炸成一團火球，將兩架巨無霸捲進熊熊的烈火之中。

荷航班機上的 248 人在烈火之中全數罹難。泛美航空則有 61 人僥倖生還，總共死亡人數高達 583 人，成為人類飛安史上死亡人數最高的一次空難。

事後的調查顯示，兩架飛機毫無任何機件故障的跡象。兩架飛機的機組人員與塔台管制員之間的溝通不良，夾雜著一連串的人為疏失，在惡劣的氣候之下不斷的惡性循環。危機如滾雪球一般越滾越大，終於在熊熊烈火之中，以悲劇收場。

管制員為什麼讓兩架飛機同時使用同一條跑道？荷航正機師為什麼還沒拿到起飛許可就急著加油起飛？為什麼泛美的駕駛員沒有遵守管制員的指示，從第 3 個出口離開跑道？一連串的疑問在在提醒我們，原來我們對自己的了解，竟然是如此的貧乏。人類這種動物竟然可以有這麼多不可思議的缺陷。而這些乍看似乎無甚了了的毛病，在航空的領域內竟然可以是如此的致命。Tenerife空難之後人為因素立刻成為飛航安全的核心議題。多年的研究之後，人類開始深切的了解到，原來我們不可以這麼相信自己。從此以後，隨著人類越來越了解自己，人在飛行中還是不是一個不可或缺的角色，也越來越多人討論。不過就算結果還沒出爐，航空科技已經採用越來越多的自動化與越來越多的保護措施，隔絕人對機器的干擾來避免人為疏失的風險，卻是一個不爭的事實。

從以上 3 個西方航空史上的重要案例，我們可以很清楚的看到，他們的航空事故主要的發生緣起，大多數是由於「探索未知」而來。萊特兄弟並不知道，飛機該如何設計才能飛起來，就已經在設計飛行的機器了；二戰時的英國人並不知道金屬疲勞可以將飛機整個撕裂；七〇年代的波音公司同樣不知道，人類竟然會有如此匪疑所思的瑕疵。科技先進的國家在領導科技的發展時，常常會進入所知無幾甚至一無所知的情境，因而必需冒著風險進行大膽的嘗試，科技才會不斷進步。空難事件只是在探索未知的過程之中，不論是主動還是被動所必須付出的學費而已。也正因為如此，西方人才會特別重視，學費交了之後到底學到了什麼。整個西方的航空科技就在這一股動力的驅使之下，得以不斷的推陳出新突飛猛進。

2-4　台灣航空事故的演變

雖然從民國初年開始，中國的土地上就一直有飛機在天空飛翔。連年的戰亂使得社會大眾根本就無暇顧及航空及其它相關事務。只有在當大家想到徐志摩或戴笠的時候，空難事件才會稍微引起大家的注意，因為他們都是搭飛機撞山死亡的。

國民政府遷台之後戰爭的陰影慢慢遠離。再加上社會經濟的

起飛，航空運輸日漸發達，航空事故逐漸引起社會的重視，對社會的衝擊也日益擴大。

　　台灣的第一件空難發生在民國 37 年 12 月 12 日。一架中國航空公司的運輸機在淡水外海墜毀 10 人死亡。由於那時的時局不穩資料也不全。所以這次的空難，不但沒有什麼記載，就連民航局的檔案也是一筆帶過。台灣第一次引起社會大眾注意的空難，該從民國 53 年 6 月 20 日那件說起。民國 53 年 6 月台北舉辦了第一屆亞洲影展，當時還沒有金馬獎，亞洲影展算是全國矚目的盛事。20 日上午全體參展代表搭乘民航空運公司的翠華號專機，前往台中日月潭遊覽。所謂的翠華號，其實只是空軍撥下來的一架 C-46 運輸機而已。當然內部經過整修，飛機看起來很體面卻很老舊。下午 6 點 20 分翠華號起飛載著全體代表結束遊覽啟程回台北。然而就在飛機起飛僅僅兩三分鐘之後，飛機就突然發生爆炸，然後墜毀在台中神岡附近的一片稻田之中。連同機上 5 位機組人員共 54 人，全部罹難無一生還。

　　翠華號空難在當時轟動一時，因為亞洲影展代表團的團長，正是香港知名的影界大亨陸運濤，因而陰謀之說傳遍整個社會的各個角落。這樣普遍的社會反應，其實是很可以理解的。因為當時國共的鬥爭，依然處於非常激烈的熱戰階段，你來我往毫不留情。民國 44 年 4 月周恩來前往印尼萬隆參加亞非會議，就發生了周恩來座機「克什米爾公主號」的爆炸事件。一般認為是美國指使國民黨派人在飛機上，裝置炸彈所造成，好破壞萬隆會議的召開。除此之外，民國 47 年的八二三炮戰，也還在「單打雙不打」的繼續中。直到民國 68 年才停止炮擊金門。

　　翠華號空難事件是否真的有政治因素牽涉其間，不得而知。然而，它所引起社會的關注以及媒體的大幅報導，卻也讓空難事件的悲慘與恐怖，開始深入人心。此後，每次空難的發生，媒體

均長篇累牘巨細彌遺的連日不斷報導，社會人心也必然產生劇烈的動盪。這樣的刺激反應，直到今天依然如此。

　　民航局（張有恆等，2001）曾經針對國籍航空公司之飛安沿革與發展，自政府遷台開始將民航發展分為三個時期：草創期民國 36 年至 61 年；成長期民國 62 年至 74 年；開放期民國 75 年至今。並分別說明各時期所發生的主要失事事件。草創時期政府播遷來台百廢待舉，戰爭陰影揮之不去航空運輸並不發達。六十年代之後，在台灣的民航運輸量隨著經濟起飛及開放出國觀光，民航發展進入成長期。隨著政府「開放天空」政策實施後，國內航空運輸大幅成長，成為人民日常生活的一部份，此即為開放期。

　　民航局曾經整理民國 79 年至 89 年間，國籍航空公司固定翼航空器之失事案例，並按照國際航協（International Air Transportation Association，IATA）的失事統計分析方式，進行統計與分析。計算西方國家製造最大起飛重量 15000 公斤以上渦輪噴射固定翼航空器，每年所發生的失事次數，再統計每年的航空運輸量，通常以百萬次離場或百萬飛行小時為單位來計算平均失事率。在這 10 年間飛機全毀失事案例分別在 80 年發生 1 次、82 年發生 2 次、83 年發生 1 次、87 年發生 1 次、88 年發生 1 次，總共在 10 年間發生 6 次。在這 10 年間，每年的航空運輸量有起有伏，因此失事率當然也有起有伏。

　　如果以每百萬次離場所發生的失事次數，來計算失事率，10 年的平均值為 5.27 次／百萬離場。IATA 也針對西方國家製造最大起飛重量 15000 公斤以上渦輪噴射固定翼航空器，每年所發生的失事次數，計算 10 年的全球平均失事率為 0.7。我國的平均失事率為全球失事率的 7.5 倍，這樣的飛安記錄當然不能說好。不過這 10 年正好是我國飛安最黑暗的時期，連續發生了名古屋與

大園等重大空難事件，整個社會陷入聞機色變的普遍恐慌之中。後來經過了很多人長期的努力，近年台灣的飛航安全已經大幅改善。

民航局仿 IATA 的分類方式，將民國 79 年至 89 年間國籍航空器之失事案例，按照飛行不同的階段來分類，雖然所分的階段有少許的不同。在民航局的分類中，共分為爬升、巡航、下降、進場、落地、重飛等 6 個階段。民航局的分類中與一般國外的分類最大的不同，是把重飛也列入。主要的原因，想必是來自名古屋與大園這兩次事故使然。因為這兩次事故，都發生在落地失敗之後，飛行員進行重飛時的階段。從民航局的統計數據中，進場階段的事故發生比例為 17 ％，落地階段為 25 ％，兩階段總計占 41 ％，跟國際比例相去不遠。民航局特別列出來的重飛階段也占 25 ％。如果按照國際的分類，把重飛列入落地則國內在最後進場與落地階段的失事比例高達 67 ％，占三分之二遠高於同時期的國際比例 51 ％。

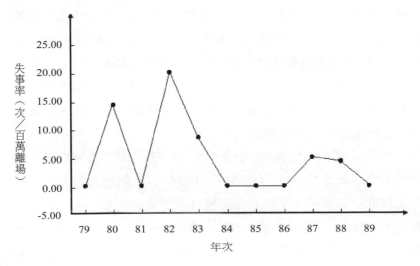

圖 2-8　民國 79 年至 89 年間國籍航空器之失事統計

至於國內航空事故肇因的分類，民航局主要也是採用 IATA 的分類法，將航空事故的肇因，分成人為因素、機械因素、環境因素、組織因素以及資料不足等五大類。民航局依照 IATA 肇因分類法，將民國 79 年至 89 年間國籍航空器之 12 件失事案例進行分析，總共辨識出 31 個肇因項目。其中人為因素占 17 個，機械因素有 5 個，環境因素有 3 個，組織因素也有 5 個，還有一個則是資料不足。如果按百分比來看，人為因素占 55 ％，機械因素占 16 ％，環境因素占 10 ％，組織因素也占 16 ％。如果把組織因素也視為廣義的人為因素，則人為因素所占的比例將升高到 71 ％。在 17 個人為因素的肇因當中，屬於 H1 類別的有 8 個，占 17 個中的 47 ％，接近一半。表示我國在這 10 年的飛安事故中，人為因素占最大比例的是 H1。按照 IATA 的定義，H1 代表「應主動察覺而未反應」的類別，其內容則包含：未遵守法規、未按規定標準程序操作、缺乏資源管理、缺乏適當的訓練與紀律、怠惰、缺乏激勵、工作態度問題等。國內的人為因素的最大宗，則大多為未遵守標準作業程序或相關規定。簡單的講就是不遵守規定。屬 H2 項目的有 6 個占人為因素的 35 ％，則大多歸因於組員資源管理不良或警覺性過低。單單這兩個因素就已經超過人為因素的八成比例，可見其重要性。

　　其實民航局也曾經整理過去 30 年，從民國 59 年元月到 89 年 12 月其間的大小航空事故，並很簡要地列出其失事主因。民航局總共列出 37 件，其中失事主因，判定為人為因素的有 25 件占 73 ％，機械因素的有 5 件占 13 ％，天氣因素有 2 件占 6 ％。還有一項較為特殊的，民航局將之稱為設計因素有 1 件也占了 3 ％。所謂的設計因素指的是由於飛機製造廠在設計方面的疏失，而造成失事的案例。民國 80 年 12 月 29 日發生於台北萬里山區，飛機的發動機因為設計錯誤而鬆脫，造成飛機墜毀的事件即歸因

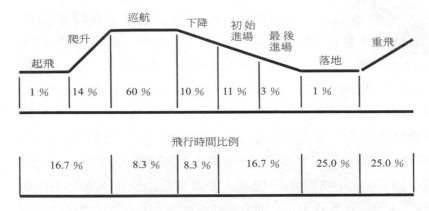

圖 2-9　民國 79 年至 89 年間國籍航空器之失事發生階段的比例

為設計因素。

　　根據民航局所列出的各種數據，我們可以得到一些粗淺的印象。首先我國的平均失事率比全球的平均失事率，確實要高出一些。在最黑暗的時期曾經高達 7.5 倍。當然這幾年已經大幅改善。如果以失事階段來分，我國的航空事故，發生在最後進場與落地階段所占的比例為 42 ％，相較於全球事故在此階段所占的 51 ％，相差並不是很大。如果將重飛也計算進去，我國的比例是 67 ％，高出全球的比例。再來，如果從肇因來看，從民國 59 年至 89 年，30 年間國籍航空器之大小失事案例 37 件，可歸因於人為因素的占 73 ％。如果只看民國 79 年至 89 年間，國籍航空器之 12 件失事案例，可歸因於人為因素的占 55 ％。如果把組織因素也視為廣義的人為因素，則人為因素所占的比例立刻升高到 71 ％。不論是 73 ％還是 71 ％，跟全球人為因素的比例 65 ％或 55 ％也都相去不遠。如果數據會說話，這些數據到底說了些什麼？我們的飛安確實比較差？好像沒錯。我們的人為疏失比例，差別

不大。表示我國的飛安問題也跟全球一樣？似乎好像也有點道理。然而事實確實

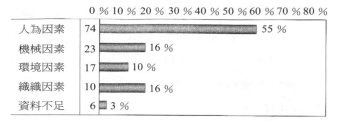

圖 2-10　民國 79 年至 89 年間國籍航空器之失事肇因分類

是如此嗎？有沒有可能是因為我們跟西方使用完全一樣的分類法，以致於結果也類似？當我們採用跟西方一樣的觀點與角度來看飛安的時候，對於真相的發掘是有幫助還是有阻礙，恐怕還得要深入思考。

2-5　我國航空事故的本質

　　隨著台灣社會逐漸的發展，民航運輸也漸漸地熱絡了起來，早期內戰的陰影逐漸遠去，航空事故也逐漸遠離政治，恢復了本來的科技面貌。然而 40 年下來，一次又一次的航空事故，所隱約呈現出來的面貌，似乎在告訴著我們，有些東西好像不太一樣。這裡我們就以最具代表性三義空難、新竹空難與名古屋空難，來說明我國航空事故不同於西方的本質。

　　民國 70 年 8 月 22 日一架波音 737 型客機在早上 9 點 55 分，從台北起飛目的地是高雄。機上載有旅客 104 人，加上飛航組員與空服員 6 人，一共是 110 人。飛機起飛十幾分鐘之後，在苗栗三義的上空，高度 22000 英呎時發生爆炸，飛機解體墜毀，機上110 人全數罹難無人生還。

　　在早上 10 點 8 分，航管的雷達幕上顯示目標光點分裂為二，10 點 9 分目標消失，11 點即接獲地面報告，該機已於苗栗縣三

義鄉附近墜地失事，飛機全毀人員全部罹難。根據在現場搶救的人員表示，現場的飛機殘骸與人員屍體，散佈在長達 8 公里的區域上，機頭、機門、機身、機翼、機尾，分別散落在不同的地方。結合雷達資料與殘骸的分佈情形，毫無疑問的飛機是在空中就已經解體了。

現場目擊者對於事故發生的過程，其描述大致上是這樣的。一位當時正在田裡除草的農民，表示他先聽到一聲巨響，接著是一連串像是機車排氣不順似的小爆聲，然後就看到飛機失去平衡忽上忽下忽左忽右地，在空中翻勳斗打轉。這位農民又表示，這個時候飛機還未冒煙，等飛過山腰後即起火燃燒。

另有一位女性目擊者親眼見到機頭、機尾分離，然後分別墜落地面的過程。當天十點左右她在家裡，突然聽到劈劈拍拍的聲音，她趕快跑出屋外隨即看到一架飛機飛得好低，一眨眼之間她就看到這架飛機機頭與機尾分開，機尾並開始冒煙。隨後兩聲巨響，機頭就墜落在她家南邊 200 公尺遠的山坡上，機尾也撞毀在西南方的山坡上。

其它還有相當多類似的描述，分別來自各個不同方向不同位置的目擊者。例如有人看到飛機在空中打滾不定，機頭與機身隨即斷裂掉落。有人看到一架沒有頭的飛機，掠過頭上的天空，還發出拍拍的聲音，不久即搖搖晃晃地墜落山中。還有一位 17 歲的少女，目擊了更為可怕的一幕。她見到天空上有許多人像下雨一樣，紛紛往地上掉下來。還有人家裡的屋頂，被失事班機上的一男一女兩名乘客連同座椅直接從天上掉下來，打穿一個大洞。

經過了冗長的調查，民航局公佈了調查結果。報告中的說明是這樣的。依據尋獲的機身殘骸來研判，三義空難始於機身底部首先破裂，導致艙壓急速外洩。在破壞前的一瞬間，因客艙內部仍然維持著巨大的空氣壓力差，造成飛機結構彎曲破壞，以致於

整架飛機斷裂。首先破裂的是機身底部，其破裂的原因，來自於機身前貨艙底部鏽蝕廣泛，部份區域甚至已經有穿孔、脫層、剝蝕及組織結晶等現象。再加上長期機艙加壓造成材料疲勞裂損，經互相串聯、發展、擴散、而併發結構破壞及碎裂。根據民航局的報告，三義空難的原因很明顯的是因為金屬鏽蝕所造成的疲勞破壞。

那金屬又為什麼會鏽蝕呢？金屬鏽蝕又為什麼會造成疲勞破壞呢？

這架飛機原來的任務是於早上 7 點 20 分飛往澎湖，卻在起飛後 10 分鐘發現機艙壓力有問題，隨即折返松山機場降落。機上乘客改搭另一架飛機繼續飛往澎湖，這架飛機則留在機場檢修。9 點 20 分修復之後即改為執行 9 點 30 分飛往高雄的任務。原來這架飛機本來是要飛往澎湖的。這架飛機所屬的公司每天有 4 個班次從台北飛馬公，10 個班次從高雄飛馬公。據報導這架飛機常常從澎湖運載海鮮回台。富含鹽份的海水日積月累的滴在貨艙的地板上，正是金屬之所以發生鏽蝕的主要原因。

現代民航客機由於飛行高度之故都須加壓，以便在機艙內維持與地面一樣的氣壓，否則乘客會無法適應。飛機每一次飛上天空機艙就加壓一次，降落之後就解壓一次。因此每一次飛行都會加壓和解壓，飛機的結構也就被拉扯一次。結構承受如此不斷的加壓和解壓，久而久之疲勞現象就會發生。此時飛機結構內的瑕疵裂縫或鏽蝕就會開始成長。逐漸的當這些瑕疵裂縫或鏽蝕，在成長到足以互相串連在一起之後，結構就會發生斷裂。所以飛機一定要定期檢查，以便將瑕疵裂縫或鏽蝕及時找出，並在它們還未成長到足以對飛機結構體造成傷害之前予以維修或更換，以維持飛機的安全。

正因為是金屬疲勞的原因，三義空難中飛機上的鏽蝕，隨著

每一次的起降，鏽蝕逐漸惡化。這個惡化的過程並沒有被偵測出來，因而無法被阻止。因此，民航局在報告中指出，該機的貨艙底部未能確實按照原廠建議，執行防鏽定期噴塗工作，僅以防鏽效果不大之底漆敷塗，致鏽蝕持續進行。此外機身結構之定期檢查，未能及早發現鏽蝕狀況，當然也就無法阻止疲勞破壞的進行。因此本事件明顯是維修的人為疏失所造成的。民航局也是據此而提出改善建議。改善建議分別如下：業者應確實按照廠家建議，定期執行防鏽處理；業者應自機身內部，執行貨艙結構檢查，並以 X 光為主以期預先發現裂損。

整件事件至此告一段落。然而事情的真相真的是如此嗎？110人罹難的重大空難，而且發生當時，還是台灣有史以來，最大的一次空難事件的三義空難，僅只是因為鏽蝕造成的疲勞破壞？

在民航局公佈的資料裡面有一句話，特別讓人感到震驚。民航局表示：該機發生事故前 3 個月，艙壓系統連續性故障達 21次。事故前亦因艙壓不正常而返航。看到這個訊息，確實會讓人嚇一跳。3 個月內艙壓系統連續故障 21 次？事故前才又發生艙壓不正常？這樣的訊息，表示問題一直沒有獲得解決，病因一直都存在，難道這些人都毫無警覺性？還讓飛機繼續不斷地飛行？一連串如此嚴厲的警示，竟然沒有引起任何人的關注？讓我們看看該公司副總經理是怎麼說。副總經理表示，座艙壓力的問題不致引起爆炸。因為這種壓力調節是為人體設計的，目的是把艙內的壓力調節到人體在地面上所能適應的壓力。因此，即使壓力調節系統真的發生了問題，只要把高度降到 8000 英呎人體還是可以適應的。從副總經理的說法裡面，我們可以很清楚地看到副總經理的腦袋裡面，完完全全沒有金屬疲勞的概念。他把機艙的加壓當成像冷氣的開關一般，只是用來調節溫度而已。太冷了關掉冷氣。艙壓不正常，把高度降低就可以了。渾然不知道飛機每加壓

一次，結構就被拉扯一次，瑕疵就又長大了一點。

然而副總經理很可能是管理出身的。既非工程師或許也不是飛行員，對這種技術性的知識可能真的並不熟，對金屬疲勞的無知是可以理解的。然而，當天原先駕駛這架飛機欲飛往澎湖的正機師，也就是發現艙壓故障折返松山機場，並將艙壓故障記錄下來的人卻也同樣的表示，如果僅僅是因為艙壓故障，應該不致於造成如此嚴重的空難。飛行出身而且已經是正機師的人，自己還因艙壓問題折返，竟然也似乎不知道金屬疲勞問題的嚴重性，尤其是在發生連續多次的故障之後，確實讓人匪夷所思。

民航局的報告中明顯表示，這起空難的原因是維修人員的人為疏失。也因為如此民航局所提出的改善建議是針對維修人員。但是 3 個月內艙壓系統連續故障 21 次，飛機卻還在正常使用的事實，卻說明了三義空難絕對不只是維修人員的人為疏失而已。而是公司內上上下下，從副總經理到正機師包括維修人員，幾乎全部都不知道金屬疲勞的嚴重性。如果有人很清楚金屬疲勞的嚴重性，就會知道艙壓正是金屬之所以會疲勞的源頭。面對連續故障 21 次的艙壓，可能早已被嚇得魂飛魄散了還敢讓飛機起飛？所以這起空難的真正原因應該是這樣的：我們引進這種大型的民航客機時，並沒有好好學習所有該學習的知識就去操作飛機了。所以三義空難真正的失事肇因，應該是「無知」或「知識不足」，而不是「人為」的「疏」忽或者「失」誤！因為不論是「疏」忽或者「失」誤都表示我是知道的，只是我沒有注意到、忘記了、一下子沒想到或想到別的地方去了。

接下來的問題就更值得我們深思了。既然原因是無知卻被歸因於維修人員的人為疏失，何以故？原因很簡單，因為西方人的事故肇因分類中，沒有「無知」這一項。問題是既然西方人沒有這一項，我們就不分類了嗎？就要硬塞給維修人員的人為疏失？

如果我們一直使用西方人的肇因分類，事實真相到底是被找到了？還是被掩蓋了？我們又為什麼不自己建立一套，可以充份表達事實的分類方式？不幸的是不管原因是什麼，這三四十年來確實沒有人嘗試這樣做過。

三義事件的發生，說明了當我們引進一項西方科技之後，由於對科技的不了解，不清楚每一項設計的來龍去脈，常常在無知的情況下操作該項科技。或許有人會問，我們購買西方科技系統的時候，他們不是會提供訓練以及一堆手冊嗎？當然是的。只是我們在操作的時候，未必知道該注意那裡。而我們的操作習慣也未必跟西方人一樣，甚至經常是不一樣的，以致於人機互動的結果，常常超出原設計者的預料，並造成意想不到後果。而且看完手冊才來操作機器，似乎並不符合我們民族的習性。此外，空難事件的發生常常不僅只是肇始於知識領域的問題而已，而是來自更為深刻的原因。換句話說，即使我們的航空公司確實擁有足夠的知識，知道該如何安全的操作航空科技，如果我們的社會沒有用正確的態度，來面對西方科技，我們還要付出什麼樣的代價，常常是我們所無法預先知道的。新竹空難就是這樣一個例子。

時間是民國 87 年 3 月 18 日，一架 SAAB-340 型客機，擔任高雄至新竹往返班機任務。該機預定於當天晚上 19 點 10 分從新竹飛返高雄。此班機在 19 點 27 分獲淮起飛，實際起飛時間為 19 點 29 分。機上乘客共有 9 位另外還有 4 位組員，班機於 19 點 29 分起飛。離場後副機師聯絡中正近場台，報稱該機爬升已達 1000 英呎，將繼續爬升到 3000 英呎。中正近場台指示，保持 3000 英呎雷達引導航向 260 度，副機師複誦正確。19 點 31 分中正近場台再指示，該班機左轉航向 230 度，同樣地副機師複誦正確。但在 19 時 31 分 38 秒，中正近場台指示確認航向時卻沒有回答。之後，中正近場台連續呼叫數次均無效，最後在 19 點 31 分 46

秒，證實飛機自雷達幕上消失墜海失事，機上所有人皆全部罹難。

三年後民航局公佈調查報告（CAA, 2001）列舉了 6 點可能的失事肇因：

1. 飛航組員無法維持情境警覺造成航機失去控制。
2. 右主匯電板的故障造成右邊的導航系統與儀錶故障。
3. 飛航組員並未遵守最低裝備表（MEL）的規定。
4. 夜間與儀器氣象條件造成飛航組員失去外界的視覺參考。
5. 正機師在疲勞與空間迷向的狀況下飛行。
6. 飛航組員並未遵守標準作業程序的規定。

民航局同時也針對航空公司與民航局本身提出了四項建議：

1. 業者加強公司對紀律及安全標準程序遵守之要求。
2. 業者加強航務作業之日常查核及建立飛安品質保證系統（FOQA）。
3. 加強組員資源管理訓練不正常動作改正訓練及系統訓練。
4. 加強民航監理機關對業者之監督。

從民航局所列的可能肇因可以看出，本次事件的主要原因又是人為因素。從民航局所列的建議，我們可以進一步理解，這個人為因素指的是紀律、訓練與監督。飛航組員沒有遵守最低裝備表（MEL）以及標準作業程序的規定，飛航組員的訓練應加強等等。民航局的報告當然是有憑有據依據事實而發的。但是對於事故原因的判定卻是典型的西方人的分類方式。

飛航組員做為飛航安全的最後一道防線，如果我們認為飛航組員都是無敵鐵金剛，在緊急萬分千鈞一髮的瞬間，仍能保持冷靜並立刻做出正確的判斷；毫無疑問人類大多數的空難，應該都有機會可以避免。只是這樣的期待未免太天真了一點。一般正常人如果處於生死交關的強大壓力下，恐怕早就嚇得魂飛魄散了。

即便是就以一般飛行員的性格以及訓練而言，在同樣的狀況下表現當然一定會比一般人好很多。但是我們仍然不應該期望他們是完美無缺永不犯錯的完人。不要他們只要一個不小心，立刻就是「飛航組員的人為疏失」！尤其是在他們通常也罹難，因而無法為自己辯護的情形下。況且還有很多的案例，「飛航組員的人為疏失」常常是被誘發出來的。因此，是什麼樣的情境或是什麼樣的過程，導致在最後階段飛航組員會產生那樣的人為疏失？這才是我們應該深思的地方，而不是老是戴著西方人的有色眼鏡來看世界。

在民航局的報告中對於事故原因的描述裡，第一點就列出了飛航組員未遵守 MEL 的規定起飛。顯然民航局認為這是最重要的一項。所謂的 MEL（Minimum Equipment List）是指最低裝備表。MEL 是由航空公司根據飛機製造廠的規定，所製定的一個列表。列出正常飛行的情形下一定要維持正常運作的系統與設備以及一些在不影響飛機的適航情形下，可以容許失效或部份失效的系統與設備。所以 MEL 的規定直接關係到飛機的適航與否，是一定要嚴格遵守的。民航局的報告中指出，由座艙通話記錄可知在飛行前檢查時，正機師和他的組員，即發現右主匯電板故障。同時組員也了解，主匯電板的故障將造成飛機上一些重要的系統失效。然而民航局的報告中卻也同時指出，飛航組員並沒有完全警覺到，在右主匯電板故障時，多項系統將因而失效。不過耐人尋味的是民航局的報告中，還是明明白白的指出，飛航組員完全清楚飛機是在不適航的狀態下起飛的。

問題來了，民航局的報告中，同時提出了下列的說法：
- 飛航組員沒有遵守最低裝備表的規定起飛。
- 飛航組員了解到主匯電板的故障，將造成飛機上一些重要的系統失效。

- 飛航組員並沒有完全警覺到，在右主匯電板故障時，多項系統將因而失效。
- 飛航組員完全清楚飛機是在不適航的狀態下起飛的。

以上的訊息顯然並不一致。不過有一點是可以確定的，那就是：飛航組員在起飛前就知道右主匯電板的故障，而且也知道在右主匯電板故障時，多項系統將因而失效。關於這一點，我們可以從座艙通話記錄得到確認。其次，以飛行員的專業訓練而言，飛航組員不可能不知道它的嚴重性，因此飛航組員完全清楚飛機的不適航狀態，也是完全合理的。而且公司的飛行操作手冊上，明明白白地寫著機長務必要在公司 MEL 的規定下，確認飛機的適航。然而飛航組員在沒有遵守最低裝備表的規定下起飛，卻也是事實。既然飛航組員知道卻又不遵守，於是民航局只好認定：飛航組員並沒有「完全警覺」到，在右主匯電板故障時，多項系統將因而失效。民航局的說法，乍看言之成理。可是民航局在失事報告中的第一頁的事實資訊中，卻又寫下這麼一段話：「他們試圖去解決問題但並不成功。當他們找不到任何的可能性，在機場修復飛機時，雖然明知有問題，他們仍然決定起飛」。難怪，飛航組員確實知道飛機的不適航狀態卻仍然起飛，原來是因為在新竹機場，飛機是不可能修復的，飛航組員根本就毫無選擇！

在這種情況下，如果我們坐在冷氣房裡舒舒服服的，在毫無任何的壓力之下，以事後諸葛亮的心態，來尋找微乎其微的可能性，可以將飛機安全地降落，當然可以找得到。如果組員遵守紀律、如果組員狀況警覺良好、如果組員充份運用座艙資源、如果組員緊急應變得宜、如果組員改正技巧正確、如果組員不發生空間迷向、如果當天不是夜航、如果當時有目視參考⋯⋯，則空難就不會發生。這種態度其實是不負責任的。我們不應該對飛航組員吹毛求疵，而對其他人明顯的巨大疏失視而不見。

雖然民航局將事故的主要原因，歸之於人為疏失。可是很明顯的，這個人為疏失是被引發的，並非是事故真正的「因」，而只是在事件的一連串因果循環中被前一因所引發的果，雖然它們同時也是造成後一果的因，僅此而已。在民航局所提出的改善建議中，第一條就是應加強公司對紀律及標準程序遵守之要求。不禁讓人想到一句諺語：「斬草不除根、春風吹又生」。

　　然而第一因又是怎麼產生的呢？何以新竹機場的維修裝備會不足？現在先讓我們回顧一下新竹機場的背景。新竹原本只有軍用機場，民用航空站是民國 87 年 1 月 1 日啟用。可是 3 月 18 日就發生了新竹空難，9 月 1 日隨即關閉。整個民航站的壽命只有 8 個月！一個機場的設置牽涉極廣，諸如空域、土地、建設、聯外道路、市場、客源、航線、航班⋯⋯等等問題，何其複雜。而新竹機場的設置，竟然可以草率至如此駭人聽聞的程度，開放 8 個月就關閉！

　　新竹機場開放民航，地方人士及民意代表已經爭取了十多年，一直毫無進展。但是，86 年 9 月起卻突然開始大躍進。僅僅經過 3 個月的趕工，新竹機場的民航站就在 87 年 1 月 1 日立刻啟用。然而空軍基地內，並沒有適當的空間，可以作為航空站使用，只好暫時利用距離機場 3 公里的空軍工程聯隊舊址的建築物充當臨時航空站，辦理乘客搭機報到的手續。再由各航空公司租用的巴士載到機場搭機。這樣的狀況根據當時的站主任表示，將會再延續 5 年，最快也要到民國 92 年才會獲得解決。開航之初甚至還因為缺乏照明設備，只能准許日間飛航。新竹航空站啟用的倉促與草率顯而易見。

　　新竹航空站在 3 月 16 日才開放新竹高雄航線。才第 3 天就發生空難。事實上該航空公司因為飛安記錄欠佳，並未獲得分配新竹高雄航線。但民航局卻在 3 月 13 日核准該公司以包機的方

式，飛行 16、17、18 三天。不幸的是，連僅有的 3 天都還沒飛完，飛機就掉下來了。西方有一個流傳很廣的格言一般稱為「莫非定律」。大意是：只要是有可能出錯的，終究會出錯。其實這個定律所講的，只是個單純的基本機率問題。一件事情發生的機率如果是百分之一，則平均條件出現一百次時，事件一定會發生一次。所以只飛了 3 天就發生空難。根據莫非定律，公司的因素加上機場因素，所組合出來的情境，發生空難的風險有多高？就以每天飛 10 趟來計算，3 天也不過就是 30 趟。只飛 30 趟就摔掉一架飛機，這樣的失事率是三十分之一，至少高出國際標準一萬倍！在航空公司、民航局與社會大眾的通力合作之下，創造出如此高的風險，其結果卻完全由飛航組員來承擔，未免太沉重了。我們這個社會提供一個風險很高的飛航環境給飛行員，強迫飛行員去面對一個千瘡百孔、處處陷阱、危機四伏的環境。面對這樣的環境，即使飛機還沒離開地面，飛行員操作飛機的安全空間，已經被壓縮到所剩無幾了。然後只要飛行員稍一不慎，馬上就是「飛航組員的人為疏失」，大帽子一扣，固然容易，只是同時也扣住了真相。

當我們的社會沒有用正確的態度，來面對航空科技；或甚至完全不了解西方航空科技的本質，而以自己一廂情願的想法，或是傳統習性來對待航空科技，則事故發生的機率，必然大幅提高，災難也將無法避免。綜合以上的說明，新竹空難發生的主要肇因，其實真的不是飛航組員的人為疏失，雖然他們確實是有一些疏失，而是我們整個社會在面對西方航空科技時的態度不正確所致。不幸的是西方人航空事故肇因的分類，又沒有這一條！

西方航空科技不斷的往前邁進，我們所面臨的飛航環境也跟著不斷的變動。當飛機越來越自動化之後，我們這個社會的適應力，又遭受到完全不一樣且更為深刻的考驗，結果也同樣讓人無

法輕鬆面對。本書在第一章中，曾經將名古屋事件與相關性很高的大園事件，其發生過程的來龍去脈，做過詳細的說明。在此我們僅就其比較深刻的部份及其所代表的意義，進一步的加以闡明，以說明我國航空事故的真相。

　　名古屋事件發生的主要原因，是航機在最後進場階段，副機師誤觸重飛桿，然後引發一連串的連鎖反應。其中的關鍵因素是飛行員與機上的飛行控制電腦，互相爭奪飛機的控制權。也就是說飛行員跟電腦，都爭著要控制飛機，一個要降落一個要重飛，我們現在把這種現象稱為人機對抗。人機之所以發生對抗，真正深層的核心原因是來自於飛機的高度自動化。

　　隨著電腦科技的快速發展，大型民航機越來越自動化，飛機本身漸漸擁有部份認知的能力。依據飛控軟體的設計飛機甚至會自己做決策，儼然就像一個真人一樣。航空界把飛機上的自動化飛控系統稱為電子組員或是電子飛行員、虛擬飛行員。然而飛機終究只是一架機器，它的決策能力其實只是軟體工程師意志的展現而已。於是軟體工程師如何看待飛航安全的認知，就會被寫進軟體來操控飛機。這個時候高度自動化的飛機，就像是一個布袋戲偶，有頭、有臉、有動作、也會說話，卻完全受到背後那隻手的操控。因此擁有軟體工程師之安全認知的高度自動化飛機，已經不再是一架單純的機器，而是一個文物！一個人類文化活動的產物！一個帶有西方人對科技、航空、安全等認知的文物！就像蒙納麗莎的微笑，表達了達文西對美的某種認知一般。

　　根據國際民航組織的定義，「安全」是風險的可接受度。風險又是事件發生的嚴重性，乘上發生的機率。任何事故的發生必然造成某一部份人生命財產的損失。因此，所謂的安全就是我們對於生命財產遭受損失的風險，所能夠接受的程度。眾所週知，每一個社會對於風險的接受度，都是不一樣的。有的社會對於生

命的看法極端的重視，死一個人都是社會上的大事。有的社會對於人命就沒有看得很重。發生了空難死了上百人，社會一陣譁然之後，沒多久就又故態復萌，以致於悲劇常常重演。為什麼會有這樣的差異？這樣的差異，絕對不是憑空而來的，而是經過自然環境、社會環境與歷史環境，長時間薰陶塑造而成的。這些經過塑造之後的社會特徵我們就把它稱為「文化」。因此對飛安的認知，就是一種文化現象。

所以名古屋事件中的人機對抗，跟我們的飛行員發生爭執的，其實並不是飛機，而是設計自動化飛控系統的西方工程師！這是一個百分之百的文化衝突問題。

現在就讓我們從這樣的一個角度，再從頭檢視這幾件關鍵的事故。回顧三義空難，由於大家對西方航空工程的相關知識缺乏，造成對金屬疲勞的無知，基本上比較是屬於技術層次的問題。至於新竹空難則是由於我們整個社會，在面對西方航空科技的心態不正確。從政府到公司再到飛行員，都不遵守規矩，不清楚西方航空科技的特質，基本上是屬於心理層次的問題。至於名古屋事件甚至大園事件，則是來自對於安全更根本更深層的基本認知落差過大，是屬於文化層次的問題。然而，不論問題是屬於技術、心理還是文化層次，都是來自於與西方航空科技的互動所致。在互動的過程中，我們社會的反應很明顯是一種生物學上，所謂演化與適應的現象。當我們這個社會引進西方航空科技之後，必然要經過一個學習、理解、調整的過程，好吸納或適應這個外來的系統，並將之融入我們這個社會。這個調整的過程必然伴隨著從內到外各種不同層次的衝突，文化差距越大的社會這個過程的衝突也越大。

如果我們可以接受這個觀點的話，大家應該會同意，我國的航空事故之所以發生，正是屬於「適應不良」所造成。40 年來不

同階段所發生的不同事故，從技術層次到心理層次再到文化層次，只有深度上的不同，並無本質上的差異。而西方的航空事故之所以發生，本質上則是屬於「探索未知」所造成，百年來都是如此。不同階段所發生的不同事故，依然是只有程度上的不同，而沒有本質上的差異。與我國的事故相比，是完全不能相提並論的。

那麼我們接下來就要問下一個問題：我們為什麼老是會適應不良？要回答這個問題，恐怕得先要知道，我們為什麼老是搞不清楚問題出在那裡。如果每次出問題，我們都知道問題出在那裡，我們當然會知道該如何解決。則我們將只有學習的問題而沒有格格不入的問題。為什麼一個本來應該是學習的問題卻變成了適應的問題？其中的核心關鍵就在於「觀點」。換句話說就是：為什麼到今天為止，我們還在用西方人的觀點看飛安？只要我們持續用西方人的觀點看飛安，我們將永遠看不到中國的傳統威權，更看不到中國的人情世故，而只看到了人為因素、訓練問題、紀律問題等等。如此一來我們要怎麼知道，問題出在那裡呢？

第三章

飛航安全的理論、觀點與文化

3-1　航空科技的膚色

　　自從飛機問世以來已經一百多年了。對整個人類歷史來說，一百多年只是微不足道的一眨眼功夫而已。可是其間的進展，卻可以說是突飛猛進成果斐然。最早美國萊特兄弟 1903 年的第一次飛行，所飛的距離是 36.5 公尺，雖然只是他們的一小步，卻是人類的一大步。可是 1969 年問世的波音 747 客機，其翼展就有 59.6 公尺。萊特兄弟第一次飛行的距離比波音 747 客機的翅膀還短！人類的這一大步也不過 66 年而已，竟然就變成了微不足道的一小步，小到還沒能跨過波音 747 客機的翅膀。

　　除了科技本身的突飛猛進之外，航空科技更已經徹底的改變了人類的社會。就在此時此刻全球已經有超過 20,000 架商用飛機，在地球上的每一個角落飛行。不論是先進的歐美，還是古老的中國、印度，甚至是太平洋中，連地圖上都找不到的島嶼都有飛機的身影。此外，全球每年航空運輸量中的飛行時數，已經超過了 40,000,000 小時，每年的起降次數也已超過 20,000,000 次。這樣的數字，表示不論是什麼時候，每一小時之內全球都同時有 2000 架客機在天上飛。在人口綢密的地方，航空運輸的繁忙更是令人嘆為觀止。以全球最繁忙的美國芝加哥 O'Hair 機場為例，平均每分鐘就有三架飛機起降。僅僅 100 年，航空科技已經發展成

為地球上最大、最廣、最複雜的科技系統。航空科技使得地球變成一個大社區，每一個地方的人都與其它地方的人息息相關，地球已經成為名符其實的「地球村」了。

然而，航空科技卻帶有明顯的種族色彩。飛機是西方人發明的，100 多年之後，西方所發展出來的航空科技，依然主宰著全球的天空。造成了在全球的飛航環境中，從科學理論、設計、製造、維修、使用、操作、規劃、法規，管制……等等，每一個跟航空相關的領域均為西方人所設計、規定與主導。甚至航空領域的官方語言，根本就是英語。因此，西方人的信仰、認知、想法與態度，早就已經滲透到航空科技的每一個角落。而且在這 100 多年當中，航空科技的演化過程裡，其它文明的貢獻與影響幾乎不存在。換句話說，航空科技的每一部份都是西方文明所孕育、也都是在西方文明的灌溉之下成長茁壯。以此觀之，航空科技就是一個典型的西方科技，航空科技所具備的許多特色，也就是西方文明的特色。

西方文明所建構起來的航空科技系統，已經徹底改變了地球，也改變了人類社會。如此一項影響深遠的科技在本質上具有下列的幾項特色：

1. 科學：飛機要飛行必須很客觀地符合科學定律。科學定律並不會隨著人的主觀、期待或情緒而有絲毫的改變。在科學的領域內，沒有上帝、沒有皇帝也沒有權威只有事實，一切以事實為依歸。因此航空科技的每一部份，必然要符合「實事求是、精益求精」的基本科學態度。

2. 精確：在地球上飛機要起飛必須與重力對抗，才能飛行。而飛機所賴以與重力對抗的憑依，是看不見且捉摸不定的空氣。因此，飛機的飛行必須嚴格遵守任何與重力、空氣有關的科學定律，才能安全的在天上飛行，不可以有任何

絲毫的差錯。例如：機翼的攻角只要大上小小的一度，飛機可能就會失速而墜毀。所以有關航空領域的各個層面，不論是硬體、軟體、法規、程序等都有其特殊精確的要求，絲毫馬虎不得，如此才能保障整個系統的安全運作。

3. 程序：航空科技的每一個領域，專業的要求都很高。而且每一項專業其複雜的程度，也是其它科技所難以望其項背的。任何人只要坐進飛機的駕駛艙，都會被艙內極端複雜的儀錶所震攝。是什麼樣的人、要擁有什麼樣的知識、要經過什麼樣的訓練，才能有效地操作這樣的機器？另外在飛航管制員所面對的雷達幕上，經常是密密麻麻的一堆點、一堆數字，而且還擠在一起。一個不小心，其中的兩個點就可能重疊在一起，然後一起消失。管制員要如何的去面對，才能安全有效地管制天空？面對如此複雜的環境「標準作業程序」是航空界到目前為止，所找到的最佳的答案。「標準作業程序」是在複雜的環境中，根據已有的知識與經驗，以有條理、有步驟的方式，安全有效地完成一件工作的一套程序。航空的領域，從飛航、管制、操作到維修，到處都是「標準作業程序」而且非常強調標準作業程序的重要性。從業人員的每一個動作都要求要嚴格的遵守標準作業程序，如此才能在複雜萬端荊棘遍佈的環境裡，安全有效地操作航空科技。

4. 合作：航空體系是一個既龐大又複雜的系統，經常需要上百人或甚至成千上萬的人共同合作，才能正常運作。即便是在狹窄的駕駛艙內，也至少需要兩位機師的同心協力才能安全地飛行。隨著飛機愈來愈快速、愈來愈複雜，航空運輸的日益繁忙密集，不同專業人員之間的協調合作，已經是航空領域內的基本信念。

5.傳承：航空科技是非常龐大而且複雜的科技系統，必須要靠眾人的合作才能正常的運行。所以一旦有任何事情發生，務必要能夠找出原因以便改進。此外，雖然飛機比起其他的交通工具要安全的非常多。但是，偶而總是會有因為一時的疏忽，或是因為超出設計與操作人員的知識領域，而造成事故。任何事故的發生都是一次血淋淋的教訓，也都因此而累積了寶貴的知識與經驗。因此在航空科技的領域內，非常重視留下記錄的動作。不單僅只是事故的調查，不論是研發、設計、製造、維修等無不如此。其目標當然是知識與經驗的傳承，以力求能夠累積經驗，不斷改良科技，同時避免同樣的事故再發生。

從一個中國人的觀點來看這幾項特質，似乎離我們都有點遠。首先很少有人用「科學」這兩個字，來形容我們中國人的民族性。否則以我國悠久的歷史，科學早就被我們的老祖宗建立起來了。第二點中國人從來就不精確，所以五行八卦才會盛行千年而不衰。馬馬虎虎更是我們中國人的民族性當中，非常顯著的一個特徵。此外中國人很聰明，尤其是有小聰明。抄近路走捷徑是我們引以為傲的光榮。「山不轉路轉」更是我們的基本人生哲學。一板一眼做事情的人，不僅會被嫌為食古不化、不知變通，還有可能被嘲笑為死腦筋。在我國自古以來的文獻裡，從來就沒有出現過「標準作業程序」這種怪物。

至於合作那就離我們更遠了。「個人自掃門前雪那管他人瓦上霜」自古以來就是中國父母教育子女的座右銘。即便到了近代孫中山先生仍然用「一盤散沙」來形容中國人。就算是進入二十一世紀，相信仍然有相當多的父母，教育小孩不要多管閒事。除了這些大家耳熟能詳的形容之外，「一個和尚挑水吃、兩個和尚抬水吃、三個和尚沒水吃」，是人盡皆知的寓言。每一個人看到

這則寓言恐怕都會不自覺的會心一笑吧！而日本人的團隊精神，更是我國一百多年來的有識之士，常常用以提醒國人自私自利的鮮明對比。

中國人有人類文明中最悠久且從不間斷的天文觀測記錄。要說中國人不善於留下記錄，經驗不易傳承，似乎不盡公平。但是中國人也有人類科技史上最詭異的例子：三國時代馬鈞所發明，失傳 10 次重新被發明成功 6 次的指南車。寶貴的知識與經驗，一再地失傳一再地需要重頭開始。鄭和下西洋時，我國是全球唯一的海上強權。到了清朝末年，西方人挾船堅炮利，打進我國的時候，湘軍將領胡林翼，看見兩艘洋輪逆江而上大受刺激，最後竟然鬱鬱而終。明朝的火器發展早已非常先進。可是，到了清朝末年清軍士兵卻是用長矛大刀，來對抗洋人的洋槍洋炮，好像中國從來就未曾有過火器一般。很明顯的從我國長久的歷史中來看，似乎只有皇權有興趣的東西，才會很仔細很清晰地傳承下來。不幸的是，由於我國特有的朝代循環現象，使得連官方記錄的保存經驗的傳承，也是每一、二百年就要重新來過一次。至於民間的知識與經驗卻也同樣地，總是以無法好好留下記錄的居多。就算是可以長久地保留下來的知識如火藥與羅盤，也會因為民間傳承不佳累積不夠，而始終無法提升層次。火藥總是只能拿來放煙火，無法提升為武器或運輸工具；羅盤也總是只能拿來看風水，不能拿來促成地理大發現。

航空科技確實是有膚色的，而且我們還可以肯定，它絕對不是黃色。

3-2　飛航安全理論

隨著航空運輸量的快速增加，航空事故發生的次數日益頻

繁，飛安開始成為頗受重視的一門系統科學。每一次的航空事故，牽涉的因素均極為廣泛。從飛安理論，飛機設計、製造、維修到大氣科學、航空醫學的科技層面再到飛航管制、機場管理、民航局、航空公司的管理層面以及政治、經濟、法律、文化的社會層面，每一個細節與飛航事故的發生均息息相關。因此，飛航安全的核心宗旨應該是這樣的：只要對飛航安全會發生影響的因素都應該深入了解，以便在運作整個飛航系統時，可以有效地整合各種技術與資源，以求在各個層面均能免於事故的發生，以保障人民生命財產的安全。所以飛航安全的維護，除了是民航局、飛航安全委員會、軍方等政府機構以及民航業者等，無可推卸的職責之外，媒體、民間團體、機場鄰近居民，搭飛機的旅客、甚至是全體國民都應該是維護飛航系統安全性不可分割的一環。

　　航空器在這個地球上，已經是一個不可或缺的交通工具，它所帶來的便利及效率是不可言喻的。但相對地它的安全性更是大眾所關切的。雖然近幾年噴射商用客機失事率都保持在極高的安全性，全球平均的失事率已經低於 1 次／百萬離場。但美國飛航安全基金會主席馬休茲曾提出警告，假如全世界民航機的失事率，在未來 15 年內沒有大幅的改善的話，因空中交通量增加為 3 倍，所以不排除每一星期就會發生一次大空難。因此飛航安全之課題決不容忽視，對於飛航安全的要求，再怎麼努力都是不夠的。

　　任何一項的科技包含飛機在內，都不只是一項有用的工具而已。每一項工具的產生，背後都存在著這個工具所賴以產生的知識。而知識卻是思想的產物，思想又是從認知開始。對事物不同的認知，將產生不同的解釋。不同的解釋，當然就會產生不同的思想。不同的思想又會產生不同的理論。根據理論才會有知識、技術、管理與工具。因此對於每一項科技產品，我們都應把它看

成是一個文物，一個像蒙納麗莎的微笑一般的文物。所以一個社會如何看待飛安，就會形成相關的飛安理論，隨之產生相關的管理方式，終將會影響到飛安的表現。此處我們所說的飛安理論指的是有系統、符合邏輯的解釋架構，能夠將飛航安全的組成或是航空事故的來龍去脈，清楚說明的解釋架構，並能夠指導相關之技術、管理、工具的建立。

骨牌理論

在西方工業安全的發展史上，首先對工業事故進行大量科學化的研究並提出理論，而且影響深遠的當推 H. W. Heinrich。Heinrich 根據他在保險公司工作了 35 年，所收集的大量工業事故資料，於 1931 年出版「Industrial Accident Prevention」一書。在該書中他整理了 75000 件工業災害的案例，並分別找出每一件事故發生的來龍去脈。由於保險公司的理賠，需要經過事故發生原因的鑑定以釐清責任的歸屬。經過多年深入的調查事故發生的原因之後，他提出了現在大家通稱的「骨牌理論」，來描述一般事故發生的過程，並成為西方工業安全的經典（Heinrich, 1950）。Heinrich 在研究眾多之工業事故災害之後，在他的著作中提出：意外的發生是一連串的事件，以符合邏輯的順序自然地串聯在一起而成。每一個事件都來自前一個事件，也都引發下一個事件。換句話說每一個事件都是前一個事件的果，也都是下一個事件的因，直到最後導致意外發生。各事件所形成的序列就像是排成一列的骨牌，當其中之一的骨牌因故傾倒時，將會觸發下一個骨牌倒下，然後依序再觸發下一個骨牌倒下。以此類推直到最後一張骨牌被推倒為止。

Heinrich 根據他的經驗，首先定義了什麼叫做事故。他認為事故是一種不在規劃之內也不在控制之下所發生的事件。該事件

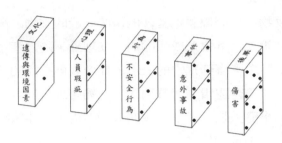

圖 3-1　Heinrich 所提出之骨牌理論圖示

是由於人員物質或能量的作用或反作用，並造成人員的傷害或物資的損失。根據這樣的定義 Heinrich 模仿數學的方式，列出了事故發生的幾個定律，或者說是事故發生的規律也可以。首先 Heinrich 發現人員的傷害必然是事故發生的結果。其次事故的發生，必然來自於人員的錯誤或機件器材的失效所造成的結果。而人員的錯誤或機件器材的失效，又必然是來自於人員的瑕疵。至於人員的瑕疵則只可能是來自於先天的遺傳，或者是後天環境的影響。因此有了這幾項規律之後，Heinrich 乃將造成事故相關的影響因素依先後次序，以及深度層次，區分為五大類因素如下，並分別以骨牌來代表，每一片骨牌代表一類因素：

1. 遺傳與環境因素

   先天的內在因素與後天的外在因素。如頑固、輕率、粗心、緊張、反應遲緩等屬先天遺傳的內在因素。與如錯誤的認知、不當的工作態度、教育訓練不足、管理失當等屬外在的環境因素。

2. 潛在的人員瑕疵

   受到來自於上述之各種先天遺傳與後天環境因素的影響，所造成的各式潛在的人員瑕疵。

3. 不安全的行為與失效的機件及器材

各種潛在的人員瑕疵，在相關條件成熟的時候，被誘發出來之外顯的不安全行為與機件及器材的故障與失效。

4. 意外事故的發生

5. 人員的傷害與物資的損失

Heinrich 認為上列五大類因素，依序會形成一個前因後果的連鎖反應，就如同骨牌一個接一個依序倒下一般，最後造成事故的發生。因此之故，Heinrich 所提出的理論就被稱為「骨牌理論」。

如果現在我們使用骨牌理論來說明名古屋事件，其解釋將會是這樣的：名古屋事件的發生造成了飛機全毀與 264 個人罹難，7 人重傷的重大損失。這樣的損失是因為飛機在最後進場落地時，失速墜毀所造成。至於飛機為什麼會失速？其原因則是人機對抗。飛航組員的意圖與飛機的反應全然相反。然而人機對抗並不會憑空發生，飛航組員為什麼會有那樣的意圖與動作？飛機又為什麼會有全然相反的反應？這些動作與反應，當然也不會是天上掉下來的。飛航組員一定具有某些潛在的特質，才會造成那樣的動作。同樣的西方的飛機設計工程師，也必然擁有某些潛在的特質，才會設計出那樣的飛機。而這些特質當然是來自於先天遺傳的影響與後天環境所塑造而成。

因此在名古屋事件裡，第一片骨牌代表著中華文化與西方航空科技之間，某些不相容的特質，因為它們來自於兩個完全不一樣的自然環境、社會環境與歷史環境。第二片骨牌則代表著受中華文化薰陶的飛行員所擁有的威權習性，與受西方文化薰陶的飛機設計工程師所設計的飛控系統。至於第三片骨牌則是代表人機對抗的具體行為。第四片骨牌是人機對抗所造成的飛機失速。第五片骨牌則代表飛機全毀與 264 個人罹難、7 人重傷的重大損失。

如果我們從另一個更為宏觀的角度來看骨牌理論，我們將會了解為什麼骨牌理論會成為西方工業安全的經典，而且又延伸出

其它更為實用理論的原因。Heinrich 的第一片骨牌是遺傳與環境因素，其實指的就是文化層次的因素，是來自於自然環境、社會環境與歷史環境所薰陶，可以代代相傳的因素。第二片骨牌是潛在的人員瑕疵，此即屬心理層次的因素。至於第三片骨牌 Heinrich 指的是不安全的行為，明顯是屬於具體的行為層次的因素。影響事故發生的某些不利因素，通常都是潛藏在最深層的文化層次，然後逐漸上升到心理層次，並塑造了某些人員的瑕疵，再進而影響到人員的具體外顯行為。當這些不利的因素一旦匯聚，當然就可能造成事故的發生，並產生一定的後果。因此 Heinrich 的五片骨牌就層次上而言，從內到外由隱晦到明顯，分別代表文化、心理、行為、事件、後果等五個階段。當我們從一個更寬廣的觀點來看時，人類社會上的許多事件不論是社會事件、經濟事件或政治事件，其發展不是都按照這個順序嗎？這樣的理論架構，當然足以說明很多事件發生的來龍去脈。

事故鏈理論

　　波音公司在 90 年代延續骨牌理論的精神，提出了事故鏈理論（Boeing Commercial Airplane Group, 1994）。該理論仍然維持與骨牌理論相同的觀點，將事故的發生視為一連串互為因果的事件，按發生的先後次序互相串聯而成。換句話說事故鏈理論認為，飛航事故的發生，是由每一個環節所代表的具體事件或疏失意外，以符合邏輯的方式，自然串聯而造成連鎖反應而形成意外事故。以此觀之，在基本上事故鏈理論與骨牌理論的精神是一致的。但是，事故鏈理論對於事故的具體描述，則與骨牌理論還是有些許的不同。骨牌理論中的骨牌代表的是概念上的類別，且只有五大類。事故鏈理論中之環節，則是指具體之事實或行為，非概念性的描述而且不限於五類。此外每一個環節所代表之具體事

事件進行程序

1.維修
2.法規
3.飛航管制
4.氣候
5.機場
6.飛行員

圖 3-2　波音事故鏈理論的簡單示意圖

件，當然也可以加以區分，如組員、航管、機場、天氣、飛機、維修等之類別如附圖 3-2 所示。

　　我們就再以名古屋事件為案例，使用事故鏈理論來說明名古屋事件發生的過程。名古屋事件在副機師誤觸重飛桿之前一切正常。因此該事件之事故鏈的第一個環節，就是副機師誤觸重飛桿。當副機師誤觸重飛桿之後，飛機上的自動駕駛就開始執行重飛的命令。然而飛航組員卻仍然想要降落，因而造成飛機的反應與組員的企圖不一致，使得尾翼的控制面互相衝突。由此觀之，本事件的第二個環節應該是尾翼的控制面不協調。由於各種原因使然，尾翼控制面的不協調，不但始終沒有獲得解決，反而更加的惡化。終於造成飛機進入接近失速的狀態。機上的失速保護裝置「攻角基準功能」隨即被啟動，推力開始提高到最大。這個裝置原始設計的目的是希望藉著這個動作，將飛機飛離危險的邊緣。不幸的是，攻角基準保護裝置被啟動之後卻造成飛機大幅上仰，終於造成飛機失速墜毀。如果我們以此簡單的陳述，來說明名古屋事件發生的經過，則第三個環節就是攻角基準功能裝置被啟動。至於第四個環節則是航機大幅上仰。接下來的第五個環節當然就是航機失速。以上的敘述是以很簡單的方式呈現出名古屋事件發生的經過。當然我們也可以用更為詳細的方式，以更細微

名古屋事件進行程序

1.副機師誤觸重飛桿　　　4.航機大幅上揚

2.尾翼控制面不協調　　　5.航機失速

3.攻角基準功能裝置啟動　6.航機墜毀

圖 3-3　波音事故鏈理論在名古屋案例上的說明

的具體事實，來建構名古屋事件發生的事故鏈，來說明該事故發生之因果循環過程。

起司理論

　　英國曼徹斯特大學心理學教授 Reason 在 1990 年從組織的觀點出發，提出起司觀念模型，一般又稱為「起司理論」（Reason, 1990）。Reason 以數片有孔洞的起司片，來代表整個意外事故發生的動態過程。即以每一片起司代表一事件發生的階段或層次，而每一片起司的孔洞，即代表該階段所可能發生的疏忽或失誤。事件的本身，則以一條可以穿過起司片孔洞的光線軌跡來代表。當某一項失誤發生時即表示代表事故的光線軌跡可穿透該片起司。若多片串連起司的孔洞正好連成一直線，可讓光線穿透則事故就會發生。Reason 在建構該理論時特別說明每一片起司上的孔洞，代表著事故發生的機會之窗。事故在每一個階段能否繼續前進，受到各種內在外在因素的影響。因此這個機會之窗充滿不確定性。換句話說，這些孔洞的位置大小，是隨時都在變動的。任何的事故，隨時隨地都在尋找每一個的機會，好伺機穿透機會之

窗以形成事故。

　　起司理論中的每一片起司，分別代表事故發生的不同階段或層次。這些階段或層次則分別代表工業化之大量生產系統的不同基本構成階段。不論是機械、化工、電子、土木、核能等等之大量生產系統，當然也包含航空運輸系統，都包含下列幾項基本組成元素：

1. 決策階層　公司或工廠的高階管理決策人員，依據有限的資源，如資金、設備、人力、時間等，根據外在的環境，將資源做最佳的配置，設定生產目標，並極大化生產成果。

2. 管理人員　將決策階層所設定的目標，在預先設定的範圍內，予以執行的第一線的部門管理人員。如操作、維修、訓練、業務、財務等相關之管理人員。

3. 先決條件　正確的決策與有效的管理並不能生產出成功的產品。中間還需要很多的元素，才能夠將正確的決策與管理，轉化為具體的產品。先決條件指的就是這些生產活動所必需具備的各種資源，或是直接生產動作相關的預先構成之所有軟、硬體條件。如相關設備的提供與準備，生產人員之技能、規範、訓練、知識等以及工作態度和公司文化等，足以影響生產行為之各種軟、硬體的條件與狀況。

4. 生產活動　指與生產產品直接相關之生產活動，如機械的運轉、人員的動作、人機的協調等。

5. 防衛措施　指預先設定防止可能的危害發生和人員傷害的各種防衛機制，包括監督系統、獎懲系統、應變系統等。

　　以上所列的五大生產元素是有先後順序的。而且各元素之間也存在回饋的部份。圖 3-4 即代表現代工業化生產系統的組成簡圖。

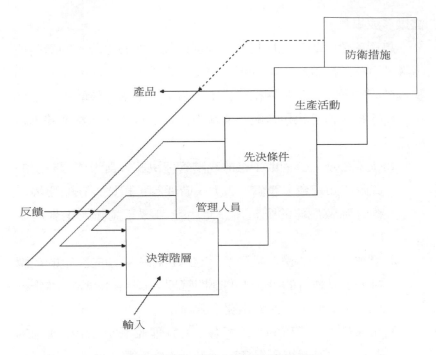

防衛措施

生產活動

先決條件

管理人員

決策階層

產品

反饋

輸入

圖 3-4　現代工業化生產系統的組成簡圖

　　在以上所列之生產系統的五個階段中，每一片起司即每一個階段都可能存在瑕疵、疏忽、甚至失誤。這些瑕疵構成了事故發生的機會之窗，一旦串連完成事故即發生。Reason以孔洞來代表這些存在於每一階段的瑕疵。不論發生什麼事故，如果僅僅從表面上來看這些瑕疵可能是機械故障，或是技術不良、人為疏失等等。可是如果我們深入去追查在不同階段的各類瑕疵，其背後總是都可以找到人為因素在其中所扮演的角色。因此對事故而言，人為的瑕疵就成為整個工業化生產系統組成中，完全無法忽視的最重要因素。在 Reason 所列舉出來的幾大組成階段中，每一階段都包含一些可能的人為瑕疵，因而形成事故發生的重要肇因：

　　1.決策的錯誤　Reason的理論中認為事故的發生，常常可以

追溯到公司或工廠的高階管理決策,甚至是原始設計中,所存在的瑕疵或錯誤。如果管理決策階層免不了地在有意或無意之間,將潛在錯誤帶進組織系統中,此類的錯誤即可能潛藏在計畫、組織、領導及政策之中,並開始往下游擴散。因此這些瑕疵常常成為事故發生的第一因。

2. 管理的瑕疵　第一線的部門不論是操作、維修、訓練等,如果存在相關之管理瑕疵,則不但無法阻止錯誤決策的影響往下擴散,甚至可能將其放大,使得結果更為嚴重。當然,良好的管理也會阻止錯誤的擴散,甚至還加以改善。然而第一線的部門管理人員,當然也會有瑕疵。如果航務處長、總機師、修護廠長、飛安主管等,管理不善及監督不同,將免不了造成疏失繼續往下游擴散。

3. 潛在的陷阱　從事故發生的觀點來看,先決條件指的是引發各種疏失與錯誤的隱藏因子。這些因子與所執行的工作有關,當然也與環境有關更與直接生產動作相關的預先構成之所有條件有關。所有這些因素中不可避免的潛藏著許多的陷阱。如相關設備的提供與準備不充份、生產人員之技能不足、規範不清楚或甚至互相矛盾、訓練不紮實等以及工作態度不佳、公司文化不健康等均足以影響生產之行為,產生突發狀況及導致事故的發生並造成危害。

4. 不安全的動作　指與產品直接相關之生產活動,所產生的不安全動作。生產活動如果有不安全的行為,如飛行員、技術員、空服員、管制員等,不遵守操作程序的行為,即可能造成生產活動的失序,並引發不在規劃之內的反應與人員的傷害或財物的損失。

5. 防衛的失效　防止可能危害發生的各種防衛機制,包括監督系統、查核系統、獎懲系統、應變系統等,在某些特定

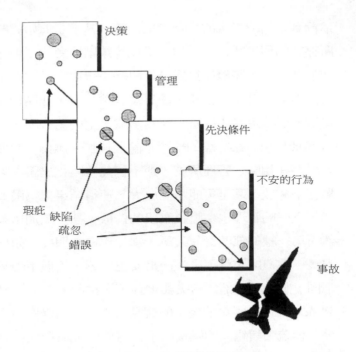

圖 3-5　Reason 起司理論的基本概念

　　的情境之下尤其是在有人為疏忽的狀況下，常常無法有效地發揮功效因而無法阻止事故的發生。

　　以上五大階段代表著事故的發生，一般均會經過的程序。當然每一階段都可能是事故的起點，因為每一階段均隱藏先天的缺陷與後天的疏失。如果以起司代表各階段，則起司上的孔洞就代表著先天的缺陷或後天的疏失，也代表著事故會往下游擴散的機會之窗。因此，一旦所有的起司中的孔洞，因緣際會而形成某種排列，事故即穿透每一階段而發生，就如同光線穿過所有的起司片一般。因此之故 Reason 所提出的看法一般就稱為「起司理論」。

SHELL 理論

1972 年英國的 Edwards（Edwards, 1972）使用了包含人、硬體、軟體以及環境之間的互動關係，建立了 SHEL （Software, Hardware, Environment, Liveware）觀念模型，來解釋飛航安全。SHEL 模型說明人與硬體如航機以及各種器具，軟體如

圖 3-6　SHELL 理論的圖示

規範、程序、管理等互相結合，並在環境的影響之下運作。1984 年 Hawkins 修正 Edward 的 SHEL 模型，加入人與人之間互動的影響且強調以人為中心，以及人與各個界面之間的關係，來描述在飛安體系中，人與硬體、軟體、環境等界面的各種互動情形，建立了 SHELL（Software, Hardware, Environment, Liveware, Liveware）理論（Hawkins, 1984）該理論說明了航空系統是由 S H E L L 五大元素的有機結合，以及其相互之間整體運作的概念。同時，該理論將重點置於每一個單元之間的界面，並認為事故的發生常產生於界面。SHELL 在概念上，將事故產生的原因，認定是來自元素之間的協調不良或互相衝突。如果各元素的界面，相處很融洽，則整個系統自然就會運作得很順暢而且很安全：

1. 人與人界面　在 SHELL 模型中人與人的關係，是當今飛機失事預防上最重要的核心部分，透過項良好的溝通關係、互相提醒、分工合作、命令決策，能使得其他界面有效的結合與發揮。

2. 人與軟體界面　人機系統中的第二個考量就是人與軟體的界面。探討系統中非物理性的一面，它包括了操作程序、手冊、檢查卡、儀表使用符號，以及機上自動系統使用的電腦軟體等。早期駕駛員使用的檢查卡，其設計是鼓勵駕

駛員使用記憶的方式，而各種穿降圖、離到場圖，常有標示不清礎或錯誤的情形，這些曾經是駕駛員造成飛機意外或失事錯誤的來源。

3. 人與硬體界面　當人與機器結合在一起時他們之間的關係，常常是失誤的來源。在人類過去的飛行經驗中有許多失誤，是來自於不適合操作的設計所造成。諸如：座艙操縱系統、儀表排列、大小、指示、自動化系統等，這些都必須考量到人類生理與資訊處理的特性與限制。以及人對硬體的不了解或誤解也常造成航空事故。

4. 人與環境界面　人與環境是人類飛行最早注意的界面之一「噪音、溫度、震動」是造成人為失誤的三大環境因素；駕駛員戴上耳機或頭盔以避免噪音；戴上氧氣罩以避免高空缺氧；穿上飛行衣以避寒防火；穿上抗 G 力衣以減低重力的影響。這些裝備都是用來使我們調適環境的改變與需求。但駕駛員仍不斷的面對不定的環境拱挑戰，諸如：風切、亂流、環境與時差對人體生理週期的影響等。

　　SHELL 理論提供了一個以人為中心的系統觀點，當我們將 SHELL 理論套進飛航安全體系中時，該理論就會指引我們該注意的重點或潛在可能引發事件的位置。如果是事故的調查 SHELL 理論也可以告訴我們該調查的重點。不過 SHELL 理論是一種從結構觀點出發而建立的解釋架構，並不是一個程序的觀點。因此對於任何事件發生的過程，以及其各種肇因相互之間的因果關係，並沒辦法提供特殊的協助與深入的說明。

　　雖然在航空界還有其它一些與飛安相關的模型如 5-M 模型、座艙資源管理（CRM）、威脅與疏失管理（TEM）等，可以用來說明飛安的組織與程序，但均不符合一般所謂的理論標準。因此此處並未將其列入討論。

3-3　飛安理論中的西方觀點

　　在以上所列的四個飛安理論中，除了 SHELL 理論為結構觀點之外，其它三個理論：骨牌理論、事故鏈理論與起司理論在基本上，其出發點其實是一樣的或至少是共通的：三者都是從程序觀點來看飛安。這三個理論都將影響航空事故發生的各個因素，按先後次序與其間的因果關係排列，而建立起來的解釋架構。只是每個理論切入的深度，有所不同而已。以骨牌理論而言，第一張骨牌代表的其實是繼承自祖先的文化背景。在事故鏈理論中，每一個環節指的則是可觀察的具體事實。至於起司理論，其切入的深度剛好介於兩者之間。既沒有深入到文化層次也不是指具體的事實而是僅深入到組織的決策與管理層次。姑且不論其切入的深度如何，這幾個飛安理論，其出發點其實是完全一致的。在此三個理論當中，不論是骨牌或是環節或是起司片，都代表事故發生某個階段的肇因。而且這些肇因都是按照順序排列，每一個肇因分別跟前後的肇因都存在著因果關係。而且都是前一個肇因引發後一個肇因。這三個理論都是將事故發生的肇因，按其相關的因果關係，以序列的方式呈現，因此我們將這些理論統稱為「序列式因果觀點」的飛安理論。

　　西方人為何不約而同地都從序列式因果觀點來看飛安呢？這當然是有原因的。不但有原因，而且還相當的深刻。

　　首先西方人會有這樣的思維，明顯是受到航空失事調查的影響。現代大型的民航客機，是一個極端複雜的機械系統，擁有許多次系統與零組件。飛機運作的環境不論是自然環境還是社會環境以及所處的飛航管制環境，都把已經足夠複雜的飛機系統，變成更為複雜的飛航系統。航空事故可以來自人為的小疏忽、機件的失效、管制的失當、設計的錯誤，當然同樣也可能來自維修或

是環境因素。因此在一個如此複雜的系統之內，可能出錯的地方太多了。而且各種疏失因素的組合數目更是不勝枚舉。所以航空事故的調查是一件極端複雜困難與冗長的工作。

航空事故的調查有三個必不可少的重點，那就是：發現、肇因、建議。發現是指在事故的調查之中，所找到對本事故有意義的事實。肇因則是指與事故有因果關係共同參與造成事故的事實。至於建議當然就是指調查單位，為了防止類似的事件再發生所提出的建議（Wood and Sweginnis, 1995）。

失事調查的第一步工作是找出所有的「發現」，找出所有對事故的發生有意義的事實。發現不一定就是事故的肇因。通常諸多發現之間常常是有關連的。習慣上都是把這些發現，按照事件的發生順序或按照時間順序排列，以便簡單明瞭地把事故描述清楚好讓大家容易理解。對於航空事故的發現通常都是以表列的方式呈現，如此一來對於事故肇因的判定也會大有幫助。

至於「肇因」，國際民航組織在第 13 號附約中定義：「肇因」是指導致事故發生的動作、疏失、事件、條件或其組合。美國則將肇因定義為：啟動或維持不幸事件序列的動作、疏失、條件、環境或其組合。不過，肇因還有其它各種定義如：單獨或一起造成事故的條件或事件序列。或者在造成事故的因果關係中有影響的原因。或者維持不幸事件序列的發現。除了以上所列的各種不同定義之外，肇因本身就存在著各種不同的類別，如可能肇因、主要肇因、直接肇因、潛在肇因、相關肇因、根源肇因等等。因此「肇因」這個概念到今天都還是處於爭論不休的狀態，尚未獲致大家一致同意的定義。甚至該不該用肇因來說明事故發生的來龍去脈，也都還有不同的意見。既然失事調查的目的是找出事故發生的原因，提出改善建議以防止類似的事故再發生，則事故發生的原因是一定要找出來的。只是因為系統太複雜了，常

常不是簡單的描述，就可以把事故發生的來龍去脈說明清楚。

　　儘管肇因有各種不同的定義，但是我們可以發現，有爭議的是肇因的定義，也就是對於「什麼是肇因」有不同的認知。但是對於將各個跟事故有因果關係的發現，按事故發生的先後順序排列，則似乎大家並沒有什麼特別不同的意見。大家也都同意這樣的排列，比較容易為大家所理解與接受。

　　在實際的操作上，既然要將各個跟事故有因果關係的發現，按事故發生的先後順序排出，則當所有的事證都收集完成之後，調查人員必然要從最後面的一個發現開始，也就是空難的本身尋找其間的因果關係。以名古屋事件為例：整件事故的最後一個發現是飛機全毀與 264 個人罹難 7 人重傷的事實。列出最後一個發現之後，再按因果關係，一步一步往前找，找出飛機為什麼會失事的因。飛機為什麼會失事？因為飛機失速；那飛機又為什麼會失速？因為機頭大幅上仰；機頭又為什麼會大幅上仰？因為攻角基準保護裝置被啟動；攻角基準保護裝置為什麼會被啟動？以此類推，不斷地按因果關係往前找，一直找到造成開始偏離正常情境的第一因為止。此時所有與事故有因果關係的發現（不論我們是否用肇因來稱呼它們），皆已按前因後果關係排列出來。換句話說整個事故鏈的每一個環節，也就是事故發生的完整來龍去脈，皆已辨認完畢。失事調查的工作一旦進行到此地步，可以說已經基本上完成了。如果失事調查的工作直接從搜集到的事實中，任意選一點開始，則調查人員將立刻陷入茫無頭緒的汪洋大海之中而不知從何下手。因此在失事調查的領域內，有一句名言是這樣說的：「失事調查的方式，一定是從起點或終點開始，絕對不要從中間開始（McCormick and Papadakis, 1996）。

　　根據這樣的基本思維人們很自然的會認為，飛航之所以不安全是因為一連串的瑕疵、疏忽、錯誤在因緣成熟的情境之下，以

某種特殊的組合串連而成。因此，如果要建立一個解釋架構，當然就要把這個因果關係的順序排列出來，並加以說明。因而形成了諸如「骨牌」、「事故鏈」、「起司」等所謂的「序列式因果觀點」的諸多飛安理論。

　　飛安理論的建立，當然就是要提供航空事故發生的一個解釋架構，以做為失事預防的指導。其基本思維受到失事調查的影響自然是免不了的。然而西方人這一套賴以進行失事調查的基本思維，卻並不是在有了航空事故之後才發展出來的。西方人長久以來就是以序列式因果觀點，來進行幾乎所有事件的歸因工作，甚至包含歷史事件。

　　日本有一個歷史學家 M. Watanabe，曾經針對日本和美國的小學生、大學生與他們的老師，看待歷史事件的方式，進行過深入的研究。結果發現日本人較傾向探討歷史事件的情境、脈絡，美國人則較常討論事件的重要因果關係（Watanabe, 1998）。在課堂上，日本的老師常從交待歷史事件的環境背景開始，即將該事件當時所處的情境細節背景因素，先交待清楚。然後繼之以時間順序的討論，再將重要事件連接起來。老師常常鼓勵學生以自己日常生活的情境，去類比歷史人物當時的情境。進而想像體會歷史人物的心智與情緒狀態。再以同理的感受去解釋歷史人物的行動，從而理解歷史事件之所以發生的來龍去脈。美國老師則花較少的時間在環境背景的佈局上。他們常從「結果」開始，而不是從初始事件或促成的因素開始，事件的時間順序在呈現時被打散了。老師的說明主要是放在重要因果關係的討論上如：「羅馬帝國瓦解的三個主要原因」，能夠舉出符合因果關係證據的學生，常被視為擁有歷史推理能力的人。「為什麼」的問題，在美國課堂上比在日本的課堂上，被提出的次數多出一倍。正由於這種角度上的巨大差異，美國老師常常很難理解日本學生的文章在

說些什麼，因為他們常找不到事件因果關連的說明，而原因與結果的關係說明，正是美國人所認為一定要具備的邏輯推理過程。

類似這種從結果開始按照前因後果的關係，一步一步往前找出歷史事件的完整說明，Watanabe 使用了一個人工智慧領域的專有名詞來形容：「逆向推論」來表達。很明顯的逆向推論正是序列式因果觀點的產物。美國人對於毫不相干的歷史事件以及航空事故，竟然都是以同樣的觀點來看，不但不是一個偶然的現象，而且還正說明了序列式的觀點，在西方世界的普及與根深蒂固的程度。其實這也不奇怪，因為希臘人早在兩千多年前就已經用這個觀點在看世界了。

3-4　飛安與文化

飛機掉下來跟文化有關？很多人乍聽到這句話時，恐怕會愣一下。飛機掉下來不就是氣象因素或者機械故障，再不然不就是人為因素嗎？怎麼會跟文化有關呢？即便是專業的飛行員，恐怕也有人不同意這句話。他們的理由也很充份。航空是高科技，一切都經過仔細的計算，一切也都非常的標準化，怎麼會有文化發揮影響力的空間呢？不幸的是大多數非歐美國家的空難，不但跟文化有關還根本就是西方航空科技與當地文化互動之下，所呈現出來無法適應的一個面相。

人為疏失

用非常理性的態度來看，航空運輸其實是非常安全的。就機率的角度而言，航空事故發生的次數在全部起降次數上所占的比例，其實是相當低的。但是任何人都很難不被感染，而以毫無情緒與感性的態度來討論航空事故。因此，任何的空難都會引起相

當情緒化的反應。

　　每次發生空難事件之後我們常常可以聽到，大多數人都在談論機械因素、氣象因素、人為因素等各種失事原因。這種分類的方法是波音公司根據歷年空難原因，歸納而得的分類方法。他們將空難的主因分成好幾大項，其中當然有飛機本身、天氣、機場以及維修、航管和組員因素等問題。其中所謂的人為疏失就占了所有失事主因的 7 成至 8 成。事實上每一次的事件，都是一連串的肇因互相影響、串連而成的。由於飛行員是飛機的操控者，不論發生任何事情，最後其結果都要由飛行員來承擔。當然也有很多事件，確實是飛行員的疏失。造成只要發生事故，飛行員幾乎必然捲入其中。另一方面，駕駛者在空難時也跟著罹難的可能性很高，根本無法替自己辯護。因此在早期，常常形成了只要找不到其它肇因的具體證據，就可能把責任推給駕駛員。所以空難肇因中人為因素的比重，才會這麼高。美國人就寫過好幾本書，對這樣的現象表達非常強烈的不滿（Cohn, 1994；Hurst、Hurst, 1982；Buck, 1995）。一旦發生空難事故，駕駛員常常也是受害者，把失事責任全都推給他們，一方面很不公平，另一方面也很容易掩蓋真相。

　　現代社會中以科學方法，研究人為疏失者首推佛洛伊德。佛洛伊德的不朽貢獻之一，便是提出「潛意識」的觀念，來說明人的精神活動，一部份在意識狀態下進行，但大部份卻在不知不覺中，即所謂潛意識狀態中進行。所以人常常會做出別人不能了解甚至連自己也不了解的行為。例如說不出該說的話（遺忘）或說出不該說的話（錯誤）等。佛洛伊德對於人類的犯錯，所提出的解釋是這樣的。當一個人常把一些可能使自己感覺痛苦或難為情的想法、衝動或記憶，從意識層面裡，經由不知不覺的過程轉移到潛意識層面，以避免因意識到而感到不舒服。這種壓抑的過程

是在潛意識狀態下進行的，佛洛伊德把它稱為「潛抑作用」。還有一種情形是經潛抑作用的精神材料，處於潛意識狀態，受到一種阻力，使之不易再被意識到，以便於保護自我，此即為「阻抗作用」。另外，當某些被潛抑下來的記憶、想法或衝動，有時力量很強，不受超我之批判或監督或自我的處置力量鬆懈，因而突破阻抗作用，再度浮現到意識層面來。這種從潛意識到意識層面的活動，人一般不易接受，乃以「錯誤」來否定。

佛洛伊德的思想說明了人為疏失並非是顯而易見的現象。而且其來源大多是隱晦不明的，甚至當事人自己都不知道，因為人為疏失是跟潛意識是有關的。因此，人為疏失的起因，不易觀察更不易量測，也造成了研究上的艱困。

在民航機的操作上，人為疏失常常是意外發生的關鍵原因。事實上當意外發生時，調查的重點常常很容易就聚焦在人為疏失上。唯有將人為疏失徹底剖析，並發展出有效的防治措施，才能杜絕意外的發生，故人為疏失之分類必須明確定義。人為疏失可以簡單定義成如下：人類的動作或決策，無法產生預期的結果，並造成沒有預期的負面結果。人為疏失的分類有很多種，如行為分類、資訊處理分類、組織分類等等。人為疏失分類的繁多，代表著大眾對人為疏失的看法並不一致且沒有定論。

國際航協分類　國際航協（IATA）將人為疏失分類為四大類，分別為：

1.H1：應主動察覺而未反應

　　　未遵守法規、未按規定標準程序操作、缺乏資源管理、缺乏適當的訓練與紀律、怠惰、缺乏激勵、工作態度問題。

2.H2：無意而未予反應

　　　自滿、疏忽、大意、疲勞、工作負荷過量、誤解通訊、警

覺性低、組員合作不良。

3.H3：熟練程度／技能失誤

處理不當、決心判斷錯誤、缺乏訓練、經驗與能力不足。

4.H4：失能

心理或生理失能無法勝任飛行勤務。

IATA 之分類法明顯太過粗略，但很簡單適合管理者使用。

波音公司分類　波音公司也針對飛行組員之人為疏失做過以下的分類：

・飛行員是否遵守程序

・飛行員未操控飛機時是否遵守程序

・飛行機械師是否遵守程序

・飛航組員是否遵守程序

・機長的再確認（此時機長為非飛機操控者）

・副駕駛的再確認（此時副駕駛為非飛機操控者）

・飛行員（非飛機操控者）的溝通能力及動作

・飛行員（飛機操控者）的溝通能力及動作

・飛行員不稱職時之發現及反應

・基本飛行技術

・機長或教官下達指令之能力與權威性

・進場輔助設備之充分利用

・重飛決定之下達

・進場路徑之穩定性

・飛行員之警覺性及注意力

波音公司的分類法是以失事預防的觀點建立的。是飛機製造商在參與調查過許多相關事故之後，從飛航操作的觀點，根據具體行為所作的分類，較無系統但適合飛機設計製造者使用。

人為因素分析與分類系統　人為因素分析與分類系統（Human Factor Analysis and Classification System, HFACS）的理論基礎是 Reason 的起司模型。除去防衛階段，HFACS 之人為疏失分為四個層次即決策、管理、先決條件、行為。HFACS 雖遵循Reason 起司模型的精神，但強化其不足之處，即給予各層次明確的分類與定義，將起司模型變成具體的工具。HFACS 將人為疏失分為四種層級，包括：

1. 操作人員之不安全行為（Unsafe acts of operators）

   操作人員上的不安全行為分成失誤和違規兩類。所謂失誤指的是無法獲致預期成果之心理或身體的相關活動，包括技術失誤、決策失誤以及認知失誤。所謂的違規指的是對規則、程序的有意不顧，違規又分為常態違規與偶發違規。

2. 不安全行為之先決條件（Preconditions for unsafe acts）

   在構成不安全行為的先決條件中，分成不合標準的操作環境和不合標準的工作內容。在不合標準的操作環境部分，再加以定義出心理層次的影響、生理層面的傷害、以及身心兩方面的受迫極限三種；而在不合標準的工作內容部分，則加以定義出組員資源管理不當和個人工作意願不佳兩種。

3. 不安全監督（Unsafe supervision）

   對於不安全的監督過程直接清楚分為四類，包括不合格的監督、規劃出不適當的工作內容、無法糾正問題所在以及監督者本身違反規定。

4. 組織的影響（Organizational influences）

   指受整個組織編制影響的人為疏失，又分成資源管理、組織的氣氛以及組織的流程三類影響。

雖然 HFACS 發展之初係起源於美國海軍部隊，研發作為意

外事故調查研究的一套工具，但由於效果極佳也造成其他軍種跟進，甚至連 NASA 以及 FAA 也大力推廣使用這套工具。因為 HFACS 不僅是一個描述性之工具，更是事故調查及分析的有利工具。HFACS 各層級之分類並非憑空想像而來，亦非以專家腦力激盪的方式獲得，而是以實證研究的方式，分析數百件軍用航空器之事故調查報告，以及數千筆人為肇因資料，利用因素分析的方法求得。現階段民航界也普遍使用 HFACS 在意外事件中，針對人為疏失做詳盡的分析，並且擁有將人為疏失進一步歸納並清楚分類的能力，看似複雜卻有條理的將所有不安全行為層層剖析，相當符合調查人為疏失的未來趨勢。

空難中的文化因素

　　西方工業安全研究的先驅 Heinreich 在 1931 年出版了一本書，討論工業意外的本質、成因、過程與防範之相關議題。Heinreich 最重要的貢獻是提出了眾所周知的「骨牌理論」。在他所提出的骨牌理論中 Heinreich 指出有許多的工業事故，常常是被從業人員不恰當的性格特質所引發。這些特質又常常是環境的薰陶或是來自祖先的遺傳而獲致。Heinreich 把這些來自祖傳與社會環境的因素，列為骨牌理論中的第一張骨牌，以突顯其重要性。來自祖傳與社會環境的因素不正是文化因素嗎？很顯然的早在 70 年前 Heinreich 就已經發現文化因素在工業安全上所扮演的角色，而把它列為事故序列的第一因了。由此可見，文化因素是我們在面對工業安全時，不得不面對的深層影響因素。如果工業事故如此，航空事故是否也是如此呢？確實也是如此。當我們在面對飛航安全時，文化因素依然是我們不得不面對的深層影響。

　　波音公司曾經做過一個分析，他們根據 1987-1996 年全世界的航空事故的統計數據，計算全球各不同地區每起降一百萬次發

生重大事故的次數。所謂重大事故有個標準，就是飛機受損的程度嚴重到不能或不值得修復。依照地緣關係，所得到的統計數字是這樣的：北美洲 0.5、南美洲 5.7、歐洲 0.9、非洲 13、中東地區 2.3、東南亞 3.8、東北亞 2.6、日本 0.6、澳洲 0.2，全世界的平均值則為 1.5。如圖 3-7 所示，很顯然的，東南亞、南美洲、非洲的失事率遠高於北美、歐洲、澳洲，何以故？如果航空事故的發生，有 7 成至 8 成都是人為因素所造成。很顯然的，這樣的數字意味著這些地區的飛行員素質、技術比較差，是嗎？

　　波音公司曾經針對人為疏失進行過更為詳盡的分析。他們把人為因素挑出來，並更進一步將人為因素中的具體行為再細分。統計顯示在相當高比例的人為因素造成之意外事故裡，都出現了「沒有遵守操作程序」的具體行為。全世界所有的飛航事故中，出現這樣行為的事故幾乎占了一半。如果再以地緣來分，美國、加拿大的意外事件中有 41 ％出現該行為，歐洲空難事故裡有這

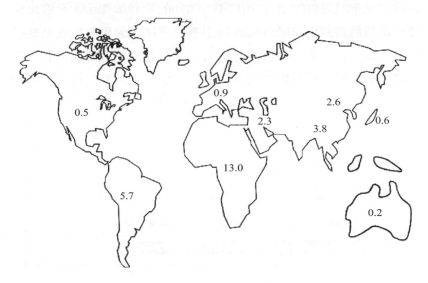

圖 3-7　全球不同地區航空事故的發生率，以每百萬次離場為單位計算

種疏失的占 38 %，中南美占 48 %、亞洲占 52 %。如圖 3-8 所示。意思是說，亞洲飛航失事的原因中，有超過一半的事故中，均出現飛行員不遵守操作程序的具體行為。而且平均比美加飛行員高出 11 %，比歐洲飛行員高出 14 %。如果單從這些數字的表面來看，我們似乎可以得到一個結論：那就是亞洲人果真比較不守規矩。當我們說，亞洲人比起歐美人確實比較不守規矩，恐怕很多人也都會同意，事實確實也是如此。然而這樣的現象，背後所隱藏的真相到底是什麼呢？依個人觀點，這些數據所顯示的背後真正意義並非如此的膚淺，反而清楚的顯示出了問題的深層核心。

　　幾乎全球所有的商用飛機都是西方國家所設計與製造的，甚至使用的軟體包括其中各類法律、規則、程序、管制等，也都是西方人設定的。甚至人員的操作、訓練，依然還是西方人所設定的。所有的一切包括整個航空環境，都是西方人所建立的。西方人建立的航空環境，不太可能會去考慮到我國飛行員的適應問題。當我們看到東方飛行員因為不遵守程序，而發生比較多的航空事故時，代表著一定有什麼地方確實是有問題。表面上看既然飛機是一樣的，航空環境也是一樣的，唯一不同的就是人。該數字所顯現的差異，必然應該是來自人的因素所造成。因此常聽到

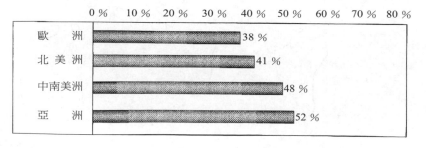

圖 3-8　飛航組員沒有遵守標準作業程序在全球航空事故中所占的比例

有人說，我們飛行員的訓練、素質不好、或生活不正常或是從空軍帶來的習性不好。直覺上，大家會很自然的接受這種講法而認為是理所當然。

但是，任何的飛航問題都是系統問題。既然是系統問題，就要用系統觀點才不會失之偏頗。以上的數據有沒有可能，並不是因為我們的飛行員不好，而是西方人所設計的飛機不好呢？恐怕任何人都無法排除這個可能。當我國的飛行員跟西方飛機相互之間，發生格格不入的現象時，如果沒有深入探索事情發生的真相，就認定是人為疏失，恐怕反而會喪失真正解決問題的機會。如果我們採取比較持平的系統觀點時，我們將會發現問題的根本關鍵，應該是人與飛機之間的相容性出了問題。西方人在建立航空的系統時，必然很自動地基於一些根植於西方社會中天經地義的基本認知。同樣的我國飛行員在操作飛機時，必然也會自動地基於一些根植於東方社會的基本認知。這兩套極為不同的基本認知，在狹小的駕駛艙中相遇，要不發生衝突，恐怕也不是一件很容易的事！

大多數人都會同意航空事故之所以發生，基本上都可以歸因於廣義的人為疏失，即包括從設計、製造、生產、管理、管制、運作等相關的人為因素。當我們使用「人為疏失」這四個字來討論事故肇因的時候，有一點是我們要特別注意的。一般人在聽到人為疏失時，第一個反應是某個人疏忽了什麼或犯了某個錯誤。很自然的我們會指向某個特定的人，某個我們認為應該負起責任的人。然而我們不要忘記，心理學家曾經說過一個人叫做性格，一堆人都有共通的性格就叫做文化。所以當我們聽到人為疏失的時候，先不要急著指向某個特定的人。應該先捫心自問看看我們自己身上，是不是也會有相同的「人為疏失」。處於相同的情境之下，我們是否也會有相同的行為。如果會如此，我們就應該從

更為深刻的文化層面來看問題。

　　如果在我們身上都可以看到類似的人為疏失，表示一定有更為深刻的因素，驅使著我們大家產生相同的行為。是什麼東西可以驅使這麼多的人，產生相同的行為？第一次到美國觀光的人一定會驚訝，美國人好像很喜歡排隊，到那裡都排隊，做什麼都排隊。第一次去日本的人同樣會對日本人的禮貌感到好奇。為什麼他們都不約而同地會這樣做？因為他們認為這樣才是對的，這樣才是應該的。這就是所謂的價值體系。所以我們大家都相信或認為是好的、是對的、是美的、是應該的事物，就構成了我們文化的價值體系。價值體系正是驅使著我們大家產生相同行為的深層因素。只不過這些價值，由於我們不斷的以同樣的方法來應對同樣的問題，日積月累之後，逐漸從意識層面消失成為自動化的行為。因此我們常常自己也搞不清楚，我們為什麼也會有這樣的行為。

　　現在讓我們用文化的觀點，回頭檢視名古屋、大園與龜山事故。這 3 起事件，天氣狀況都很正常，機件也都沒有故障的跡象。所以都被歸因為飛航組員的人為疏失。問題是這 3 起事件中的人為疏失，是否也可以在我們身上看到類似的影子？或者這 3 起事件中的人為疏失，是否都是來自更深一層的價值所引發？

　　在名古屋事件中除了失事報告中，所提出的肇因解釋之外，我們在第一章中曾經提出幾個疑點。現在我們就以文化的觀點來討論該疑點，希望能提供對航空事故更為深入的理解。依據失事報告：副機師不小心碰觸到重飛桿之後，正機師指示副機師把它解掉，總共提出 5 次。然而副機師對正機師所作的提醒與指示，在口頭上從未作出任何的回應，卻不斷地在嘗試無效的動作。如果副機師在第一次嘗試失敗之後就說他不會解，至少可以多爭取到 40 秒鐘的救命時間。問題是副機師為什麼就是不說，他不知

道該如何解除重飛指令呢？讓我們回想一下，當我們做學生的時候每次下課前，老師照例都會問大家，都瞭解了嗎？有沒有問題？有問題的舉手。絕大部份的時候，是不會有人舉手的。大家都懂了嗎？當然不是。既然不懂，為什麼不說呢？所以在我們面臨不懂的時候，說不出「我不懂」的人，絕不僅只有名古屋的副機師而已。幾乎我們每一個人都是這樣長大的。

當副機師嘗試多次推駕駛桿調整俯仰配平控制，都未能將重飛指令解除掉之後，正機師接手卻同樣作出與副機師一樣無效的動作。證明了正機師也不知道該如何解掉重飛命令。此外，在副機師不慎誤觸重飛桿之後，正機師總共指示副機師 5 次，將重飛指令解除掉。從第一次指示到正機師接手總共經過 51 秒，為何正機師一直袖手旁觀，遲遲不接手幫副機師解除重飛指令呢？在這裡我們可以看到我國傳統威權文化的一個面相。教過書的人都知道，當學生問了一個我們不懂的問題時，會直接跟學生講：「抱歉！這個我不懂」的人大概找不到幾個。因為大家都知道，一旦你這樣子回答，你作為老師的威望，大概已經維持不下去了。所以大多數的人會這樣回答：「怎麼這個也不會呢？回去再仔細想一想，老師明天告訴你」。然後回去趕快想辦法找答案或去請教別人，明天再告訴學生。因此，正機師的反應與我國傳統的威權文化，明顯是息息相關的。

大園事件的肇因起源於航機在下降時，飛機高度過高，組員希望藉著不斷增加阻力以便加速下降，導致一連串的錯誤發生。從座艙通話記錄之中，仍然有非常值得我們深思的地方。首先正機師的發言占極大部分，副機師對正機師的一切命令，完全沒有意見，幾乎都僅以「是」來回應或是直接動作。在整個 30 分 11 秒的記錄中，副機師總共回答了 17 個乾淨俐落的「是」。而且對正機師的決策毫不懷疑。對正機師多次的誤判也毫無監督，任

由正機師的失誤不斷串連累積。毫無疑問的，副機師確有疏失之處。然而再讓我們回想一下，當我們坐在課堂上聆聽老師上課時，偶而我們會發現老師說錯了，或者我們並不同意老師的說法。此時會立刻舉手，表達自己不同意見的有多少？根據經驗，幾乎從來也沒有發生過。另外，有多少中華兒女會當著上司的面，指出上司的錯誤？相信絕對是鳳毛麟角屈指可數的。因此，副機師對正機師言聽計從毫不質疑，明顯不是一種個人的行為，而是一種文化的展現。

至於龜山事件，同樣也有值得令人深思的地方。本次事件的主要肇因，確實是如民航局的報告所言，是飛航組員的座艙紀律問題。飛航組員的紀律問題是一個具體事實。然而是什麼原因，造成這樣的事實？座艙紀律何以會不彰？只是飛航組員的個人行為嗎？顯然不是。讓我們先回想一下，龜山事件發生當天的情景。除夕夜，整個社會都沉浸在喜悅的氣氛之中，每個人都高高興興地，準備回家跟家人團聚。對飛航組員而言，飛行任務已經圓滿達成，旅客也已經輸送完畢。最後一趟的飛行，只是把飛機飛回家而已。就好像小學生終於下課放學，收拾書包準備回家一般。在這種情況之下，如果空服員好意要陪伴組員坐在駕駛艙內，誰會無情地拒絕呢？在講人情的中國社會裡是不會有人這麼做的，這是典型的中華文化，典型的中國倫理型文化。

另外在飛行中，正機師把飛機的操控交給副機師，但是副機師在很多地方都沒有按照標準程序執行。起飛後檢查、巡航檢查、下降檢查都沒有做，而負責監控的正機師，並沒有提出糾正。在43分40秒時正機師叫出「不對、不對」之後，副機師暫緩轉彎的動作幅度不再加大，但是也沒有迴轉，僅約略維持原來的轉彎姿態。因此飛機仍然是以原姿態繼續轉彎下降。正機師既然已經知道不對也沒有出手制止或接手。過了4秒鐘正機師又叫

出「教官不要偏出去」之後，副機師顯然仍未掌握重點，還在做大幅度的修正。此時正機師依然沒有動作，既沒有制止也沒有出手接管飛機。如果我們不知道正、副機師的背景，我們恐怕會覺得奇怪，正機師糾正副機師，不是天經地義的事嗎？何難之有？然而，不幸的是正機師稱呼副機師為「教官」，因為正機師是空軍官校 43 期，而副機師則是空軍官校 41 期的，原來副機師是正機師在空軍官校的學長。很明顯正機師之所以沒有斷然接管飛機，正是因為傳統中國威權文化在作祟。傳統中國的威權文化常常使得下屬、晚輩、學生等，在面對上司、長輩、老師時，會不自覺地表現出謹慎恭敬的態度，因此也不容易表達不同意的意見，更不要講糾正錯誤了。

名古屋、大園、龜山事件，真正肇事的原因，當然可以歸類為飛航組員的疏失。然而從以上的討論，我們也可以看出這些人為的疏失，恐怕很難完全歸因於個人的行為。因為在我們身上普遍都可以看到類似的影子，它明顯是一種集體的行為。因此從文化的角度來檢視飛航安全，才會比較完整，因為文化的因素真的存在。

對於國內的航空事故，我們確定了文化的影響，是無法視而不見的。世界上其它的地方，是否也是如此呢？

在駕駛艙裡面只有兩個人：正機師與副機師，早期有三個人，多了飛航工程師。在駕駛艙內牽涉到工作的分配與權力的行使等問題。關鍵時刻一定要有人作決定。事件的發生，也一定要有人扛責任。一般都讓正機師，擁有最後的決策權，好在緊急的時候有人發號施令渡過難關。因此在小小的駕駛艙內，存在一個鮮明的權力結構。一個是同時扮演上司、長輩與老師角色的正機師，與一個既是屬下也是晚輩又是學生的副機師。駕駛艙內的飛航活動，就是一種權力運作的活動。全球各不同的國家，其權力

運作模式各不相同，對駕駛艙內飛航活動的影響自然也不會一樣。因此飛航安全的表現，又怎麼可能會一樣呢？

景鴻鑫（Jing, 2001）曾經針對威權對飛航安全的影響，進行過初步的統計研究，並證明其間的相關性是不容忽視的。在學術界存在幾個全球性的文化數據庫。其中之一是 Trompenaars 所建立的。Trompenaars 曾經針對全球超過 100 個國家的經理人進行跨文化的研究，搜集了超過 30000 份的問卷，建立了一個相當完整的資料庫（Trompenaars Hampden-Turner, 1998），做為提供跨國公司的管理諮詢協助之用。在 Trompenaars 的問卷之中，有一題是關於上司、屬下之間的命令與服從的問題。問卷的題目是這樣的：

一個老闆叫他的員工，週末來家裡幫忙粉刷房子。

這個員工跟同事討論到底該不該去：

1. 如果你不喜歡去就不要去幫忙。在工作上他是你的老闆，下班之後他沒有權力再叫你做事情。

2. 雖然我不是很喜歡，我還是會去幫忙，就算下班了他還是我的老闆。

圖 3-9 之中列舉了一些我們比較知道的國家中，受測者填答週末不會去幫老闆粉刷房子的百分比。令人驚訝的在 Trompenaars 所列出的 52 個國家之中，比例最低的竟然就是我們中國，只有不到三分之一，32 % 的人不會去幫老闆粉刷房子。換句話說，平均每三個人就有二個會去幫老闆粉刷房子。在美國這個數字是 82 %，一百個人當中平均只有 18 個會去幫老闆粉刷房子。在 52 個國家之中比百分比最高的是瑞典 91 %，幾乎沒有人會在週末去幫老闆粉刷房子。

圖中還列出了過去 20 年，也就是 1981～2000 年間，這些國家的平均航空失事率。有了這些數字之後，我們就可以進行基本

國家	周末不會去幫老闆粉刷房子的百分比	航空失事率
中國	32	2.96
新加坡	58	1.11
印尼	58	3.25
南韓	65	2.83
印度	66	3.45
泰國	69	1.83
日本	71	0.39
巴西	77	2.30
美國	82	0.30
德國	83	0.35
法國	88	1.13
英國	88	0.35
瑞士	90	0.55
瑞典	91	0.00

圖 3-9　各國家被問到週末不會去老闆家，幫忙粉刷房子的百分比，以及在 1981～2000 年間的航空失事率

相關性的研究。結果顯示採用各種不同的組合去計算，航空失事率與問卷填答的數字之間，相關性都達到 6 成！表面上看相關性高，並不代表就有因果關係。然而當我們深入理解，這個問題想要量測的對象，正是各個不同國家，在面對威權時的態度，對比於駕駛艙內正機師與副機師之間的權力關係，則其間的因果關係恐怕不是那麼容易就可以排除的。很顯然的圖 3-9 所表示的，正是各個國家威權文化的一個切面。東方國家普遍比較強調對上司的尊敬與服從，西方國家則比較強調人人平等。全球各個不同國家，在面對威權時的態度與航空失事率之間，竟然存在高達 6 成的相關性，是很令人驚訝的。而且這個數字是來自於 Trompenaars

的全球資料庫，還是與航空毫不相關的管理領域。由此可見 6 成的相關性，所呈現出來的意義是非常深遠的。至少絕對無法把它簡單的歸因於個人的人為因素。如果在全世界許多國家裡，都存在類似的人為疏失，在不同的領域裡，也存在類似的人為疏失，這個人為疏失就不再是個人的問題，而是已經進入文化的範疇了。

文化的量測

不論是國際航協、波音公司的人為因素分類，還是 HFACS 的分類，都是根據具體的行為來進行歸類的。從文化的觀點，一群人擁有共通的具體行為是一種文化現象，因為他們都是被同樣的價值所驅使。具體行為是可以直接看得到的現象，很容易進行研究與歸類。至於行為背後的價值，由於看不到就不是那麼容易理解的了，要進行研究甚至量測那就更困難了。

價值的量測存在一些根本上的困難。價值的形成是來自於人們在面對某些問題時，長期常態性的反應，逐漸內化而成為一種自動化的規則。所以自動化是價值運作的基本型態。既然價值是一種自動化的過程，表示即使去詢問當事人，也不可能獲得答案，因為他自己也不知道為什麼會有那樣的行為。因此之故，任何價值的量測只能透過行為的觀察，不論是直接在自然環境中觀察，還是透過問卷詢問，然後再從研究人員的角度，提出詮釋來逼近。使得任何的文化研究，不論如何的觀察，都有如瞎子摸象一般的殘缺、片面、不完整。也使得僅有少數的文化研究，看起來就好像在各說各話一般。這是所有的文化研究，不得不面對的困境。

假設，問卷設計了一個情境，一個很容易觀察出文化價值的情境，受測者選擇了他會採取的行為之後，研究人員要從該行為組合成背後的價值，再據以解釋受測者為什麼會採取這樣的行

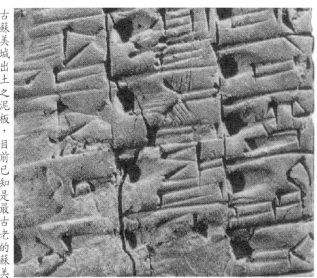

古蘇美城出土之泥板，目前已知是最古老的蘇美楔形文字之一

蘇美人早期刻有象形文字的黏土板

地中海克里特島出土的線形文字泥板

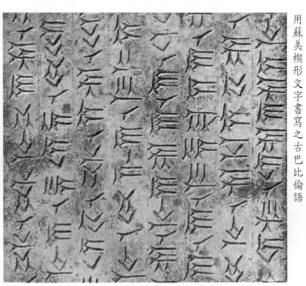

用蘇美楔形文字書寫之古巴比倫語

用蘇美楔形文字書寫之古波斯語

用蘇美楔形文字書寫之古伊朗語

半山類型之彩陶，高 18.3 公分，口徑 8.6 公
分，底徑 8 公分的垂弧紋單耳壺。

為。在這個過程之中，存在一個很難跨越的障礙。即使當研究人員已經知道，在某情境之下大多數人都會採取某行為之後，其背後隱藏的價值，依然只能透過自己的思維去猜測。我們知道任何人的思維，都是他所屬文化的產物，因為思維必然受到成長環境、家庭教育與學校教育的影響。因此任何進行跨文化研究的人，手上拿的量尺都是來自研究人員所屬的文化。換句話說，所謂的跨文化研究一定是用某個文化的標準，來量測別的文化。因此，在這個世界上，不可能存在客觀的跨文化研究，因為不存在客觀的量尺。所以，凡是來自異文化的跨文化研究成果都只能參考，絕對不可以信以為真。

學術界與航空界在探討文化議題時，常常引用 Hofstede 所建立的四維價值架構（Hofstede, 1980），做為描述跨文化現象的依據。Hofstede 透過一個全球性的跨國公司，在 66 國子公司的協助之下，分別在 1967 至 1973 年間，進行了兩次大規模的調查，蒐集了 117,000 份問卷。問卷主要探索的是文化的組成。根據這些數據 Hofstede 提出了一個四維架構，來解釋各國家的價值系統。多年來 Hofstede 的四維價值架構，幾乎已經成為全球跨文化研究的「金科玉律」。他所提出之國家文化主要差異的四個維度是：權力距離、個人主義、不確定迴避、男性氣概：

1. 權力距離　權力是指決定別人行為的能力。權力距離則是指權力不平等的程度。任何一個組織之內，權力的不平等都是必要的，否則組織將無法運作。權力的不平等通常表現在上司、屬下之間的階級關係。當上司與屬下同時都認可接受某個程度的不平等關係時，必然代表著這個組織的某種價值與信仰。因此，權力距離做為社會價值系統的一個量測，基本上是可信的。Hofstede 據此定義了一個權力距離指標為：上司可以決定屬下行為的程度，與屬下可以決定上司行為的程度，二者之間的差異大

小。在問題方面，主要集中在詢問害怕對上司表達不同意的認知，以及上司在作決策時的態度，是獨裁式的還是說服式的。根據這樣的一個指標，在權力距離高的國家中，屬下對上司顯現出較高的服從性；服從威權的態度，屬於一種社會共通的價值；不論是教育程度的高低，都呈現出類似的態度。反之，在權力距離低的國家中，屬下對上司顯現出較高的獨立性；服從威權的態度，屬於個人的性格，非社會的價值；教育程度偏低的人，服從威權的傾向較高。

國家	權力距離指標	國家	權力距離指標
菲律賓	94	日本	54
墨西哥	81	義大利	50
委內瑞拉	81	南非	49
印度	77	阿根廷	49
新加坡	74	美國	40
巴西	69	加拿大	39
香港	68	荷蘭	38
法國	68	澳洲	36
哥倫比亞	67	德國	35
比利時	65	瑞士	34
祕魯	64	芬蘭	33
泰國	64	挪威	31
智利	63	瑞典	31
葡萄牙	63	愛爾蘭	28
希臘	60	紐西蘭	22
伊朗	58	丹麥	18
台灣	58	以色列	13
西班牙	57	奧地利	11
巴基斯坦	55	平均數	51

圖 3-10　全球 39 個主要國家的權力距離指標

2. 個人主義　個人主義描述的是一種個體與群體之間的關係。人類是群居的動物，但是不同的社會群居的程度卻不一樣。個人主義牽涉到「自我」的範圍，即對於自我存在有意義的範疇。西方人認為個人的存在是可以跟群體分開來的，個體的意義是自己定義的。中華文化則幾乎剛好相反，認為個體是無法與群體分開的。在傳統的儒家思想中，從來不存在獨立於他人的「人」的概念，亦即個人從來都不是一個孤立的、獨立的實體，而是被界定為社會的或互動的存在。也就是說個體的意義，必然是透過群體來定義的。個體與群體的關係會影響到社會中各種人際關係的建構與運作，也必然會形塑社會組成份子的性格。因此個體與群體的關係與社會的價值體系，必然是息息相關的。Hofstede透過14道與工作目標有關的問題，以量測個體對組織的獨立性，來做為個人主義指標。根據這個指標，個人主義指標高的國家重視個人的成就、價值與利益之得失；重視自我依靠、自我成就；犯錯依據個人標準來評斷。個人主義指標低的國家重視群體與個體的連繫，自我的範圍也較模糊；群體的因素常常滲入個體自我的範疇。個人的成就、資源、責任皆與組織內其他成員共同分擔。個人的錯誤及失敗常被組織層級所分攤。

3. 不確定迴避　人生充滿不確定。人類對於生命中的不確定，心底隱藏著焦慮、不安、甚至恐懼。人類社會因此演化出一些方式，來設法迴避不確定性或者建構確定性。有時即使只是心理上的方式而已，也足以達到安定人心的效果。人類面對不確定的方式有三大類：科技、法律、宗教。科技協助人類面對來自大自然的不確定；法律協助我們面對來自其他人的不確定；宗教則讓我們把無法面對的不確定交出去。不確定迴避強烈的文化，人民傾向尋求保障、尋求依靠、尋求指示，社會很容易轉變成教條化、僵化，甚至威權化。

國家	個人主義標指標	國家	個人主義指標
美國	91	印度	48
澳洲	90	日本	46
英國	89	阿根廷	46
加拿大	80	伊朗	41
荷蘭	80	巴西	38
紐西蘭	79	土耳其	37
義大利	76	希臘	35
比利時	75	菲律賓	32
丹麥	74	墨西哥	30
瑞典	71	葡萄牙	27
法國	71	香港	25
愛爾蘭	70	智利	23
挪威	69	新加坡	20
瑞士	68	泰國	20
德國	67	台灣	17
南非	65	祕魯	16
芬蘭	63	巴基斯坦	14
奧地利	55	哥倫比亞	13
以色列	54	委內瑞拉	12
西班牙	51	平均數	51

圖 3-11　全球 39 個主要國家的個人主義指標

4. 男性氣概　兩性先天的差異是每一個社會都必須面對的基本課題。生物性的差異是否代表兩性在社會活動的角色上，也應該清楚的區隔開來，每一個社會顯然都有自己的區隔方式。兩性從小到成年不論是家庭、學校，在社會化的過程中，被期許扮演的角色，就已經逐漸分道揚鑣。男性被認為應該勇敢，女性被認為應該溫柔。不同的文化對於兩性角色扮演的期許，常常大不相

同。例如：男性被假定為果斷的、強壯的，例如：高所得、高職位等等；女性則被假定為端莊的、溫柔體貼的，例如：賢妻良母。在 Hofstede 的研究中，最具男性氣概的國家為日本，因此日本女性也被認為是最溫柔甚至最卑微的。

Hofstede 根據這四個價值維度，分析了全球 66 個國家並將他所辨識出來的四個價值與經濟成長、GNP、人口成長、國防支出、新聞自由、甚至高速公路上的最高速限，進行了許多相關性的研究。結果一再證明 Hofstede 的四個價值維度，在全球文化差異的解釋上結果相當令人信服。

學術界專門針對航空，所建立的跨文化數據庫，也有人做。美國德州大學的教授 Helmreich 針對全球航空公司的飛行員，設計了一份跨文化研究的問卷，名為「飛航管理態度問卷」（Flight Management Attitudes Questionnaire, FMAQ）。其中共設計了 82 道問題（Helmreich、Merritt, 1998），目的在發掘飛行員對命令、溝通、壓力、角色扮演、操控自動化、組織氣候及工作價值的態度。在 1993 到 1997 四年之間，此問卷的發放與回收，涵蓋了全球共 23 個國家，36 家民用航空公司，共 15,454 位男性飛行員。所得到的數據經過 Helmreich 團隊的分析整理之後，討論範圍包括專業文化、組織文化、到國家文化，以及其對飛航組員在駕駛艙內活動的影響。該數據庫是迄今為止，針對文化議題對航空的影響最完整的資料。

根據 Helmreich 的研究，來自不同國家的飛行員，在國家文化的層級上態度差異最大的，有以下三項：第一項：對發號施令角色之扮演及其互動；第二項：對命令、規則與程序的態度；第三項：對自動化偏愛及信賴的程度。對第一項而言：對發號施令角色之扮演及其互動，Helmreich 依據 Hofstede 的權力距離的概念，設計了 8 道問題，期望能量測駕駛艙內，正機師與副機師之

間的權力距離。這些問題是這樣的：

- 飛機在緊急情況時，正機師應該接管、操控飛機。
- 副師機永遠不應該發號施令。
- 飛行任務的完成，主要是依賴正機師的熟練技術。
- 在緊急情況時，副師機完全依賴正機師所下的命令。
- 正機師的決定，組員不應該質疑。
- 正機師不需要鼓勵組員提問。
- 鼓勵組員提出建議的正機師，是個柔弱的領導者。
- 屬下害怕提出反對意見。

以上 8 題是用來描述駕駛艙內，正機師如何扮演發號施令的角色，以及與副機師之間該如何的互動。問卷所得到的結果，可組合成一個合成的分數，此分數是用來量測人們面對命令的態度差異。分數低者表示較低的權力距離。反之，則表示權力距離較大。代表著組員之間的溝通，較少是起自於屬下，以及副機師對正機師有較少的懷疑較多的依賴。圖 3-12 之中，列舉了 22 個國家的飛航組員，在駕駛艙內對於發號施令角色之扮演及其互動的差異。分數高者代表著權力距離較大。從數字上來看，很明顯的歐美國家的飛行員，權力距離較低，亞洲國家的飛行員其權力距離則明顯高出許多。

　　第二項是對命令、規則與程序的態度。Helmreich 透過 5 道問題，來量測飛航組員對命令、規則與程序的態度。這 5 道問題是：

- 組織的規定不可以違背，即使是員工認為違背規則對組織有利。
- 對於所有的飛行情況，都必須要有白紙黑字的操作程序。
- 在工作上瞭解有關於工作的一切，不存在任何會讓人驚訝的地方是很重要的

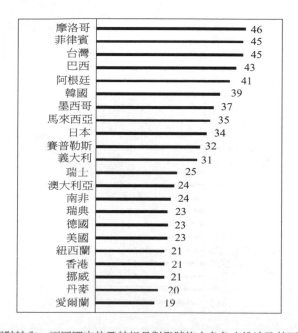

圖 3-12　駕駛艙內，不同國家的飛航組員對發號施令角色之扮演及其互動的差異。
　　　　分數高者代表著權力距離較大

　・在工作上找出真相，找出唯一的標準答案是很重要的。

　・在工作上看到嚴格的時程限制是很重要的。

Helmreich 將這 5 題，組合成一個「命令與規則」的分數，並將
22 個國家的數據列出，如圖 3-13 所示。圖中的數據，明顯代表
著飛航組員對於命令與規則服從的程度。不過，如果我們從問卷
的原文，仔細的去推敲 Helmreich 真正要量的東西，其實是飛航
組員對於命令與規則「盲從」的程度。結果也不令人意外。對於
大多數的東方國家來說，分數普遍較高。西方國家的分數，則普
遍較低。因為西方國家的人，對於威權不論是來自個人，還是來
自命令與規則，本來的服從性就較低。

　　第三項是對自動化的偏愛及信賴程度。這裡的自動化飛機，

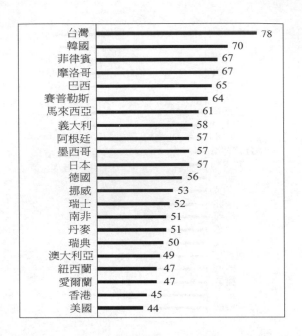

台灣	78
韓國	70
菲律賓	67
摩洛哥	67
巴西	65
賽普勒斯	64
馬來西亞	61
義大利	58
阿根廷	57
墨西哥	57
日本	57
德國	56
挪威	53
瑞士	52
南非	51
丹麥	51
瑞典	50
澳大利亞	49
紐西蘭	47
愛爾蘭	47
香港	45
美國	44

圖 3-13　駕駛艙內，不同國家的飛航組員對於命令與規則的服從性的差異

是指具有可程式化的飛航管理電腦系統的飛機。Helmreich 使用 16 道問題，來量測飛航組員對自動化偏好與依賴的態度。這 16 道問題分別是：

‧我喜歡自動化的飛機。
‧在不正常的狀況下，我可以很快地從飛航管理電腦系統，獲得我想要的資訊。
‧有效率的飛航組員，總是使用自動化系統。
‧當工作負荷增加的時候，最好避免更動原來的程序。
‧我擔心使用自動化系統，會使我失去我的飛行技能。
‧不常使用自動化系統，會很容易忘掉該怎麼操作。
‧我期待更多的自動化，越多的自動化越好。
‧為了維持飛航安全，組員應該避免解除自動化系統。

- 自動化系統有很多的模式與特色，我並沒有完全瞭解。
- 自動化的駕駛艙中，需要更多組員之間的口語溝通。
- 我定期解除自動駕駛系統，以維持我的飛行技能。
- 自動化系統使得飛航操作更有效、更安全。
- 自動化的駕駛艙中，需要更多組員之間的交互檢查。
- 公司希望我儘量使用自動化系統。
- 我確認組員知道我對自動化系統所做的更動。
- 我可以自在地使用不同層級的自動化。

在 18 個國家之中，面對自動化時，組員態度差異最大的兩題是：「我期待更多的自動化，越多的自動化越好」與「我喜歡駕駛自動化的飛機」。這兩題的填答是相當一致的，越喜歡駕駛自動化飛機的人，就越期待更多的自動化。喜歡自動化的人，常常伴隨著過度相信自己操作自動化系統的能力，以及對自動化的過度信賴。也不令人意外的，東方國家的飛行員，普遍偏好使用自動化系統，西方人則否。圖 3-14 列舉了 18 個國家之中，飛航組員對自動化偏好程度的差異。分數越高者，代表越喜歡使用自動化系統。比起東方人西方人明顯對自動化系統的信賴程度較低。

　　Helmreich 的數據，清楚地證明了國家文化對於飛航組員價值、態度與行為影響是多麼的深刻而且不可忽視。

　　Helmreich 的數據庫與 Hofstede 的數據庫，在本質上是截然不同的。Helmreich 的研究目的是瞭解飛航組員在駕駛艙中對資源管理的態度，重點放在組員的行為對資源管理的實施，是有利還是不利，並沒有去觸碰這些行為背後所來自的價值的問題。反之Hofstede 的研究，重點則放在文化價值的尋找，且歸納出一個四維的價值體系，即權力距離、個人主義、不確定迴避與男性氣概，做為解釋全球文化差異的依據。

　　從 Helmreich 的數據裡，來自不同國家的飛行員在國家文化

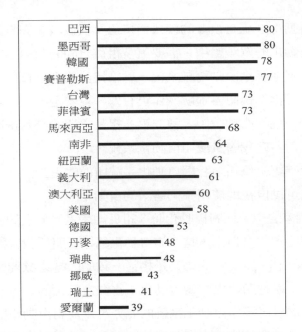

圖 3-14　不同國家的飛航組員，對自動化偏好程度之差異。

的層級上，態度差異最大的有三項分別是：對發號施令角色之扮演及其互動；對命令、規則與程序的態度；對自動化偏愛及信賴的程度。至於這三項的差異，背後是來自於什麼樣的價值系統，Helmreich 並沒有進一步深入去探討，只是將這三項相關的問題與 Hofstede 的四個維度，做了基本的相關性研究。結果是這樣的。第一項：對發號施令角色之扮演及其互動，與權力距離的相關性為 0.79，與個人主義的相關性為 0.86。第二項：對命令、規則與程序的態度，與權力距離的相關性為 0.67，與個人主義的相關性為 0.88。第三項：對自動化偏愛及信賴的程度；與權力距離的相關性為 0.74，與個人主義的相關性為 0.74。至於與其它兩個維度：不確定迴避與男性氣概的相關性，則明顯低了許多。

　　當然 Hofstede 的四個維度，並不是互相獨立的維度，本身之

間就有相關性。例如：越重視自我成就、自我獨立、自我依靠的人，必然對上司或權威的依賴越低。因此，個人主義指標高的國家，權力距離指標必然較低。不過對西方人而言，個人主義顯然是一個比威權還要根本的概念，涵蓋的範圍也較廣意義也更深，也更不易捉摸。因此，出現以上的數字，本不足為奇。然而從我們中國人的觀點來看，中國人雖然比較服從威權、比較信賴威權，卻從來也沒有出現過個人主義的傳統。要用個人主義的概念，要來解釋中國飛行員的行為，恐怕根本就是牛頭不對馬嘴，無法令人信服。

從我們中國人的觀點，比較有意義的數字，是與權力據距離的相關性。也就是第一：對發號施令角色之扮演及其互動，與權力距離的相關性為 0.79。第二：對命令、規則與程序的態度，與權力距離的相關性為 0.67。第三：對自動化偏愛及信賴的程度，與權力距離的相關性為 0.74。以上的數字來自全球約 20 個主要的國家，其相關性全部都高於 6 成。權力距離代表的就是威權文化的一個切面，對照於威權文化與全球平均航空失事率的相關性，也是 6 成以上（Jing, 2001），如此接近的數字，純屬巧合的機率，相信不可能太高，其間必然存在某種不為人知的因果關係。

如果這樣的論述成立的話，表示我們要投注更多的心力，來面對、了解與克服威權文化與飛航活動之間的糾纏。因為根據 Helmreich 的研究結果，來自不同國家的飛行員在國家文化的層級上，態度差異最大的 3 項中，不論那一項我們都是名列前茅。而且，一個排第 1 名、一個排第 3 名、一個排第 5 名。如果這 3 項與權力距離的相關性很高，權力距離又是威權文化的一個面相，那就代表威權是我們文化中，非常重要且具主導性的一個特質。

對發號施令角色之扮演及其互動；對命令、規則與程序的態度；對自動化偏愛及信賴的程度，這 3 項代表威權？確實如此。如果我們仔細深入理解每一項的每一個問題，我們可以發現第 1 項：對發號施令角色之扮演及其互動，量測的是對個人權威的服從。第 2 項：對命令、規則與程序的態度，量測的是對律法權威的服從。第 3 項：對自動化偏愛及信賴的程度，量測的是對科技權威的服從。當我們在面對長官、律法與科技的時候，我們服從的態度在全球的比較中確實全部都是偏高。這個一致性並非是偶然的。當我們在面對長官時，一方面凜於對方所擁有的力量，因而不自覺地顯現出服從的態度。在我們的心底，也不自覺地產生了隱隱懼怕的感覺；另一方面又帶有一些期待，期待長官保護照顧我們，不要懲罰我們。這就是威權文化。當我們在面對律法的時候，或面對我們所不了解卻又擁有力量的科技的時候，我們心底不自覺的反應，跟面對長官時的反應，事實上是非常類似的，同樣都是既害怕又期待。這就是威權文化。

當我們使用西方人所建立的價值量尺，如權力距離，來解釋中國人在面對威權的行為時，從表面上看似乎沒有什麼不對，因為根據科學的研究，我們社會的權力距離指標確實比較高。然而，如果我們真的就此接受這些量尺的話，我們將使得自己陷於文化殖民地而不自知。也將無法看清自己，因而使得我們的問題，無法獲得真正的解決。

我們中國的威權文化，其內涵是極其複雜的，遠非一個權力距離就能涵蓋。權力距離是指上司可以決定屬下行為的程度，與屬下可以決定上司行為的程度，二者之間的差異大小。權力距離大，表示上司有很大的力量，可以決定屬下的行為；屬下卻幾乎沒有力量，來決定上司的行為。這樣的一個概念，能否解釋名古屋事件中，正、副機師的互動？能解釋多少？副機師在誤觸重飛

桿之後，曾經多次嘗試解除重飛命令，均未能成功，為何副機師一直不開口提及此事？為何正機師也不開口詢問？正機師在最後階段接手飛機之後，何以仍然採取與副機師一樣的動作？凡此種種均非一個簡單的權力距離概念，可以完整解釋的。同樣的道理，在大園事件之中，正機師連續多次違規犯錯，副機師從頭到尾都是言聽計從毫不質疑。就算副機師沒有力量去改變正機師的行為，也不敢質疑正機師的動作，難道連提醒也不敢？權力距離可以解釋「連提醒也不敢」的行為？顯然不能。再提一個例子：桃園龜山空難之中，有一個空服員自始至終都坐在駕駛艙中，還兩次造成組員與管制員之間通話的干擾。身為上司的正機師有力量決定屬下行為的飛航組員，何以不制止而任令這樣的行為發

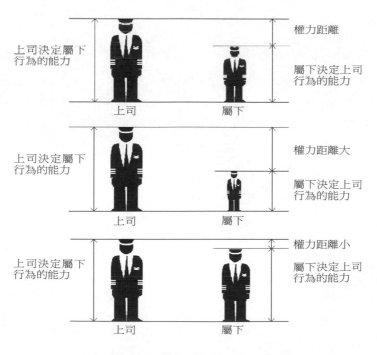

圖 3-15　西方對威權的看法：權力距離

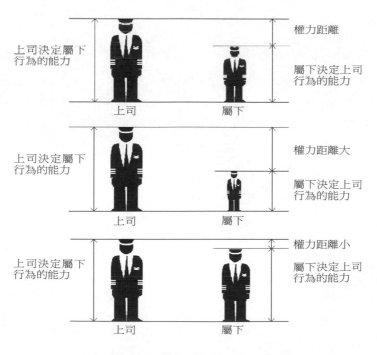

生？身為上司的正機師，已經發現屬下副機師的操作錯誤，何以仍不出手接管飛機？這樣的上司屬下之間的行為，能否以權力距離來完整解釋？顯然還是不能。

　　文化對飛航安全的影響，已是舉世公認的事實。威權文化在飛航安全中所扮演的角色，也是舉世公認不可忽視的。如果我們一廂情願的使用西方人的概念——權力距離，來面對我們的威權文化，恐怕我們將會發現我們不但無法解決我們的問題，甚至可能會連我們的問題在那裡都沒辦法看得清楚。如果我們真的這樣做的話，「邯鄲學步」將會是我們的寫照。

第四章

中西思維方式的根本差異

4-1　西方單線式思維的起源

　　西方人為什麼習慣從序列式因果觀點看飛安？西方人為什麼連看歷史的角度也一樣？西方人又為什麼會產生權力距離的概念？又為什麼會有個人主義的概念？說起來非常的複雜，但其源頭卻很簡單。

大腦的可塑性

　　人類大腦的容量在十萬年前，就已經發展到現在的水準：1300 克的重量（Allman, 1999）。人類在地球上所有的文明創造，都是發生在大腦成形之後。即便是號稱人類最古老的繪畫，位於法國南部山區的拉斯科岩洞壁畫，最多也只有二萬二千年。人類文明的開始，至多七千年。因此所有人類文明的產物，可以說都是我們這顆大腦所創造出來的。所以任何人類的文化活動，毫無例外的都必然受制於這顆大腦的構造與運作方式。

　　人類的大腦大約是由 15,000,000,000 個腦神經元所組成。每一個神經元又透過神經纖維與其它平均 6000 個神經元互相連結，形成一個極端複雜又變化無窮的網路結構，號稱是宇宙間最複雜的機器（Haykin, 1999）。大腦是一個負責處理資訊的機器，其資訊處理的基本方式，是透過神經元連結的電化學作用，以及一

個非常簡單的激發機制組合而成。神經元與神經元之間的連結，其實並不是真的連在一起，而是有一個非常狹窄的間隙，寬度只有 0.02 至 0.05 微米，也就是約為百萬分之 2 至 5 公分左右，稱為「突觸」（Kalat, 2004）。神經元內部的電流活動，透過間隙內的化學遞質，引發下一個神經元的電流活動，而達到傳遞訊息的功能。來自各個神經元的電流，進入下一個神經元之後，透過一個門檻的作用，來篩選資訊，決定電流要不要繼續往下傳，其作用就像是開關一樣。結合神經元內的開關，神經元之間連結的管道，以及為數龐大的神經元，一個功能強大的資訊處理機就出現了。

在神經科學發展的早期，對於神經元之間的連結方式，曾經出現過極大的爭執。19 世紀末，義大利神經科學家高爾基，使用細胞染色的方法，得以詳細觀察神經網路，而提出了神經元彼此直接連結的「網狀說」。同時西班牙的卡厚爾，則利用顯微鏡觀

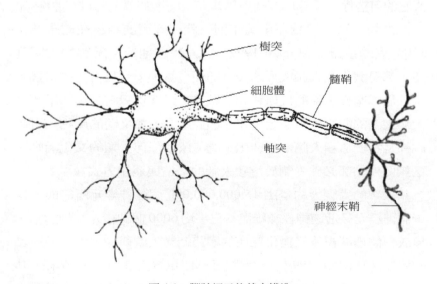

樹突

細胞體

髓鞘

軸突

神經末鞘

圖 4-1 腦神經元的基本構造

察神經元的構造，提出了神經元彼此互相獨立並未直接相連的「神經元說」。雖然他們兩人對神經網路構造的基本觀點並不相同，卻都因為對神經科學的貢獻，而共同獲得了 1906 年的諾貝爾醫學獎。1932 年電子顯微鏡發明了之後，人類才得以透過電子顯微鏡的強大功能，證實神經元之間並沒有實質相連。

為什麼演化要在神經元與神經元之間，留下一道連肉眼都看不到的間隙呢？原因其實很簡單，是為了保留彈性，保留修正資訊處理能力的彈性。假設神經元與神經元之間，是直接連在一起的。某一天因為環境的變遷，腦神經網路的功能，勢必要跟著調整。某些傳送資訊的管道不再需要了，也就是說不會再有資訊經過這些地方，則原先已經建立的硬體設備，豈不是就得荒廢棄置？要不然就得再浪費資源去把它拆掉？

大腦在彈性方面的表現，並不僅止於在神經元之間留下間隙，大腦還可以對神經纖維進行修剪。當然，正因為神經元之間本來就有間隙，修剪起來就更為容易。所謂的修剪，就是把沒有用到的部份網路切除。既然已經沒有用了，還浪費有限的資源去養活它們幹什麼呢？如果網路沒用就切除，那麼反過來說，假設另一部份的網路不但有用，而且還常常需要用到，大腦豈不是應該多撥一些資源來擴大它的功能？事實正是如此！而這正是腦神經網路的彈性之所在。這一個現象形成了腦神經網路運作的基本模式：「用進廢退」。用進廢退的意思是：越常使用，網路傳遞訊息的功能就越進步；越不使用，網路傳遞訊息的功能就越退步。因此所謂的腦神經網路的彈性，正是以用進廢退的方式來呈現。至於在整個腦神經網路的層次上，用進廢退所呈現出來的特質就是使得大腦的可塑性非常之大。說明大腦可塑性最簡單的例子，就是：眼睛看不見的人，通常聽力都特別的好。

大腦可塑性的意義，當然絕對不只是讓看不見的人，聽力變

好而已。如果我們的大腦，會隨著我們使用它的方向而改變的話，那麼人類的意志可以塑造大腦，就是很自然的結果了（Schwartz and Begley, 2002）。一個人能夠專注於一個刺激或思維，並且在心裡牢牢抓住，這就是意志力的表現。透過這種引導性的大腦運作，不斷地強化大腦內某部份的網路，就可以吸納更多的資源，來提升該部份的功能。久而久之大腦就會被塑造成具有特定的構造，並發揮某些特殊功能的機器。有人使用「心靈的力量」來形容這種變化。禪定、修行都是在運用大腦的可塑性，來使我們的心靈達到某種境界的例子。另外大腦的可塑性，也使得唯心、唯物的二元爭論，開始失去意義。因為所有的心理活動，都是來自腦神經網路的物質構造，也都能回過頭來改變腦神經網路的物質構造。因此，心、物不可能是完全互相獨立甚至對立的兩種特質，只可能是一元的。

我們的行為，是根據我們的認知而來。我們的認知，則是來自大腦的電流活動。大腦的電流活動，又隨著腦神經網路的構造而定。因此，大腦的神經網路構造，將決定我們的行為。再加上大腦構造的高度可塑性，人類的認知與行為，確實是可以經過刻意的設計而塑造出來。如果我們在成長的過程中，不斷地被輸入某個認知，這個過程通常我們稱之稱為「教育」或「洗腦」。透過這種朝某特定方向之引導性的大腦操作，我們的大腦，將被塑造成具有某種特定傾向的機器，並指導我們的行為以及我們的思想。

文化是人類所創造出來的，卻又回過頭來塑造了人類，這是文化人類學的基本常識（White, 1949）。文化在每一個人出生之前就已經存在了。當一個人誕生之時，馬上就被帶入他所屬的文化之中，文化決定了他所有的行為。在了解大腦的可塑性之後，人類與文化之間的種種互動，就會變成非常的容易了解。大腦的

可塑性使得人類在面對各種不同的環境時，得以創造出多樣性的文化，以累積經驗並協助人類生存。這些文化透過代代相傳，又反過來影響著一代又一代的人們。我們每一個人從小到大，都在不知不覺的情況下，經由父母、師長、同學、朋友、意見領袖等等，被植入了一套認知系統（即文化傳統），並以用進廢退的方式，「長」在我們的腦神經網路之中，再來塑造並控制著我們的思維，以及我們的行為，且讓我們以為是天經地義。不同的文化，必然會將人類的大腦，塑造成擁有不同的構造。一旦大腦的構造不一樣，勢必形成不同的心理結構與不同的社會結構。

語言與文字

在所有會透過傳承、能夠廣泛地影響著一代又一代人們的諸多文化特質中，語言無疑是其中最重要的一個。有人說，語言是文化的根基。當某個特定的語言系統開始存在時，一個民族才真正地開始存在，文化也才會開始存在。因此，語言是一個文化、一個民族存在的標誌。我們在這裡所說的語言，指的是廣義的語言，是指用聲音、文字或姿勢來表達思維活動之產物的媒介。

任何一個訊號、符號或聲音，只有在人際溝通的過程中，獲致大家一致的同意，可以代表某個思維或感情後，才可以稱之為語言（Jean, 1992）。所以毫無疑問，語言是溝通的工具，同時也是表達思維的媒介。在人們的深層意識裡，長期使用某些語言，來表達某個大家都同意的思維，日積月累，我們可塑性極高的腦袋，就在不知不覺之中，被語言塑造成具有某特定思維導向的機器。確實如此，語言對我們思維方式的影響是遠遠超乎我們想像的。

眾所週知，愛斯基摩人所使用的「雪」這個字，至少有 4 個。至於對雪的描述，有人說甚至高達 24 種。愛斯基摩人長年

生活在冰天雪地之中，雪的各種狀態直接影響到愛斯基摩人的生活，不論是食、衣、住、行、育、樂，都離不開雪。當然愛斯基摩人對雪的形狀、顏色、味道、行為、特性等等，必然要有極為詳細的區隔才行。愛斯基摩人從小在豐富的冰雪語言中長大，對雪的認知與感情必然跟其它的文化截然不同。

中華文化是屬於倫理型的文化。非常重視人與人之間的關係，也像愛斯基摩人對雪的區隔極為詳細一般，對於人的區隔同樣極為詳細，因而形成了中國人複雜的人際稱謂系統（田惠剛，1997）。舉個簡單的例子來說，在中文裡面，對於與父母同輩的兩性親屬，就有好幾種稱呼。屬男性的稱謂有：伯父、叔父、舅父、姑父、姨父，屬女性的稱謂則有：伯母、嬸母、舅母、姑母、姨母，區分得非常詳細。在英語裡面，只用一個 uncle 統稱父輩尊長，至於母輩尊長也只有一個字：aunt。如果加上平輩與晚輩，中文裡的親屬稱謂，連同堂、表、甥、侄，共有 22 個稱呼，而英文卻只有 5 個，除了 uncle 與 aunt 之外，只有 cousin、nephew、niece。一個中國人從小到大，甚至在終其一生裡面，不斷地使用這些稱謂來稱呼他身邊的親人。久而久之，根據用進廢退的原理，他的腦神經網路，對於人際關係的區隔，將極為敏感且擅長。這樣的社會必然是一個重視倫理、重視人情、重視人脈經營的社會，人際關係網路也會極為綿密。倫理正是中華文化最特殊，最與眾不同，最適合用來與其它文化區隔的特徵。如果在我們的語言之中，人際稱謂也少到像英語一般，只有聊聊幾個，則中華文化還會不會是倫理型文化，是大有疑問的。

當人類還是猴子的時候，就已經在用聲音進行溝通了，當時猴子並沒有文字。因此毫無疑問的，在人類文明的發展上，語言是先於文字的。然而語言並沒有物質形式，在人類文字還沒發明之前，只能以口耳相傳的方式傳遞訊息。口耳相傳的方式，資訊

的保真度是非常差的。同樣的一句話，只要經過寥寥數人的口耳，就可能變成毫不相干的另一句話。此外，人類的記憶能力，容量既不是很大，精確度也不是很好，維持的時間也不是很長。這種訊息的傳遞方式，將使得所攜帶的訊息，既容易扭曲又容易流失。因此，早期的人類，必然會努力的去尋找一些工具，如結繩來協助記憶，以方便資訊的保存、流通與傳承。今天我們不可能親身聆聽孔子的教誨，也不可能透過任何人的轉述，「聽」到孔子的教誨。可是，我們卻可以很容易的透過文字，「看」到孔子的教誨，甚至更為深入的理解孔子的學說與思想。因此文字發明了之後，在發揮文化傳統的影響力上，其功能是遠遠大於語言的。而且語言很容易失傳，文字則否。

人類最早的書寫能力產生於繪畫。目前已知人類最早的第一批岩洞壁畫，是位於法國南部山區的拉斯科壁畫，時間大約在二萬年前。拉斯科壁畫的內容，包括有牛、馬、鹿等，基本上都是野獸，顯然跟當時人類靠狩獵維生的生活型態有關。其它世界各地，非洲、亞洲、美洲、澳洲等，也都發現過類似壁畫或岩畫之類的東西。這些史前的遺跡，當然只是繪畫而已，因為它們都是具體動物的描繪。雖然具有傳遞訊息的功能，卻無法稱之為文字。這裡我們所謂的文字，是指一套公認的有具體形式的記號或符號，用以記錄人們希望表達的思想和感情。

很顯然的，人類最早的書寫能力，僅止於對大自然中，具體事物的描繪而已。人類早期的繪畫目的是傳遞和保存訊息。在這個關係當中，訊息才是主體，繪畫只是載體而已。如果另外有一種載體，可以傳遞和保存完全一樣的訊息，但卻更為簡潔也更容易執行，則繪畫這種載體的演化優勢，將逐漸喪失。所以史前人類的繪畫，慢慢簡化成符號，形象化的程度越來越低，抽象化的程度越來越高，是演化必然的結果。一旦繪畫抽象到某個程度

後，很難再用「繪畫」這兩個字來形容時，人類的文字就誕生了。

人類最早的文字，其實只是一堆符號而已，一堆線條簡單抽象模擬特定物體的符號而已。隨著時間的推移，符號的使用越來越多也越來越廣。當這些符號發展到形成一套公認的、有具體形式的系統，可以用來記錄人們希望表達的思想和感情的時候，在人類的歷史上我們就用「象形文字」，來稱呼這種符號系統。

人類最早的象形文字，一般公認出現於中東的兩河流域，也就是幼發拉底河與底格里斯河之間的美索不達米亞平原，稱為蘇美象形文字，時間大約在公元前 4000 年至 3000 年左右。埃及的象形文字，年代也可以追溯到公元前 3500 年左右。至於我們中國的漢字，最早的象形文字據說出現於公元前 3500 年至 3000 年左右。印度文字大約也出現在公元前 3000 年左右。以上所說的年代，都不是定論，因為學術界還有爭議。

長期以來有一部份的人，一直有一個錯覺，認為文字應該就像人類一樣，存在一個共同的起源，然後才擴散出去，散佈到全球各地。事實可能並非如此。全球的人類，有一個共同的來源，是一個非常可信的說法，有相當多的生物演化證據，都支持此一論點，尤其是 DNA 的證據。而且在生物的演化過程中，要從不同的物種在不同的地方，獨立演化出相同的人類這種物種，其可能性可以說是微乎其微，說根本就是零也不為過。然而文字是文化活動的產物，文化卻是環境的產物。不同的環境必然形成不同的文化，以及對環境不同的描述方式，當然也就會形成不同的語言與文字。所以古往今來從來就沒有人說過，人類所有的文化存在一個共同的起源，然後才擴散到全球各地。文化必然是各地獨立發展出來的，文字當然也是如此。

不同的環境發展出不同的語言文字。不同的語言文字又反過

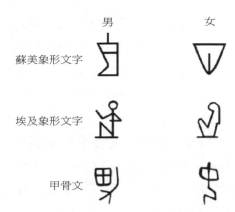

男　　　　女

蘇美象形文字

埃及象形文字

甲骨文

圖 4-2　蘇美、埃及象形文字、我國甲骨文
　　　　中的男人與女人

來塑造出不同文化的認知與思維。在演化的長河裡到處充滿著不確定的隨機因素，不斷地影響著演化的足跡。微不足道的隨機因素經過不斷的因果循環，常常在億萬年後產生巨大的差異與影響。這一類的蝴蝶效應，在生物的演化史上，可以說是屢見不鮮、比比皆是。文字的發展，自然也不例外，到處充塞著隨機因素，及其產生的影響。

　　人類最早的文字是象形文字。隨著文字的使用越來越廣泛，所需傳遞的訊息也越來越多。在這麼多所需傳遞的訊息當中，不可能都擁有具體的形狀。例如：所有人類的感情不論是喜、怒、哀、樂、愛、惡、慾等等，全部都沒有具體形狀。人類社會許多流通的概念如忠、孝、仁、愛、信、義、和、平、禮、義、廉、恥等等，也全部都沒有具體的形狀。因此單單表示形狀的象形文字，很快就不夠用了。因此，人類必須要創造出一些符號，一些完全抽象的符號，來表達某些沒有具體形狀之訊息的「意義」，以彌補象形文字之不足，好強化文字做為訊息溝通工具的功能。這一類符號我們把它們稱為「意符」，也就是表達意義的符號。這一類的文字我們把它們稱為「表意文字」。原先的象形文字也就可以稱為「表形文字」，象形文字中的符號我們也就把它們稱為「形符」。

　　語言與文字兩者的發展，早期是完全互相獨立的。語言的存在對於文字的產生，並沒有什麼重要的影響。文字系統如何形成

取決於各文化中所具備的符號，而不是語言的發音或構造。我們只要看看一個簡單的事實就能了解這一點：即便是 21 世紀的今天，全世界依然有人在使用的活語言約有 3000 種，其中卻僅僅約有 100 種語言，具有與之相應的文字系統（Jean, 1992）。表示依然還有很多語言，並沒有發展出相對應的文字。所以語言對於文字的誕生，可以肯定確實沒有特定的影響。但是我們前面提過，在人類文明發展的路途上，語言的出現是先於文字的。也就是說任何一個社會文字問世的時候，語言可能已經存在數萬年了。由於語言在文字產生之前，早已存在很久，使得語言成為在文字的演化過程中，所必須面對的環境因素之一，也是文字演化必然要去適應的對象之一。因此之故，語言對文字的產生雖然並無影響，但是對文字誕生之後的演變，影響卻是非常的巨大。

既然語言與文字兩者的發展是完全互相獨立的，文字的誕生本來就不是為了表達語言，或者是為了記錄語言之用。然而文字雖然是來自繪畫，但是卻跟語言一樣，都是為了傳遞訊息之用。如果語言與文字兩者都是為了同一個目標：傳遞訊息，那麼語言與文字兩者合流，語言為主、文字為輔，共同合作來傳遞保存各種訊息，也就是必然的發展了。所以當人們認識到文字的符號與書寫，無可逃避的要去適應語音結構時，新一類的符號：「音符」也就問世了。對於所傳遞的訊息而言，音符既不表達其形狀也不表達其意義，只表達其聲音。這一類的文字我們把它們稱為「表音文字」。

人類的文字從傳遞訊息的觀點來看，可分為三大類：按照問世的先後順序分別是：表形文字、表意文字與表音文字。既然文字只是傳遞訊息的工具，當然會以適用為最高考量，怎麼方便就怎麼用。用形狀容易表達就表形；用意義容易表達就表意；用聲音容易表達就表音。由於所欲表達之訊息的千變萬化，並不存在

一種表達方式，可以涵蓋所有的訊息。所以在這個世界上沒有一種文字是百分之百的表形；或百分之百表意；或百分之百表音，全部都是兼而有之混合使用，只是其中的比例各有不同罷了。至於因為趨同演化之故，造成大部份的文字都朝向某一個方向演變，那就是後話了。

全世界目前還在使用的文字系統約有 100 種，主要的，則只有 5、6 種而已。按使用的人口數來劃分：使用最多的是漢文字，全球有 13 億人在使用。第二多的是拉丁文字，全世界有約 10 億人在使用。位居第三的是印度文字，估計約有 5 億人使用。居於第四位的是阿拉伯文字，約有 3 億人在使用。日本文字與韓國文字，加起來共約有 2 億人在使用。單這 6 種文字，使用人口就已經占全球人口的 8 成了。如果以分佈地區的大小來分：範圍最大的當屬拉丁文字。拉丁文字的歷史中心在西歐，但卻擴展至包含整個南北美洲、非洲中南部、澳洲、大洋洲、以及俄國，幾乎占去了全球陸地面積的 6 成。位居第二的是阿拉伯文字，分佈地區包含北非、整個中東、中亞與巴基斯坦。第三位的是漢文字主要地區在中國。

蘇美人的楔形文字

6000 年前，在中東兩河流域之間的美索不達米亞平原上，各處充斥著河流沼澤。河流的沖刷在平原上堆積了大量的黏土，河邊則到處長滿了蘆葦。處於這樣的環境，蘇美人用蘆葦在泥土上作畫，是再自然不過的事了。不知道經過了多少年，蘆葦逐漸變成了蘆葦筆好方便使用；泥土也變成了泥版好方便保存，而逐漸演化成為蘇美人書寫的主要工具。蘇美人將蘆葦桿的一端，削成切面呈狹長三角形的尖鋒，再用這種具有三角形尖鋒的筆在泥版上刻劃。泥版則是由黏土製成。黏土做成版狀之後將其曝晒於陽

光下，或放入窯中烘烤使其固化，以便於保留上面所寫的文字。

　　蘇美人使用的蘆葦筆本身就是一枝蘆葦桿，一頭削尖的蘆葦桿屬於硬式的筆，較適合拿來「刻」字。不像我們中國的毛筆是軟的，較適合拿來「寫」字。中東人此一習慣對西方的影響非常大。有人認為西方後來的鵝毛筆，乃至於現代的鋼筆甚至原子筆，都是由蘇美人的蘆葦筆演化出來的，因為它們都是硬式的。正由於蘆葦筆是硬式的，再加上在潮濕的黏土版上，要刻畫曲線需要技巧與時間。使得諸如曲線、圓滑線等線條的書寫，存在相當的困難。在工具的限制之下，為了書寫方便，蘇美人的文字符號很快的幾乎全被短的、直的、垂直的、水平的、斜的筆畫所取代。這種書寫方式要用來描繪大自然萬物的具體形狀，事實上已經是不太可能了。所以在蘇美人開始使用蘆葦筆與黏土版，作為書寫工具之後，蘇美文字的象形成份，很快就開始消失。圖形也變得簡單化、平常化，最後變成線段化，即由簡單的線段組合而成。蘇美人的文字，正是這種典型的外觀才被稱為「楔形文字」。

　　蘇美人代表中東主要文化團體的時間超過 1300 年，從公元前 4000 年末期到公元前 2000 年初期。這段期間他們用楔形文字寫成了大量、及高度發展的文學作品，如神話、讚美詩、史詩等等。此外，尚有其他數以萬計的書寫文件，如法律資料、經濟摘

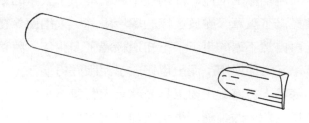

圖 4-3　蘇美人使用的硬式蘆葦筆

要、私人信件等流傳至今。

　　原始的蘇美象形文字，逐漸演變成較為抽象的楔形文字之後，很快就為當時附近各民族所接受。首先是住在美索不達米亞平原北方的阿卡德人。雖然他們跟蘇美人都住在同一個平原上，所講的語言卻截然的不同。公元前 2500 年左右，蘇美人的楔形文字被阿卡德人接收，成為他們的文字。公元前 2000 年至 1000 年間，楔形文字和阿卡德語言，成為中東古代文明世界的基本文字和語言。長期以來楔形文字隨著巴比倫帝國、亞述帝國以及後來的波斯帝國疆域的不斷擴張，到了公元前約 1000 年之際，傳播的地區已經包含整個中東、伊朗、北非與希臘半島，甚至連歐洲南部都採用楔形文字來書寫其語言。直到公元前 4 世紀之後，波斯帝國被希臘帝國滅亡，楔形文字才慢慢逐漸消失。

　　蘇美人的楔形文字，何以能在古代世界裡廣泛的傳播，而為眾多的不同民族所接受？其中有一個非常重要的原因就是楔形文字成熟之後，就不再是表形文字，而進入了表意甚至表音的階段。早在蘇美人所用的楔形文字之中，能夠表達聲音的抽象音符，已經就占到了 4 成。擁有大量能夠表達聲音的符號，當然可以很方便的拿來書寫不同的語言，故而很容易就為其他民族所接受。到阿卡德人也採用這一套楔形文字時，音符所占的比例已經高達 8 成，幾乎已經是一套完整的表音文字了。到了公元前 6 世紀至 4 世紀，波斯帝國被亞力山大大帝滅亡的時候，波斯的官方楔形文字，已經是一種半字母文字了，也

圖 4-4　古蘇美城出土之泥板，目前已知最古老的蘇美楔形文字之一

就是音節符號與字母同時使用的文字系統。

在表音文字中，符號與其所表示的聲音，並不存在先天的關聯性。符號與聲音的關聯是後天演化出來的。用符號來表示聲音在表音文字中存在兩種方式：音節與字母。在系統化的音節文字中，單一的符號所表示的音節，指的是可單獨存在，可被朗讀的最小單位。於是當使用書寫符號來表示音節時，一個音節就由一個符號來表示，兩個或更多的音節，就由兩個或更多的符號來表示。至於字母，一般被認為是最方便的書寫形式，幾乎可以適用於所有的語言。因此很多人認為字母文字，是整個文字發展長河的最成熟階段。一個字母文字系統，一定存在一個字母表，通常由 20 到 40 個符號組成稱為字母，用以表示講話時的各個語音部分，由元音和輔音組成。透過元音和輔音的拆解與重組，理論上字母文字系統可以拿來書寫任何一種語言。

字母的出現

字母書寫現在已被全世界絕大多數的國家所採用。不但如此大多數古文明高度發達的地區，都有以字母書寫的文獻留傳下來。甚至現在很多人還認為，所有現存的和已經不再使用的字母，很可能都是來自同一根源。不過，如果我們深入地仔細思考，事實可能未必盡然。不同的社會處於不同的環境，需要不同的適應方式，必然產生不同的語言。即便是其中某個語言發展較快，產生了字母書寫系統，也無法保證足以完整書寫另外一種語言。因為甲語言的某些音，無法在乙語言中找到的例子，可以說比比皆是。因此字母同源的說法，可信度並不高。即便是甲語言確實採用了乙語言的字母來書寫，必然也要創造出一些新的字母，來表達原字母系統所無法表達的發音。所以字母書寫系統的演化，必然如同語言的演化一般，創造、發明、增補、淘汰、轉

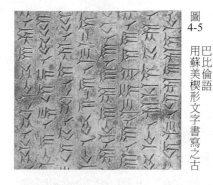

圖
4-5

巴比倫語
用蘇美楔形文字書寫之古

圖
4-6

伊朗語
用蘇美楔形文字書寫之古

圖
4-7

用蘇美楔形文字書寫之古波斯語

型才是常態。然而以字母符號系統，來書寫語言發音基本單元的「想法」，卻相當有可能確實是來自同根源──楔形文字。

20世紀初在現今敘利亞地區，出土數以千計的黏土板，年代估計約在公元前1500年左右。黏土板上記載著以30種字母寫成的楔形文字（大美百科全書1992）。後來陸續在其它地方也出土一些字母的考古證據。現存眾多有關字母起源的理論中所提到的字母原型，出處各不相同但是都位於中東地區如巴勒斯坦、西奈半島、黎巴嫩、敘利亞、約旦河等。其中最多人支持的一種理論認為，最早的字母書寫系統，應該是原始北閃米語字母，屬於敘利亞與巴勒斯坦地區西北部的一支閃米族所創造。該地區的閃米族書寫習慣繼承自蘇美人，也是用蘆葦筆在黏土板上書寫。閃米族人使用了字母的概念改造了楔形文字，將字母引入讓楔形文字表音的能力更強。閃米人是什麼人？閃米人正是美索不達米亞平原上，阿卡德人的後裔，也是後來阿拉伯人和希伯來人的共同祖先。阿卡德人在公元前約2300年時，成為美索不達

米亞平原上的統治者。公元前 2000 年左右，阿卡德語是美索不達米亞的主要語言。然而很顯然的，在閃米人用字母改造楔形文字之後，由於書寫彈性更大表音能力更強，字母書寫系統逐漸發展成為主流，並反過來取代了原來的楔形文字，而成為新時代的書寫系統並擴展到更大的地區。到了公元前 800 年希臘人採用了大部份的原始閃米語字母加上自己的創造，建立了希臘字母而成為歐洲各種字母的祖先。今天英文裡面的「字母」這個字「alphabet」，就是由希臘字母的頭兩個字的名稱 alpha 和 beta 組合而成。

　　拉丁語是住在義大利的古羅馬人所使用的語言。西元前 1 世紀羅馬人征服希臘之後，將希臘字母稍作修正，而成為羅馬帝國使用的字母，並拿來書寫拉丁語，所以又稱為拉丁文。拉丁文隨著羅馬帝國的強大勢力，而散佈於整個西歐。拉丁語言和文字由羅馬士兵和帝國官員，傳到羅馬帝國的每一處，特別是還沒有希臘化的地區。自從羅馬帝國將基督教定為國教之後，在以後的幾個世紀裡，基督教的教士牧師，又將拉丁語言和文字傳到了更為遙遠的地方。羅馬帝國覆亡之後，許多國家雖然擺脫了羅馬的政治控制，拉丁文在中古時期的傳播卻依然持續不輟，主要便是得力於羅馬天主教會的努力，使得在羅馬教廷使用的拉丁語，依然是歐洲知識界共用的語言。天主教的羅馬成了當時西方世界的一座名燈，以它為中心向西歐、中歐和北歐，傳播宗教和知識。在大約前後長達 2000 年的時間裡，拉丁文字在世界各地的傳播，簡直就可以用「隨著宗教而傳播」來概括，至今依然方興未艾。

　　拉丁語文地位的持續強勢，使得絕大多數的歐洲國家，都採用拉丁字母，來書寫各自不同的語言。例如：日耳曼語系的英文、德文、瑞典文、丹麥文、挪威文、荷蘭文；拉丁語系的義大利文、法文、西班牙文、葡萄牙文、羅馬尼亞文；斯拉夫語系的

波蘭文、捷克文、克羅西亞文、斯洛文尼亞文；芬蘭——烏戈爾語系的芬蘭文、匈牙利文；波羅的海語系的立陶宛語、和列特語。到了 20 世紀，拉丁字母甚至還被用來書寫最遙遠的中國話，而成為漢語拼音系統。

閃語字母		希臘字母			拉丁字母	
北閃語文	唸法	早期	古典時期	唸法	早期	古典時期
	ALEPH BETH GIMEL DALETH			ALPHA BETA GAMMA DELTA		

圖 4-8　閃語字母、希臘字母、拉丁字母中的 ABCD 及其發音

目前在地球表面上，最有影響力的語言，屬用拉丁字母書寫的英文當之無愧。全球有五分之一的土地，以英語作為母語或以它為官方語言。地區遍佈了大半的北美洲大陸、不列顛群島、澳大利亞、紐西蘭以及南非共和國。在殖民地的語言中，英語在非洲、亞洲以及太平洋中部和南部的群島上，亦是最重要的一種語言。除此之外，英語在國際貿易、國際學術研討以及科學研究方面，也被廣泛的採用。全世界超過一半的報紙以及科學和科技的月刊是用英文印行的。在全世界的郵件中有四分之三是用英文書寫的；而且在世界各地的廣播電台中，有四分之三是以英語播報的。英語現在更是全球航空界的官方語言。

毫無疑問的英文是一種以字母符號書寫的表音文字，也就是所謂的拼音文字。最早的起源可以追溯到蘇美人的楔形文字。在楔形文字發展的歷史上，最大的特徵是由於偶然的環境因素使然，使得它很早就脫離象形文字的範疇而往表音的方向發展。此一發展其影響又隨著巴比倫、亞述、波斯、希臘、羅馬、葡萄

牙、西班牙、英國、美國而擴展至全球。成為除了漢字文化圈之外，唯一主導的書寫方式。甚至連原本屬於漢字文化圈之內的韓國、越南，也都逐漸往表音的方向傾斜。

英文或者說拉丁文，對西方人思維方式的塑造，到底有些什麼樣的影響？這些影響從那裡來？又為什麼會有這些影響？要回答這些問題，我們不得不從最古老的蘇美楔形文字講起。

拼音文字的影響

文字書寫系統的發展，做為一個資訊傳遞的工具，最核心的關鍵在於資訊傳遞的載體。因為載體決定所要傳遞的資訊應該是什麼型式，有什麼局限。載體的功能就像濾波器之於訊號一般，決定資訊最後呈現的樣子。對文字系統而言，載體就是書寫工具，用什麼東西書寫？寫在什麼東西上面？楔形文字的書寫是用蘆葦筆寫在黏土板上。在兩河流域的沖積平原上黏土與蘆葦，取之不盡用之不竭。蘆葦筆與黏土板的結合要如何書寫最方便？最容易做為載體來傳遞訊息？要用蘆葦筆在潮溼的黏土板上書寫，可想而知「畫」曲線是很不容易的，用「刻」的可能還比較容易一些。然而蘇美人的楔形文字真的是刻出來的嗎？恐怕未必盡然！由於黏土的顆粒非常微小而且大小不一，一旦處於潮濕的狀態，因含水後黏土之黏滯性的影響，將使得在書寫時即便是用刻的，只要有移動，蘆葦筆施加在黏土顆粒上力量的大小與方向，將充滿了不確定。導致刻出的筆劃很容易帶起黏土的顆粒甚至土塊。有時候筆劃的邊緣，還會因為黏土被推擠而隆起，使得筆劃很難平整圓滑。因此要在潮溼的黏土板上「刻」字，並沒有想像中的容易。

那麼蘇美人是如何使用蘆葦筆的呢？與其說是用刻的，還不如說是用「壓」的或用「印」的，可能還比較貼近事實。從古蘇

美城出土的蘇美人黏土板上，如圖 4-4 所示來看（Jean, 1992）如果我們忽略掉黏土板本身的龜裂痕跡，仔細觀察其楔形文字的筆劃，我們很容易就可以發現：字中的每一劃都非常的圓滑平整，其邊緣都沒有顆粒被帶起來的痕跡，也都沒有任何的隆起。反之，比對蘇美人早期刻有象形文字的黏土板如圖 4-9 所示，以及在地中海克里特島出土的線形文字泥板（Harrmann, 2002）如圖 4-10 所示，上面書寫的文字中，均含有非常明顯經過刻畫的痕跡。所以我們幾乎可以確定，蘇美人的楔形文字既不是用「畫」的也不是用「刻」的，而是直接用蘆葦筆在黏土板上「壓」出來的或「印」出來的。如果這個推測可以接受，那麼蘇美人所用的蘆葦筆在功能上根本就不能說是「筆」，只能說是個「模子」而已。

圖 4-9　蘇美人早期刻有象形文字的黏土板

圖 4-10　地中海克里特島出土的線形文字泥板

既然蘆葦筆的功能只是作為「模子」來壓印黏土板，那麼它所「寫」出來的字，就不可能是任意形狀的，只能是模子形狀的各種排列組合而已，因為模子的形狀是固定的。如果我們再更為深入地去檢驗後來採用楔形文字的其它中東各民族，是如何地用蘆葦筆在黏土板上「壓印」楔形文字，來書寫他們各自的語言時，我們將會發現蘆葦

筆的功能確確實實是作為「模子」在使用的。而且這樣的用法，流傳的時間非常的久遠，流傳的空間非常的廣闊。

在中東曾經出土一些古波斯帝國的銀板，時間推估應該是公元前 600 年左右，當時正是波斯國王大流士一世在位的時期。銀板上面有許多的銘文，刻著晚期較為成熟的楔形文字。楔形文字書寫的語言有古巴比倫語如圖 4-5，古伊朗語如圖 4-6 以及古波斯語如圖 4-7。從書寫這些不同語言的楔形文字來看，任何人都會很容易地看到，「Y」形狀的單元不斷重覆的出現。有的字是幾個 Y 擺在一起，有的是放在不同的位置，有的則是沿著不同的方向，各有變化。有的字中 Y 尾巴的長短也有一些不同，有的甚至短到只剩下「V」而已。但是無論如何的排列組合，Y 的原型幾乎貫穿了每一種語言中的每一個字。而 Y 的形狀正好與蘇美人所用之蘆葦筆筆尖的形狀完全吻合！不僅如此，蘇美人用蘆葦筆在黏土板上寫字的年代，距離波斯人在銀板上雋刻銘文的年代，相距超過了 2000 年。跨越如此漫長的時空，還能維持如此一致的基本形狀，絕對不是用偶然可以解釋得通的。一定有非常堅強的理由，如此紮實的證據充份的證明了，古代中東各民族確實都是使用蘆葦筆，來作為模子壓印出基本單元如 Y 或其變體，並以此做為基本單元，進行各種的排列組合來書寫各自的語言，應該就是事實的真相。

既然使用少數幾個完全相同的基本單元如 Y 或其變體，就可以透過不同的排列組合，來書寫不同的語言，則其個數、位置與方向或其排列組合，必然就應該是能夠拿來，作為表達不同聲音的音符才對。當中東人的文字經過了這樣的演化歷史，或者說擁有這樣的成長經歷之後，再進一步演化出，能夠表達不同聲音的各種基本單元，不僅只有 Y 或 V 而已，也就是字母書寫系統，相信也只是時間的問題而已。

這個成長經歷對於西方文明而言有什麼意義？

至少在公元前 600 年，中東人就已經充份的了解到，雖然是完全不同的語言，卻存在共通的基本組成單元，可以用來拆解組合成各種不同的語言。這個認知的建立對於人類文明的發展，具有不可磨滅的偉大貢獻。當希臘人在公元前 800 年，採用大部份北閃米語的字母，創立了希臘字母建立拼音文字系統的時候，歐洲人當然也開始繼承了這個認知。不但如此，希臘人還把它進一步發揚光大。既然語言可以拆解成基本單元，那麼宇宙可不可以也拆解成基本單元（地、水、火、風四大元素）？物質可不可以也拆解成基本單元（原子論）？思想可不可以也拆解成基本單元（邏輯）？希臘人以這樣的認知，對這個世界進行探索，並獲致異常豐碩的成果，奠定了西方文明的基礎，也使得西方文明還在襁褓時期，就被植入了「萬物都可以拆解成基本組成單元」的認知。從此以後西方人就習慣從這樣的一個角度，來看待宇宙萬物，這個認知也塑造了西方人的基本思維模式。

拼音文字對西方人思維方式的影響，除了「所有的語言都可以拆解成相同的基本組成字母」之外，還有另外一半，那就是：「透過合理的排列與組合，相同的字母可以合成各種不同的語言」。

嚴格來說所有的表音文字，乃至於拼音文字包括英文在內，其實都不能算是文字。充其量只能說是一套注音符號而已。注音符號的形狀本身並沒有任何的意義。它的意義要透過聲音及其組合來表達。表音文字的書寫，只要能呈現具有意義之聲音出現的順序即可。任何的聲音都是一個有明確定義可精確量測的物理量。聲音是一種空氣的振動，聲音的高低由頻率來決定，也就是空氣振動的快慢。聲音訊號的發出與接收，都視空氣隨著時間如何振動而定。因此從物理學的觀點來看，聲音是一種一維的訊

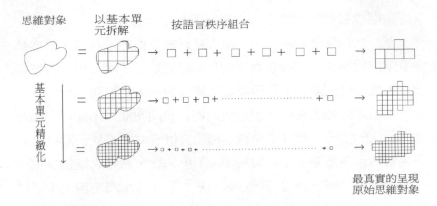

思維對象　　　以基本單　　按語言秩序組合
　　　　　　　元拆解

基本單元精緻化

最真實的呈現
原始思維對象

圖 4-11　西方人的基本思維方式──源自拼音文字的單線式思維

號，獨立變數只有一個：時間。為了要將人類難以捉摸又極其複雜且千頭萬緒的思維與感情，以拼音文字的方式表達出來，就必然先要把在人腦袋內複雜萬端的念頭，透過符合條理的安排，再沿著時間軸，以某特定的順序與形式，嵌入所使用語言的框架之中。因為任何一瞬間，人類的聲帶只能發出一個音。任何的義意都要一個音接一個音地排列在一起，而且以符合條理的方式排列，才能清楚的傳遞訊息。

　　使用拼音文字的民族，日積月累的閱讀書寫這種文字，經過數千年的耳濡目染以及對大腦不斷的塑造，毫無疑問的，必然會形成某種特別的思維運作方式，並且進一步內化為該民族的文化傳統。綜觀西方文明 2000 多年來的發展，處處可見這種思維方式的痕跡：「將思考對象予以拆解成基本組成單元，再按照符合條理的順序，排列成一維的形式，透過語言呈現出來」。西方人受到拼音文字影響，而形成這種的特殊思維運作方式，我們可以將之稱為「單線式思維」。因為不論如何複雜的思維，一定要按照某種順序來排列，排列成就像一條線一樣，才能順利地透過聲

音來表達。這種思維方式，也可以稱為「一維思維」，因為任何要傳遞的訊息，都要表達成隨時間變動的一維訊號形式。或者也可以稱為「語言思維」，因為這種思維方式，必需受到語言的規範，也必須透過語言的規律才能表達。

4-2　西方人的思維結構

單線式思維的特色

　　按照西方單線式思維的定義：「將思考對象予以拆解成基本組成單元，再按照符合條理的順序，排列成一維的形式，透過語言呈現出來」，則單線式思維方式的運作將呈現二個特色：講順序、重邏輯。首先，不論任何的意義，只要想透過語言來表達，就必然要遵循一定的順序，否則其義意將無法用聲音來呈現。其次，不論任何的意義，只要經過語言表達，就必然要安排成符合語言條理（也就是邏輯）的方式，一個接一個、層次分明、前後互相呼應，否則將無法清晰地把複雜的意義呈現出來。因為缺乏條理的語言叫做「語無倫次」，倫就是條理、次就是次序。沒有倫次就是沒有條理、沒有次序。而說話本來就要講究條理、講究次序。

　　西方人由於受到拼音文字的薰陶，被塑造成具有單線式思維的大腦結構，具有講順序、重邏輯的特色。這樣的特色所表現出來最大的優點是長於分析。這裡所謂的分析，我們是採用西方人的概念來說明，因為這是他們的長處。「分析」這個字最早源自希臘，原義是「拆解」，指的是將一個複雜的對象，拆解成較小的組成部份，以便獲致更佳理解的思維過程。拼音文字就是將語言拆解成基本的元音與輔音，再用幾個簡單的字母，來表示這些音。然後透過字母的排列與組合，就可以表達各種不同的語言，

並作為傳遞訊息、溝通思想、交流感情的媒介。因此字母書寫的拼音文字系統，本身就是一個拆解語言的工具。當人們使用字母系統來書寫語言時，所做的工作就叫做「分析」。所以西方人每天都在分析，而且已經分析了好幾千年了。使用拼音文字的民族，想要不長於分析，恐怕也是一件很困難的事情。

古代希臘人的思維

在西方世界當希臘人透過蘇格拉底、柏拉圖與亞里斯多德之手，開始建構西方文明基礎的時候，中東地區早就已經存在使用字母寫成的楔形文字，時間大約在公元前 1500 年左右。希臘人採用大部份的原始閃米語字母，創造希臘字母的時間約在公元前800 年左右。也就是說在亞里斯多德出生的時候即公元前384 年，希臘文明開始大放異彩時，希臘人就已經被拼音文字薰陶了至少500 年的時間了。所以，希臘人創造了「分析」這個字，來表達這樣的思維特色也就不足為奇了。因為這樣的思維方式，早就已經存1000 多年了。

希臘人的長於分析最突出的一個例子，就是原子論的提出（左玉河、張國華，2008）。公元前 400 多年前，希臘有一位學者留基伯提出了原子說。他認為宇宙萬物是由原子所構成，原子是所有物質最小，不能再分割的基本單元。原子既不能創生，

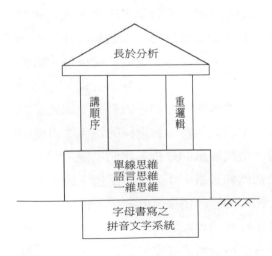

圖 4-12　西方人的思維結構——講順序、重邏輯、長於分析

也不能毀滅，它們在無限的虛空中，運動著構成萬物。留基伯的學生德謨克利特，把原子論繼續發揚光大。認為所有的物質都只是由構成原子在數量、形狀和排列上的不同所形成。物質之所以會發生變化，是由於原子在運動中相互撞擊所造成。對照一下今天原子物理的發展，不得不讓人感到神奇，古希臘人好像早在2000多年前，就已經知道了原子的存在。事實真的是這樣嗎？如果我們比較一下原子論的學說，與採用字母來書寫各種語言，而建立的單線式思維方式，我們將會發現原子學說的提出，是再自然也不過的事了。如果只用一個Y字形的蘆葦筆尖，作為基本的模子，透過排列組合就可以壓印出楔形文字，來書寫各種不同的語言。那麼用一個原子，透過排列組合來構成宇宙萬物，又有什麼值得驚訝的呢？況且原子論的提出，本來就是作為一種哲學思維的推測，只是單線式思維外插到物質世界的必然推論而已，毫無任何神奇之處。

英國有一位歷史學家 H. G. Wells 在被問到他認為的世界三大偉人的時候，經過一番思索他肯定的舉出，非耶穌基督、釋迦牟尼與亞里斯多德莫屬。前兩位對人類心性的影響至深且巨；亞里斯多德對於人類的理性，則有著無與倫比的深遠影響。西方人對亞里斯多德的尊崇，我們可以從歷代以來，貼在他身上的尊稱而得知：智者之師、偉大的哲學家、學問之父、真理的化身、智慧的象徵、知識的結晶等等。這些稱呼雖然有溢美之嫌，但是除了亞里斯多德之外，還確實很難找到第二個人，擔當得起這樣的稱呼。至於真正比較中肯的評論，則以專門研究亞里斯多德思想的 W. Jaeger 為代表：「亞里斯多德這個名字，意味著客觀、永恆、長久以來的整個抽象思想界之知識巔峰、及士林哲學家心目中之偶像」。西方人對亞里斯多德的尊崇，讓我們得以理解到，他在西方知識界的地位確實是無與倫比。

被視為真理化身的亞里斯多德，他的基本思維方式，難道也是屬於源自拼音文字的單線式思維？有這麼簡單？事實恐怕真的是如此簡單。留基伯把單線式的思維應用到物質，而建立了原子理論。亞里斯多德則是把單線式的思維，應用到思維的本身，建立了邏輯理論掌握了打開真理之門的鑰匙，因而被尊為邏輯學之父。

亞里斯多德最大的貢獻，是引導人們作有系統的思考，如何根據客觀事實作分析、綜合的工夫，以成功地達到追求真理的目的。亞里斯多德並以此直接地建立了西方人的標準思維模式，指導西方 2000 年的學術發展。然而，亞里斯多德是如何引導人們作有系統的思考，來追求真理？他的核心貢獻是建立了嚴謹的推理模式，以便有條不紊地整理推論與分析人類的知識（曾仰如，1989）。亞里斯多德自己把這種方法稱為「分析學」，其含意是指「不錯綜複雜」、「條理分明」、「不糾纏不清」的學問。很明顯的亞里斯多德的目的，是要藉著他所建立的方法，來釐清人類的思維過程。他同時也使用了他自己所建立的方法，來分析當時人類所有的知識，並建立了他的邏輯學、物理學、生物學、人類學、形上學、神學、倫理學、政治學、教育學與美學。

如果我們仔細審視亞里斯多德的成就，我們將會發現亞里斯多德就是藉著單線式思維的威力，模仿用字母拆解語言一般，將人類的思維過程予以拆解分析，然後以極為精確嚴密的方式，在不同的領域內合成各門學問，而建立了自己永垂不朽的地位。2000 多年後的今天，如果我們要用一句話來概括亞里斯多德的貢獻那就是：「精確地釐清了人類的思維過程」。關於這一點我們可以引用微積分的發明人萊比尼茲稱讚他的一句話為證：「在數學之外，第一位能以有如數學般的精確來寫作的人」。但是當我們在討論亞里斯多德的貢獻時，有一點我們是一定要非常小心

的，而且是一定要加以釐清的。亞里斯多德所釐清的人類思維過程只是「單線式的思維」而已。換句話說亞里斯多德的貢獻，應該這麼講才正確：「精確地釐清了人類的單線式思維過程」。而人類的思維方式，不僅單線式一種而已還有其它的方式。

亞里斯多德所講的分析，就是後來眾所週知的邏輯，也是亞里斯多德的貢獻核心。邏輯一詞是從英文 logic 音譯而來，英文的 logic 則是從拉丁文 logica 而來，拉丁文又是從希臘文 logos 演變而成。邏輯的希臘原文是λογιχη。雖然我們現在把邏輯幾乎等同於推理，但是，λογιχη的原意卻並非推理，而是包含了「對話」、「談論」、「句子」等之綜合意涵在內，是故也有「語言」的意義。顯然，邏輯這個字的原意與語言（希臘語言）是息息相關的。另外，在斯多葛學派（古希臘另一個對邏輯學的發展，也很有貢獻的學術系統）中λογιχη代表的是「神聖的秩序」（陳波，2004）。綜合以上的敘述，結合語言以及神聖的秩序兩個意義，我們可以大膽的推測，希臘先哲使用λογιχη這個字，所要表達的真正意涵，非常有可能就是「隱藏在語言中的神聖秩序」！簡單地說，就是「語言的條理」。套一句我們中國式的說法，就是「語言的倫次」或「語言之道」！或者是「拼音文字之道」！因為希臘人所說的語言，就是一種用字母書寫的拼音文字。如果這樣的猜測可以接受的話，那麼這個神聖的秩序也就是所謂的邏輯，指的就是字母書寫之拼音文字所隱含的規律。它正是單線式的思維方式：「將思考對象，予以拆解成基本組成單元，再按照神聖的秩序，排列成一維的形式透過語言呈現出來」！

所以亞里斯多德的貢獻說穿了只是受到字母書寫之拼音文字的啟發，把希臘人早就已經使用很久的單線式思維方式，極端精確地講清楚說明白而已。當然這並不是一件容易的事。不過，至

少是一件有跡可尋的事。事實上整個希臘文明乃至於今天的西方文明，可以說都是以字母書寫之拼音文字為基礎，以單線式的思維方式為工具所建立起來的。即便是到了今天，這樣的結構依然完全主導著西方人的思想。

除了亞里斯多德之外，談到希臘人對世界的偉大貢獻，不得不提到幾何學。最早人類對長方形、三角形、圓形等圖形的討論，應該出現在埃及與中東兩河流域。一般相信是為了處理耕地面積與周界的問題而來。而他們探討的方式，是以經驗為主目標是應用。固然因此而產生了一些算法甚至公式，然而嚴格地說卻還不能稱為幾何「學」。希臘人繼承了埃及人與巴比倫人的幾何知識之後，由於希臘人所處的環境與埃及和中東兩河流域並不相同，既沒有沖積平原也沒有大河泛濫，以致於希臘人對應用並不感興趣。希臘人對於幾何學的探究方式，因而與前人完全不同。根本上，他們有如哲學家一般，根據某些可靠的方法，去追求大自然的真理。從事的方法則以一些明顯的真理為起點，用演繹推理的方式，以求得另一些新的真理。因推理須在真確的前提下進行，所以演繹所得的結論，能被確定是可信的。換句話說，希臘的幾何學出發點是少數幾個不證自明的真理，也就是公設。從公設出發，按照符合邏輯的推理過程，可以推得其它演繹所得的真理也就是定理，從而得出可以應用到許多不同狀況的規則。經過數百年的發展歐幾里得將前人的成果，包括定理與證明方法，再加上他自己的心得，整理成《幾何原本》一書，而成為最古老及最具影響力的希臘數學著作。2000 年來該書一直被視為邏輯推論的典範，同時也是全球幾何教科書的基礎。

如果我們把希臘人建立幾何學的基本思維，拿來與拼音文字的基本思維比對，我們就會發現它們其實是完全一致的，都是「單線式思維」，都是將研究對象，拆解成少數幾個基本組成單

元如字母、公設，再從基本單元出發透過「神聖的秩序」也就是邏輯，排列組合成研究對象再推廣到更大的範圍。一旦了解這一點，對於為什麼歐幾里得會把他寫的那本《幾何原本》的書名，取名叫做《Elements》（基本單元），我們就會恍然大悟。

現代西方人的思維

早期的希臘人應用了單線式的思維，來探究這個世界，而建立了包含幾何學在內的各門學問。後來的西方人不論是文藝復興時期的意大利人或其它的歐洲人，無不如此少有例外。我們現在就舉其中貢獻最偉大的牛頓為例：來說明他的貢獻，依然是受到拼音文字的影響，離不開單線式的思維。

牛頓是英國人，一個自然哲學家。全球公認科學史上，最有創見影響最深遠的科學家。牛頓除了發明微積分之外，還以其三大運動定律和萬有引力定律，改變了物理學的結構，同時徹底的改變了人類看世界的觀點，而建立了所謂的「機械宇宙觀」。牛頓將數百年來哥白尼、刻卜勒、伽利略、笛卡兒以及其他人的貢獻，結合成為一個嶄新有力宏觀精確的物理學體系，並成為 17 世紀科學革命的基礎關鍵。今天 3 個世紀之後，由其理論所衍生並直接以牛頓命名的「牛頓力學」，依然是一座非常實用而優美典雅的里程碑，紀念著他的曠世奇才。

牛頓最主要的貢獻，大部份均寫在他的代表作：《自然哲學的數學原理》一書之中。該書於 1687 年出版，被公認為可能是人類有史以來，最有影響力的一本書。牛頓的代表作分為 3 冊，牛頓在書中開宗明義就先舉出 8 個基本定義和 3 個原理。基本定義包含質量、運動量、力量等基本概念；3 個原理也就是大家所熟知的牛頓三大運動定律。從這些基本概念與定律出發，牛頓以命題、定理和問題，進行逐步的邏輯推理，並將結果應用到物體

包括流體的運動。然後再結合萬有引力定律，進一步討論天體的運動，如軌道運行、週期等，甚至還包括彗星軌道的課題。最後與天文觀測結合而建立了當時人類有史以來，最宏觀最偉大的科學體系，奠立了牛頓永垂不朽的地位。

　　然而，當我們仔細檢視整個牛頓體系建立的基礎時，我們同樣地發現了從古希臘以來，就一直不斷重複出現的思維方式：基於字母書寫之拼音文字的單線式思維方式，被牛頓應用到力學領域並產生了輝煌燦爛的成果。牛頓所做的事情基本上與希臘先哲是完全一樣的，只是應用的領域不同而已：將研究對象這次是物體的運動，拆解成少數幾個基本組成單元如基本概念、三大運動定律、萬有引力定律。再從基本單元出發透過「神聖的秩序」也就是邏輯推理，這次牛頓所使用的是他自己發明的高級邏輯工具：微積分，作為分析推理的利器。分析之後，再排列組合成研究對象，藉以說明其行為，不論是固體的運動還是流體的運動，然後再推廣到更大的範圍如天體的運動。

　　如果 2000 多年來不斷有聰明人，依循著單線式的思維模式並屢屢有所斬獲，當然就會持續吸引繼起的聰明之人，繼續以同樣的思維方式，披荊斬棘開創新的功業。這樣的思維方式，當然也就將繼續主導著西方人的整個思想。當英國偉大的哲學家羅素，諾貝爾文學獎得主，在 20 世紀還在提出原子事實、原子命題等所謂的「邏輯原子主義」（Mannion, 2006）論述的時候，我們就知道他仍然在遵循著先人的步伐依樣的畫著葫蘆。2500 年來整個西方文明的演進，尤其是西方人引以為傲的理性思維與科技發展，一再地見證了單線式思維的威力，盛行不衰直到今天。套一句馬克思在「共產黨宣言」中所說的卷頭語：「一縷幽靈還在歐洲的上空遊蕩---單線式思維的幽靈」（馬克思、恩格思，1848）。

如果連偉大如牛頓、羅素等人，都逃不出單線式思維的魔掌，西方航空界的學者，提出了許多單線序列式思維的飛航安全理論，也就不足為奇了。然而，這樣的思維結構要說是人類社會中的唯一，恐怕是很難令人相信的。這種單線式思維的推理方式，也就是一般所謂的邏輯、分析，如果要說是人類思維中，所能產生唯一的推理方式，當然是更令人無法置信的。然而由於這套思維方式，從亞里斯多德將其確立以來，表現實在是太令人嘆為觀止了，以致於很多西方人包括大多數的西方人，甚至大多數有學問的西方人，真的認為西方這種邏輯式的思維，不但是人類社會唯一的思維方式，還是人類追尋真理的唯一道路。自然辯證法的創始人恩格思，講過的一句話最具代表性：「一切的思維，都是語言的思維」。對西方人而言，這句話當然是成立的。因為西方沒有文字，只有語言，他們把文字稱為「書寫語言」。所以拼音文字當然是一種語言。恩格思所說的語言的思維，指的正是基於拼音文字的思維，這跟希臘人所說的：隱藏在語言中的神聖秩序，也就是字母書寫之拼音文字的單線式思維方式，完全一模一樣！

　　西方人對他們思維方式感到得意的，也不僅恩格思一人而已。法國哲學家同時也是數學家的笛卡兒，在 17 世紀所倡導的理性主義，甚至認為人類的知識，可以單純從理性的思維而得，不需要依賴感官經驗。他們心目中的理性，除了自從希臘以來，所建立的單線式思維方式之外，還能是什麼呢？因此之故，這一派的人特別重視數學以及邏輯的推理、演繹，因為這是他們所謂的理性核心。理性主義的代表性人物，除了笛卡兒之外，還有知名的哲學家史賓諾沙以及與牛頓並列為微積分發明人的萊布尼茲。由這幾個響噹噹的名字來看，我們就可以知道，單線式的思維方式對西方人的影響，幾乎可以說是已經到了全盤壟斷甚至是

迷信的地步了。

　　或許有人會說西方人的思維方式，除了邏輯之外還有辯證
法。辯證法也是屬於一種單線式的思維嗎？確實如此。嚴格來
說，西方的基本邏輯思維，指的應該是推理的過程，也就是精確
的檢驗所有經驗的事實，透過理性的思維與正確的推理，以達到
追尋真理的過程（Sahakian、Sahakian, 1966）。如果我們接受這
樣的定義，則一般傳統所說的邏輯，就應該改稱為邏輯推理，辯
證法就可以稱為辯證推理。雖然有一部份人常用辯證邏輯來表示
辯證法。但是這樣的用詞可能會造成混淆，會讓人以為辯證是一
種邏輯，其實並不盡然。不論是辯證還是邏輯，都是源自於古希
臘人所創造的概念。辯證這個字，在希臘原文中的意思是指「對
話」、「辯論」，而邏輯的原始意義則是「語言的秩序」，兩者
並不完全一樣（Seymour-Smith, 1998）。套句最通俗的說法，邏
輯是一個人的獨白，辯證是兩個人的對話。因此，基於出發點的
不同，辯證的推理方式跟邏輯是不大一樣的，雖然希臘人認為兩
者都可以拿來作為推理的工具。

　　辯證法最早的起源可以追溯到亞里斯多德的師祖：蘇格拉底
（何運忠、胡長明，2007）。蘇格拉底出生於公元前 469 年，是
著名的古希臘哲學家。他和他的學生柏拉圖以及柏拉圖的學生亞
里斯多德被後人尊稱為「希臘三賢」，蘇格拉底則被認為是西方
哲學的奠基者。他一生沒有留下任何著作，影響卻是非常的深
遠。蘇格拉底經常和人辯論，並用辯論的方式，做為教育學生的
主要方式。辯論中他並不直接了當地把知識告訴學生，而是通過
辯論的形式，揭露對方認識中的矛盾，使對方糾正或放棄原來錯
誤的觀念，以產生新的思想。他的方法包含四個步驟：譏諷、助
產、歸納、定義。其中譏諷為通過不斷的追問，使對方的說法自
相矛盾，承認對此問題認識不清；助產即幫助對方拋棄謬見，找

到正確普遍的觀念，也就是幫助真理問世；歸納為從個別事物中找出共性，通過對個別的分析比較來尋找一般規律；然後再定義真正正確普遍的知識。後來他的學生柏拉圖寫了一本著名的書，書名是《對話錄》，記載了蘇格拉底的教育方式流傳後世。

現代辯證法的創始人，則是德國哲學家黑格爾。黑格爾被稱為 19 世紀最偉大的哲學家（大美百科全書，1992）。任何人想要研究當代世界在觀念上的對立和衝突，都須要考慮黑格爾的影響。馬克思在他的《資本論》中稱自己是「這個偉大思想家的學生」。黑格爾是西方第一個強調「歷程」的哲學家。他主張只有萬物不斷流變的過程，才是永恆的真理。2000 多年前的莊子在秋水篇裡，早就講過類似的話：「道無終始，物有死生，不恃其成。一虛一滿，不位乎其形。年不可舉，時不可止，消息盈虛，終則有始。是所以語大義之方，論萬物之理也」。莊子認為一切的事物，都處於運動變化之中，萬事萬物無時無刻不在運動變遷，並以此為萬物的基本規律。

既然萬物都處在不斷流變的過程，哲學自然也不能例外。黑格爾認為哲學的發展，也是一種歷經各種階段，並創造各種相異階段的歷程，這種歷程建構出哲學的真理。因此真理即包括自我主張的否定面。黑格爾主張在心靈向前運動的每一階段都會否定前一階段，若沒有前面那個可供否定的階段，則這個階段亦不存在。而且在歷程中消逝的階段，須被看成是本質的存在。這種變化與流逝的過程不僅確實存在，同時也建構了真實的真理與實際的生命。這個辯證歷程的中心思想正是黑格爾所有思想的基礎。因此這個辯證歷程，就包含了正論-反論-合論三部份，也有人把它稱為命題-反命題-綜合命題或簡稱為正反合。然而，任何經過正論-反論之後的合論，又不可避免的再度激發出否定合論的反論，因此也必然重新啟動下一輪的辯證過程。從以上的討論我們

可以知道，辯證法與傳統邏輯的推理方式，確實有點不太一樣。例如：根據這樣的推理程序，傳統邏輯中的「矛盾律」：兩個互相否定的命題不能同時為真，即如果甲為真則非甲必定不能為真，以避免陷入自相矛盾的邏輯錯誤，在辯證法中卻不一定恆真。辯證法認為甲與非甲雖互相否定，但卻相依相存而非各自獨立，而且可能同時為真，甚至連黑格爾自己都曾經說過：「甲即非甲」。

　　了解辯證法的基本思維之後，我們可以發現辯證法的基本推理方式是正反合，藉著不斷地自我否定，達到去蕪存菁的目的，然後逐步往真理邁進。而邏輯的基本推理方式，則是所謂的三段論。三段論由三個命題所構成，其中兩個是前題，一個是結論。三段論是把兩個命題連接起來，得出一個新命題作為結論的推理。也就是俗稱的大前題、小前題與結論。不論是正反合還是三段論，其基本的運作模式，都是來自用語言進行的對話，也就是一問一答，然後進一步淬取結論的模式。如果是一個人的自問自答叫作邏輯推理；如果是兩個人之間的你問我答或我問你答則屬於辯證推理。因此只要是用語言進行的對話，就不脫問-答-結論的基本排序模式。只要是從這個基本模式出發，不論是發展成更複雜的對話或者是多人之間的對話，其一環扣一環前因後果之單線序列式的基本型態，都是完全一樣的。從這個觀點來看，則不論是邏輯推理還是辯證推理，很明顯地都可以歸類於單線式思維的產物。因此邏輯推理與辯證推理，確實都是來自拼音語言的思維。唯一的差別在於邏輯推理是一個人的獨白，辯證推理是兩個人的對話。不論是一個人的獨白還是兩個人的對話，都是依照拼音文字的「語言的條理」來進行，其單線式思維的本質是完全一樣的。這也是為什麼身為自然辯證法創始人的恩格斯會說：「一切的思維，都是語言的思維」其道理就在此。

4-3 中國圖像式思維的起源

漢字誕生的搖籃

西方人受到拼音文字的影響，被塑造成具有單線式思維的民族，並創造了輝煌的西方文明。那麼我們中國的漢字，又是怎樣的一種文字呢？我們中國人的思維方式，又被漢字塑造成什麼樣子呢？

由於西方文明主宰全球已經 500 年，拼音文字席捲全球，地球上其它的地區，也都陸陸續續採用拼音的方式，來書寫其語言。不過，以中國為主的漢字文化圈，卻是一個唯一的例外。不但是唯一的例外，還是一個非常特殊的例外。當現代英國人，普遍無法閱讀 300 年前的古英文的時候，我們卻可以毫無障礙的與 2000 多年前的諸子百家溝通，好像他們就站在我們面前說話一般。因此中國文字顯然有極其特殊的地方，否則無以成為唯一的例外。

漢字跟拼音文字最根本的不同在於：「漢字是一種文字，拼音文字不是一種文字，只是注音符號而已」。對漢字而言，語言與文字是分開的兩個不同概念。相同的漢字可以用各地不同的方言來念。對拼音文字而言，則只有書寫語言根本就沒有文字。所以對西方人來說，只有語言。對我們中國人來講，除了語言之外還有文字。所以我們跟西方人在思維上最大的不同，就由此產生了。西方人的一切思維，只能透過語言來表達，當然也就被語言所規範，就如同恩格思所說的一般。中國人表達思維溝通訊息的載體，除了語言之外還有文字甚至還有圖像。而且在中國人心目中，語言不僅僅是非常次要的載體，還被認定是非常膚淺的載體，沒辦法表達高級思想的載體。老子道德經開宗明義的第一句話：「道可道 非常道」就已經把這種態度，表達得淋漓盡致，

同時也塑造了中國人 2000 多年來，對於語言及思想的基本態度。東西方兩大文明的發展，基於對思維載體的認知差異，就此開始分道揚鑣。

傳說中漢字是黃帝的史官倉頡所創造。事實當然不會是如此，充其量倉頡只是整理漢字而已。任何一個文字系統，至少要經過數百年上千年的演化，以及很多偶然的因素因緣聚合而成。任何一種文字的成熟，都是非常難得的機緣，否則不會有這麼多的語言，到現在都無法發展出相應的文字。漢字當然也是經過長時間演化而成的。

在人類所有的文明中，文字的起源都是一樣的。最早創立的符號必定是圖畫。歐洲發現史前的岩洞壁畫，我國內蒙、甘肅等地區，也陸續發現一些史前岩畫。這些中外的史前人類，所留下的都是圖畫。隨著時間的推移，圖畫逐漸演化成象形文字或一些象形文字的組合。漢人、蘇美人、埃及人等莫不如此。雖然世界各地所產生的文字系統，源自非常不同的文化，出自非常不同的人種。但是這些文字系統中，有相當數量的象形文字，卻非常的類似（朱岐祥，1998），說明了原始人類在面對大自然時，其基本認知其實是非常接近的。當然這是因為大家的腦袋，都擁有一樣的基本構造使然。然而儘管起點非常的類似，卻因為所處環境的大相逕庭，使得往後的發展逐漸各奔東西，且差異越來越大。正如同我們老祖宗所說的：「性相近、習相遠」一般。

人類的文字如何從圖畫演化成象形文字，其實是還有爭議的。甚至有人認為最早出現的某些文字，從一開始就不是象形文字。還有人類文字的演變，又是如何從象形文字，演化成更為抽象的文字，依然不得而知。因此討論文字的起源以及對後來東西方文化與思維方式的影響，只能依據已知最古老的文字來推論。西方確定最早的文字系統是楔形文字。在中國則是甲骨文。

西方人的文字後來之所以演化成字母書寫的拼音方式，其根源是來自於蘇美人的楔形文字。蘇美人所處的兩河流域，沖積平原上有取之不盡用之不竭的蘆葦與泥土，提供了楔形文字發展所需的書寫工具。長期穩定的地理環境，以源源不絕的養份，孕育了楔形文字長達 2000 年的生命，字母出現的契機因而形成。

　　那麼，我國的甲骨文甚至更早的陶文，是在什麼樣的地理環境薰陶之下而成長的呢？

　　漢字最早的起源是一個還有許多疑點需要澄清的學術領域。我國保留至今最古老的文字系統是甲骨文，甲骨文的字數有 4000 多字。不僅字數多而且又有一定組句的型式，說明了甲骨文並非屬於萌芽初期的文字，而是已經發展一段時日，且是一套相當成熟的文字體系。據推斷甲骨文字的產生應該是在距今 3300 年的殷商時代以前。甲骨文出土於商代後期都城殷的遺址一般稱為殷墟，在今天的河南省安陽市西北。公元前 14 世紀商王盤庚遷都於殷。在往後的 270 多年的時間裡，直到商紂亡國殷始終都是商的國都。

　　如果甲骨文是已經成熟的文字系統，那麼要了解漢字的起源，就必需尋找比甲骨文更為古老的文字。在中國各地確實存在比甲骨文還要早的文字，即今天大家所通稱的陶文，也就是書寫、雋刻或繪畫於陶器之上的各類符號與圖案。如果我們從晚商開始往前推，其中在小屯殷墟出土的陶文是與甲骨文屬同一時期的文物。河南偃師二里頭的陶文則比晚商早約 600 年。如果再往前推，在甘肅政縣出土屬於由仰韶文化分離出來，發展而成的馬家窯文化，其中的半山類型距今約 4500 年。另外在山東泰安縣大汶口出土的陶文，時間則更早比晚商早了約 1500 年，距今大約 5000 年的年代。而同屬仰韶文化的另一支，出土於河南省陝縣的廟底溝類型，距今約 5500 年，其發展則更為蓬勃，有人認

為是仰韶文化的主流。廟底溝彩陶的彩繪圖案中，玫瑰花紋是其最大特色，常常出現枝葉、花瓣甚至整枝的花形。由於其藝術的高超表現，有人因此而認為廟底溝彩陶的花紋，可能與我們自稱「中華民族」的「華」字有關（許倬雲，2006）。屬於仰韶文化早期的半坡類型遺址，在西安半坡村所出土的陶器，時代更早距今約 6000 年，比商代後期的甲骨文早了 3000 多年。當然文字也更簡單，因此有人認為半坡陶文只能稱為符號，還不能稱為文字。半坡類型的各遺址中，以西安半坡與臨潼姜寨發現的最多也最有名。此外仰韶文化中的陶器，已經有畫人面與魚頭的花紋，甚至還有鳥獸花木的圖案，以及簡單的幾何圖形如網狀、方格、圓形、螺旋形等。比仰韶文化還要早的彩陶距今 7500 年，屬於老官台文化的大地灣遺址位於甘肅秦安縣大地灣，主要分佈於秦嶺以北的渭河涇水流域，有人認為大地灣文化為仰韶文化的發源地，也是我國彩陶最早起源的文化之一（張朋川，1990）。

從最早的彩陶文化中的各類陶文圖案一直到甲骨文，前後 4000 年的歲月裡，陸續有相關文物出土的地點如大地灣、半坡、姜寨、廟底溝、大汶口、半山、二里頭、小屯、殷墟等地，均離不開黃河或其支流如渭水等。因此黃河的地理環境，對於中華文化的形成，地位有如母親一般。

黃河是中國的母親河孕育了中華文化。中國自古以來所謂的中原指的就是黃河中、下游。黃河發源於青海省的巴顏喀喇山向東注入渤海，全長 5464 公里。黃河經過蘭州之後，繞過祁連山，開始轉向北。在接近內蒙之處，遭遇到東西走向的陰山，黃河被迫向右轉，沿著陰山向東流。經過山西之後，又遇到南北走向平均高度 1500 公尺綿延 800 公里的太行山。於是，黃河又被迫再向右轉了 90 度，改為沿著太行山向南流。進入陝西境內之後，碰到了更為高聳的秦嶺，再次被迫轉向。秦嶺在西安之南跟渭河

平行，主脈東西長 700 公里，平均高度 2500 公尺，最高處超過 4000 公尺。黃河面臨秦嶺的阻擋，又轉了 90 度，這次是向左轉匯入渭水之後，開始沿著秦嶺向東流，然後穿過山東注入渤海。黃河的全長就在群山夾雜之間，連續受到祁連山、陰山、太行山、秦嶺的阻擋，接連轉了四次大彎，形成了特異的「几」字形狀。從圖 4-13 之中，我們可以很清楚的看到，黃河所流經的區域及其山脈走向。

黃河在經過三門峽（河南洛陽西北）之後，離開了崇山峻嶺，進入坡度極小的平原。河面開始放寬水流速度隨之降低。於是黃河經過黃土高原所夾帶的泥沙開始沉澱。從洛陽到渤海出海口 800 公里的河床，因泥沙淤積而逐漸升高。4000 年來在我國歷史上，造成了黃河 7 次大改道，7 次大決口，1500 餘次小決口，以及根本就無法計算的氾濫。對兩岸居民歷來造成可怕的傷亡與

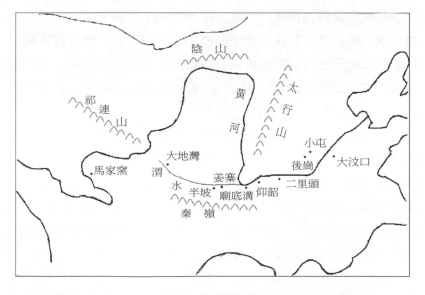

圖 4-13 黃河以及流經的山脈與晚商以前之重要文化遺址

永無休止的痛苦，就像一條喜怒無常的巨龍一般，不斷地錘鍊著中華民族（柏楊，2002）。

中華文化發源的黃河中、下游，其地理環境與蘇美人的兩河流域的以及埃及人的尼羅河流域不但大相逕庭，還根本就是迥然不同。中華文化最早生長的黃河流域，到處都是崇山峻嶺高山峽谷。先民所面對的環境，不是綿延不絕的高山，就是驚險萬狀的深谷，或者是洶湧湍急的河。而蘇美人與埃及人所面對的，既不是崇山峻嶺，也沒有高山峽谷，只有一望無際的沖積平原。如此不同的環境，當然會孕育出截然不同的文化。因為環境不同，大自然所提供的考驗與資源，自然不會一樣。當先民面對不同的考驗，掌握著不同的資源，因應的方式，當然也就大異其趣。

漢字的書寫工具

處於兩河流域的蘇美人很自然地，形成以取用供給豐富的蘆葦與泥板，來做為書寫的工具，從而建立了楔形文字，成為西方拼音文字的基礎。在我國漢字的發展上，同樣具有舉足輕重影響的書寫工具，無可避免地也沒有選擇地，一定是來自於崇山峻嶺與高山峽谷之中。沒錯，那就是取之不盡用之不竭的樹木與野獸。

中國古人用毛筆在木片上書寫，或在竹片上書寫，或用刀在獸骨上刻字，書寫工具均不脫樹木與野獸。毛筆的毛取自野獸，甲骨文的甲骨仍然是取自野獸。而木片與竹片，同樣是來自樹木。中國人的樹木與野獸，就如同蘇美人的泥土與蘆葦一樣，都扮演著文化塑造不可或缺的角色。泥土與蘆葦塑造出蘇美人的蘆葦筆；樹木與野獸則塑造出中國人的「毛筆」。

我國的毛筆是何時發明的，雖然沒有足夠的文字記載可資證明，但是一般相信，毛筆的發明最早可追溯至新石器時代末期的

仰韶彩陶文化時期。數千年前的先民在繪製彩陶時，究竟使用的是何種工具，因為並沒有任何的實物出土，難以下定論。但是根據考古學家，對彩陶紋路形狀的觀察，不難發現，許多花紋筆劃的粗細並不一致，還有的花紋在不經意之間，留下了逐漸收筆而形成尖細的筆鋒。種種肉眼就能看見的跡象，應該都是用類似毛筆的工具所繪。就算不像我們今天所使用的毛筆，至少也是屬於某種類似刷子的軟性書寫工具。圖4-14之中的物品是一個屬馬家窯文化半山類型的彩陶，這是一個垂弧紋單耳壺。壺口的部份繪有網狀格子。我們可以很容易的看到，網紋的粗細並不一致。壺口與壺腹交接處的許多紋路，很明顯是毛筆起筆的痕跡。壺口的腰部，更有一條線拉到一半就收筆了，清清楚楚的留下了一條尖細的筆鋒。

在馬家窯文化中的彩陶，有些陶器上有非常細密的網格紋路以及鋸齒狀紋路等，應該是屬於硬毛所製的筆所繪。顯然，先民一定嘗試用過許多種動物的毛來書寫繪畫。從細長流暢的線條中可以看出，當時繪製彩陶的筆，很可能是用狼、鹿之類的毛，因為它們具有較好的凝聚性。

除了彩陶之外，在商代的一些甲骨文上，同樣也可以很明顯的看出，在刀刻的甲骨文邊緣，存在毛筆先寫過的痕跡。應該是商朝人先用毛筆書寫在甲骨上，然後再用刀刻成的。據推測為了雋刻方便，商朝人常常需要先以毛筆書寫在

圖4-14　半山類型之彩陶，高18.3公分，口徑8.6公分，底徑8公分的垂弧紋單耳壺。

甲骨上，再沿著筆劃用刀刻。只是由於用刀在堅硬的甲骨上刻劃，非常費時費力。刻字的人為了提高效率，不得不改變毛筆字的寫法，例如把圓形改為方形，曲線改為直線等等。當然，甲骨文也因此加速了漢字抽象化的演變速度。除了這些之外，殷墟出土的甲骨上，甚至也存在著殘留已經寫好但還沒刻的文字。這些文字筆劃圓潤，也就是說這些文字明顯是用毛筆寫出來的。其實在商代主要的書寫工具就是毛筆。甲骨文中的筆作「𦥯」，就是手執毛筆的形狀。而且這個「𦥯」字中的毛筆正是由一根筆桿，下端有表示一叢毛的三劃所組成。今天我們雖然已經找不到，用毛筆書寫的商代典冊，但是我們仍然還能在商代後期留下來的甲骨、玉器、石器、陶器等物品上，看到少量的毛筆字。

雖然商人的主要書寫工具已經是毛筆，然而只要是書寫在木片或竹片上的，都無法留下來，只有甲骨文藉著龜甲、獸骨，而存留至今。甲骨文是用尖刀，在甲骨上刻出來的文字，甲骨面積不大表面又不平，刀刻不易。因此，所刻出來的文字，線條細瘦筆劃有棱有角，以方折筆劃居多，字形長方。儘管如此，甲骨文仍然可以看成是用刀刻在龜甲獸骨上的毛筆字而已。蘇美人使用的蘆葦筆屬於硬筆，而我們的毛筆則屬於軟筆。用毛筆書寫要直、要橫、要圓、要方想畫什麼東西完全隨心所欲。所以甲骨文的象形程度是很高的，有的字根本就是直接描摹實物的形狀而得來的，因為用毛筆書寫作畫，實在是太容易了。

雖然甲骨文有棱有角筆劃方折，在本質上卻仍然只是毛筆字而已。因此，不論是什麼樣的筆劃書寫都沒有什麼困難。圖4-15中所示者（白川靜，1977）是從甲骨上臨摹而得的甲骨文字。從圖上的文字我們可以發現，甲骨文有一個非常明顯的特色，就是文字形狀完全沒有任何的限制，要怎麼寫就怎麼寫就像畫圖一般，可以任意發揮。只要能夠把筆劃，放在一個框框裡就可以

了。正因為如此甲骨文字完全不存在任何形式的基本組成單元！不像蘇美人的楔形文字，每一個字，幾乎都是由 Y 字形的基本單元所組成。基本組成單元的存在與否，正是甲骨文字與楔形文字，最重大也最根本的差異！也是東西兩大文明開始出現分野的起點。

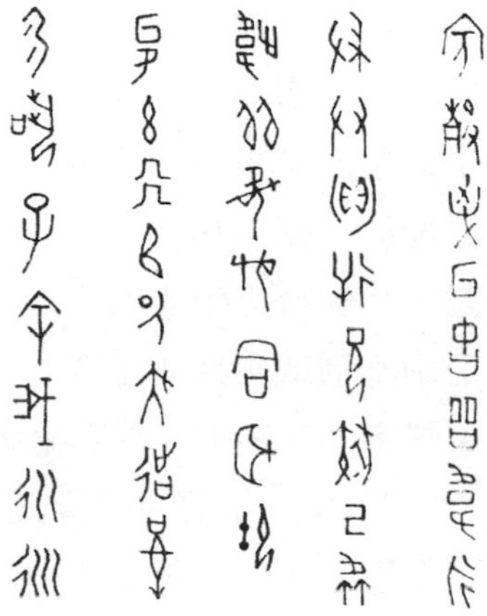

圖 4-15　商朝人在甲骨卜鑴刻的甲骨文字，很明顯不存在任何的基本組成單元

書畫文字的產生

漢字演化到甲骨文的時候，就算不能稱之為成熟，做為一種圖像式的文字，則可以說是已經定型了。晚商時期甲骨文已經有 4500 字之多，以象形字和會意字居多，也有不少的形聲字。到了東漢許慎在公元 2 世紀所編寫的「說文解字」時代，漢字的數目已經有 10000 字。清康熙年間所編的康熙字典，收錄了 47000 多個不同的字形。自古以來漢字的數目雖然一直在增加，常用的漢字則一直維持在非常穩定的 5000 字左右。

漢字的發展可以分為兩個階段：古文字和隸楷。古文字階段從商朝甲骨文到秦代統一文字為止。第二階段則從漢代一直延續到今天。一般對於漢字構造的解釋，常用許慎「六書」的觀點。書就是寫，所謂的六書，就是六種寫法，或是漢字的六種書寫原則即：指事、象形、形聲、會意、轉注、假借。按照許慎的說明，六書分別指的是：「一曰指事，指事者，視而可識，察而見意，上、下是也。二曰象形，象形者，畫成其物，隨體詰詘，日、月是也。三曰形聲，形聲者，已事為名，取譬相成，江、河是也。四曰會意，會意者，比類合誼，以見指為，武、信是也。

五曰轉注，轉注者，建類一首，同意相受，考、老是也。六曰假借，假借者，本無其事，依聲托事，令、長是也」。早期的漢字是以象形為主。隨著時代的演進，象形字逐漸減少。形聲字則持續增加。圖4-16中所示者，為漢字的構造比例，隨著時間的變化圖。我們今天所使用的漢字，幾乎已經全部都是形聲字。形聲字是由兩種或幾種「原字」合併成字的。所謂的原字是指不可再分裂的字，漢字中的原字總數只有1000字左右（許逸之，1991）。

　　3000多年前的甲骨文，就已經有4500個字了。幾千年下來到今天為止，字數雖然增加了十倍有餘，可是常用的字，卻一直維持在很穩定的5000字左右。說明了漢字的字數，只要有5000字，基本上就足以發揮文字做為一種溝通工具的需求了。所以漢字發展到甲骨文的時候，就已經完全成熟了。做為一種文字體系，甲骨文完全可以滿足人們使用的需求。3000多年來所不同者

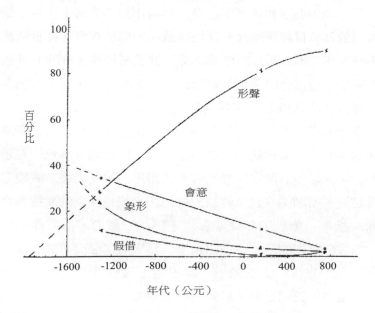

圖4-16　漢字的六書構造比例隨著時間的變化

只是增補新字，淘汰舊字以及創造新字時，採用六書的構造比例不同而已。

當漢字的六書構造比例，隨著時間不斷在演變的時候，3000年來漢字做為一種圖像式文字的特性，卻從來也沒有變過。漢字找不到任何基本的組成單元的現象，也是一直都非常清楚的。所以如果我們把英文或西方文字，稱為「基於字母書寫的拼音文字」，那麼我們就可以把漢字稱為「基於六書書寫的書畫文字」。因為只要是手上拿著毛筆，書寫跟畫畫是毫無差別的。而且拿著毛筆寫字，本身就是在畫畫，因為漢字本來就是圖像式的文字。這也說明了為什麼我們的老祖先會說「書畫同源」的原因了。

所有的文字必有形、音、義 3 個元素，三者缺一不可，漢字自然也不例外。然而對於不同文字來說，三者的聯繫與結合方式卻不盡相同。最早出現有音有義而無形的結合稱為語言。接下來出現的是有形有義而無音者就是符號。如果是有形有音而無義的則稱為注音符號。西方的拼音文字，就是屬於注音符號。拼音文字的形與義之間，並沒有直接的關係甚至毫無關聯，而是形跟音先相聯，音再與義相聯。漢字則不然，漢字屬圖像式即形跟義直接相聯，跟音的關聯反而非常的薄弱。

漢字裡當然也有許多音符，假借字就是使用音符的。形聲字的聲旁也是音符。有的是單純藉來表音用的，有的則是跟形聲字所表的詞在意義上是有聯繫的。漢字的音符跟拼音文字的音符有很大的區別。拼音文字的音符是專職的；漢字的音符，則是借用本來就有音有義的現成文字來充當的（裘錫圭，1995）。有很多漢字在充當合體字的偏旁的時候，既可以作為音符來使用，也可以作為意符來使用，因此可以同時發揮音符與意符的作用。原則上，漢字裡的每一個字，都可以作為音符來使用。事實上用作音

符來使用的漢字，數量也確實很大，估計高達 1000 上下，也就是原字的數目，而英文的拼音字母只有寥寥 26 個而已。所以，我們可以初步的推論，拼音文字中的字母，其功能是做為用來拆解語音用的基本組成單元。而漢字中的音符，由於本身就是現成的文字，從頭就不是設計用來專職表示發音的符號。不但完全沒有拆解的功能，反而是做為合成用的輔助文字。漢字在早期象形程度較高的階段，大概在西周以前基本上是屬於使用意符和音符的一種文字體系，嚴格來說應該稱為借音符才貼切。後來隨著字形、語音、和字義等方面的變化，逐漸演變成為使用意符、音符、和記號的一種文字體系。如果一定要為這兩個階段的差別，分別安上名稱的話，前者可以稱為意符音符文字，或者像有些文字學者那樣，把它簡稱為意音文字；後者則可以稱為意符音符記號文字。

此外，雖然漢字有所謂的「六書」之說，但是當我們仔細去檢驗六種書寫方式時，不論是指事、象形、形聲、會意、轉注、假借的那一項都跟聲音無關。即便是形聲字依然是靠著形狀來表達文字的意義。只是在讀的時候，提供一些依據而已。所以漢字的語言跟文字是完完全全分離的。文字的意義，完全是由形狀來決定。因此不論我們怎麼稱呼漢字，漢字做為用形狀來表達其含意的圖像式文字或者是書畫文字，從甲骨文定型之後一直到今天，從來都沒有變過。不但未曾改變過，3000 年來，隨著一代又一代傑出的文人、墨客、畫家、書法家的努力，漢字做為一種書畫文字的特色甚至更為突出。

在我國廣西省號稱山水甲天下的桂林，以 2000 多件的摩崖石刻構成了桂林山水之外，另一道亮麗迷人的人文景觀。桂林石刻是國內外具有重要影響的摩崖石刻，其中有一件非常有趣的作品，是我國古代一幅著名的文字遊戲國畫，一般稱之為「關帝詩

竹」。如圖 4-17 所示。

　　關羽詩竹的畫中，只有一幅竹子，右上角有兩方印章。上為陽刻「關羽之印」，下為陰刻「漢壽亭侯」，也就是關羽的官印。右下方則是一首五言詩：

圖
4-17
一首詩完全溶入竹子的關羽詩竹畫

　　　不謝東君意，丹青獨立名，

　　　莫嫌孤葉淡，終久不凋零。

相傳，這首詩是三國時期關羽所作。眾所周知，關羽是劉備的結拜兄弟，也是劉備手下的得力將領。在一次在同曹軍作戰中，關羽被曹軍俘虜。曹操愛其英勇善戰，忠義凜然，即用金錢、美女、高官、厚祿對其勸降。關羽不為所動，後來還過五關斬六將不辭而別。臨走時留下這首詩來表達志向。第一句中的「東君」指的是曹操，意思是謝絕曹操對他的厚意。第二句中「丹青」，原意指筆墨丹青，此處引申為史冊，意思是我關羽要在歷史上，留下忠義的好名聲。第三句中「孤葉」指的是劉備，意思是雖說劉備戰敗失利，勢力薄弱猶如孤葉一般。最後一句的含意是：失敗是暫時的，終有一日劉備還會東山再起。詩文表達了關羽對劉備的一片忠義之情。這首詩流傳到明末清初，一位無名氏畫家仰慕關羽，遂將這首詩畫成了這幅竹畫，並巧妙地把全詩藏進了這片片竹葉之中。因此人們遂把這幅畫稱之為「竹葉藏詩」。

　　關羽詩竹乍看只是一幅竹畫。即使仔細的看依然只是一幅竹畫，因為每一筆都是不折不扣的竹葉。對中國人來講，當有人告訴我們有首關羽寫的詩藏在竹子中，我們才能慢慢地認出該詩所藏的地方，也才認得出一個一個的字。如果是洋人即使給他原詩請他在畫中找出來，恐怕也做不到。關羽詩竹的例子充份說明了，中國人的書與畫絕不僅僅是同源而已，根本就是同一件事

情，無法予以明白切割的一件事。因此漢字做為一種書畫文字怠無疑義。

人類語文中的形、音、意是非常不對稱的，其不對稱之型態，在於其數量之不均。形、音、意之不對稱對於語文的演化，有著非常重大的影響。人類透過語言文字來表達千頭萬緒的思維。所謂的意義簡直無法勝數。康熙字典裡有 4 萬多字，英文牛津字典裡則有 40 多萬字，為什麼會如此之多？因為我們產生意義的腦袋太複雜了。15,000,000,000 個腦神經元，每個神經元平均與其它 6000 個神經元有連結。如此複雜的構造其所能產生的意義根本就無法估計。然而人類發音的器官卻十分簡單，只有喉、舌、唇、齒、鼻等寥寥數個。雖然可以透過各器官變形的操縱，使得聲音產生變異。但是如果聲音差異太小人類的耳朵卻未必分辨得清楚。因此，任何一種語言之中，不同的單音數目不會太多，否則就無法做為有效的溝通工具。國語的注音符號只有 36 個，英文的字母只有 26 個。

如此少的音，要如何才能清楚表達這麼多的意？英文使用「複音」字的方法，來克服這個困難。所謂的複音就是重複使用單音的意思。例如某種語言有 100 個單音，如果重複使用單音，變成雙音之後，就有 10,000 個雙音字，可以用來表達意義。如果再重複使用單音變成三音，將會有 1,000,000 個字可供使用，拿來表達人類的思維與感情，早已綽綽有餘。英文之中，多音節的字比比皆是。

人類如果要使用形狀來表達意義，基本上要靠記憶的能力。人類的記憶卻並不是很精良，而且容量也很有限。因此人類文字中需要記憶的基本形狀，也就不可能太多。以漢字為例：需要記憶的基本形狀，也就是所謂的原字，即無法再分裂的基本形狀只有 1000 個上下。相較於文字所要表達的意義與感情，1000 個原

字是遠遠不夠的。漢字的解決方法是採用「複形」字，也就是把兩個或三個原字結合在一起，形成一個新字。如此一來，仍然可以維持一字一音的基本結構。漢字中的會意字與形聲字就是一種複形字。如果有一種文字其原字有 1,000 個，組成複形字就會有 1,000,000 個雙形字、1,000,000,000 個三形字。作為一種有效的溝通工具，「複形」的做法，完全足以勝任。

做為一種書畫文字的漢字，不論是六書還是複形，漢字都是一再的使用形狀，一再的倚賴視覺來聯結其意義。就如同日本「漢字教育振興協會」會長石井勳所說的：「漢字是一種只需用眼睛看就能思考，即使語言不同也能理解其意思的唯一文字」（李梵，2002）。數千年下來漢字的使用，對於中國人思維方式的塑造，產生了決定性的影響。這個影響是永難磨滅的。它使得中國人的思維，變成了圖像式的思維方式，直到今天都是如此。就像西方人的拼音文字，一再的倚賴聽覺來聯結意義。同樣也把西方人的思維方式，塑造成了單線式的。

漢字對中國人思維的塑造

人類的思維有一個非常明顯的特色，就是不斷地搜尋「意義」。或者是如同某些人所說的：人類的大腦是一個不斷說故事的機器。這個現象的來源，最基本的原因應該從「複雜適應系統」說起。所謂適應，是指當環境發生變化時，系統特性會隨之改變；而複雜的意思是指這個改變，是很難預料的非線性變化。綜合以上所述，複雜適應系統是指一切會隨著環境的變化，內部會跟著產生非線性變化的系統（Cowan、Pines、Meltzer, 1994）。為了要能夠更好的適應環境變化，提高自身的存活率，複雜適應系統通常都會建立一個內在的圖像來代表環境。當環境發生變化的時候，這個內建的代表，可以讓該系統在內部先進行模擬，尋

找最可能的變化，以做為規劃因應行為的依據。如此一來複雜適應系統，就會擁有初步的預測能力，就可以預先進行資源的妥善安排。當環境真的發生變化的時候，該系統就已經有所準備，因此會有很好的適應力。存活的機會當然就會提高。內建的環境代表是生物資訊系統，演化到某個階段必然的產物。

我們的大腦就是一個複雜適應系統。對於我們周圍環境中的萬事萬物，大腦都會分別內建代表圖像，以做為環境適應的依據。大腦的這個功能經過億萬年的演化，早就已經高度的自動化而變成本能了。舉一個最簡單的例子：大家都知道，光是一種電磁波，可見光只是其中某一個很窄波段的電磁波而已。例如紅光波長為 700 奈米。任何的物體，如果能夠發出或反射波長 700 奈米的電磁波，我們的眼睛就會「看」到一個紅色的物體。我們的眼睛接收到的是波長 700 奈米的電磁波，可是在我們的大腦裡面，出現的卻是紅色。波長 700 奈米的電磁波是發生的事實。紅色就是我們在腦袋中，所產生的內建的環境代表。這個代表事實上並不存在，因為它只是我們在腦袋中編出來的而已；或者就像佛教所說的，它只是我們自己幻想出來的幻象。因此，紅色也就是「波長 700 奈米電磁波」這件事的「意義」，同時也是我們的大腦，對我們所說的「故事」。

大腦的意義，又是如何產生的呢？這個議題目前正是全球許許多多的腦神經科學家，正在努力要解開的千古謎團。因為它牽涉到人類的意識是如何產生的。大腦是如何說故事的，到今天為止尚無定論。不過經過多年的研究，人類目前總算是掌握到了一點點的蛛絲馬跡。

人類大腦神經網路的基本運作方式是群落式的，是眾多神經元之間之集體且關聯式的同步運作。也是如 DNA 雙螺旋發現人之一的 F. Crick 所說的：一大群互相影響中的神經元行為（劉明

勳譯，1997）。腦神經依賴電流傳遞訊息。雜訊或是沒有意義的資訊，在電流閃過腦袋之後很快就消失了，不會留下什麼痕跡。如果經過腦袋的電流，足以引發網路的共振，意識就產生了。如果持續地引發共振，根據用進廢退的原理，我們的腦袋中該型態的電流活動，就會被強化並留下記憶。所以所謂的意識可以認為是：腦神經網路之某特定電流活動的時空型態。以上的論點，雖然已經有初步證據的支持，但還不是定論還有待後世的證明。

如果我們這個初步的猜測可以接受的話，那麼人類的思維就是：在腦神經網路之中眾多特定電流活動的時空型態之間，動態的形成、選擇、比對、增刪、組合的過程。

我們的腦袋之所以會不斷地說故事、不斷地搜尋意義，就是因為我們在成長的過程中，經過家庭、父母、兄弟、姊妹、鄰居、朋友、老師、社會、甚至書籍以及周圍的環境等等，各種因素的影響，早就已經在我們的腦袋中，植入了不可勝數的各種電流活動型態。而且隨時會被某個透過眼、耳、鼻、舌、身、意六根所獲得之訊息所引發。這整個過程是完全自動化的。除非，我們能夠意識到這個過程的存在，否則我們是毫無知覺的。

所以人類思維活動的關鍵，在於我們的腦中，被植入的是什麼樣的電流活動之時空型態。這些電流活動的時空型態，就是大腦不斷訴說的「故事」，就是大腦不斷搜尋的「意義」，也就是我們的腦中所「內建的環境代表」。現在讓我們回過頭來看一看，漢字把中國人的思維塑造成什麼樣子。

我國的漢字從一剛開始的表形、表意到表音，一直都是維持著圖像式的表達方式，直接與眼睛產生連繫，不需要經過聲音。也就是只要「閱」而不需要「讀」，就可以了解文字所代表的意義。中國人數千年來不斷地使用漢字，來學習知識、認識世界、表達想法、表達感情。一切的一切幾乎都是透過圖像的協助來完

成。使得我們的大腦之中，被植入的電流活動之時空型態，都是跟視覺發生聯結之圖像式的。因此我們的大腦所不斷訴說的「故事」是圖像式的；我們大腦不斷搜尋的「意義」也是圖像式的；我們的腦中所「內建的環境代表」依然還是圖像式的。當所有這些電流活動之時空型態，都是與視覺發生聯結之圖像式的時候，我們的思維，當然就稱為「圖像式思維」。

如果我們說，從物理的觀點來看，聲音是一種一維的訊號，自變數只有一個：時間；那麼，圖像就是一種二維的訊號，自變數有二個：即空間中的平面。因為我們人類之所以能視物，是因為眼球內有視網膜之故。視網膜位於眼球的後方，是一片二維的曲面。當影像投射在二維的視網膜上時，腦部的解讀是二維的圖像一體同步進行。對於大腦而言，同步處理二維圖像的每一筆資訊是毫無困難的，因為我們的大腦，本來就是一個高度自動化的平行式資訊處理系統。所以，我們的視覺是一個多頻道的資訊處理器，可以同時看多項事物。而我們的聽覺，只是一個單頻道的資訊處理器，同一瞬間只能聽一個聲音。

透過視覺來觀看、理解、表達事物，是沒有辦法很容易的、將看到的對象拆解成基本單元的。當我們在欣賞蒙納麗沙的微笑的時候，沒有人規定，一定要先看眼睛、或鼻子、或嘴巴。也沒有人規定，眼睛跟鼻子一定要分開來看。蒙納麗沙的微笑之所以神秘，是一種來自整體圖像給人的感覺。沒有人能夠講清楚，是鼻子還是眼睛還是嘴唇使人產生神秘的感覺。此外，我們在觀賞一幅畫時，我們一眼望過去，瞬間的掃描就會看到最能吸引我們的地方，或我們認為最重要的地方，或我們最熟悉的地方。綜合以上這些說明，我們可以知道，不論是看到什麼，只要是用眼睛看東西，基本上就是整體的，不存在什麼拆解、與順序的意涵及動作的。也一定是直觀的，不存在什麼條理、步驟或什麼邏輯之

類的概念。

　　因此，跟視覺連結的圖像式思維，使得我們習慣於直觀全貌的思考方式。注重整體，而且認為整體是各部份的有機結合，其間的關聯性，常常是複雜不易理解的。所以，最完整、透徹的理解與描述，必然是回歸思考對象的全貌，進行全盤的理解，而不是透過拆解再合成的步驟。圖像式的思維，使我們不習慣拆解與合成，因而養成中國人不重視分析、不擅長推理的思維特性。可是，當我們在用語言或是文字，做為溝通工具的時候，卻一定要將我們所要表達的東西，先進行拆解，再安排成某個順序，好按步就班地用語言講出來，或是用文章書籍寫出來，才能順利的與別人溝通。然而，圖像式思維的運作方式，卻從根本上，就與拆解排序是背道而馳的，使得中國人在表達方面、尤其在表達高深的思想方面，輕視語言與文字，如老子的「道可道、非常道、名可名、非常名」，與禪宗的「不立文字」。造成了 2000 多年來，中國人的思維，一直無法建立標準化的拆解方式、與標準化的排列方式，當然也就不存在標準化的思維方式。此外對於我們的思考對象，我們的拆解與合成，因為不存在標準的方式與步驟，且常常因人而異，更使得我們的思考模糊而無法嚴謹。重視直觀、重視整體的思維特性，一方面形成了我們不重視分析、不重視推理的習性；另一方面，又造成了我們的思想，無法規範化、標準化、當然就無法精確化的結果。直接形成了我們中國人馬馬虎虎的態度，與缺乏數字化管理的文化（黃仁宇，1997）

　　經過數千年來使用書畫文字之後，中國人的思維方式幾乎已經定型。這種與視覺產生直接聯結的圖像式思維，習慣直觀思考對像的整體，很容易直接就掌握到複雜現象的重點，並看清不同事物之間的關聯性及其互動。圖像式思維不存在拆解的概念，也就不存在標準的拆解過程。因此在用語言或文字表達思維的時

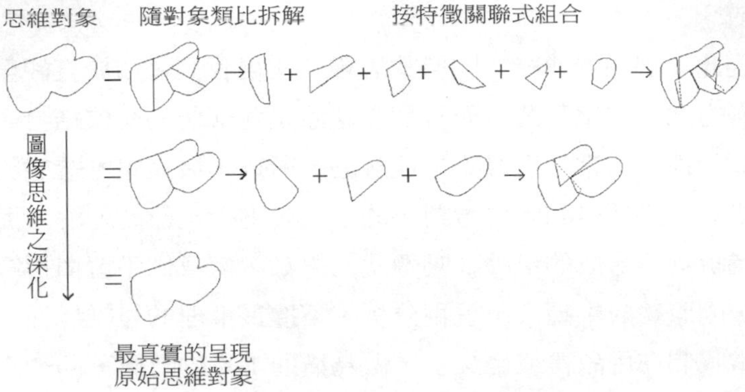

思維對象　　隨對象類比拆解　　　按特徵關聯式組合

圖像思維之深化

最真實的呈現
原始思維對象

圖 4-18　中國人的基本思維方式——源自書畫文字的圖像式思維

候，拆解的方式千變萬化。秀異份子的表達令人驚嘆。然而卻無法透過教育，讓大多數的普通人學會。也因為圖像式思維沒有拆解的概念，也就不會有合成的步驟，當然就更不必去討論，該用什麼樣的合理順序去合成思考對像。所以中國人的思維之中，缺乏邏輯的概念也不重視條理。基本上圖像式的思維方式，所呈現的是一種視覺思維或是文字思維；不像單線式的思維，所呈現的是一種聽覺思維或語言思維。從物理學的觀點來看，西方人的單線式思維，是一種一維的思維，獨立變數只有一個；而中國人的圖像式思維，則是一種二維思維，獨立變數則有二個。如果用大腦是一個資訊處理系統的角度來看，西方人的單線式思維，屬於序列式的資訊處理模式；而中國人的圖像式思維，則屬於平行式的資訊處理模式。

4-4　中國人的思維結構

圖像式思維的特色

　　漢字最大的特色就是沒有字母。沒有字母的原因，是因為漢

字始終沒有發展成為以語音符號，來代表語言的書寫系統。也就是說漢字不是表音文字。確實如此，問題是為什麼會這樣？原因其實也很簡單，由於環境因素使然，黃河中下游的崇山峻嶺之中，提供了源源不絕的野獸與樹木，當先民結合獸毛與木棍，形成毛筆來書寫之後，因為畫畫太方便了，使得漢字很容易的、就走向了透過形狀來傳遞訊息的演化之路，並徹底的跟語音做切割，而形成了全世界唯一言文分裂的語文。

我國的漢字不論六書的比例如何變化，一直都是維持著圖像式的表達方式。直接與眼睛產生聯繫，就可以了解文字所代表的意義。如果我們同意漢字是一種圖像式的書畫文字，主要是透過視覺來聯繫其意義，做為溝通工具的話，我們就會恍然大悟並很清楚地看到，為什麼在數千年來的漢字生命歷程中，完全看不到存在有所謂的基本組成單元。漢字之所以會如此演化是非常自然的一件事。因為圖像式的表達方式，本來就無法拆解，因為根本無從拆解。或者換句話說，任何一幅圖像都存在著無窮多種的拆解方式，以致於無法拆解。不像一維的語音，沿著唯一的時間軸拆解即可。既然圖像無法拆解，當然就無所謂拆解成基本組成單元之事。所以漢字的書寫從來就沒有拆解的念頭，也就從來不存在所謂的基本組成單元。既然沒有拆解當然也就不會有按照某種合理的順序，來合成所欲表達對象的事情。基於漢字的這種特質，經過數千年來的不斷薰陶，養成了中國人不重分析、不重邏輯、重整體的思維特色。

既然是圖像式的思維，當然就是視覺啟動或視覺激發的思維活動。透過遍佈於視網膜上 130,000,000 個視神經細胞，所得到的影像資訊，傳入我們的大腦之後，必將同時激發大腦不同部位的電流活動，很自然地形成了一種平行式的資訊處理模式，而非序列式的。所以進入我們大腦的，是一幅不分順序的完整圖像。

大腦同時處理圖像中多筆我們大腦覺得有意義的資訊，也同時搜尋圖像中各處的意義，並同時進行比對、詮釋、分析等等思維活動，因此而構成了整體思維的生理學基礎。

　　大腦平行處理資訊的過程是很複雜的，要把其中的條理說清楚，並不是一件很容易的事。主要的原因在於當多筆資訊同時進入大腦之後，將會引發出多種的時空電流活動型態。每一種型態訴說著各自的故事。每一個故事其先後的順序、訊號的強弱、速度的快慢，又與我們腦袋當時的連結強度有關，也就是跟我們的意念或者我們的期望或者過去的經驗，有所關聯。如此複雜的資訊處理過程，很難加以釐清其條理，因此就會在我們的腦中，形成一個「整體」的認知與感覺。

　　然而這個整體卻毫無疑問的，是由許多個訊號強弱不一出現順序各異的時空電流活動型態所組成。這些型態，如果是由某一幅圖像所引發，其間必然存在著關聯性，一種透過圖像所存在的關聯性，以及本來就存在於我們腦神經網路聯結中的關聯性。因此很自然的我們會注意到整體的各個部份，與其間的關聯以及各部份之間的互動。因為個別相關之電流活動型態之間，本來就無法切割得清楚。所以有人也把中國人的整體性思維稱為關聯性思維或相關性思維。指的其實都是同一個對象，只是觀察的角度不同而已。

　　如果整體的各個組成部份之間，存在著難以切割的關聯性，這個關聯性的本身不可能毫無意義。它會不會擁有什麼特性？或規律？會不會對整體有某種影響？習慣於以宏觀的角度，來看事情的圖像式思維，必然會很容易就會注意到這件事。

　　宇宙間的萬事萬物，無時無刻不在變化之中。有的事物變化之後趨於消滅；有的事物變化之後則趨於成長茁壯；當然有的可能停滯、有的進入循環，不一而足。如果整體的組成部份之間互

動方式，是互相衝突、互相抵消，則這樣的整體，自然會無法正常運作甚至會走向衰敗、滅亡。反之，如果各部份之間互動正常相輔相成，則整體正常運作或健康成長，當然也是可以預見的。因此，整體性的思維，必然會重視各個組成部份之間的平衡。從整體到平衡其思維的條理順序，在概念上是這樣子的：

整體 —> 部份 —> 關聯 —> 平衡

因此圖像式的思維很自然的會講平衡重整體，結果呢？使得我們中國人的思維，具有什麼樣的特色？

全世界的人都承認中國人是很聰明的，雖然有人認為猶太人也很聰明。不過也聽很多外國人說過，包括日本人，他們確實很佩服古代的中國人，至於對現代的中國人則不敢恭維。也聽說過中國人只有小聰明，沒有大智慧的說法。以上對於中國人的形容，其實相互之間並不矛盾。古代中國人並沒那麼聰明，現代中國人也沒那麼笨。用聰明與愚笨來形容中國人，其實是會造成誤導的。中國人的腦袋是屬於圖像式的，當然會有它特殊的地方。不過既不特別聰明也不特別笨。

習慣看整體的思維方式，在面對一項事物的時候，常常能夠一眼就看到整體的各個部份以及中間的關聯性，甚至其間的互動與平衡的態勢。而且當事物越複雜的時候，這種特性往往越能夠彰顯。主要的原因是當眾多的資訊，以平行的方式進入我們的大腦時，所激發出來眾多不同卻有關聯的電流活動型態之中，最為突顯的常常是最能夠引起我們注意的、或是對我們最有意義的、或是我們所期待的、或是對我們最重要的型態。這種特性使我們能夠，從眾多相關的意義中，突然很自動地篩選出一個最特別的電流活動型態，讓我們有「靈光乍現」的感覺。換句話說，就是從一堆乍看雜亂無章的資訊之中，一眼就能夠看出其中最具意義的地方，我們以「洞察」來形容這種能力。

如果我們從資訊的觀點來看，透過平行處理的方式，從眾多的資訊中，自動淬取出特徵的能力，就是我們所稱的「洞察」。因此，洞察是一種來自大腦平行式資訊處理功能的表現。與單線式思維比較，平行處理正是圖像式思維最大的特徵。所以，圖像式的思維擅長洞察是很自然的結果。

　　在現代西方科學還沒興起之前，長於洞察的中國人，在各個不同的領域之中如思想、文學、藝術、建築、醫學、科技等等，不斷地創造出令人讚嘆的傑作，也讓世人留下了「古代中國人很聰明」的印象。然而當西方人掌握了單線式思維之道，手握「分析」利器之後，披荊斬棘開闢出了輝煌燦爛的現代西方科學文明，反而大幅超越了中華文明的成就，將中國人遠遠拋在腦後。200 年來我們一方面迷惑於西方人「分析」的威力苦苦追趕；一方面又對我國固有的洞察優點棄若敝屣，不但不思釐清「洞察」之道，開發出超越「分析」的利器，反而妄圖用單線式思維，來取代圖像式思維，以求改造中華文明，當然予人不敢恭維的評價。

中國人的整體思維

　　1991 年美國愛荷華大學物理系，有位大陸學生由於沒有爭取到獎學金後來申復也失敗，跟著又失去了教職的機會。於是有一天，他闖入了母校物理系，槍殺了幫他處理申復的指導教授及幾個同學和旁人，然後飲彈自盡。

　　當時校刊對該大陸學生行為的報導，幾乎完全集中在他本人先天的特性上，如「脾氣非常暴躁」、「個性在邪惡的邊緣」等，以及有關兇手的態度和心理缺陷有關的描述，如「一個陰鬱困擾的人，鞭策自己走向成功，也同時導致毀滅」、「面對挑戰時的心理毛病」等等。然而在中文報紙方面，對於這起兇殺案所

做的描寫與英文的描述，卻是大相逕庭。中國記者強調社會情境脈絡，對他所造成的可能影響。內容多集中於他的人際關係如：「與指導教授相處不睦」、「與被謀殺的同學競爭」等，與社會因素如：「脫離中國社群」、「來自中國社會的壓力」與「美國社會大環境的影響」等各面向，以及如「在美國容易得到槍枝」等等。

　　巧合的是在槍擊案發生的同一年，在密西根州也發生了一件非常類似的兇殺案。在密西根州皇家橡樹區，有一個郵局的員工，名字叫湯瑪斯的美國人，因故丟掉了工作。他後來向工會上訴也失敗，之後又無法找到全職的工作。終於有一天，他走進了之前工作的郵局，槍殺了處理他上訴的上司和幾個同事與旁觀者，隨後自殺。

　　與大陸學生的案子一樣，紐約時報的美國記者，對於這個案子關注的重點，主要放在兇手的個人特質，如：「重複受暴力威脅」、「容易發怒」、「熱衷武術活動」和「心理狀況不穩定」

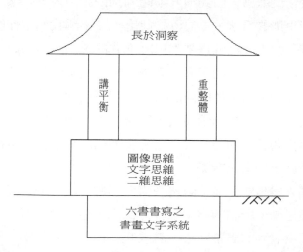

圖 4-19　中國人的思維結構──講平衡、重整體、長於洞察

等。中文的世界日報報導的傾向，與報導大陸學生的案子也完全一樣，強調影響兇手的環境因素，如「兇手最近被開除」、「郵局主管是他的敵人」與「受德州最近集體槍殺事件的影響」等。甚至，當美國的大學生與中國的大學生，在描述這兩件案子之所以發生時，美國大學生也都傾向較強調兇手的個人性格，中國的大學生則毫不意外的，較強調情境因素的影響。

更令人印象深刻的是當有人列舉了一些情境因素，請參與討論的中國與美國的大學生來評斷，如果當時情況改變了，兇案是否能夠避免。所謂的情況改變了指的像是「如果大陸學生得到工作機會」或是「湯瑪斯在皇家橡樹區，有許多朋友和親戚」，則悲劇是否能夠避免。中美兩方的參與者的反應非常的不一樣。中國大學生覺得，在情境改變了的情況下，兇殺案很可能就不會發生。但是，美國的大學生，卻認為即使情況改觀，兇殺案仍可能發生，因為他們相信命案的關鍵在於兇手長期累積的暴戾性格。

以上的兩個案例很清楚的說明了，中國人傾向於將殺人的行為歸因於情境脈絡，而美國人則傾向歸因於個人的因素。何以中美之間對事情的看法，差異會如此之大？不論我們用什麼學說理論來解釋，歸根究柢就是基本思維方式的不同，所造成的影響。美國人受到拼音文字的影響，思維呈現習慣拆解分析的單線式，可以很自動化地將事件的前因後果，還原到個人的因素上，也就是兇案的本身。而我們中國人，則是受到書畫文字的影響，思維呈現習慣直觀整體的圖像式，自然會看到隱藏在事件背後的情境脈絡，也就是兇案的背景。

中國人看事物習慣一眼望去盡收眼底。我們把這種思維方式稱為整體思維。所謂的整體思維，傾向於把肉眼所看到的客觀世界與心眼所看到的思維對象，看成是一個有聯繫的統一整體。中國人自古以來，都是把宇宙視為一個有嚴格秩序的超大循環系

統。在這個超大系統之中，萬事萬物隨著四時的運轉發展變化互相關聯，構成一個不可分割的有機整體。

對於中國人的整體思維，有非常多的中外學者專家，都注意到了，只是使用的名稱會有些許的不同罷了。全球知名的中國科學史大師李約瑟，就表示過這樣的看法：「中國人之關聯式思考或聯想式思考的概念結構，與歐洲因果式或法則式的思想方式，在本質上根本就不同」（李約瑟，1973）。知名的漢學家費正清，也把我國的圖像式思維稱為關聯性思考：「關聯性的思考，對於研究任何古代社會的社會人類學家而言，都不算是新聞。這並不是中國獨有的，只是在中國特別盛行，而且影響思想方式的時間特別久。……其實幾乎中國的每一種心智活動，都看得出這方面的影響」（費正清，1994）。美國心理學家 Nisbett 也使用整體性思維，來說明中國的特有的思維方式，並與西方人的分析性思維比較：「現代的亞洲人，就像古代的中國人，以整體看世界。他們看見的多是大環境，特別是背景事件。他們專注於觀察事件之間的關係，他們將世界視為複雜充滿變化的整體，而其構成也是相互關聯。他們認為，事件是在極端之間循環不已」。Nisbett 還繼續推論：現代的亞洲人採取整體觀辯證法及中庸之道解決問題，也比西方人更能清楚辨認出一些特定的景像或情境（劉世南譯，2007）。

韓國人也提過東方「相關性思維」的看法（宋榮培，2006）。至於我們中國人就更多了。有稱呼「系統思維」或「整體思維」的或是「形象思維」（劉長林，1990）甚至還據此提出中國傳統思維方式的重要組成特徵為（劉長林，1992）：

1. 較早的主體意識和濃厚的情感因素。
2. 重關係（包括人際關係）超過實體。
3. 重功能動態超過形質。

4.重視整體，重視整體與局部的關係。

5.認為整體運動是一個圓圈。

6.重視形象思維，善於將形象思維與抽象思維融匯貫通。

7.強於綜合而弱於分析。

8.重視平衡均勢，強調和諧統一。

9.重視時間因素，超過空間因素。

10.長於直覺思維和內心體驗，弱於抽象形式的邏輯推理。

除此之外也有人用「具體性思維」，來代表最具中國特色的思維方式（黃俊傑，1996），所謂的具體性思維，是指從具體情境出發，來進行思考活動，而不是訴諸純理論或抽象的推論。很顯然的，具體性思維是對比於抽象思維的一個概念。許倬雲則以「統攝」來說明考慮到事物內外的複雜關係的思考模式，以便與西方的「化約」進行比較。化約，指的是將觀察的對象，化約到最簡單的單元，再將變化的現象，歸納成相當直接的因果關係（許倬雲，1999）。或者是討論文學批評中，中國古代的「整合思維」、「形象思維」、「直覺思維」、「辯證思維」、「驅同思維」（孫蓉蓉，2001）等等。

所謂整體性思維即從整體上、宏觀上，認識把握對象，以為世界（天地）是一個整體，人和物也都是一個整體。整體性思維，基於漢字對我們中國人思維的影響，所形成圖像式的思維模式，被我國古代思想家拿來對宇宙、世界、社會、人生的思考。他們提出了許多思想模式，其中共同的觀點即常常把思考對象，認為是一個動態和諧的有機整體。

不過中國人的整體思維，屬於直觀式的。所謂「直」是指未經有意識的邏輯思維而直接接觸對象。所謂「觀」即是觀想，是指直接經由肉眼所觀與經由心眼所想的事物對象，在人腦中的反

映。直觀作為一種思維方式，其特點是會跳過邏輯推理，通過下意識或潛意識活動，直接領悟事物的本質。

中國的古代哲學，是以儒道兩家為主。儒道兩家始終都是以整體系統的觀點，來看待自然、社會和人生。中國傳統的思維方式，具有整合性的特點，努力從整體上把握認識對象，注重組成統一整體的各個部份之間的和諧，追求最大的整體功能。所以中國人向來講究「合」不講究「分」，都是來自整體思維的影響。

老子用「道」的概念，來表達宇宙間，一切萬事萬物生成演化的過程。道為何物？老子認為道為天地之先萬物之母：「有物混成，先天地生，寂兮寥兮，獨立而不改，周行而不殆，可以為天下母，吾不知其名，字之曰道，強為名曰大」。因此，道為宇宙之根本。「道生一，一生二，二生三，三生萬物，萬物負陰而抱陽，沖氣以為和」。道由無形無序的原始混沌，而變成有形有序的天地萬物。道是運動過程的全體，生是化生變化，和是和諧平衡。老子在強調宇宙萬物均由道所產生的同時，也強調了世界的整體性、運動性與和諧性。既然如此，道家當然主張「人法地，地法天，天法道，道法自然」，並追求「天地與我同時並生，而萬物與我為一」的精神境界，以達到一種建立在自然基礎上的「天人合一」。

老子所說的：「萬物負陰而抱陽，沖氣以為和」，肯定了萬物的共同結構，為陰陽兩方面的和諧。儒家推崇極度「易經」，在儒家的重要著作「易傳」中，也以八卦六爻為宇宙萬物普遍遵守的結構方式。後來，又經過秦、漢、魏、晉、六朝的發展，陰陽、五行、八卦、六爻，成為儒道兩家，共同認可的整體模型。

易經提出了整體論宇宙的初步圖示，把一切自然現象和人事吉凶，統統納入由陰陽兩爻，所組成的六十四卦系統。「易傳」則進一步提出「易有太極，是生兩儀，兩儀生四象，四象生八

卦」的整體觀和空間方位，四時運行聯繫起來以「生生之謂易」、「天地之大德曰生」的有機論為軸心，形成了有機整體論的思維模式，為儒家思想奠定了基礎。我國傳統思維中的整體，是可以發揮生命功能的整體。因此這個整體就是功能性的整體、系統性的整體、有機性的整體，不是事物雜亂無章毫無意義的堆積而已。

古老的五行八卦思想，包含著樸素的系統觀。五行思想把事物看成是多樣性的統一體；陰陽八卦思維把事物看成是對立面的統一體。這兩種思維在發展過程中相互融合，在戰國時期形成了以鄒衍為代表的陰陽五行學派，塑造了對中國傳統思維方式，產生重大影響的陰陽五行觀念。董仲舒用「陰陽出入」「五行本末」，解釋天下萬物的相互關係及運行規律，構建了具有神秘色彩的陰陽五行理論體系。

在陰陽五行思維的指導下，天地萬物包括人在內，都是以天道天理為最高主體。他們都是由氣凝聚而成的，聚則為生，散則為死，其中有一個共同的規律——「理」。宇宙是一個大系統，天和人有分有合相互依存。天和人又是相對獨立的系統，天包括天和地等要素；人包括社會、家庭、個人等要素。社會、家庭、個人等，也是包含各種要素的系統，這是系統的層次性。各個系統內，都有相對穩定的結構，即一定的秩序結合形式。如天地有陰陽之序，國家有君臣之分，家庭有父子、男女之別等，這是系統的結構性。各要素之間相互規定相互作用，形成一個有機的整體，產生特定的功能。如「君有君道，臣有臣道」「君使臣以禮，臣事君以忠」等，君臣團結緊密配合共同努力以實現民富國強。

中國傳統思維方式的系統性有機性，尤其在中國古代醫學等方面，得到深刻體現。中醫理論把人看成一個小宇宙，一個具有普遍聯繫的有機體：「其知道者，法於陰陽，和於術數，食欲有

節，起居有常，不妄作勞，故能形與神俱，而終其天年，度百歲乃去」。人的各部分器官，都是相互聯繫的，如耳朵的若干穴位，分別對應心、肝、咽、胃等各個器官，能夠據以探查、並治療相應的疾病。與西醫「就事論事」的分析思維相比，中醫視人為有機整體的優點更為突出。

我們知道古代的人們，限於不發達的科學條件，在探討宇宙間萬事萬物，發生演化這樣玄奧的問題時，只能依靠當時的認識水平，進行思辨。在先秦時代太極八卦陰陽五行等，乃是當時最先進的科學思想最銳利的認識方法。人們利用八卦五行這樣的整體觀點觀察世界，確認萬事萬物都有一定結構一定的秩序。這是屬於一切事物，最普遍也是最被人們推崇的結論。結構和秩序或許是世界萬物，給予當時中國學者，留下的最深刻的印象，因而成為他們心目中萬事萬物最根本的特徵。

綜合以上的傳統論述我們可以理解到，我國傳統思維中的整體，是一個功能整體、系統整體、有機整體、關聯整體。法國漢學家 M. Granet 在討論中國的思想時曾經說過：「古代的中國人，不觀察現象的繼承性（前因後果的序列），他們只記下事態的交替情形。如果兩件事態使他們看起來有所關聯，那麼這種關聯，不是由於因果關係，而是由於成對的關係，此一成對的關係，就好像事物的正面與反面，或者我們用易經的隱喻，它就好像回聲與聲音或黑暗與光亮」（李約瑟，1973）。Granet 的話很清楚的說明了，中國人慣用的圖像式思維方式，以整體的觀點觀察事物的關聯性，而不是用單線式的思維方式，去探討前因後果。同樣的，中國人的太極陰陽也是注重關係，陰與陽的關係，而不注重前因後果。Granet 也表達過這樣的想法：「中國人相互關聯的觀念，具有很重要的意義，它取代了因果的概念，因為萬物不是有因果關係，而是相互關聯。」

中國人的平衡思維

由漢字所塑造出來的圖像式思維，使得我們中國人，不論是對於肉眼所看到的東西或心眼所看到的東西，都會很自然地講求平衡。因為一個整體，如果各組成部份之間，不能維持平衡整體將無法維持。任何整體之所以是整體，就是因為內部各成份之間，必然存在某種形式的平衡。這裡所講的平衡，指的是一種廣義的平衡，意思是「為了維持整體繼續存在各成份之間所需的互動」。所以平衡與整體是一體之兩面，指的是同一件事情。一個系統從全部看是一個整體；從部份看是一種平衡。

中國人喜歡講平衡，當然基本原因還是來自於漢字。漢字的書寫，最重要的核心關鍵就是平衡。換句話說，要成就漢字為一個完整的字，最重要的因素就是平衡。西方拼音文字的書寫，最重要的核心關鍵則是順序。

漢字繁多多達數萬字千姿百態，筆劃有多有少偏旁各式各樣。最後要把一定的筆劃和偏旁，都納進一個方框框裡，並使之看起來勻稱美觀。漢字是一種書畫文字，寫字就是畫畫，勻稱美觀的要求是天經地義的。因此漢字的書寫，自然會要求處理好筆劃的長短、粗細、俯仰、伸縮，和偏旁的寬窄、大小、高低、疏密、斜正、爭讓、主次、向背等項矛盾。這些矛盾處理好了，筆劃和偏旁就能各得其所，整個字就會成為和諧完整的統一體。

為了要使的漢字呈現平衡，就要注重漢字間架結構的處理（李梵，2002）。對於單體字的間架結構，其處理原則與方法，有下列幾個重點：

1. 重心要平穩　每個字都有一個重心。所謂重心就是支撐字的分量的中心（或中心線）。重心找準了，安排筆劃就有所遵循。掌握好重心，就易於把字寫得端正平穩，避免偏癱現象。

2. 筆劃要勻稱　筆劃勻稱就是根據筆劃的型態大小和位置，寫字時做到比例均勻，筆劃分明而各得其所。筆劃勻稱了就給人一種端正穩重之感。要使得筆劃勻稱，在書寫的時候就要注意：肥瘦適中、疏密得當、對稱顯明、支架穩固、邊框收縮等原則。

3. 筆劃要富有變化　許多字中有兩筆或更多的同樣的筆劃，如果把這些筆劃寫得一模一樣，就會顯得呆板無生氣。寫這樣的筆劃，應該採用放與收、正與斜、呼與應、主與次等，幾個相結合的辦法，使筆劃錯落有致和諧而生動。

對於合體字而言，是由幾個偏旁所組成。根據偏旁在字中，所占位置的不同，分成 6 種不同的結構。結構型態不同，偏旁的搭配關係也就隨之不同：

1. 左右結構　在合體字中，屬於左右結構的比較多。這種字是由左右兩個偏旁構成的。根據左右兩個偏旁的大小，又可分左右相等，左大右小、左小右大、左長右短、左短右長等 5 種類型。每一種類型，各有原須遵循的原則，以追求書寫的平衡。

2. 左中右結構　這種字是由左中右 3 個偏旁組成的。大體分兩種情況。左中右相等、左中右不等，書寫原則也稍有差異。

3. 上下結構　上下結構的字很多。這種字，由上下兩個偏旁組成。根據偏旁的大小，這種結構又分 5 種情況。上下相等、上大下小、上小下大、上寬下窄、上窄下寬，書寫原則也稍有不同。

4. 上中下結構　屬於這種結構的字，是由上中下 3 個偏旁組成的。這種字，要保持重心平穩左右勻稱，而且筆劃要收聚，字形不宜過長。也分為兩種情況：上中下相等、上中

下不等，書寫原則各異。

5. 全包圍結構　屬於這種結構的字，是由裏外 2 個偏旁組成的。外面的偏旁，從四周包圍著裡面的偏旁。從字形的高矮來看，這種字又分長方的和正方的。這種結構的字，外面的偏旁是主要偏旁，它的大小就是整個字的大小。為求得與周圍其他字和諧勻稱，外面的偏旁要適當收縮；裡面的偏旁，其筆劃要安排的勻滿，也要與外面的偏旁協調起來。外面的偏旁應寫得方中帶斜，一般是下面比上面稍窄一點。

6. 半包圍結構　半包圍結構也是由裡外 2 個偏旁組成的，不過外面的偏旁，不是從四面而是從兩面或三面，包圍裏面的偏旁。這種結構的字它的外面偏旁，也是主要偏旁。外面的偏旁不宜過大，但要包得住裏面的偏旁，並使裏外兩偏旁和諧勻稱。半包圍結構的具體形態多種多樣，主要的有以下幾種：上左包圍、下左包圍、上右包圍、上左下包圍、左下右包圍、左上右包圍。書寫原則稍有不同。

花了這麼多的篇幅目的很簡單，只是要說明漢字在書寫時，平衡的追尋是多麼的重要。如果失去了平衡，尤其是對合體字而言，就沒辦法構成一個完整的字，甚至可能會讓人以為是 2 個字或 3 個字。所以說沒有平衡就沒有整體，也就不會有和諧。平衡是整體內在的基石。漢字如果失去了平衡，將無法做為表達思想的載體，也就不可能是溝通的工具了。如此一來，漢字就不是一種文字了。

基於漢字書寫，所形成之中國人重視平衡的傾向，幾乎存在於中華文化的每一個角落。從宇宙到社會再到人生，無不如此。

中國古人很早就意識到，對偶是我們這個世界上，一個非常非常普遍的現象，存在於所有的整體與系統裡面。老子早已指

出，表面上看來似乎是完全對立的事物和現象，其實都是相互依存相輔相成的：「有無相生，難易相成，長短相形，高下相傾，聲音相和，前後相隨」。因此，我國古代學者，均認為矛盾對立是普遍存在的，對立的雙方相互依存、相互聯結、相互滲透，雙方的對立和統一，構成了整體的運動變化甚至成長消亡。

「易經」裡處處體現著兩極對立的思想。六十四卦及其象徵物也都是兩兩對應。「易傳」把這種對立解釋為陰陽。陰陽是具有最大概括性的矛盾範疇，不只是指陰陽兩極，而是指由陰陽兩極，形成的一切事物及事物的兩種對立屬性。陽代表積極、進取、剛健等屬性，及具有這些屬性的事物；陰代表消極、退守、柔順等屬性，及具有這些屬性的事物。「易傳」稱「一陰一陽謂之道」，是說天地間無處不存在矛盾，任何矛盾又無一不是陰陽對立統一的表現，在最一般的意義上，肯定了事物矛盾的普遍性，以及存在於每一整體系統內部的對立屬性。

由於萬事萬物之間，處處存在著相勝相生和同行相應的對立矛盾關係。所以他們無論屬於哪一行，在一般情況下，都既不應該過亢，也不應該過衰。因為除了他們自身的生機和調節能力之外，還有其他四行的事物，對它們發生著滋助和約制的作用。這樣就使宇宙整體，可以經常表現出相對穩態和相對平衡。中國古人對矛盾雙方，既對立又統一的認識，還表現在對立雙方的相互轉化上。事物發展到一定程度，必然向其相反的方向轉化，「物極必反」是普遍性原理。中國傳統整體思維中，對整體變動的描述上，主要體現在對事物的矛盾屬性及矛盾雙方對立統一關係的把握和運用上。

老子的矛盾對立思想，無論在當時還是後來，都產生了很大的影響。他的一些警句如「柔弱勝剛強」、「天為而無不為」、「將欲取之，必固與之」、「禍福相倚」、「大巧若拙」以及由

之衍生出來的「大智若愚」等，已成為中華民族的精神財富。

著名中國科學史家李約瑟說過：「當希臘人和印度人，很早就在仔細地考慮形式邏輯的時候，中國人一直傾向於發展辯證邏輯」。很明顯李約瑟把我國約在春秋戰國時期，就基本形成了對立兩端之矛盾轉化的思維框架稱為辯證邏輯。因此，有相當多的學者都持相同的看法，並同意我國悠久的辯證思維傳統，是中國傳統文化博大精深的根本原因。

我國古代的辯證思維，做為人們觀察問題認識問題的根本方法，不只給中國哲學的發展，帶來了深刻的影響，事實上，還滲透到中國傳統文化的各個領域，如軍事學的指導思想。著名的「孫子兵法」就是把辯證法，運用於軍事戰爭的傑作。與醫學的辯證論治理論等，不但形成了中國兵法醫學的獨特體系，而且對世界文化寶庫做出了不朽的貢獻。

不過，雖然很多人都把中國固有的這種思維特色稱為辯證。可是中國的辯證法，卻與西方的辯證法，有著明顯的不同。西方的辯證法本身就是一種邏輯，來自於對宇宙不斷流變的認識，是一種基於順序之單線式思維的產物。西方人的辯證法，強調正反合，先有正才有反再有合。問題是，沒有正，要去反什麼？如果無正可反，又如何會有反？因此，正反合的論述，一定先要有正，才會有反，然後才會有合。明顯來自於一種順序的概念，沒有順序的概念就不會有正反合。正因為如此，西方的辯證法，同樣是來自於受到拼音文字的影響所造成。所以西方的辯證法，依然是屬於一種語言的思維，依然是屬於一種邏輯。

然而，我國傳統的所謂辯證法，雖然外觀跟西方的辯證類似，本質卻截然不同。我們的辯證法裡面，完全沒有順序的概念與語言無關，所以不是一種邏輯。當我們講「陰陽」的時候，從來不去討論誰先誰後的問題。而且，也沒有先有陰才有陽，或者

先有陽才有陰的內涵。當我們說「禍兮福所倚，福兮禍所伏」的時候，也並沒有提到禍福的先後順序，只認為禍福相倚而已。其它諸如「虛實」、「強弱」、「有無」、「難易」、「剛柔」、「智愚」、「巧拙」、「有無」、「奇正」、「高下」等觀念，無不如此！完全沒有一絲絲順序的意涵在裡面。中國人看到事物對立的兩端與矛盾的轉化，是以圖像的角度去看的。只有對立、沒有順序，只有矛盾、也沒有順序。就如同太極圖一般，陰陽相生相剋循環不已。沒有誰先開始誰做結束的想法，完全是無始無終的循環概念。

因此使用「辯證」來形容我國傳統思維中，描述事物對立的特色，在根本上就是有問題的。用單線式思維的語言，來描述一個圖像式思維的概念，一定會造成思維的混淆與誤導，對於我國學術思想的發展，相信是非常不利的。其實當我們仔細檢驗，我國古人所提到的這些對立事物，不論是「陰陽」「禍福」或者其它，我們都可以發現，這些思維所要表現的終極圖像，正是「平衡」！就如同太極圖中，陰陽的完美平衡、無始無終的平衡、相生相剋的平衡、毫無順序的平衡。任何對立事物中的一邊，都不能無限擴張。因為一旦無限擴張，壓迫到對方的存在時，平衡即被破壞，我方亦將失去存在的依據。這正是相生相剋之道。而相生相剋所呈現的狀態，就是平衡。

早熟的中華文化

愛因斯坦曾經說過：「西方科學的發展，是以兩個偉大的成就為基礎，那就是：西臘哲學家所發明的形式邏輯體系，以及在文藝復興時期，發現通過系統的實驗，有可能找出因果關係的實證精神。在我看來中國的賢哲沒有走上這兩步，那是用不著驚奇的。令人驚奇的，倒是這些發現，畢竟做出來了」。愛因斯坦也

同意，西方科學的發展，是靠邏輯與實證做為兩隻腳，所一步一步走出來的成果。他並不驚訝，中國的先哲，沒有建立起類似邏輯與實證的體系。但是他確實很驚訝，數千年來中國的文化裡面，在完全沒有邏輯與實證的情形下，科技的發明與創造卻依然源源不絕。中國歷史上，許許多多的創造與發明，是用什麼邏輯用什麼方法發展出來的？竟然可以完全不靠邏輯與實證？這確實是一個非常令人驚奇的重大問題。

愛因斯坦的說法，提出了兩個問題。第一：中國為什麼沒有產生形式邏輯與實證精神；第二：中國沒有形式邏輯與實證精神，為什麼還能夠源源不絕地，產出科技的發明與創造。第一個問題的答案：是思維方式所造成。至於第二個問題的答案：還是在思維方式。只不過有許多學者是從文化的早熟，來說明中華文化早啟的創造力。全球學術界一般幾乎都同意，中國文化早熟。而且不論是科學、技術、工藝或者是文學、藝術，乃至於政治、經濟、思想，不管從那一方面來看，中國文明的早熟或早慧，都是非常明顯的（梁漱溟，1963，費正清，1994）。至於中華文化為何會早熟，學術界到現在，似乎還沒有出現大家都同意的論斷。如果我們現在從思維方式的角度來看，我們將會發現中國文明之所以會早熟，正是我國老祖宗基於圖像式的思維方式，而長於洞察的自然結果。

人類的思維方式，直接影響到我們觀察世界的角度。角度不同，看到的東西當然就不同。

在古代希臘和我國，都曾使用過一種稱為日晷的天文觀測裝置。所謂日晷，不過是一條垂直立於地面的木棒，白天可測日影，並可以此來確定方位時間和季節如冬、夏至和春、秋分。夜間，利用固定在木棒頂端的繩索，則可測出北極星的高度。如果存在某些條件，從測得的數值，還可以求出該地的緯度，進而甚

至可以計算出地球的大小。

　　亞歷山大時期的希臘人，在夏至的時候對於同一經線上之兩點的日影進行測定，並以此計算出地球的大小。當然在這裡，希臘人要先擁有大地為圓形的概念，即承認地「球」的說法是對的，以作為計算的前提。而我國在唐代的時候，即已進行了大規模的天文大地測量，遠較亞歷山大時期大得多，並完成了與今日相比相差無幾的精密中國大陸地圖。可是我們的老祖宗，對地球的大小卻從來也沒有進行過任何的計算。在地圖上，雖然也畫出了東西南北格子狀的網線，但卻沒有確定各地的經緯度。何以致此？因為中國人認為大地是平的，因此而從未產生地「球」的概念。既然大地是平的，怎麼會有半徑呢？

　　但是，地球的概念，希臘人又是從何得來的呢？是從經驗的事實引申而來的嗎？當然不是。地球說的起源，是來自希臘的宗教思想。根據這種思想，天是神聖的、完整的、永遠不滅的、和既無初始又無終結的。因此，能與天體相對應的，只能是完整的、無所謂始、無所謂終的圖形。在平面上，它就是圓如為立體它就應該是球。從這裡，西方人方才產生出完整的球形概念，並畫出完整的圓形軌道等等。

　　例如：托勒密在其所著的《天文學大成》中，作為地球說的證據，曾經指出當水平線上出現船的身影時，總是首先見到船帆，不久船體才浮現出來。然而，正是由於已經擁有地是球形這一概念，希臘人才得以發現這一現象。絕對不會是由於觀察到這種現象，才產生地是球形的概念。而在東方我們的老祖宗，卻連注意這一現象的形跡也沒有。這個例子充份地說明了，事先就有概念的人們，觀察作為對象的世界時，眼睛會變的不一樣。

　　有什麼樣的思維，就會有什麼樣的眼睛。有什麼樣的眼睛，就會看到什麼樣的東西。圖像式的思維，讓中國人的觀察力極端

敏銳，常常能夠觀察入微、見人所未見，甚至直指人心一針見血
（Baum, 1982）。

我們現在就用大家最熟悉的勾股定理或是畢氏定理，來說明
我國圖像式思維的特色，並與西方單線式思維做比對。歐幾里德
的《幾何原理》中，列有畢氏定理的證明如下，請看圖 4-20。歐
幾里德的證明，其核心關鍵是這樣的：

設△ABC 為一直角三角形，其中 A 為直角。從 A 點劃一直
線至對邊，使其垂直於對邊上的正方形。此線把對邊上的正方形
一分為二，其面積分別與其餘兩個正方形相等。

在正式的證明中，我們需要四個輔助定理如下：

· 如果兩個三角形，有兩組對應邊和這兩組邊所夾的角相
等，則兩三角形全等。

· 三角形面積，是任一同底同高之平行四邊形面積的一半。

任意一個正方形的面積，等於其二邊長的乘積。

· 任意一個長方形的面積，等於其二邊長的乘積。

證明的概念為：把上方的兩個正方形，轉換成兩個同等面積的平

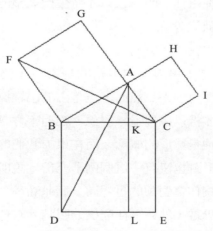

圖 4-20　歐幾里德的幾何原本中，關於畢氏定理的証明

行四邊形，再旋轉，並轉換成下方的兩個同等面積的長方形。

其證明的步驟如下：

1. 設△ABC 為一直角三角形，其直角為 CAB。

2. 其邊為 BC、AB 和 CA，依序繪成四方形 CBDE、BAGF 和 ACIH。

3. 畫出過點 A 之 BD、CE 的平行線。此線將分別與 BC 和 DE 直角相交於 K、L。

4. 分別連接 CF、AD，形成兩個三角形 BCF、BDA。

6. ∠CBD 和 ∠FBA 皆為直角，所以，∠ABD 等於∠FBC。

7. 因為 AB 和 BD 分別等於 FB 和 BC，所以△ABD 必須相等於△FBC。

8. □BDLK 的面積，是△ABD 面積的二倍。

9. 同理，□BAGF 的面積，是△FBC 面積的二倍。

10. 因此，□BDLK 的面積，與□BAGF 有相同的面積＝AB^2。

11. 同理可證，□CKLE 的面積，與□ACIH 有相同的面積＝AC^2。

12. 把這兩個結果相加，$AB^2 + AC^2 =$ BD×BK ＋ KL×KC

13. 由於 BD ＝ KL，所以，BD×BK ＋ KL×KC ＝ BD（BK ＋ KC）＝ BD×BC。

14. 由於 CBDE 是個正方形，BD ＝ BC，因此$AB^2 + AC^2 = BC^2$。

從歐幾里德的證明中，我們可以看到非常清晰的單線式思維過程。單線式思維的特色，是將思考對象予以拆解，再以符合條理的步驟，排列組合成追尋的目標。在歐幾里德的證明中，核心的關鍵正是面積的拆解，再予以合成我們所要的關係式或定理。

我國在公元前的 1100 年間，就已經有了「勾三、股四、弦

五」的商高定理。在《周髀算經》裡，古人借助了勾股圓方圖如圖 4-21 所示，採用積矩方法非常簡潔地證明了勾股定理：「勾股各自乘，并之為弦實，開方除之，即弦也」。一句話而已。當然，這個證明，還是有其過程與步驟的。現在，把一長為 4 寬為 3 的矩形□ABCD 對折，可得到直角三角形△ABC，則其勾為 3 股為 4，那麼對角線（弦）就是 5。證明的方法：是把四個等於□ABCD 的矩形合併在一起，成一個大正方形。從外看是一個面積為 7×7 = 49 的大正方形。然後每個矩形各折去一半，4 個一半相當於兩個矩形，其面積為 24。剩下的即是一個較小的正方形□ACXY 面積為 25，因為 49 − 24=25，正是內正方形的面積。於是每一邊即弦，開方之後得到 5。如果我們把以上敘述，用代數式來表達，將是非常的簡單：

$$c^2 = (a + b)^2 - 4(ab/2)$$
$$= a^2 + 2ab + b^2 - 2ab$$
$$= a^2 + b^2$$

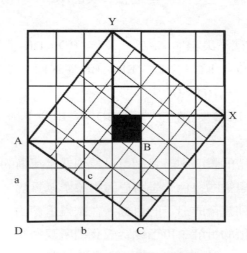

圖 4-21　周髀算經裡的勾股圓方圖

另外，三國時代的魏國數學家劉徽在他的《九章算術注》中，採用了更為簡單的「出入相補」的概念，加上少許的說明甚至不須要說明，證明了勾股定理。在圖 4-22 中劉徽使用了兩個邊長比例為 3：4 的正方形甲、乙。首先在大正方形乙中，邊長 3/4 的位置取點 A，分別連接到兩個正方形相對的兩點 B、C。連接 AB 與 AC，AB 與 AC 的長度是一樣的。在 AC 之下，可以切出兩塊面積 a 與 b。同理在 AB 之下，也可以切出一塊面積 c。接下來以 AC、AB 為兩邊，作一正方形□ABCD。此時切出來的面積 a、b、c，正好可以填入□ABCD，證明了甲、乙兩個正方型的面積，等於□ABCD 的面積，也就是勾股定理。

當我們比較東西方思維，在勾股定理證明上的表現時，拆解毫無疑問是西方思維最大的特色。西方邏輯式的推理，講究的是將思維對象，拆解至最基本的組成單元，再透過符合條理的排列組合，來達到思考的目標。當然這樣的思維模式，是典型的字母書寫之拼音文字的語言模式，應用到幾何學的呈現而已。至於我國的思維特色，不論我們怎麼看至少大家一定會同意，不會是拆解。從周代以降，就不走拆解之路。當然這是因為我國的漢字，

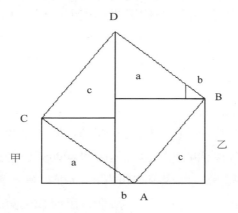

圖 4-22　劉徽以出入相補的概念，証明勾股定理

絲毫不存在拆解的意涵。不但沒有拆解，反而常常是反其道而行，用筆劃、偏旁或不同的構造如六書來組合成文字，以做為表達思維感情的媒介。在勾股定理的證明中，這種圖像式的思維，也很清楚的呈現在證明之中。

在勾股圓方圖中，我們的祖先很明顯的採用了視覺的輔助，以幫助我們找到問題的關鍵。如果能夠找到適當的輔助，把問題的來龍去脈表達清楚，則我們所要追尋的思考目標，將無所遁形而一目了然。從周代到漢代無不如此。所不同者，僅在於所尋找的視覺輔助不一樣而已。我國自古以來的思維，何以會如此？原因也很簡單，因為我們看事情習慣從整體去看。當我們面對任何問題時，我們所擁有的資訊，永遠是不足的。在資訊不足的情形下，我們會很自然的去尋找協助，以便呈現思考對象的全貌或至少是關鍵部份。如果這個目標可以達到，我們對於思考對象，一定可以有一個全盤的了解。一旦擁有思考對象的全息，則剩下的工作只是機械式的尋找而已。此時問題的解決，已經轉化成走迷宮而已，答案是一定存在的，只要找出正確的路徑即可。

西方的思維方式，集中在思考對象上，也就是思維主體上。針對思考對象進行拆解。整個思維過程所呈現出來的，是一種針對主體的機械式之操作方式。中國的圖像式思維，則走向完全不同的演化路徑。中國的思維方式散佈在與思考對象有關的整個情境脈絡上。把思維主體整合進入一個整體，再尋找以思考對象為主之整體的來龍去脈。整個思維過程所呈現出來的，是一種針對整體的直觀式之操作方式。問題的關鍵在於：當我們在思考一個對象時，要把什麼樣的資訊也就是視覺輔助與思考對象，整合進入一個整體？這是一個搜尋與拼圖的過程，是一種開放式的操作。因此必然會因人而異，因為每個人所尋找的資訊，不可能都一樣。在勾股定理的證明中，周髀算經所用的視覺輔助與劉徽所

用的就不相同。一旦有人找到令人拍案叫絕的輔助時，問題其實就已經解決了，因為捷徑已經找到。既不必拆解也不必分析更不須推理或邏輯，同樣可以達到目標。

中國人這種圖像式思維的長處，我們以「洞察」稱之，代表著一眼（肉眼及心眼）就能看到問題關鍵的能力。我國的老祖宗們，就憑著超凡的洞察力，在古代還是相當原始的社會條件之下，而且完全不依賴任何形式的邏輯，就創造了許許多多令全人類讚嘆不已的不朽傑作，而予人中華文化早慧早啟或早熟的印象。

圖像式的思維就像看一幅畫一般。對於聰明人而言，可以直接一眼看去，就看到事物的重點，不需要透過解析排列與合成的分析過程。而我國老祖宗的洞見，往往比別人早看到數百年甚至上千年。由於這些少數天才型的秀異份子，以其驚人的洞察能力，使得中華文化在很早的時候，就已經創造出讓後人在千百年後都還讚嘆不已的傑作。因此造成了中國人在天文學、曆法、數學、醫學、文學和文字學、建築水利、醫療等技術方面，都為人類做出巨大的貢獻，更形成了與西方不同獨具一格的科學技術體系和科學技術成就（何靜、韓懷仁，2002）。

我國在公元前 21 世紀的黃帝時代，已經規定一年為 366 天，精確度與現代相差無幾。商代創造了將 10 個天干名稱，配合 12 個地支名稱的 60 干支記日法，沿用至今。西周把一年分為 12 個月，一個月分為上、中、下三旬，每旬 10 天，每天 12 個時辰。春秋末年，我國開始將一年分為 365.25 日，比西方早了 100 多年；規定一個月為 29.53085 日，也很精密。南北朝時，祖沖之制定的大明曆，規定一年取 365.2428 日，沿用了近 700 年。南宋時期，1199 年開始採用的統天曆，將一年修正為 365.2425 日與現在世界上通用的陽曆完全相同，比西方人早了大約 400 年。

我國古代曆法，主要是根據太陽運行規律來制定的，也涉及對日食、月食規律成因的研究。周代發現月食只能發生在滿月末或月初。東漢張衡明確指出月光來自太陽照射，大地遮住太陽光便產生月食。我國古代對月食周期的推算，也很先進，西方在 19 世紀才推得 358 個陰曆月發生一次的周期，我國唐代的五紀曆就已指出，比西方要早 1000 年。至於預報日食、月食發生的時間地點、食分大小……在世界天文學史上更占有重要地位。

　　三國時魏人劉徽發現，圓內接正多邊形邊數無限增加的時候，多邊形周長無限接近於圓周長，從而創立割圓術。劉徽根據割圓術，從圓內接正六邊形算起，邊數逐步加倍，相繼算出正 12 邊形，正 24 邊形以致於正 3072 邊形的邊長，並求出π= 3.1416。劉徽的方法蘊涵的直線向曲線轉化，和用近似值向精確值逼近的思想，其實已經很接近微積分了。南北朝傑出的數學家祖沖之，循著劉徽的思路，大約算到 24576 邊形，確定了π的不足近似值是 3.1415926，過剩近似值是 3.1415927，π的精確值就在這 3.1415926 到 3.1415927 之間。祖沖之還確定了π的兩個分數形式的近似值：約率π= 22/7≒3.14，密率π= 355/113≒3.1415929。祖沖之把圓周率精確算到小數點後第 7 位，創造了π值精確度的世界紀錄，並保持了 1000 多年之久。1427 年阿拉伯數學家阿尼·卡西，和 16 世紀法國數學家維葉特，採用了新的思想方法，計算出圓周率精確值超過 8 位，才打破了祖沖之的紀錄。祖沖之提出的密率也是 1000 年之後，才由德國人奧托和荷蘭人安托尼，重新得到π= 355/113。

　　我國是世界上記錄彗星和哈雷彗星最早的國家。《春秋》記載，公元前 613 年秋天有彗星進入北斗。經過當代天文學家用電子計算機算出，那就是著名的哈雷彗星。《春秋》是人類歷史上對哈雷彗星的最早記錄，比歐洲早了好幾百年。哈雷彗星從公元

前 613 年到 1986 年，共光顧地球 35 次。我國從公元前 240 年起，對哈雷彗星的每次出現都有記載，是記錄最完整的國家。不僅記錄哈雷慧星的到訪，我國古籍上還記錄彗星的形狀和位置，而且對彗星發光的原理也有見解。1300 多年前的《晉書‧天文志》中寫到：彗星本身沒有光，在接近太陽的時候，靠著反射太陽的光，才發出光芒來。這比歐洲在 16 世紀有類似認識要早得太多了。我國的彗星紀錄，據初步統計，從古代到公元 1910 年，不少於 500 次。法國人巴爾代在詳細研究了 1428 顆彗星後，發表的「彗星軌道總表」中認為：彗星記載最好的，當推中國記錄。

《漢書》記載的公元前 134 年新星爆發，被國際上公推為人類發現的第一顆新星。自商代到 1700 年我國共記錄了 90 顆新星和超新星。現代射電天文學興起後，很多的外國學者，對我國的超新星記錄進行研究，發現 12 個超新星記錄中，有 8、9 個對應著射電源，這是我國古人的又一巨大貢獻。

公元前 2 世紀的《淮南了》，就已經提到過太陽黑子。《漢書》記載公元前 28 年 3 月「有黑氣大如錢，居日中央」，是全世界公認最早的有關黑子的記載。西方同類記錄，要遲至 8 世紀才出現。尤其可貴的是從我國史料中，106 條關於黑子的紀錄，可以發現黑子出現的幾個周期：11 年、62 年、250 年，與現代天文學的計算結果基本吻合。

在發明指南針以前，人類在茫茫大海中航行，常常會迷失方向，造成舟覆人亡的慘劇。中國人發明了指南針，使人類航行有了方向。其實早在遠古神話傳說中，就已經有了指南車的記載。傳說黃帝與蚩尤作戰，蚩尤作大霧，黃帝用指南車戰而勝之。戰國時期，有人發明了叫做「司南」的定向儀器。司南用天然磁石琢成，勺柄指向南極，勺頭指向北極。司南在使用時，要放在

「地盤」上，所以有人將指南針叫做「觸盤針」。觸盤針中的天然磁鐵，在琢制過程中容易震壞，因而指向不清，直到北宋時，發明了人工磁化的方法後，指南針才得到了廣泛應用。指南針的發明，大大推進了航海事業的發展。它對明朝初年鄭和下西洋，以及 15 世紀哥倫布、麥哲倫的航海大發現，都有重大的影響。

公元前 2 世紀的西漢初期，已經有了紙。東漢和帝元興元年（公元 105 年），蔡倫在總結前人製造絲織品的經驗基礎上，發明了用樹皮、破魚網、破布、麻頭等作原料，製造成了適合書寫的植物纖維紙，使紙成為普遍使用的書寫材料。造紙術在 7 世紀經朝鮮傳到日本。8 世紀中傳到阿拉伯 12 世紀，歐洲才仿效中國的方法設廠造紙。

印刷術是中國古代四大發明之一，它開始於隋朝的雕版印刷。經宋仁宗時的畢昇努力經營發展完善，產生了活字印刷，並由蒙古人傳到了歐洲。所以後人稱畢昇為印刷術的始祖。中國的印刷術是人類近代文明的先導，為知識的廣泛傳播交流創造了條件。北宋刻字工人畢昇在公元 1004 年到 1048 年間，用質細帶有黏性的膠泥，做成了一個個四方形的長柱體，在上面刻上反寫的單字一個字一個印，放在土窯裡用火燒硬，形成活字。然後按文章內容，將字依順序排好，放在一個個鐵框上做成印版，再在火上加熱壓平就可以印刷了。印刷結束後把活字取下來，下次還可再用。這種印刷方法，雖然原始簡單卻與現代鉛字排印原理相同，使印刷技術進入了一個新時代。

火藥是我國古代另一個四大發明之一，用硝石、硫黃和木炭 3 種物質混合製成。當時人們把這 3 種東西，作為治病的藥物所以取名「火藥」，意思是「著火的藥」。秦漢以後，煉丹術士用硫黃、硝石等物煉丹，從偶然發生的爆炸現象中得到啟示，經過多次實驗終於找到了火藥的配方。三國時技師馬鈞用紙包火藥的

方法，做出了娛樂用的「爆仗」，開創了火藥應用的先河。宋朝人將火藥裝填在竹筒裡，火藥背後扎有細小的定向棒，點燃引火管上的火硝，引起竹筒裡的火藥迅速燃燒，產生向前的推力使之飛向敵陣爆炸，這是世界上第一種火藥火箭。以後我們的老祖宗，又發明了用竹管製成的原始管形火器，即所謂的火槍和突火槍，而成為近代槍炮的始祖。火藥的發明徹底改變了人類的戰爭型態，終結了冷兵器的時代。

中國圖像式思維的高超洞察能力最具代表性的，當推四川的古代水利工程都江堰。都江堰位於四川成都平原西部灌縣附近的岷江中游，是我國古代宏大水利工程的代表作。這是公元前 250 年李冰任蜀郡郡守時，領導群眾修築的。李冰父子在前人治水的基礎上，組織人力修成都江堰，使成都平原得到灌溉，成為「水旱從人，不知飢饉，沃野千里」的「天府之國」。

都江堰工程由分水魚嘴、飛沙堰、寶瓶口三部份組成。分水魚嘴是建於江心的分水堤，形狀像魚的嘴巴，把岷江水分導流入內外二江。外江為岷江正流，內江經寶瓶口，流入川西平原，灌溉桑田。飛沙堰在分水魚嘴和寶瓶口之間，用於洩洪，調節由分水魚嘴流來的水流量，避免過多地湧入內江。寶瓶口是人工鑿山，引岷江水入內江的總入水口，因為形狀像瓶頸而得名。三個部份相互呼應，構成一個完美協調的整體。在內江口還刻有三個石人，立在不同的水位中，發揮顯示水位高度的作用，為調節水位提供數據。都江堰建成後，成都平原「旱則引水浸潤，雨則杜塞水門」，巴蜀的農業經濟迅速發展，為秦統一六國提供了強大的物質基礎。秦漢之後經過歷代不斷整修，都江堰的功能日益增強。直到今日它仍然發揮著防洪、排沙、灌溉、航運、發電等多方面的效益。在古今中外的水利工程史上，確實是一件令人讚嘆的人造奇蹟。

在古代既沒有大地測量，也沒有航空測量，更不要講人造衛星。身陷崇山峻嶺之中，資訊絕對是極端缺乏的。李冰父子對於地形、水流的掌握，竟然可以如此的精確。此外，毫無任何機械化的設備，僅憑原始的工具，李冰父子對大自然的改造，竟然可以跟大自然形成如此完美的結合，而不參雜任何人為的扭曲。明明是人為的，卻是如此的自然。2000 年後的今天，依然可以發揮當初設計的功能。李冰父子的所做所為，已經遠遠超越工程的概念了，根本就是在創造自然，簡直就可以用「功參造化」來形容。李冰父子何以能夠對地形、山川、水流，有如此通盤而且透澈的理解？甚至還可以穿透時間的考驗？尤其是在資訊知識絕對不足的情況之下？除了來自圖像式思維的強大洞察力之外，用西方的邏輯推理等概念，是絕對無法理解李冰父子，何以能做到這樣的奇蹟。

中國的圖像式思維在孫子兵法上，所表現出來的強大洞察力，更是令人嘆為觀止。橫跨了 2000 多年之後，依然是光芒萬丈。孫子兵法的作者是孫武，孫武不只是我國歷史上，最偉大的軍事學家，更是全球公認有史以來最偉大的軍事思想家。在西方大家公認最偉大的軍事學家是「戰爭論」的作者：克勞塞維茲。然而，以色列的戰略學者 van Creveld（1991）卻公開稱許：「在所有一切的戰爭研究著作中，孫子排第一，克勞塞維茲只能屈居第二」。

從公元前 532 年投奔吳國到 512 年，以兵法 13 篇面見吳王闔閭，孫武在吳國深居了 20 年。孫子兵法 13 篇，據推測應該就是這 20 年深思之所得。20 年間對於極端複雜的戰爭，孫武竟然能夠如此清晰地掌握戰爭的本質、規律、與過程，以及戰爭與政治經濟的關係，甚至戰略戰術的運用等等，實在不能不令人佩服讚嘆。孫武以個人之力，處於春秋這個動盪的大時代，交通既不

方便資訊也不流通。再加上國與國之間的爾虞我詐，他所能夠掌握的資料，必然是十分貧乏且極端不足的。就像拼圖一樣，孫武手上只有寥寥幾片圖塊，卻要拼出一張 100 片的大拼圖，更不可思議的是他竟然做到了。實在令人無法相信，他所使用的方法，會是像今天的西方科學方法一般：搜集足夠的資料之後，做好假設設定研究範圍，訂定自變數、因變數，經過歸納、演繹、推理的邏輯過程，然後再去找個戰爭來實驗一下，好驗證他的思想。除了來自中國圖像式思維的洞察力之外，確實找不到任何其它更好的解釋，能夠用來說明，何以孫武能夠在 2500 年前，就寫下了震古爍今的孫子兵法。到了 20 世紀經過了 2000 年的考驗，孫子兵法不但沒有褪色，反而更加光芒萬丈。到今天，不只是戰場上需要孫子思想，連商場、職場、政治都在尋求孫武的啟示。

對於我們中國人來說，孫子兵法中，有一句婦孺皆知的名言：「知己知彼，百戰不殆」。這句話非常的簡單易懂。但是，代表著西方文明 500 年來發展最高峰的美國，到了 20 世紀、60 年代在打越南戰爭的時候，竟然都還因為想不通這個道理，而付出了慘痛的代價。美國人之所以不能體會，不是因為他們笨，而是因為他們單線式的思維，與孫子兵法的思維方式截然不同。Gawlikowski 就曾經說過：「孫子思想中，含有一種鬥爭哲學，那是一種獨一無二的理論，在西方找不到與其平行的思想。這是一種高度抽象性的概念，其所能應用的範圍，並非僅限於戰爭，而可以推廣及於任何其它的領域」（紐先鍾，1996）。

曾經擔任美國西點軍校校長、陸軍參謀長、美國駐越南大使的泰勒將軍，在他的回憶錄中，檢討越南戰爭對美國的教訓時，很感慨於美軍的既不知彼、又不知己的困境（紐先鍾譯，1982）。越戰期間美國的歷任總統，艾森豪、甘迺迪、詹森，對於當時的南越與北越的情報，掌握的既不完整又不精確，還常常

犯下重大的錯誤。

　　從 1954 年開始北越就不斷派人滲透南越，執行政治顛覆任務，以求達到統一越南的目標。美國為了阻止共產主義的擴張，艾森豪總統開始支援南越吳廷琰政府對抗共黨。當時的吳廷琰政府在對付越共的威脅上，表現相當的良好，迫使北越在 1959 年承認失敗，並大幅改變戰略，進入所謂的「民族解放戰爭」的階段，開始進行大規模的軍事行動。然而，就在吳廷琰政府在承受北越大幅升高的軍事壓力時，甘迺迪總統一方面增加軍事支援，一方面卻又以人權、自由為名，公開譴責南越政府對佛教徒反政府活動的鎮壓。隨著美國新聞界的推波助瀾，情況愈加惡化。1963 年美國政府竟然策動政變，推翻了他們認為已經無法掌控的吳廷琰政府。北越花了將近 10 年的時間，不惜代價都無法做到的目標，美國人竟然幫他們做到了。從此以後，潘朵拉的盒子打開了，南越政府開始分崩離析政變不斷。對內再也無法進行有效的統治；對外同樣再也無法整合力量對抗北越。北越則借美國人之手，除掉了統一最大的障礙而軍心大振。美國人在越南戰場上，則被迫開始直接面對北越的軍事攻擊。1964 年 8 月終於發生北越魚雷艇在公海上，攻擊美軍驅逐艦的東京灣事件。美國國會隨即以壓倒性的多數，通過東京灣決議案。美軍跟著展開了「滾雷」行動，揮軍大舉進入越南。從 1965 年 3 月兩個營的海軍陸戰隊登陸峴港開始，到 1968 年達到最高峰的 52 萬人。當然傷亡人數也跟著快速上升。

　　美國人的無知不只表現在對南越、北越的事務上，對於掌握美國國內自己政治情勢的發展，其無知同樣令人感到驚訝。泰勒將軍的感慨令人噓唏長嘆：「我們在研判兩個越南的可能發展時所缺乏的遠見，固然是已經令人深感遺憾，但對於國內的困難，不能預知則是令人更難原諒」。1967 年美國國內風起雲湧的反戰

示威活動，讓詹森總統開始感到震驚與恐懼。震驚的是政府與人民之之間，思想差距日益擴大，恐懼的是美國事實上正在分裂。原因正是如泰勒所言：「由於我們忽視了古聖先賢所謂的知己」。

　　美國人的反戰運動，當然有著非常複雜的原因。美國是一個個人主義的國家，一般國民普遍具有強烈的民主意識，不願服從紀律，對於威權具有天生的反感。美國政府要透過徵兵，強迫每一個成年男子，遠赴異國作戰。所面對的困難，是可想而知的。除了國民性的因素之外，媒體的影響也是大家所公認的。美國的新聞界常以「第四權」自居。他們相信他們的職責，就是針對行政、立法、司法三權，發揮監督的功能。因此新聞記者常認為，他們的主要任務就是要在政府中發現壞人，以便保護人民不至於受到不肖官吏的迫害。所以他們常常把批評的矛頭集中在美國政府或其盟國的身上。當然這也是可以理解的，因為北越並不是他們所要監督的對象。結果美國大眾從新聞報導中，所接受到的訊息似乎好像一切愚蠢和野蠻的事情，都是美國人和南越人做的，敵人的一切反而值得同情。最後，終於使得美軍的一切作為，完全失去了道德的正當性。

　　問題是接連幾任的美國總統，都不清楚美國人民的民族性？都不了解美國的新聞界？反而是共產黨比較了解？否則何以會被他們所利用呢？尤其更令人感到納悶的是：曾任中國共產黨中央軍委第一副主席兼國防部長的林彪在 1965 年，就曾經公開的警告過美國：「任何東西都是可以分化的，美國雖為龐然大物也還是如此，它是可以被分化和擊敗的」。林彪已經公開說要分化美國了，美國何以還是無法逃脫被分化的下場？由此可見，知己知彼真的是非常的困難，尤其是在思維方式不同的時候。

　　孫武智慧的光芒，不僅止於「知己知彼，百戰不殆」。孫子

「作戰篇」中有言：「故兵聞拙速，未睹巧之久也。夫兵久而國利者，未之有也」。因此，孫武乃提出「兵貴勝，不貴久」的用兵原則。2500 年後越南戰場上再次驗證了孫武的慧眼之所見。

從 1965 年以來美國政府因為害怕過度的行動，可能會擴大成為第三次世界大戰，遂採取一種「漸進主義」的戰略，以求能夠將戰事控制在美國所設定的範圍之內，也就是一般所了解的「有限戰爭」的概念。所謂的漸進主義是指使用逐漸升高的軍事壓力，直到敵方因為所付出的代價過高的時候，喪失戰鬥意志而尋求和解，美軍即可壓迫敵方，接受美國的政治安排。典型的追求「巧之久」的戰略。然而，北越的反應卻大出美軍的意料之外。按照西方人的計算，北越所付出的代價，早就已經得不償失了。然而北越的頑強，卻讓美軍感到非常的難以置信。

由於美軍希望控制戰爭的強度，以免擴大。乃將軍事力量的使用，加以嚴格的限制好讓「胡志明和他的黨羽們，有充份思考的時間，讓他們有幡然悔悟的機會」（紐先鍾譯，1982）。其結果卻必然造成戰爭的拖延，並讓敵人有喘息的機會及利用民族主義，不斷強化人民戰鬥意志的空間。而美軍的作法不但讓敵人認為，美軍領袖意志不堅定，還使得前線的軍人，喪失戰鬥意志因為領袖不追求勝利。美軍的做法，完全吻合孫武所形容的「敗兵」。以美軍的強大先進戰術的成功，美軍每傷亡 1 人，平均可以讓北越付出 20 倍的慘痛代價，卻仍然屈辱地敗走越南。對照美軍的作為與孫武的言論，讓人不得不讚嘆，孫武穿越時空的超凡洞察力，以及我國圖像式思維的獨特之處。

第五章

思維文化理論

5-1　基於思維方式的文化理論

文化的定義

　　「文化」一詞在我國古代就已經有了。「文」的本意是指各色交錯的紋理。《易‧繫辭下》記載著：「物相雜，故曰文」。《禮記‧樂記》裡則稱「五色成文而不亂」，均指此義。基於這個基本的含意，「文」這個字延伸出了相當廣泛的意義。例如包括語言、文字在內的各種象徵符號，及其具體形成的相關文物典籍與禮樂制度。另外還包括如繪畫、美術、音樂、建築等有形之物以及道德修養等無形的信仰與價值。我國自古的「文」常常用以對比於「質」，例如《論語‧雍也》裡的：「質勝文則野，文勝質則史，文質彬彬，然後君子」。很顯然的到了孔子的年代，「文」這個字，已經被賦與了相當正面的意涵，只要是跟文對立的事物，就是野蠻的。

　　「化」，本來的意義為變化、生成、造化等如《易‧繫辭下》中有言：「男女構精，萬物化生」。《禮記‧中庸》也提到：「可以贊天地之化育」等等。因此，「化」可以認為是指事物形態或性質的改變。「文」與「化」的合併使用，最早出現在《易‧象傳》之中：「觀乎人文，以化成天下」。孔穎達在《周易正傳》中解釋道：「觀乎人文以化成天下，言聖人觀察人文，

則詩書禮樂之謂，當法此教而化成天下也」。因此之故，文化漸漸有了「以文教化」的意味，也就是教育人們遠離野獸的狀態與習性，「文化」就代表了人類遠離野蠻的過程。

受到西方科學的影響，我們今天所說的文化與古文裡的文化含意，已經不大相同。我們今天所用的文化概念，已經溶入了西方的culture。Culture翻成文化，是19世紀末從日文轉譯過來的。其源出於拉丁文cultura，原意為耕耘、耕作的意思，後來引申為對自然界的開拓之意。19世紀隨著人類學、文化學、社會學等，以文化為研究對象的科學興起，學者們大都認為：凡是與自然狀態、天然狀態相對立的，都屬於文化現象。因此西方人的文化一詞，有「人化」或「人類化」的內涵，是指人類主體通過社會實際活動、適應、利用、改造自然界客體，而逐步實現自身價值觀念的過程，與一切物質與非物質成果。也就是說自然界本無文化，自從有了人類，凡經人「耕耘」後的一切均為文化。

英國人類學者Tylor在1871年發表的《原始文化》中，第一次將「文化」一詞定義為：文化是包括全部的認識、信仰、藝術、道德、法律、風俗以及作為社會成員的人，所掌握和接受的任何其他的才能和習慣的複合體。Tylor 顯然是把文化理解為，一個精神文化的綜合整體。1952 年美國人類學家 Kroeber 和 Kluckhohn，在他們合著的書《Culture： A Critical Review of Concepts and Definitions》中，列舉了 100 多種文化定義。從此之後有關文化的定義，不但沒有減少或停止，反而變得更多。時至今日，世界上出現的文化定義，已經不下 300 種之多，充份說明了文化內容的包羅萬像及花樣繁多，連帶使得文化一詞的定義，其內涵有如多樣性的生物一般不勝枚舉。

自從 19 世紀以來，西方社會科學勃興，隨著諸如考古學、人類學、社會學、民族學等新興之人文學科的發展，文化作為一

個重要的術語以及概念，應用的範圍確實是非常的廣泛。每個領域之內為了自己的需求，形成各有各的定義，再用以解釋各領域的知識，使得「文化」一詞在西方的世界裡，成為含意最複雜的少數 2、3 個字中的一個（林宗德譯，2004）。從 Kroeber 和 Kluckhohn 所收集的 100 多個文化定義中，雖然確實很複雜，卻還是約略有相當一致和共通的認知。例如：文化由外層的和內隱的行為模式所構成，這種行為模式，通過象徵符號而傳遞；文化代表了人類的顯著成就，包括它們在人造器物中的體現；文化的核心部分是傳統的觀念，尤其是它們所攜帶的價值。文化體系一方面可以視為是行為的產物，另一方面是進一步的行為的決定因素。

傳統的定義使得文化的內涵，被局限在人文、社會科學的領域裡。300 多個定義清楚地說明了，即使連最基本的概念，都還沒有一個大家都同意的說法。從自然科學的觀點來看，這當然是很難想像的事情。以物理學為例，諸如質量、力量等基本概念，只能有一個清晰明確的定義，否則將無法溝通。因此，讓文化的定義離開人文、社會科學的領域，進入自然科學的領域內，也就是從自然科學的角度再來看文化，或許可能會比較容易找到，大家都一致同意的定義。

文化不論如何定義，一言以蔽之就是「人類活動的產物」。這個產物可以是硬體如雕刻、建築、繪畫等；也可以是軟體如態度、意義、價值、道德、知識、信仰等。所有這些事物，人類都要經過學習才會，無法透過遺傳直接獲得。而且也是一個團體、族群或社會，所共同分享的共通特質，也會在不知不覺之中，支配其成員的思想與行為。「人類活動的產物」這個定義，包含了以上所提到的 100 多個定義之中，所要表達的共通含意。

所有人類活動的產物，都是我們這顆大腦所創造出來的。任

何人類的文化活動毫無例外的，都必然受制於大腦的構造與運作方式。離開大腦的構造與運作方式來談人類的文化，將會使得我們陷入各說各話的困境。這 100 多年來，文化的定義可以高達數百個，就是一個明顯的證據。所以任何真正想要具有充份解釋力的文化理論，必然要考慮到大腦的結構與運作方式。人類大腦的運作特色，除了來自用進廢退的高度可塑性，以及平行式的資訊處理方式之外，還有另一個特色，人類的大腦，是一個會建構環境內在代表圖像的複雜適應系統，也就是一個會不斷說故事的機器。

　　一萬多年前長毛象滅絕了。滅絕的原因，可能有好幾個。大多數都是屬於自然環境的因素如慧星、隕石的降落地球，而造成的全球性大災難；或者是冰河期的結束，使得長毛象的棲息地大幅萎縮，以致於沒有容身之地；或是氣候的變遷等等原因。不過，由於長毛象滅絕的時間，正是人類的新石器時代的初期；再加上考古證據指出，人類曾食用長毛象，使得人類的獵殺，也被列入長毛象滅絕的原因之一。

　　人類憑什麼能夠獵殺巨大的長毛象？一萬多年前的人類，正處於新石器的時代，即使人類已經知道使用矛做為長程攻擊武器，也不可能有什麼驚人的威力，來把長毛象趕盡殺絕。因為當時人類還不會使用金屬，矛頭只能是石頭做的。石頭做的矛頭，一段距離之外以人力投擲，能夠刺穿長毛象的皮毛，而對長毛象造成傷害，是有點匪夷所思。據推測人類之所以能獵殺長毛象，不是靠長矛而是靠腦袋。人類經由長期的觀察，已經逐漸能夠掌握到長毛象出沒的路線。於是，史前人類就埋伏在長毛象必經的路上。當長毛象經過的時候，史前人類就傾巢而出又吼又叫、又扔石頭、又擲長矛，讓長毛象產生驚慌，再把長毛象逼向預先設計好的陷阱——斷崖。當長毛象走頭無路或者一不小心或者煞不

住車，紛紛掉下斷崖摔死，自然就成為史前人類的食物了。

　　人類依靠腦袋而不是長矛，戰勝了長毛象關鍵何在？人類的腦袋有何特殊之處？

　　生物的資訊處理系統，屬於一種複雜適應系統，演化到某個階段時，將產生建構內在環境代表的能力。所謂內建環境代表意義是這樣的：當我們面對外在的環境時，環境給我們的刺激，會引發我們大腦神經網路的相關反應。大腦神經網路雖然複雜，卻仍然是有限的。而且它有一定的運作方式。此外，我們所賴以接收外界訊息的感官，其局限性更大。所以，腦神經網路只能以它自己的方式做出反應。因此而注定了不可能將整個環境，完整地呈現在我們腦海中，只能呈現我們認為有「意義」的資訊，而且是經過編碼的資訊。因為我們的腦神經網路裡面，除了電流什麼也沒有。

　　當環境中相同的情境繼續再度出現時，我們的腦神經網路，再次受到類似的刺激，也就再次做出類似的反應。當類似的過程，不斷地重複出現許多次之後，腦神經網路逐漸將其中相同的部份，聯結成一個特定的電流活動時空型態，一個以神經元為基本組成單位，以神經元的運作方式為基本運作型態所組合構成的一個時空型態。這個型態對我們而言，就是當我們在了解一件事情之後，在腦海裡所留下的「意義」，也就是我們所說的內建環境代表。透過腦神經網路的用進廢退日積月累之後，這個型態很自然就「長」在我們的大腦裡面。

　　當人類的大腦，演化出能夠建立內在的環境代表圖像的時候，人類就有能力在內建環境代表的指引之下，找出長毛象經常經過的路徑，以及長毛象的相關習性。根據這些了解，史前人類已經可以針對獵殺長毛象，進行整體的規劃、設計、安排與執行的動作，並獲得成功。當人類的大腦有此能力的時候，人類開始

第五章　思維文化理論

不同於一般動物。因為人類已經可以跳脫一般動物「刺激——反應」的行為模式，開始擁有預測、規劃的能力。換句話說，人類開始擁有了理性。靠著理性，最後人類終於成為萬物之靈。

人類大腦神經網路裡面，各種內建的環境代表圖像，全部都是從與環境的互動而產生。這裡我們所謂的環境，包含自然環境、社會環境與歷史環境。任何一個人，終其一生之中，必然會受到自然環境的影響。如生長在熱帶、寒帶，或者美洲、亞洲，或者海島、大陸，或者雨林、沙漠，甚至平原、高山等等不同地方的人，都會擁有不同的思想、信仰、與行為。同樣的，一個人也會受到其成長社會的影響，如崇古的社會、重視親情的社會、信仰基督教的社會、信仰回教的社會、強調自由的社會、講究法治的社會等等，而擁有不同的思想、信仰與行為。此外我們在成長的過程中，必然也逃不開歷史的影響。因為很多古代的認知、思想或行為模式，常常會隨著文字、宗教、父母、傳統，而代代相傳，發揮久遠的影響。當人類在面對自然環境、社會環境與歷史環境時，所有透過環境互動而在我們腦海中，所逐漸形成的眾多內在環境代表，就自然而然地成為了人類所有活動的源頭依據。

內建的環境代表，本身是一個非常複雜的資訊系統，一個對我們存活有意義的資訊系統。舉例來說，為什麼人類會演化出能夠分辨紅色的大腦？這個過程不可能是毫無意義的。當樹上的水果，慢慢變成紅色的時候，就表示可以摘下來吃了；當動物的肉，紅色開始消失慢慢變成黑色的時候，就表示肉已經開始腐爛不能吃了；如果人類的大腦無法分辨紅色，人類根本就不可能過狩獵——採集的生活，又要如何進入農業社會呢？因此，分辨紅色有助於人類環境適應力的提升，是人類演化史中，跟生存息息相關的產物之一。如果按照我們文化的定義：「文化是人類活動

的產物」，則在我們腦袋中，與環境互動所建立的資訊系統或代表圖像，本身就是文化。

　　當人類在大腦內，建立了各式各樣的環境代表圖像之後，根據這些圖像人類製造了各式各樣的器物，以協助自己的生存。大自然中除了人類以外，其它生物為了爭取生存，也一樣會進行各式各樣的活動。它們活動的產物卻仍然屬於大自然的一部份，不能以文化稱之。而人類活動的產物卻明顯不屬於大自然，故我們以文化稱之。何以故？關鍵就在我們大腦中的內建環境代表圖像。這些圖像來自環境，卻不屬於環境；來自環境卻不是環境。人類依據這個經過編碼的環境代表資訊系統，所產出的任何器物，當然不可能屬於大自然。如果我們再回到文化的定義：「文化是人類活動的產物」，則人類依據大腦的資訊系統，所生產的任何器物，當然也都是文化。

　　綜合以上所述，如果我們使用：「人類活動的產物」，做為文化的定義，則不論是指在我們大腦內建立的資訊系統，例如態度、意義、價值、道德、知識、信仰等等，或是指根據這個資訊系統，所產生的所有器物如美術、舞蹈、雕刻、建築、繪畫等等，足以涵蓋前人所提的上百個文化定義所指的對象。此外這個定義，是從腦神經科學的觀點出發，考慮大腦神經網路的特性，根據人類與環境互動的反應，所下的定義，清晰而完整。因此，我們就根據這個定義，來進行以後的討論。

文化的層次

　　文化是人類活動的產物。人類毫無疑問的是一種生物。生物與環境的互動，明顯具有某些特徵。對人類而言這些特徵，依然是屬於人類活動的產物，可以文化視之。假如我們嘗試從生物資訊的觀點，來檢視我們的文化，我們將會很自然地發現，文化是

有層次的。因為，隨著人類對環境的熟悉程度的不同，人類活動的產物會展現出明顯不同的面貌。

　　英國心理學家 Rasmussen（1974）在觀察電子工廠作業員的工作表現時，發現隨著他們對工作環境的熟悉程度增加，其表現明顯可以分成 3 個階段。當一個人進入一個新環境，對他的工作環境還非常不熟悉的時候，他一定要依據他原來擁有的背景知識以及意識層面的分析能力，針對他所接收到的資訊來進行分析判斷。並進行動作的規劃與執行，以便做出反應。這個階段屬於摸索或嘗試錯誤的拼圖階段。此時一個人的表現，常常要看他的經驗與知識是否豐富而定。知識經驗越豐富，摸索的時間越短。Rasmussen 把這一階段的表現稱為「知識本位」的表現。意思是此階段的表現，是以知識為基礎而得到的表現。其次隨著對環境的熟稔程度增加，一個人對於他所面對的問題，已經熟悉到可以歸納出其規律性。其表現將由他所歸納出來的一堆規則來決定。例如：如果碰到什麼樣的狀況出現，則採取什麼樣的動作。諸如此類【如果…則…】的規則，越多越簡潔一個人的表現將越好。Rasmussen 把這一階段的表現稱為「規則本位」的表現。意思是此階段的表現，是以規則為基礎而得到的。其次，隨著對環境的進一步的熟悉，一個人對於他所面對的問題，已經熟悉到得心應手駕輕就熟的地步，甚至可以根本就不需要費任何的心思，全憑熟練的技巧，就可以有很好的表現。Rasmussen 把這一階段的表現稱為「技術本位」的表現。意思是，此階段的表現，是以技術為基礎的而得到的。Rasmussen 的「知識、規則、技術」3 級表現架構，很清楚地說明了隨著環境的熟悉，人類行為表現的變化，因而成為大家都接受的理論。

　　人類很多其它的行為，同樣也可以用 Rasmussen 的「知識、規則、技術」3 級表現架構來加以說明。一個人學習騎腳踏車，

剛開始不熟的時候，必須經過一段學習摸索的過程。在此階段之中，大家的表現，一定都不好。但是相互之間，還是會有不同的表現。如果一個運動選手，運動神經非常發達，反應也很敏銳，他一定可以很快地就摸索到騎車的絕竅，原因是他可用的背景資源比較豐富。等到學會騎車之後，每一個人都很清楚，什麼狀態該做什麼動作，即該如何上車、如何轉彎、如何下車等等。這時候我們已經過了學習摸索的階段，支配我們行為的是一連串的規則或程序。此時一個人的表現，就看他大腦中規則的多寡與好壞來決定。等到我們再更熟悉之後，我們就會連這些規則也忘掉了。一面騎車，還可以一面聊天。聊了一陣子才突然警覺到，剛才怎麼忘了自己還在騎車，而把自己嚇了一跳。這個階段的表現，明顯是以技術的純熟與否來決定的。「知識、規則、技術」3 級表現架構，在說明騎腳踏車的表現上，依然解釋得非常的清楚。

　　「知識、規則、技術」3 級表現架構，不只可以拿來說明人類的行為表現，還可以用在其它的動物身上。所有的動物訓練，不論是海豚、獵犬、老鷹、甚至小老鼠，其理論基礎，只有一個就是一種稱為「強化學習」的方法（Haykin, 1999）。當人類為了某種目的，訓練一隻動物的時候，最重要的關鍵是在它的腦中，建立一系列的規則。使得它一看到主人的一個手勢、姿態或是動作的時候，就知道該做什麼動作。要在動物的腦中，形成一系列的規則，當然也要讓它經過學習摸索的階段。因此，一定是足夠聰明的動物，才能加以訓練。因為牠的腦中，要擁有足夠多的背景資源，也就是類似人類知識或經驗的意識資源，它才能夠摸索出環境所提供之資訊中的聯結並建立規則。對我們人類而言，我們可以用說服的方式，直接讓一個人的腦中產生規則，因為人類有理性。如果是動物，我們就必須要不斷地用獎勵和懲罰

的方式，來「強化」它的學習。在這個學習的過程中，動物的表現一樣是基於知識所產生的。足夠聰明的動物，慢慢從主人的獎懲之中，摸索出一些規則之後，當主人出現一個手勢，基於本能它會立刻反應出某個動作，而得到食物。於是，本能被強化了，規則也建立了。這個階段的表現，當然是由規則所控制。當動物的表現，到進入技術純熟的階段之後，訓練過程就結束，可以登台表演了。

為什麼，從動物到人類，行為表現都呈現出 Rasmussen 的「知識、規則、技術」3 級結構？因為，不論是任何的生物資訊系統在與環境互動時，隨著對環境熟悉程度的增加，其行為表現都會經過基於知識、規則、技術的 3 個階段。這是所有生物資訊系統，在與環境互動下的必然產物。而且越高級的動物，資訊處理能力越強的動物，過程越明顯。如果，人類的行為表現，呈現出有層次的 3 個等級，則人類活動的產物，也就是文化，豈不是也應該有層次？正是如此，文化不但有層次，而且從「知識、規則、技術」的觀點，把文化分成 3 層，完全合理而且貼切。因為人類的行為表現，本來就是一種人類活動的產物。

文化是有層次的就像洋蔥一樣。若想要瞭解一個文化，必須一層一層地剝開它。文化的最外層是看得到的各種事物，我們把它稱為「文物」，例如建築、飲食及語言等等。每一個文物的背後，都隱藏著該文化所信仰與認定的意義。這一層意義是肉眼所看不到的。但是經過一段時間的觀察與思考，卻慢慢能夠理解，我們用「價值」來稱呼它。任何的價值不會憑空產生，一個文化之所以會形成某個價值，必然是與環境互動而得。只是久而久之，大家逐漸把來龍去脈忘掉了而已。這一層常常由於來源久遠，而不復記憶。有時候，即使是經過深入的研究，也無法得知。不過價值的起源，是來自於與環境的互動，則是毫無疑義

的。我們就用「環境」來稱呼它。現在我們就一層一層地來說明文化到底是什麼。

做為人類活動之產物的文化，可以分為外、中、內三層（Trompenaars、Hampden-Turner, 1998）：

1. 外層：文物　當一個人到了從來也沒有去過的國家時，一定會被一大堆新鮮稀奇的事物所吸引。例如語言、服飾、食物、建築、街道、廟宇、市場、藝術、舞蹈……等等，這些都是可以觀察得到的事物，也是一個文化呈現在外的產物。除此之外，我們到了一個國家，有時候也會被他們特異的行為所吸引。第一次到美國的人，一定會驚訝於美國人好像很喜歡排隊。第一次到日本的人，一定也會覺得日本人好像很有禮貌。到過香港的人，一定對廣東人講話的音量，留下深刻的印象。早期到過北京的人，應該都會很佩服他們吐痰的功夫。來過台灣南部的人，一定也會覺得很奇怪，有人騎車好像從來不看紅綠燈。凡此肉眼可見之種種文化的外顯事物，我們都用「文物」來稱呼。

2. 中層：價值　所有外顯的文物，沒有任何一件，是毫無來由憑空產生的。外顯的文物之所以產生，突顯出文化必然存在更深一層的內涵。中國的食物為什麼那麼好吃？原住民的服飾為什麼那麼色彩鮮豔？美國人為什麼喜歡排隊？日本人為什麼有禮貌？當我們深入理解一個文化之後，我們將逐漸能夠發現，這些令人眼花撩亂的文物背後，原來都是有道理的。他們一定是認為那是好的、美的、對的、正確的、應該的等等，才會那樣做，才會製造出那些東西。因此，文物的產生必然反應了該文化更深一層的規範、信仰、道德、和價值系統。規範是一群人對於「對」和「錯」的共同感受，常常以正式的法律形式出現，也可以是非正式的道德。另一方面價值則是一個社會中決定「好」與「壞」、「美」與「醜」的標準。有的社會之所以非常虔誠，因

為他們「相信」，人死後一定逃不過天堂與地獄的審判。凡此種種在我們心裡，做為行為依據的準則，以及文物之所以產生的背後源頭，我們就簡單的以「價值」來稱呼。

3.內層：環境　如果我們再進一步深入探討，一個文化的價值又是從何而來的，我們將會陷入極度的困惑。當我們問一個美國人，你為什麼要排隊的時候，他會告訴你，你要尊重別人的權利，因為人生而平等。如果我們再進一步問他，為什麼人生而平等呢？絕大多數的美國人，可能會愣在那裡，無法回答你的問題。或許有人會很勉強地告訴你，人本來就生而平等呀，那有為什麼。顯然的，人生而平等對美國人而言，幾乎是天經地義。可是我們中國人，自古以來就沒有人生而平等的概念。所以每個文化的價值體系都不同。然而為什麼不同的文化，會塑造出不同甚至南轅北轍的價值體系呢？

文化最內層的核心，牽涉到人類生存的根本問題。對任何的生命而言，生存都是最根本的需求。人類的任何活動不可能跟生存毫無關聯。從古到今人類為了生存，每天都要與大自然搏鬥。埃及人要面對尼羅河的泛濫；中國人要面對黃河的不斷改道；非洲人要長期對抗乾旱；瑞士人得經常與雪為伍；西伯利亞人每天都要與酷寒天候角力。當人類面對各式各樣的環境時，不論是自然環境、社會環境或歷史環境，各種挑戰將接踵而至。人類被迫組織手上能夠掌握的各種，包含人力在內的資源，不斷地摸索尋找對抗環境的有效方法。長此以往人類將能夠歸納出某個問題，可以用某個方法來解決的時候，這些解決問題的方法，會慢慢形成規律而變成自動化的行為。因為人類會發現，只要看到某個問題一出現，就立刻採取某個對策不必再摸索尋找，問題就可以獲得解決。久而久之常態性的不斷運用相同的對策，到最後連解決問題之道，都會在我們的意識層面中，消失得無影無蹤，進而變

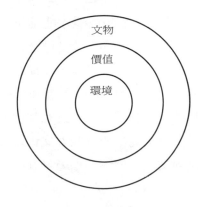

圖 5-1 文化的三個層次

成一個人、一群人或一個社會天經地義的本能。

當人類進一步發現，某些類似的問題，都可以用某些類似的方法來解決的時候，這些類似的解決問題的方法，背後共通的規律，將會慢慢地浮現出來，而為人類所掌握。經過進一步自動化的過程之後，人類的腦海中將僅剩下一些解決問題及面對環境的基本規律。這些基本規律，就形成了一般我們所說的「價值系統」。因此，文化的最核心部份是人類在與環境的互動之中，所必須要面對的基本生存需求。正是這些基本的生存需求，逼迫人類去摸索出一些解決問題的基本規律，才會出現所謂的價值。

不同的環境對人類所提供的挑戰，必然不相同。不同的環境，「必然」塑造出不同的價值體系。不同的價值體系，所產生的文物，當然也就大異其趣。因此，文化最核心的內層，是面對環境的基本生存需求，我們就用「環境」來代表這些需求，因為它們都是來自於環境。

社會科學家告訴我們，文化是一群人活動的共同行為模式。心理學家則跟我們說，單指一個人時叫做個性，但如指一群人所擁有的共同個性就叫做文化。人類學家口中的文化，則是人類特有的適應環境的方法。對於文化每個人都可以有自己的解讀。不過從環境的觀點來看文化，可能會比較客觀一點。

當我們不知道，某一群人為什麼會有某個行為時，若我們能夠把他們的歷史全部找出來，看看到底發生過什麼事情，我們當然能了解這些行為的來龍去脈。因為要在那樣的環境包括自然、

社會、與歷史環境下生存，就一定要發展出某些技能才能活下去，因為我們一定要去適應環境。久而久之相同的環境適應方法，因為不斷地重複而自動化，再更進一步內化成本能，而從意識層面消失。這整個過程就稱為環境的適應。所有的一切都來自環境。任何的生命體，為了要在某個環境下圖存，必須建立某種技巧使其形成規律，久而久之習而不察內化為本能就叫做文化。一切的一切都是環境所塑造。因此談到文化，環境觀點毫無疑問是最全面的。

　　如果我們採用環境的觀點來看文化，我們一定會同意，文化有 3 個層次，因為這 3 個層次，代表了人類適應環境的 3 個階段。文化的第一個層次包括語言、文字、食物、建築和藝術等等，是眼睛所看得到的「文物」。第二個層次包括價值、規範、道德、信仰等等，是肉眼所看不見的但經過思考卻想得到的「價值」。第三個層次，則是有時連想都想不起來、屬天經地義的「環境」，就是有關一群人，長久處於某個環境，所必須面對的基本生存需求。

　　基於環境適應觀點的「環境、價值、文物」3 層次人類文化架構，與基於環境熟悉觀點的「知識、規則、技術」3 層次人類行為表現架構，在本質上其實講的是同一件事，只是角度稍有不同而已。當人類在面對不熟悉的環境的時候，必然要經過一段摸索學習的過程。在這個過程當中，人類必須運用他所能掌握的資源，不論是知識、經驗、還是工具來克服困難，以便適應環境或在環境中求生存。這個階段是指使用能掌握到的資源，來適應環境的過程。如果我們從所能掌握到的資源角度來看，我們會用「知識」來稱呼它。如果我們從環境所提出的生存需求的觀點來看，「環境」的稱呼可能會比較適合。

　　當人類慢慢地摸索出，解決問題的方法之後，久而久之諸多

方法將形成「規則」。自動化的規則，在經過日久天長的重複使用之後，會逐漸離開意識層面而內化成我們文化中的「價值」。因此所謂的價值，代表的是指導大家「該怎麼做」的規則而已。至於「該怎麼做」的規則之所以產生，當然是因為它是對的、好的、應該的、正確的。所以，「規則」與「價值」的關係，就如同「700 奈米波長電磁波」與「紅色」的關係是一模一樣的。或者是應該這麼說才對：「內化的規則，就是價值」。接下來，隨著人類對規則的熟稔，人類對問題的解決，將越來越有效手法也會越來越精緻。於是慢慢地就可能會出現，有人能夠以高超的「技術」，製造出精美的「文物」，而讓大家效法追隨做為解決問題的模範。所以在這一階段，當我們從「規則的精煉」的角度來看，毫無疑問是一種「技術」。如果我們從「規則的產物」的觀點來看，當然就是一種「文物」。

　　從腦神經科學的角度來看，「環境、價值、文物」3 層次的人類文化架構，與「知識、規則、技術」3 層次的人類行為表現架構，只是大腦神經網路運作過程的外在呈現而已。如果這個觀點正確的話，則文化最內層的核心——環境，就是內在環境代表建立的依據。而 Rasmussen 所說行為表現的第一層——知識，就是內在環境代表建立的過程。其次，腦神經科學的角度，很清楚地告訴我們，價值體系正是我們大腦中，經過跟環境長時期的互動，所建立起來的環境代表！指的正是腦神經網路電流活動的時空型態！換句話說所謂的「價值」，就僅只是「規則的內建代表」而已，也就是規則在我們心中的意義。因為【如果……則……】的規則，本身是沒有意義的。一旦變成我們腦中的內建代表，我們的大腦會很自然地賦與規則意義。因為它是對的，所以我們要這樣。因為它是好的，所以我們要那樣等等。至於最外層的文物或技術，都是內建環境代表的外在發揮。發揮的過程稱為

技術。發揮的產物稱為文物。因此，不論我們討論大腦的運作、人類的行為表現或是人類的文化，一切的核心就在內建的環境代表上。以及圍繞在內建環境代表四周的所有議題。例如，我們腦中的內建環境代表，是怎麼建立的及過程如何。建立起來的環境代表是什麼樣子有什麼特色。內建的代表，有何影響又該如何運用等等。

思維方式──文化的作業系統

　　所有人類的文化，都可以用「環境、價值、文物」的 3 層架構來理解，因為人類的大腦，擁有相同的構造與運作模式。然而由於「性相近，習相遠」之故，人類的文化，呈現出了多彩多姿的多樣性。不幸的是有很多文化，終歸於滅絕。有的文化卻能夠繼續繁榮昌盛綿延不絕。一種文化的滅絕，原因當然是極端複雜且難於理解的。有個知名的美國學者 Diamond（王道還、廖月娟譯，1998），在討論如中美洲印加文明以及歷史上許多文化的滅亡時，曾經提出一個很有趣的問題：為什麼印加文明沒有發明出輪子？很顯然的，在人類歷史上，有的文化有能力發明輪子，有的文化則否。印加人未能發明出輪子，並不是一個孤立的個案。文字的產生，就是另外一個案例。在人類歷史上，真正獨自發展出文字的，只有四個族群：公元前 3000 年兩河流域的蘇美人、公元前 3000 年的埃及人、公元前 1300 年的中國人與公元前 600 年的墨西哥印第安人。其它文化的文字多半是借用或改造自其他文字，或者是受到現成的文字系統的啟發，而發展出自己的文字的。輪子是一種文物，文字也是一種文物，殆無疑義。何以某個文化，可以產生出某個文物，其它文化則否？

　　當人類面對某個環境挑戰的時候，為了要適應與生存，一定要經過一段摸索的過程，以便找到應對環境的方法。在這個摸索

的過程中，首先人類要在他所能掌握到的背景資源中，不論是知識、技術、物質、還是人力，努力去搜尋。其次，再根據所找到的資源，用嘗試錯誤的方式，在不斷重複的嘗試過程中，找到解決問題的方法。如果人們發現當某一類的問題，確實都可以用某一類的方法，予以解決時規則就出現了。日積月累地重複使用某類規則，去解決某類問題之後，規則開始內化為價值，並以內建環境代表的方式，「長」在我們的大腦之中。從此以後不論我們碰到任何問題，我們都可以拿出我們腦中，一大堆已經建立完成的環境代表，進行排列組合，期望能夠組合出我們要的答案。如果確實可以，新的文物就能夠被製造出來。如果不能，我們只好再自己去建構新的環境代表，或是從異文化引進新的環境代表，好擴大我們內建環境代表的資料庫，揭升解決問題的機率。

在以上文化層次形成的討論中我們可以發現，從文化的第二層要發展出第三層——文物，也就是文物為什麼會產生，主要的關鍵是在思維方式。這話怎麼說呢？我們的大腦之中，存在一大堆已經建立完成的環境代表。當我們在面對問題時，我們首先做的動作是搜尋。在我們大腦中，搜尋出與問題有關聯的環境代表。接下來的動作，則是進行排列組合，看看是否能夠排列組合出我們要的答案。一個文化，當它在面臨問題時，它是如何進行搜尋的動作，以及如何進行排列組合的動作跟思維方式，必然是息息相關的。其次從文化的核心——環境，要發展出第二層——價值出來，主要的依據從表面上看，是背景資源的多寡。背景資源越豐富的文化，越容易找到應對環境解決問題的規則。然而從所掌握的資源之中，人類又是如何凝聚出所謂的價值的？或者換一個角度，我們大腦之中的內建環境代表，是如何具體形成的？關鍵仍然在思維方式。例如在古代中國，自然環境的嚴苛，塑造出了中華文化沒有選擇地，必須透過組織眾人之力，來圖謀存活

的集體潛意識。這樣的潛意識，如何形成中華文化具體的倫理價值體系，當然無可避免地會受到思維方式的影響。

因此如果我們以拼圖為例，價值系統或內建的環境代表、或是腦神經網路電流活動之特定型態，就如同基本圖塊。從環境適應到發展出價值體系，可以視為基本圖塊的建構。使用價值體系到生產出文物，可以視為基本圖塊的排列與組合。問題的解決就是整個拼圖的過程，包含了基本圖塊的建構與運用，以拼出適當的圖像。不論是基本圖塊的建構與運用，其中的關鍵都是思維方式。因此，如果我們接受價值體系，就是我們大腦神經網路之中，電流活動的特定時空型態，則所謂的思維方式，就是這些電流活動之特定時空型態的建構與運作方式。思維方式影響到電流活動之特定時空型態，是如何建構的；同樣也影響到電流活動之特定時空型態，是如何運作的。

如果我們用計算機科學的概念來說明，就會更加容易了解。一部計算機可以粗分為硬體與軟體兩大部份。硬體是計算機本身，如中央處理單元、記憶體與輸出入界面；軟體則是支配硬體的管理資訊系統。為了工作的迅速、有效，軟體又可分為兩大類：應用軟體與系統軟體。應用軟體是指協助使用者，解決真實問題的程式，系統軟體則是指管理電腦系統以及與硬體互動的程式。所謂的作業系統則是系統軟體的核心部份，負責電腦資源的管理，以及與系統互動的界面程式（Dale、Lewis, 2007）。

電腦的硬體，例如中央處理單元、記憶體與輸出入界面，是電腦真正執行工作的物件。電腦計算工作的目標，主要是由硬體來達成，電腦使用者的需求，也是要由硬體來滿足，電腦的功能最後還是要由硬體來發揮。因此，硬體就是滿足使用者需求發揮特定功能的物件。文化中的文物，被創造出來，也是為了因應環境的需求，來發揮特定功能達成特定目標的物件。在功能上意義

上，文化中的文物與電腦的硬體毫無任何的不同。從資訊處理的觀點來看，硬體就是文物，文物就是硬體。

任何的文物，都不可能只是一堆毫無意義的物質。每一件文物的背後，都有其相對應之價值體系的支持，也就是文物形成所需要的意義系統。文物之所以產生，必然是因為它是有用的、它是好的、它是對的、它是美的或者它是應該的等等的各種意義，結合物質資源而形成。廣義來說任何的意義，都是一組資訊系統。資訊決定物質與能量的排列組合方式，因此，文物可以看成是擁有特定資訊系統，有特定意義的物質組合。據此，如果我們使用資訊科學的觀點來看文物，則任何的文物，都可以看成同時擁有外觀可見的硬體，與背後支持的軟體。對電腦而言，軟體決定硬體資源的使用方式，也就是決定如何使用硬體物件，以發揮特定的功能。對文化而言，價值體系同樣決定了文物所具有的形式與功能。所以，從廣義的資訊觀點來看，價值體系之於文化，就如同軟體之於電腦一般都是支配，決定硬體物件如何使用，並發揮特定功能的資訊系統。

然而電腦的軟體，支配硬體的目的，是為了要發揮什麼樣的功能？電腦硬體就像文化的文物，不可能是毫無目的的。使用者也就是我們人類或稱為顧客，是電腦所要滿足之需求的來源。是我們人類賦予電腦各式各樣的目標，然後設計軟、硬體組合成電腦，再命令電腦來成任務。所以使用者就是電腦所要適應的對象，也就是電腦所要滿足的環境需求。對文化而言文物的產生，也是來自環境適應的需求。因此電腦系統所面對的使用者，就像是文化所需適應的環境需求一般。在意義上電腦的使用者，就是文化所面對的環境。

綜合以上所述，電腦與文化的類比，從資訊的觀點來看，是說得通的而且是有意義的：

電腦：硬體、軟體、顧客。

文化：文物、價值、環境。

意義：發揮特定功能的物件、決定物件使用的方式、所須滿
　　　足的環境需求。

然而，電腦除了顧客、軟體、硬體之外，還有一項更為重要的核
心資訊系統──作業系統，缺此電腦就不成為電腦了。

　　作業系統的存在，是為了結合電腦的軟體跟硬體，以便快速
又有效率的發揮電腦的功能，滿足顧客的需求。作業系統同時面
對硬體、軟體以及顧客，因此是負責電腦各項資源分配的管理
者。例如，作業系統要能控制記憶空間、輸入輸出裝置等，以及
指揮控制相關硬體的系統軟體；另外作業系統同時也要負責管理
應用軟體，提供使用者與計算機互動的介面，協調該如何使用系
統資源，以滿足顧客的需求。用通俗一點的話來說，作業系統左
手指揮硬體及其背後的系統軟體；右手掌握顧客與其背後的應用
軟體，像媒人一樣撮合兩者，創造美滿姻緣。換句話說，作業系
統一方面透過管理應用軟體，協調電腦的使用者，有效且迅速的
使用電腦；另一方面指揮系統軟體，直接控制電腦硬體，將硬體
資源有效的分配給使用者。簡而言之，作業系統的主要功能是安
排系統資源，以及與使用者互動，以達成資訊處理的目標。所
以，作業系統之所以產生，就是要整合使用者、軟體與硬體，協
調使用者的需求，與硬體資源的供給，讓電腦發揮最大的功能，
滿足顧客的需求（Silberschatz、Galvin、Gagne, 2006）。

　　人類的思維方式，提供了大腦的系統資源管理，以及與環境
互動，並進一步產生文物的功能。由此觀之，在某種程度上，作
業系統的主要功能，與人類思維方式的部份功能，是相當接近
的。人類的思維方式，是一種大腦資訊系統的建構與運作的依
據。換句話說，如果我們再以拼圖成像，來代表人類的文化活

動，則思維方式決定了如何使用基本圖塊，經過排列組合而成像的過程。另外，根據環境所提供的資源與局限，如何建構基本圖塊，依然是由思維方式所決定。也就是說，我們大腦內，腦神經網路電流活動之特定時空型態（基本圖塊、內建環境代表、價值體系）的建構以及運用方式，就是我們所說的思維方式，這也是思維方式的基本定義。因此，思維方式會直接影響到價值體系的形成，以及文物的產生；同時也會受到環境、價值、與文物的影響甚至塑造。思維方式與環境、價值、文物是密不可分渾然一體的。

從資訊的觀點來看人類的思維方式，就像是計算機裡面的作業系統。首先計算機的作業系統，與人類的思維方式，都是一種資訊系統。其次，作業系統與思維方式，都需要直接面對環境的需求及滿足環境的需求。計算機的作業系統，必須協調應用軟體，管理系統軟體指揮硬體，來完成顧客的目標；人類的思維方式，則運用價值體系，經過排列組合形成文物，來滿足環境的所需。此外，作業系統必須組織並安排資訊的有效流動，以便結合軟體與硬體，來完成顧客的需求；人類的思維方式也一樣，同樣須要組織篩選資訊，結合價值體系與物件，來應付環境的挑戰，完成特定的目標。

儘管人腦的思維方式與電腦的作業系統，可以拿來類比，兩者還是有不同的地方。第一：人類的思維有能力創造出新的資訊系統，作業系統則尚未具備設計出新軟體的功能。第二：環境、價值與文物，都會對思維方式造成影響，甚至塑造思維方式；使用者、軟體與硬體，則僅能與作業系統互動，仍然無法塑造出新的作業系統。

圖 5-2　中所呈現的是基於腦神經科學、生物科學與資訊科學，所建構的一種文化理論，我們暫且稱之為思維文化理論，也

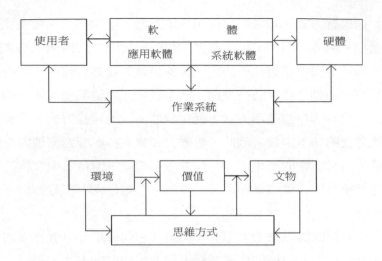

圖 5-2　人腦的思維方式與電腦的作業系統之類比

就是一種基於思維方式的文化理論。人類的思維既牽涉到生物的行為，也是大腦神經網路電流活動的產物，本身又是資訊系統。因此從思維方式的觀點，來探討文化的議題，可以擁有一個比較完整並貼近事實的看法，解釋力也將更為全面。一個完整的文化理論必然應該包含環境、價值、文物三個層次，以及貫穿其間的思維方式。如果我們確實能夠了解到一個文化所處的環境，以及它所擁有的價值體系和文物甚至思維方式，我們應該就可以開始明瞭，為什麼某個文化會產生某個文物；或者為什麼某個文化未能產生某個文物。例如：為什麼美國人喜歡排隊；為什麼日本人有禮貌；為什麼印加人沒有發明輪子；為什麼日本的明治維新會成功；為什麼我國的自強運動會失敗。

5-2　思維方式與科技文化

思維方式的影響，並不只局限於飛航安全而已，對科學的發

展更是具有決定性的地位。

「科學無國界」這句話，已經通俗到幾乎不會再有人有興趣去討論，當然也無人會去反對。不過這並不代表這句話就是對的。Diamond 在他的名作《槍炮、病菌與鋼鐵》（王道還、廖月娟譯，1998）中提出了一個大哉問：「為何是西班牙人渡過大洋，到南美洲滅了印加帝國，而不是印加帝國的人，到歐洲滅了西班牙？」作者推論是由於地理環境的差異所造成的，而不是來自生物或人種的差異。不論我們同不同意 Diamond 的解釋，我們也都可以提出一些類似的大哉問如：「為何科學產生在西方，而不是中國？」「為何中國到現在還不能產生本土諾貝爾獎得主？」「諾貝爾獎得主為何幾乎全部都是西方人，或是西方所教育出來的人？」「為什麼日本的明治維新成功，而中國的自強運動卻失敗？」。這些問題都非常的簡單清楚，答案卻很複雜。事實上，這麼多年下來關於這些問題的討論，早已汗牛充棟，只是到現在也都還沒有定論。然而，即使我們還是不知道問題的答案，這些問題的出現，卻已經很清楚的點出了一個非常簡單的事實那就是：科學是有國界的而且還很難跨越！否則這些問題根本就不會出現。

如果我們接受文化是人類活動的產物的話，則科學本身就是文化。因為沒有人會否認，科學就是人類活動的產物。任何的文化追根究底，都是起源於環境的適應。這裡的環境是指包含自然環境、社會環境與歷史環境的廣義環境。不同的環境背景，將產生不同的問題與需求，人類就需要尋找不同的答案，分別來應對以謀求適應或生存。科學不論我們採取什麼樣的定義，就是人類在適應環境的過程中，所獲致的一個非常有利生存的利器。這個利器的產生至少跟 3 件事有關。第一、如何看問題，也就是從什麼角度看問題；第二、解決問題所需的工具與資源；第三、解答

讓使用者能夠接受的程度，也就是解答的適用性與精確度。不同的國家不同的文化，由於環境的不同，必然使用不同的方式，來面對這 3 個問題，所得到的結果當然也就不一樣。因此毫無疑問，科學本身就是文化，文化又怎麼可能沒有國界呢？

　　科學做為一種探究的方法，透過實證、邏輯推論，來探索這個世界，一定會受到文化的影響。然而，科學卻還有另一層的含意，就是指反應自然、社會、思維之客觀規律的分科知識體系，例如：物理、化學、數學等。全世界公認的物理科學，指的不就是牛頓力學、量子力學、熱力學、電磁學、相對理論等學問嗎？這些學問當然是無國界的。因為沒有人會相信，牛頓的萬有引力定律，到了中國之後就不成立了。更不會有人相信，我們可以建立具有中國特色的牛頓力學。問題是，這些反應客觀規律的知識體系，不論是什麼學只是科學的產物並不是科學，頂多只能說是科學知識而已。當然這些知識是透過科學的方法所得到的，確實是經得起驗證。經得起不同的人、在不同的時間、不同的地點、使用不同的方式來驗證。換句話說，經得起不同國家不同文化的驗證。既然如此誰又能否認科學知識的客觀性呢？既然是客觀的，國界自然就不存在了。問題是真的是這樣嗎？科學的知識，真的是客觀的嗎？科學的知識，真的是無國界的嗎？

牛頓定律是真理還是文物？

　　在討論牛頓定律是真理還是文物之前，我們先來看看，民國初年的知識份子，是如何看待「賽先生」的。他們的看法到今天還深深的在影響著我們。1919 年的五四新文化運動，中國的知識份子迎來了「德先生」與「賽先生」。不過，他們迎接的姿態，卻是極端卑微的趴在地上五體投地雙掌朝上，懇求兩位先生，光臨中華大地。因為中國人在經過了 50 多年的努力，不論是自強

運動，還是變法維新，都招致了慘痛的失敗，其中還包含了使我國民族自信心徹底淪喪的甲午戰爭。因此，除了徹底全盤西化之外，再無良藥可尋。他們期待「民主」與「科學」可以帶領我們重新出發振作，達到「愛國」「自救」的目的。然而這些知識份子心目中的科學，其內涵到底是什麼卻不得而知。所幸 1923 年北京大學教授張君勱，在清華作了一場名為「人生觀」的演講，竟然引發了一場名為「科學與玄學」的大論戰（張君勱等，2008）。參與的人包括了張君勱、丁文江、陳獨秀、胡適、梁啟超、吳稚暉等知名之士。從他們的言論之中，我們後人終於有機會一窺這些當代最優秀的中國人，他們心目中所認識的科學，到底是什麼樣子。

論戰雖名為「科學與玄學」，卻並不是「科學」與「玄學」之間的爭論，而是「科學在人生問題上的適用範圍」的爭論。即便是張君勱本人，也沒有反對科學。他所反對的只是「科學萬能論」而已。至少他認為科學對於人類的自由意志，是無能為力的。既然大家都不敢反對科學，顯然大家對科學是有共識的。因此，必然存在一個大家都共同接受的圖像，代表著當代知識份子心目中的西方科學。

張君勱身為玄學派的代表，也沒有反對科學。他就像梁啟超一樣，只是反對科學萬能而已。他們之所以反對，因為他們認為科學是唯物的、機械的，無法面對人類的精神、感情、幸福與自由意志等課題，不但無法解決、甚至還強化了諸如戰爭等社會的危機。至於丁文江、胡適等人的論點，則引科學方法論證，人類的精神與心理等問題，當然也可以用科學來解決。這是兩派看法不同的地方。換句話說兩派爭論的焦點，是在科學能否應用到精神的領域。對於科學的本身兩派的看法其實是一致的。

兩派對科學看法的一致之處，幾乎可以說就是當代的人，對

西方科學共同的看法。由於這些人都是教授、學者、作家，他們的共識，很自然的就透過了老師學生，一代一代地傳了下來，直到今天還在影響著我們。然而他們對科學的共識到底是什麼？

張君勱談到科學時，所提出的第一點就說：「科學是客觀的。世界上只有一種物理學，無所謂中國的物理學、英國的物理學」。說穿了連玄學派的代表張君勱，都接受科學是客觀的、無國界的概念。批評張君勱的陳獨秀，也引用他的話來說明科學是客觀的：「科學家之最大目的，曰屏除人意之作用，而一切現象化之為客觀的，因而可以推算，可以窮其因果之相生」。科學派的代表丁文江也說：「科學的目的，是要屏除個人主觀的成見」。兩邊的人都大聲的說：科學是客觀的。當然，從此以後，在所有中國人的心目中，再也無人敢於否定科學的客觀性。

大家都說科學是客觀的，但是「客觀」這兩個字，表示在人類的觀點被屏除後，存在一個人類觀點之外的觀點。問題是人類無從知道人類的觀點之外，是否還有觀點，也無從去證實或證偽，這個觀點是否真的存在。對於不能驗證的對象，科學是從來就不去討論的。所以這種「屏除人意之作用」的客觀，本身就是不科學的。其次，當我們說科學是客觀的，表示我們相信，科學是超越人類主觀認知的，科學是獨立於人類認知之外的。果真如此，則我們要如何驗證科學的對與錯？我們的驗證動作，必然基於我們的認知，否則我們要驗證什麼？對於根本就不存在我們腦袋裡面的東西，要如何驗證？因此，所謂的客觀絕對不可以獨立於人類主觀認知之外，否則即無意義。

「客觀」這兩個字要有意義，必然是要指在人類認知之內的客觀。如此，科學化的討論才能進行。然而有沒有一個定義，可以告訴我們，超越多少人的「主觀」，才可以稱之為「客觀」？一個人？兩個人？一個國家？兩個國家？還是又要超越所有人？

而且還要經得起驗證？我們每一個人都知道，這個標準是不存在的，也不可能存在。既然還是要透過人類（不論多少人）的主觀認知，才能討論客觀，則所謂的客觀豈不只是某些人的幻想？因此，對於客觀這兩個字，我們根本就無法給出一個科學的定義。「客觀的科學」是不科學的、是自相矛盾的。

此外，丁文江在反駁張君勱的時候，一再強調張等對科學的誤解，並闡述他所理解的科學。首先：「科學不但無所謂向外，而且是教育和修養最好的工具，因為天天求真理，時時想破除成見，不但使學科學的人，有求真理的能力，而且有愛真理的誠心」。同時丁也表示：「實驗室是求真理的所在」。顯然，丁文江認為科學是在追求真理，玄學派也沒有片語隻字的反駁，表示大家都同意，科學確實是在追求真理。不只他們同意，胡適（1930）也表達過相同的看法：「科學的精神，在於尋求事實，尋求真理」。因此，「科學在尋求真理」，跟「科學是客觀的」一樣，都成為了大家所不質疑的共識。

胡適也認同科學是在尋求真理，應該是受到他的老師美國哲學家杜威的影響。杜威認為（1958）：「真理是眾多真理之集合，這些作為構成成份之真理，是通過可以用到的最好的研究方法，來獲得的並業經事實檢驗的。這些方法，本身就是科學」。杜威也認為通過使用科學方法，是可以獲致真理的。不過他所說的真理，似乎是可以通過事實的檢驗者即為真理。如果真理是這麼的簡單，那麼「太陽從東方升起」也是真理？因此這個定義，可能很難讓人感到滿意。不過有關真理的討論，幾乎必然成為一個永恆的問題。因為兩千多年下來，東西方的大學問家、大哲學家，努力了這麼久，似乎並沒有產生一個大家都能夠接受的定義。不過美國哲學家 C.S.Pierce 的看法：「註定會最終為一切研究者，所贊同的意見，便是我們所謂的真理」（牟博選編，

2008），倒是跟我們中國古聖先賢的看法較為一致：「放諸四海而皆準，百世以俟聖人而不惑」。在這個解釋上東西方的人似乎頗為一致。很顯然的這才是「人同此心、心同此理」的一個看法。如果我們接受，真理的定義就是這樣，則推論胡適等科學派人士，心目中的科學，就是在追尋可以「放諸四海而皆準，百世以俟聖人而不惑」的事物。然而如果真的能夠追尋得到，當然是太棒了。問題是，西方科學真的是在追尋這些東西嗎？

　　量子力學大師 Dirac（1930）曾經很清楚的表達過，他對物理學的看法：The only object of theoretical physics is to calculate results that can be compared with experiment, and it is quite unnecessary that any satisfying description of the whole course of the phenomenon should be given. 寫下英文原文的用意，是怕翻譯不當引起誤解。Dirac 所說的意思是：「理論物理學唯一的目標，是要計算出能夠跟實驗比對的結果而已，此外針對整個現象，提出令人滿意的完整解釋，是完全沒有必要的」。原來西方物理學所追尋的目標，竟是如此的卑微，只想算出一些能跟實驗比對的結果而已！而且對於整個現象，物理學沒有必要提出完整的解釋！實在是讓人感到驚訝。對於物理學，Dirac 並沒有提到任何跟客觀真理有關的概念。唯一提到的，僅只是能夠跟實驗比對而已。甚至連對於現象的完整解釋，也不追尋。換句話說，在 Dirac 的心目中，物理學所追尋的，僅僅只是針對片斷的現象，提出能夠跟實驗結果比對的解釋而已。原來物理學大師心中的物理學與「放諸四海而皆準，百世以俟聖人而不惑」的真理，差距竟然可以是如此之大，大到可以有如天淵，甚至大到可以說根本就沒有關係。

　　Dirac 所提到物理學的唯一要求是跟實驗比對，意思是通過事實的檢驗。Dirac 的說法說明了物理學至少要面對事實。物理學所提出的一切解釋，都要以事實為依歸。而且只要以事實為依

歸即可，不必無限上綱到諸如真理等等，無法科學化討論的概念。如果 Dirac 的說明讓大家感到吃驚的話，愛因斯坦心目中的物理學，只會讓大家更為驚駭不已。

愛因斯坦曾經說過（郭兆林譯，2005）：「我們習慣將不同人感覺相同的事視為真實也就是客觀。自然科學尤其是其中最基本的物理學，便是處理這種感官知覺的」。很多人看到這句話，恐怕會驚駭莫名。原來物理學不但不是在追求真理，甚至不是在面對「事實」，而只是在處理「不同的人，對事物所擁有之相同的感官知覺」。愛因斯坦的話語中說明了他對所謂的客觀，標準何其之低。只要不同的人，感覺到相同的事，即是客觀。換句話說，所謂的客觀就是一種感覺，只要不同的人，對某一事物有相同的感覺即可。如此卑微的客觀在我們中國，被無限上綱成為科學無國界。此外，愛因斯坦心目中的物理學，所追尋的目標原來只是要處理人們的感官知覺，不但跟真理無關甚至跟事實也無關。

很顯然的胡適、丁文江等人心目中的西方科學，跟 Dirac、愛因斯坦等人心目中的西方科學，差距實在是太大了。誰的看法比較正確？胡、丁等人對西方科學了解得多，還是 Dirac、愛因斯坦等人，對西方科學了解得多？答案當然是 Dirac 與愛因斯坦等人了解得多，因為西方科學根本就是這些人所建立的。所以 Dirac、愛因斯坦等人，對西方科學的看法，才是西方科學。胡適、丁文江等人心目中的西方科學如客觀、真理等等，只是他們一廂情願的幻想而已。問題是為什麼胡、丁等人，會在不知不覺之中，按照自己的認定，把西方科學加油添醋化粧打扮之後，才迎進中國？當我們了解到，原來產自任何一個文化的文物，包括科學，在進入另一個文化的時候，都一定會經過一個「再定義」的過程時，我們就會恍然大悟，胡、丁等人，為什麼會有這樣的行

為。

　　所謂的再定義，是指用甲文化體系擁有的基本圖塊，來拼湊由乙文化基本圖塊所組成的圖像。如此一來該圖像在甲文化中才會有意義。基本圖塊，是指大腦神經網路中，電流活動之時空型態的組合。不同文化的思維方式並不相同，所形成的基本圖塊，當然也就不一樣。因此，在文化交流中的再定義過程中，如果我們不能理解到，任何文化所擁有的基本圖塊，都不可能是一樣的，則「畫虎不成反類犬」的現象，是必然會發生的。包括胡、丁等人，以及其它倡導新文化運動的諸多知識份子，在迎接西方的德先生與賽先生等文物時，其所作所為，甚至包括今天我們社會中，引進自由、民主、人權等外來文化時，所呈現出來的各種情景，全部都是一種文化再定義的現象，一種文化交流時，幾乎必然會發生的現象。除非，引進外來文化的社會，認識到雙方文化根本差異之所在，「畫虎不成反類犬」的現象，才有可能稍微降低。

　　為了要進一步的說明，西方科學既不是客觀的，也不是無國界的，更與真理的追尋，沒有絲毫的關係，我們現在就以牛頓定律，來說明其原因。同時進一步的闡明 Dirac、愛因斯坦等人，為什麼會有那樣的說法，以及他們到底在說些什麼。牛頓對人類最偉大的貢獻，是徹底的落實了機械宇宙觀的思想。他透過提出了牛頓三大定律與萬有引力定律等，幾個非常簡單的數學方程式，竟然幾乎可以將整個宇宙的現象，機械式的收納於其間，實在是令人讚嘆。牛頓定律之中，居於最核心地位的，當屬第二運動定律：

$$F = ma$$

其中 F 為力量 m 代表質量 a 代表加速度。上式說明了力量等於質

量乘上加速度。這個式子毫無疑問的，是西方科學所尋求的眾多真理中，非常傑出的一個。而且走到任何一個地方，牛頓定律都成立。我們永遠也不可能，另外建立一個具有中國特色的牛頓定律，完全符合大家所接受的西方科學的內涵：客觀、無國界、真理。

西方人的思維，從希臘時代的亞里斯多德開始，就確立了單線式的基本模式。單線式的思維模式，有兩個基本特徵：拆解與合成。首先對思維對象進行拆解，也就是分析；拆解至最小組成單元，再以符合拼音語言秩序的方式，也就是邏輯，來合成思維對象，從而獲得對思維對象的進一步理解。至於如何拆解、拆解至多小的單元與拆解最後所得之單元的型式，並不存在所謂的客觀標準。就以「力量」這個概念來說，不論是牛頓力學、量子力學或相對力學，都要有「力量」這個基本概念或基本圖塊，再配合其它的基本圖塊，才能組合成整個力學的完整理論圖像。然而，對於同一個「力量」的概念，牛頓所塑造的基本圖塊，與愛因斯坦所塑造的基本圖塊，就大不相同。牛頓把力量視為改變物體運動狀態的因素；愛因斯坦卻把力量視為空間的一個幾何特性。基本圖塊就已經不一樣了，組成的完整理論圖像，還會一樣嗎？比較牛頓力學與相對力學，牛頓與愛因斯坦，那一個人對力量的看法是客觀的？還是兩個人都客觀？正確的答案，其實是兩個人都主觀！不論如何看待力量，都是他們兩個人的主觀看法而已。或者換句話說，針對物理世界中的某個現象，牛頓與愛因斯坦，分別塑造了兩個不同的內建代表圖像。想要理解他們所創造的虛擬世界，就要先接受他們創造的內建代表，也就是先要帶上他們所製造的有色眼鏡，再順著他們指引的方向，才能看到他們所描述的美麗新世界。在這整個過程之中，所謂的客觀、真理是完全沒有容身之處的。

牛頓力學還需要另一個基本概念，那就是質量。質量是慣性的一種量測，慣性則是抵抗運動狀態改變的傾向。所以，質量就是量化的抗拒運動狀態改變之傾向。然而，如果我們從牛頓運動定律：力量等於質量乘上加速度來看，質量只是力量與加速度之間的比例常數而已。以西方人的單線式思維模式，他們習慣於以「前因後果」的邏輯角度，來解釋世界。當一個物體受力（因）之後，產生了運動量的改變（果），該因與果之間，如果成比例，則我們需要一個比例常數，來建立該因果關係。質量就是扮演這樣一個角色，只代表力量與加速度之間的比例常數而已，可以毫無任何的物理意義。質量之所以出現，是來自於力量與加速度成正比的現象。所以，真正的關鍵、真正有義意的，是為什麼力量與加速度會成正比。可是，牛頓從來也沒有告訴我們，力量與加速度為什麼會成正比。因此，牛頓定律只提供了一個現象的「描述」，對於該現象產生背後的因果關係，並沒有提出任何的解釋與說明。牛頓定律在現象的描述功能上，跟「太陽從東方升起」、「每一個人都會死」，完全是一模一樣的。一個現象的描述，跟真理是不存在任何關連的，儘管它們都經得起事實的檢驗。

　　牛頓的萬有引力定律也是如此。從現象的觀察之中，引力跟質量應該成比例，跟距離的平方應該成反比。唯有如此，其所導出的結果，才能夠跟觀測到的天文現象比對。因此，為了跟現象進行比對，牛頓的萬有引力就必須跟質量除上距離的平方成正比：

$$F \propto \frac{Mm}{r^2}$$

而上式仍然是一個現象的描述。在這個描述之中，我們又需要一個比例常數來建立此因果關係。因此，萬有引力常數 G 就出現

了。同樣的 G 也是毫無任何的物理意義。跟牛頓第二運動定律一樣，牛頓只是把他所看得到的現象，說了出來而已，他並沒有去解釋它。牛頓從來也沒有告訴我們，引力為什麼會跟質量成比例，跟距離的平方成反比。這樣的一個描述，什麼也沒有解釋出來，如果也可以稱為真理的話，恐怕牛頓也會覺得不好意思。

西方這些建立科學體系的古聖先賢，從來就沒有要把他們對於現象之描述，以及所內建立之代表圖像稱為客觀或者真理。這不是因為他們客氣，而是因為這些內建的圖像，本來就是不客觀的，這些對於現象的描述，也本來就跟真理無關。所有的西方科學及其所產生出來的事物，都是西方人憑空所創造出來的文化產物。當西方人很誠實的把他們的創作過程，報告出來的時候，我們中國人卻沒有誠實的去面對，反而喜歡無限上綱。胡、丁等人，把西方科學，無限上綱成為「無國界的客觀真理」，就像今天還是有很多學者，仍然把西方民主無限上綱成為「普世的價值」一般，大多數的群眾，也毫無異議的接受。這麼多的中國人，都喜歡無限上綱這些來自於西方的文物，確實是一個耐人尋味的現象。

民國初年的知識份子，有感於我國的落後，急於藉著西方文明之力，徹底改造中華文化以便救亡圖存。其心中的高度急迫感，在他們所大力提倡的新文化運動之中，表現得淋漓盡致。一方面徹底摧毀舊文化，打倒孔家店傾全力掃除障礙；一方面又無限上綱西方的民主與科學，為迎接德先生與賽先生，鋪下了大紅地毯。這種心情完全可以理解。然而，正是由於他們的運動太成功了，以致於他們對於西方科學的認知，根深蒂固地盤據在後代人的心目中。科學是客觀的、科學無國界、科學是在追尋真理，那一項不被奉為圭臬？問題是他們心目中的西方科學，與 Dirac、愛因斯坦等人心目中的西方科學，卻大相逕庭。讓人不得不仔細

思考，他們鋪下大紅地毯所迎來的，到底是什麼？是佛還是魔？不過不論是什麼，對我們的影響，都是難以磨滅的，尤其是其中負面的影響。人們一旦接受科學在追尋真理，則對於已經追尋到的真理，如牛頓定律，我們只好「放諸四海而皆準，百世以俟聖人而不惑」的接納它，因為真理就是這樣，完全沒有容許我們去懷疑它的餘地。因此西方科學之所以偉大最根本的因素：「懷疑精神的制度化」，反而陰錯陽差地被排除在大紅地毯之外，沒有迎進我們中國。沒有懷疑精神，科學怎麼可能發展成功呢？

把西方科學看成是客觀的無國界的、看成是在追尋真理，是完全錯誤的一種文化交流方式。它讓我們中國人，完全誤解西方科學，使得我們在學習西方科學的時候，不敢懷疑不敢超越，以致於不能創新。甚至窮畢生之力，去追尋根本就不存在的「客觀真理」。對西方科學無限上綱的傳統看法，我們必須徹底的揚棄。對西方民主的無限上綱，也同樣的必須加以徹底的揚棄。讓我們誠實的面對自己，誠實的面對西方科學，回歸西方科學的真實面貌，以「文物」的觀點，來看西方科學。如此才能克服胡、丁等人的負面影響，才能避免所謂的客觀真理等魔障的糾纏，從而真正消除我們在吸收西方科學時的思想障礙。

西方科學的本質

我們所討論的西方科學，是指透過實證、邏輯推論來探索這個世界的一種探究的方法。討論科學知識是否有國界，是一件沒有意義的事情。科學知識是科學的產物，就像汽車一樣，也是西方人基於科學，所發明的一種文物。沒有人會去探討汽車是否有國界，因為沒有這個價值。我們應該討論的是：除了西方科學之外，存不存在另外一種探索世界的方法？如果沒有，表示西方人所建立起來的這套方法，是人類唯一的一種經得起驗證的探索世

界的方法，則西方科學當然是無國界的。如果有則他們按照他們的方法去探索世界，我們按照我們的方法來探索世界，科學還能是沒有國界的嗎？當然，如果真的是這樣，由於大家探索的都是同一個世界，當然都要經得起事實的檢驗。如果使用不同的探究方法，來探索世界，都可以通過事實的驗證，則科學當然就會產生，所謂的西方科學與東方科學之分，科學無國界這個概念，就被證偽了，也就應該被淘汰了。

要回答這個問題，就得從西方科學的本質說起。西方科學只是一種探究的方法，一種透過實證、邏輯推論來探索這個世界的方法。大自然並不存在這種方法，它是百分之百的西方文明的產物。西方科學也可以指反應自然、社會、思維之客觀規律的分科知識體系。十五世紀以前，人類的社會也不存在這些知識體系，它也是百分之百的西方文明的產物。科學不論是指方法還是知識，全部都是西方人活動的產物。根據文化的定義，它就是西方文明所製造出來的「文物」。因此，唯有從文物的角度來看西方科學，才是一種誠實的態度，才能看清西方科學的真面目。也唯有如此我們也才能以健康的態度，來吸納西方科學，使之成為中華文化的一部份。

科學如果是文物，就像任何其它的文物一般，背後一定有價值體系在支撐。在科學背後的價值體系中，有一條是大家都公認的，也是西方科學之所以成功的基礎信條之一：任何的討論，一定要能夠證實或證偽，也就一定要通過事實的檢驗，或者換句話說：事實是檢驗真理的唯一依據。如此，我們才能接受它為科學。但是，當我們在討論檢驗的時候，我們一定要弄清楚，我們檢驗的對象是什麼，我們要證實或證偽的對象是什麼。

人類的大腦是一個複雜適應系統，有能力製造出環境的代表圖像，作為規劃的依據，好讓人類擁有預測的能力，以便提升環

境適應的存活率。人類演化出這個能力，不論是偶然還是必然，都是一件令人讚嘆的事情。不過，如果我們把我們腦海中的內建環境代表圖像，看成是「真實」的世界，那就錯得離譜了。內建的環境代表圖像就物理上來看，只是人類大腦神經網路電流活動的特定時空型態而已；就意義上而言，只是有利於人類生存的環境解釋而已。「解釋」跟「事實」是完全不同的兩件事，它們可以有關聯但絕對不是同一件事。所以當我們的大腦，把 700 奈米波長的電磁波，解釋成是紅色的時候，我們一定要了解，紅色只是解釋不是事實，雖然紅色確實是我們親眼所見。700 奈米波長的電磁波，才是事實。我們更不要忘記，同一個事實可以有不同的解釋。在其它動物的眼中，700 奈米波長的電磁波，不一定是紅色，可以是其它任何不可思議的顏色，甚至不是顏色。因此，當我們使用我們的大腦，去理解這個宇宙的時候，我們要特別的小心，千萬不要被我們的大腦騙了，把解釋當成是事實。

然而僅只拿事實來檢驗，本身並沒有什麼意義。沒有人會去檢驗「太陽從東方升起」與「人都會死」等事實。人類有興趣去檢驗的對象，往往是隱藏在事實表面背後的解釋。人類為了要存活，必須建立對環境的預測能力，以便有效地規劃人類的行為。意思是說，人類要有能力知道環境中的事物，在下一刻、明天或明年會如何演變，才是真正對我們有意義的。古人就是靠著這種能力，才知道長毛象會在什麼時候出現在什麼位置，因此才能加以規劃獵殺。要擁有這樣的能力，就必須要先了解環境事物變化的規律。規律本身就是一種概念。規律的型式本身又是另一種概念。單單知道規律，有時候仍然是不足的。因為環境如果發生變化（這是一定會發生的），規律可能就會跟著改變。因此，如果能夠建立對於規律的解釋，也就是對於規律的來龍去脈，建立一個前因後果的說明，則當環境發生變化時，人類也就可以知道，

規律會如何跟著改變。預測能力就會更為強大，就更有利於生存。這種有關規律之前因後果的說明，一般常以理論稱之。所謂的理論，當然更是一種概念或概念系統。

概念是人類大腦中的意義單元。任何的解釋都是來自於意義單元的排列與組合。當然排列與組合的方式，必然是符合條理的或是符合邏輯的具有因果關係的方式，才會具有解釋力。系統化的解釋，通常我們就以理論或學說稱之。不論是概念、解釋、理論、學說，全部都不是具體的事實，只是我們大腦內建的環境代表圖像而已。換句話說，都只是我們的大腦神經網路，在從小到大不論是從家庭教育，或是學校教育之中，基於腦神經網路用進廢退的特性，所建構出來之電流活動的特定時空型態而已。透過不同時空型態的拆解與合成，我們的大腦就可以形成各種概念、解釋或理論、學說。以上所有諸如概念、解釋、理論、學說等等，均屬於人類思維所建構出來的產物，學術界以「思構（construct）」稱之。因此在力學的領域中，力量的概念就是一個思構。牛頓認為力量是改變物體運動狀態的因素，也是一個思構。愛因斯坦認為力量是一種空間的幾何特性，依然是一種思構。所以，思構是任何人都可以隨心所欲去建構的。而且同一個概念，可以建立許多種不同的思構。標準的「萬法唯心」！

科學的知識，最讓大家信服的地方是經得起驗證。然而所謂的驗證，我們卻要非常的小心，以免陷入矛盾而不自知。任何科學上所說的驗證，必然只能透過某種形式的量測來進行，也必然只能針對事實來量測，才有所謂的驗證。因此，只有事實，才可以進行「證實」或「證偽」的量測。對於任何的觀念、理論、詮釋、解釋，是不可能進行量測的，當然也就無法證實。簡單的說驗證只能針對事實，不能針對思構。舉個非常簡單的例子：大自然中 700 奈米波長的電磁波，在我們的腦袋裡，所形成的詮釋是

紅色。我們可以量測電磁波的波長，來證實紅色確實是波長 700
奈米。但是，誰能證實紅色真的存在？又有誰能證實 700 奈米波
長的電磁波是紅色？紅色是客觀的事實？當然不是。既然不是客
觀的事實，自然就不可能證實。原因何在？很簡單，因為紅色純
粹是我們大腦所建構出來的解釋而已，只存在於我們的大腦裡
面，並不存在我們這個物理世界。真正存在的客觀事實，是 700
奈米波長的電磁波不是紅色。所以，紅色不是客觀的事實，紅色
是無法證實的，離開了人類的腦袋，紅色根本就不存在。在人類
的腦袋裡面，除了紅色之外，其它的思構也都是如此，不論是時
間、空間、質量、力量、牛頓力學、相對力學等等無不如此。

　　任何的概念、解釋或理論，至少要能夠證實或證偽，才能進
行有意義的討論。證實或證偽的前提，則必須要是可以量測的。
量測我們可以科學化的定義為（Babbie, 2004）：小心精細地就變
數的組成特性，來觀察真實世界以達到描述事物之目的。在這裡
我們一定要注意：量測只能提供事物的描述而已，無法提供任何
的解釋。解釋是理論的事，是人類自己要去尋找建立的，亦即是
要由思構而來的。人類基於思維所建立的一些概念，經過符合條
理邏輯且具有因果關係的方式組合之後，形成了解釋理論。在針
對現象提出事實預測的時候，如果該事實確實如理論預測一般發
生了，我們就接受該理論已經獲得證實。以後再面對類似的現象
時，我們就可以根據該理論，去解釋事實背後的來龍去脈。如此
一來，我們就擁有了預測的能力。因此，我們所謂的理論獲得證
實，指的是證實根據該理論所推論出來的事實，從來就不是證實
理論的本身。我們並沒有證實任何的理論，所有關於理論的證
實，都是創造性的、間接的。因為證實只能針對事實，不能針對
思構。

　　我們進行量測的對象，一定是具體的事實。只有具體的事

實，我們才能進行量測。換句話說，我們不可能針對任何的解釋去進行量測。其次量測的進行，一定要有量尺。如此一來，大家才有共同的語言，才能進行溝通與討論。然而，量尺的制定，就必然一定先要有概念的存在，而且是可以清晰定義的概念，我們才知道該如何去製作量尺。例如：我們要量測長度，就必須先要有明確的公里、公尺、公分等長度的概念，以及清晰的定義，什麼是一公里，什麼是一公尺，什麼是一公分。如此我們才會有量尺，也才能量測長度。

　　概念並不是真實存在的東西，是人類所創造出來的。雖然不是真實的存在，卻常常依附在真實存在的東西上。概念既然是人類所創造出來的，必然要能達到溝通的功能。要溝通就要先建立一個大家都一致同意的心智意象。所以，我們需要先將概念定義清楚以利溝通。在科學的領域內，定義有 3 種：真實定義、名義定義與操作定義。真實定義，是一種主要本性的陳述，或是事物的主要屬性。然而，主要本性的觀念，對於嚴謹的科學研究而言，常常太過於模糊，以致於無法使用。名義定義，是賦予一個名詞，但並不聲稱代表真實的定義。操作定義，則是標明一個概念，可以如何地被量測，即標明我們該如何操作。操作定義必須能夠澄清，概念在研究脈絡中的意義。因此，操作定義是對於某一概念，所提出明確且可量測的定義。我們必須正確標明所要觀察的是什麼，要怎樣去觀察，以及對於各種可能的觀察結果，要如何去詮釋。所有這些標明的動作，就構成了所謂概念的操作定義。有了操作定義之後，一個概念才可以進行量測。因此，任何科學概念的量測，必然要經過四個步驟：概念化——名義定義——操作定義——實際量測。

　　一般科學活動所量測的對象，可分為 3 類（Kaplan, 1964）。第一類：是可以直接觀察得到的事物，如長度、重量、顏色等

等。第二類：是只能間接觀察的事物，即需要更為細緻、複雜或迂迴的觀察，例如速度、加速度、彈性係數等等。需要根據量測所得的數據，再經過計算方能得到的量。第三類：是只能透過創造性觀察的事物，如思構的量測。所謂的思構，直譯是「人類思維所建構出來的產物」。簡單的說，是指理論的創造物。一般在各種理論中的概念，就是一種思構。或者說是為了理論的需要，而創造出來的概念。例如：智商就是一個很好得例子。智商是依據受試者在智力測驗中，針對問卷所做的填答，而計算出來的。沒有人能夠直接或間接觀察到智商，因為智商是人類在建立智力理論，所創造或建構出來的，本來是並不存在的。思構，雖然並不存在於我們這個物理世界，但是卻可以幫助我們組織溝通以及了解，甚至預測真實存在的事物與現象。因此，當我們在針對智商，進行量測的時候，我們所進行的就是一種創造性的量測。只是，我們千萬不要以為，那就「是」該受測者的聰明程度。我們要知道，該數字只是受測者聰明程度的一個創造性「解釋」而已，絕對不是聰明本身。聰明跟智商是兩件事，一個是事實，一個是解釋，絕對不可以混為一談。

人類歷史上某些極少數聰明絕頂的人，掌握了某個看世界的角度之後，創造性的建立了寥寥無幾的少數基本概念，加上嚴密的邏輯推理過程，成就了令人嘆為觀止的理論解釋體系，能夠把雜亂無章的現象，解釋得非常的完美，而廣為大家所接受，並成為大家引用、學習與模仿的對象，形成了所謂的科學典範（程樹德等譯，1994）。典範，是指公認的科學成就，在某一段時間內，它們對於科學家社群而言，是研究工作所要解決的問題與解答的範例。因此，典範可以看成是一個廣義的解釋。當然，典範也是一種思構，一種成功的思構。

當典範廣為大家所接受之後，大家跟著典範的指引，從相同

的觀點出發，使用相同的基本概念南征北討，繼續拓展典範的疆域。此時，該理論解釋體系，大家會逐漸地習以為常，而成為一個科學傳統，有的甚至轉化為價值體系，或更進一步成為某種信仰，而成為常態的科學。任何後繼者或新人，必須依照典範的要求，才能從事進一步的研究，該典範開始跨入成熟的階段。

　　典範，是一個極端成功的思構體系，一旦變成常態科學之後，常帶有價值的看法在內。大家會逐漸認為「這樣才是對的」，久而久之典範會變成一個思想的框架。凡是不符合該理論解釋的，就會被認為一定是什麼地方有問題，或者是錯的，使得該問題被忽略。因此，常態科學的發展，會使得研究人員在不知不覺當中，不去發現新現象尋找新觀點，反而是把大自然塞進一個已經做好且沒有彈性的框架之中。用通俗一點的話來說，很像是被洗腦。你先接受我所定義的基本觀念，如時間、空間、質量、力量等等，先在腦中建立一些思構或基本圖塊，我就可以用完全符合條理（邏輯）的步驟，告訴你如何拼圖如何拼出我所建立的這個簡單、和諧、完美的內在代表，且足以讓你掌握我所定義範圍之內的有限世界，並經得起事實的驗證。所以在典範的指導之下，常態科學研究的目的，並不是在產生新的觀念或搜尋新的現象，常常淪為只是在擴張典範的版圖而已。

　　在約定成俗的規範之下，其它的問題常常會被排斥，尤其是明顯與典範不合的現象，或是不能由典範所提供的觀念，來加以處理的現象，它們不是被認為是其它學科的事，就是被認為是偽科學或甚至是玄學。然而，典範既然也只是一種思構，就只能是大自然現象的片斷解釋。隨著典範版圖的不斷擴張，終究有一天會碰到該典範的源頭或原始觀察角度所能看到的極限。難以滿意解釋的案例越來越多。接著同一理論出現不同的詮釋，典範開始動搖。於是，有人開始動手進行一些理論修改，以便吸納任何明

第五章　思維文化理論

■

顯的不一致。隨著不同的詮釋與理論修改越來越多，結果往往不是矛盾的逐漸消除，反而是矛盾的不斷擴大。因為，越來越多的不同詮釋，反而會讓我們發現，舊典範所代表的原始觀點的不足與錯誤，以及新觀點產生之必要。因此，當為了要解決越來越深的矛盾，不得不使用新的思考架構時，就已經預告了新典範即將形成。

從一個處於危機中的典範，轉移到另一個新典範，常常不是一個累積的過程，反而是要經過一個革命性的破壞，再重新在一個新的基礎上，創造出一個全新思構的過程。簡單的說，就是要放棄舊的角度，尋找一個全新的角度，重新來觀察這個世界的一個過程。這個過程孔恩把它稱為「典範轉移」（程樹德等譯，1994）。典範轉移牽涉到的是整個認知體系的轉移。新典範的尋找與邏輯以及驗證，是毫不相干的。單純從邏輯與驗證出發，是絕對達不到這個目標的。就像從牛頓力學的觀點出發，不論經過多麼嚴謹的邏輯推理，「永遠」也得不到時空會扭曲的結論一樣。新典範需要新的觀點、新的基本概念、新的思構。在典範發生轉移時，必然會出現不可共量的現象。在牛頓力學的領域內，所使用的量尺，無法拿到相對力學領域內進行量測。既然無法進行量測，所謂的驗證也就失去了意義。

科學革命之後，人們迎來了新的典範，但這並不代表舊典範是錯的。如果我們同意如同孔恩所說，革命是世界觀的改變，則新典範也只不過是一個新的世界觀而已。不過新典範必然有優於舊典範之處，否則即沒有存在的價值。從觀點的角度來看，比起舊典範新典範一定是能夠讓我們看得更廣、更遠、更清楚。從解釋的角度來看，新典範可以提供更完整、更深刻、更宏觀、更簡潔的解釋。然而，並不存在任何的科學證據，可以證明新典範比舊典範更為接近真理。牛頓視力量為改變物體運動的物理量，愛

因斯坦將力量視為時空的幾何特性。誰能證明愛因斯坦心目中的力量，比起牛頓更接近真正的力量？如果「真正」的力量，真的存在的話。不幸的是，在這個宇宙中，根本就無所謂「真正」的力量。不論是新、舊典範都是思構，人類思維的創造物。無人可以證明，誰的思構比較接近真理。所以，如果說這些西方的古聖先賢，是為了要不斷地去追尋真理，而創造出一個又一個的典範，恐怕是很難令人相信的。因為，如果真理確實真的存在，人類努力的方向，就應該是「上窮碧落下黃泉」般地去尋找，而不是去創造一個接一個的典範。真理絕對不會是人類創造的，更不應該是一種人類創造的思構，否則就不應該稱為真理，因為這在本質上就是互相矛盾的。那麼，西方人在典範轉移的過程之中，所不斷追尋的，如果不是真理，到底是什麼？

西方人追尋新的典範，一方面，固然是因為新典範，可以提供更為強大的解釋力，其核心的原因，則是因為新典範更簡潔更完美！西方科學長久以來所追尋的核心價值，其實是「美」而不是真理。對科學而言真理是否存在，都還是一個不確定且有待討論的議題，實在無法讓這麼多人，產生至死不悔地去追尋的原動力。然而人類對美的事物的感受，則是一種千真萬確的滿足。對非線性理論有傑出貢獻的偉大數學家 Poincare（1913）很清楚的提到，科學家研究自然，並不是因為它有用，而是因為喜歡自然。科學家之所以喜歡自然，因為自然是美的。這種美並不是感官的美，而是一種理性的美。大自然的美是來自複雜現象的背後，竟然真的存在一個簡單、和諧與完美的秩序。並且人類使用純粹的理性，就能夠予以掌握並欣賞這種秩序。華人圈中唯一的數學界諾貝爾獎——費爾茲獎得主丘成桐曾經說過：「我研究數學是因為它本身的美」。數學的美更是一種純粹的邏輯之美，人類理性美的極致。這種美的追尋與大自然的本質、真理或是否是

上帝所創造的，並沒有必然的關係。

西方科學的傳統，可以追溯到希臘哲學。西方人從希臘時代開始，就逐漸形成了「為知識而知識」的態度，因為他們認為，哲學是一種人生態度，一種理性生活的態度，哲學並非只是為了提供對宇宙的理論說明而已（翁紹軍譯，2007）。這種理性來自於發現到，單純從理性所建立起來的抽象世界，竟然能夠跟真實的世界相契合，所產生的驚訝與讚嘆。愛因斯坦所講過的一句話，最能夠把這種感受，清晰地表達出來：「這個宇宙，最不可理解的地方，就是它竟然可以被理解」。人類使用演化出來的有限大腦，根據大腦的有限運作方式，在腦海裡，竟然能夠塑造出一個簡潔、和諧、完美的內建環境代表，來掌握大自然的行為。而大自然竟然真的乖乖地聽命於這些人類所創造出來的思維產物。換句話說，如此複雜的大自然，竟然真的是如此的簡潔完美！雖然真的是讓人很難以理解，但是，這就是科學的美。

西方科學的本質，是理性美的追尋。愛美是人類的天性，不可能只有西方人愛美而已，愛美一樣是中國人的天性。因此，我國四川都江堰所展現的，是否也是一種理性美的追尋？古代孫子兵法所展現的，是否也是一種理性的美？中國醫學是否也可以如此觀之？沒有任何的理由不可以。如果我們可以同意的話，就像西洋油畫與中國的國畫，都是藝術美的展現。在藝術的領域之內，顯然已經存在不只一種美的呈現。理性美的追尋，是否也存在不只一種方式？答案顯然是肯定的。現在已知的一種稱為西方科學。西方科學是西方單線式思維的產物，也就是以單線式思維來建構的理性美。或者換句話說，西方單線式思維的最大特色是邏輯。因此，西方人的理性美，所呈現出來的，是一種邏輯的美：簡單的秩序透過邏輯的呈現，就可以清楚地把大自然的內涵，簡單、和諧、完美地表達出來。

中國人的思維屬圖像式的思維。圖像式的思維，有沒有可能在將來，創造出另外一種理性的美：洞察的美？一種不需要將人與自然切開為主、客的二元觀點，不需要經過邏輯分析，直接「明心見性」地理解大自然，透過頓悟達到天人合一的境界。未來，如果洞察的美真的出現的話，相信必然也是一種人類的思構。既然屬於思構，人類沒有理由不能創造出來。這一天的到來，相信是很令人期待的。

我國傳統的科技文化

從胡適、丁文江開始，到今天為數眾多的知識份子，為什麼都這麼喜歡無限上綱西方來的東西？相信必然跟我們中國傳統的文化習性有關。

當大陸的神州七號太空人，打開太空艙門，將上身探出艙外，進行太空漫步的活動時，全球的華人無不感到興奮與欣慰。兩百年來的屈辱，正在逐漸慢慢地消逝。我國的科技，確實正在快步地在迎頭趕上。到現在已經到了位居第 3 個有能力把人送上太空的國家。然而高興之餘如果我們冷靜的好好想一想，恐怕也不禁要汗顏一番。最早進行太空漫步的國家是前蘇聯，時間是 1965 年 3 月。僅僅兩個月後，美國太空人也接著進行了同樣的艙外活動（Neal、Lewis、Winter, 1995）。我們比起美蘇的科技發展，整整晚了 43 年。這樣的事實，實在讓人高興不起來。這樣的事實，也代表著我們即使到了今天，仍然還處於迎頭趕上的階段，只是差距稍微縮小了一點點而已。一旦我們追上了，中國人的世紀真的來了，輪到我們表演了，我們真的能夠再領風騷嗎？

我們能不能再造漢唐，得要看我們能不能確實弄清楚，我們自己的缺點何在，是什麼根本的原因，使得我們無法在科技上，跟西方強權一爭長短。是什麼根本的原因，使得我們的創造力，

無法跟西方強權並駕齊驅。

　　所有的體系不論是政治、經濟、科技，都是該社會的文化，所呈現出來的一個面相。在一個社會裡來自於文化上，通常並不容易察覺的信仰、認知與價值，對任何體系的影響，常常是根本而且巨大的。不論我們如何解釋，現代科學為什麼沒有產生在中國；日本的明治維新為什麼會成功，我國的自強運動卻失敗，這個解釋必然可以歸因於文化。我國傳統的文化，為什麼既不利於現代科學的產生，又不利於現代科學的吸收？我國傳統的文化，會不會在未來，也不利於科學的創造？

　　民國 26 年 7 月，時任軍事委員會委員長的蔣介石，有感於我國軍事武器的落後狀態急須改善，否則將無以抵抗日本的侵略。尤其是空軍對武器的需求更加的迫切。然而，如果要建立一支現代化的空軍，就必須要有先進的航空科技做基礎。於是，當時的國民政府，就接受馮卡門在 1929 年，初次訪問清華大學時的建議，將航空工程的課程擴充，在機械工程系裡，成立了航空工程組，並再次邀請當時聲望已經如日中天的馮卡門來訪，指導建立我國航空科技的基本研發能力。不幸，很快的抗日戰爭爆發一切都歸於烏有。

　　馮卡門有個助手 Wattendorf 曾經在清華航空系，教過流體力學。Wattendorf 在清華的時候，有一件事，讓他印象深刻（von Karman、Edison, 1967）。當他第一次教流體力學的時候，當時的課程內容，是使用皮托管，來量測流體的流速。Wattendorf 要求學生，量測管子兩端的流速，並透過連續方程式做一些討論。交待完了之後，他就回到自己的辦公室，去忙其它的事情。一個小時之後，當他回到實驗室，發現學生全部都跑光了。只見桌上留下了一張紙條上面寫著：「教授，我們做完實驗了，因為您不在我們不曉得還要做什麼，所以我們就回去了」。Wattendorf 看

了大吃一驚，不曉得這些清華學生是怎麼做的，這麼快就做完了。於是他就把這些學生，通通叫回來，問他們是怎麼做的。結果，Wattendorf 赫然發現，這些學生只量了兩點的流速，一點位於管流較寬的一端，一點位於管流較窄的一端。然後，這些學生就根據連續方程式，計算所量到的數據無誤實驗就結束了，難怪他們這麼快就做完。「那管流剖面的流速呢？」Wattendorf 問學生，學生們個個面面相覷，不知道該如何回答。這個時候 Wattendorf 只好很有耐心的跟這些清華的學生解釋：「這個實驗的目的，就是要告訴你們，不可以毫不質疑地接受連續方程式，連續方程式是有條件的，因為各處的流速並不一樣。在靠近管壁的地方，由於磨擦阻力之故，流速會降低。」學生的態度馬上轉為輕鬆，並且立刻回答：「這個我們當然知道，那是因為瑕疵所造成，我們以為你只是要我們驗算理想的定律。」

從這些清華的學生身上，我們看到了中華文化強大的影響力。中華文化塑造了我們的眼睛乃至於我們的思維，更塑造了我們看世界的角度。從怎麼看大自然、怎麼看知識到怎麼看所謂的真理、甚至怎麼看西方科學，文化就像一副有色眼鏡，「心眼」的有色眼鏡。更像一個濾波器，心靈的濾波器。最像的是拼圖，思維的拼圖。文化提供我們基本的拼圖單元，我們的思維，只能依據這些圖塊，去拼出這個世界。基本圖塊不同，拼出來的圖像，自然也不會一樣。我們任何的起心動念，都在不知不覺之中，被文化所過濾、篩選、拼湊與規範。因此 Hofstede 把文化稱為「集體的心靈規劃」（Hofstede, 1980）。從清華學生在面對來自西方科學中，流體力學的連續方程式時，不知不覺中所展現的態度例如：很自然地過度信賴定律、理論，對矛盾的地方，不自覺的避免去面對等等，讓我們對中華文化，這個有色眼鏡與心靈濾波器，或基本圖塊是如何運作的，得以一窺其真面目。

美國加州大學洛杉磯分校教授 Baum（1982），曾經針對中國傳統文化，進行過深入的研究，並歸納出五項對我國科技發展，有重大影響的特質。Baum 還預測這五項特質，在未來，仍將持續影響著中國科技的發展。Baum 的看法，未必全然正確，但卻非常值得我們參考與深思。

　　西方自從 15 世紀的文藝復興運動展開之後，理性主義抬頭，直接促進了西方科學的蓬勃發展。中華文化的某些特質，卻隱含了理性的障礙，使得我們無法真誠的面對這個世界，甚至不能真誠的面對自己。在 Baum 的眼裡，這些不利的特質包含了下列五項：

　　1. 認知形式主義　認知形式主義是指在認知的建立上，固執於表面形式而非實質內涵。傳統上中國人在面對自然界的事物，或者是社會上的事物的時候，傾向於使用某些固定型態的思維框架去類比，以建立新事物的認知或解釋。使用陰陽五行的基本概念，去理解幾乎所有的事物，就是一個認知形式主義最鮮明的例子。中國人的這個特質，來自於圖像式思維的本質，或是李約瑟所說的關聯式思考。指的是以圖像式的觀點，去認識事物。所以，中國人重視現象的整體、關聯與類比。換句話說，我們有興趣的是現象的「是什麼」。西方人則重視現象之前因後果的順序，因為西方人的思維是單線式的。換句話說，西方人有興趣的是現象的「為什麼」。因此，西方人常常會困惑於，中國人好像對現象背後的因果或來龍去脈，沒有很大的興趣。也正是因為這個原因，使得中國人無法產生真正的物理科學。因為所有的現象，都可以很容易地找到，某種程度的人為類比（Bodde, 1981）。一旦找到，答案就出現了，探索也就停止了。

　　2. 狹隘經驗主義　認知形式化之後，中國人的心靈，就逐漸地遠離了在思維上，對於現象背後來龍去脈的探索，使得我國的

科學，在理論的建構上，顯得非常的原始。古人所建立的理論體系，如太極、八卦、陰陽、五行，竟然可以應用到毫不相關的領域，還可以維持數千年而不墜。造成我國的科學發展，長期以來在關注的對象與使用的方法上，被迫拘泥於狹隘的經驗，這就是狹隘經驗主義。由於狹隘經驗主義的存在，形成了一個充滿矛盾的現象：感官的觀察極端敏銳，思維的探索則異常的原始。因此，中國人的表現在現象的觀察上非常的深入，可謂是明察秋毫。但是在理論的思考上卻不見輿薪。在技巧的琢磨上非常的細微，可謂是巧奪天工；然而，在認知的提升上不但毫無助益，反而落入了奇技淫巧的窠臼。狹隘經驗主義，最明顯的例子就是哈雷彗星。在我國的天文記錄上，從公元前 613 年起每一次哈雷彗星光顧地球，我國都有記載。但是我們的老祖宗，卻從來也不知道它們其實是同一顆。西方人卻有能力透過他們所建構的理論，預測哈雷彗星的重返。

3. 科學教條主義　中國人的認知形式主義與狹隘經驗主義，矛盾地結合之後，使得中國人在面對強勢的西方科技的時候，又產生了另外一個不利的傾向：把科學理想化甚至無限上綱。除了認為科學無國界不受文化的影響之外，還把科學理論視為是普遍的真理對待，奉行不渝而不敢懷疑。因此，我們會把僅僅屬於是一種「探究的方法」的西方科學，提升為一種規範化的教條，而將科學偶像化。在面對西方科學時，以幾近膜拜的態度，將其供奉起來鞠躬禮拜、不敢去質疑、不敢去改變。這個傾向，學術界稱為科學教條主義。從五四運動高舉「賽先生」大旗的時候，科學教條主義開始具體成形。再經過胡適、丁文江等人，把科學跟真理之間的聯繫，建立起來之後，科學教條主義開始有了生命，並成為我國科學發展的傳統之一。然而，西方科學最核心的懷疑精神與演繹方法，卻不見蹤影。當科學變成聖牛之後，思想的僵

化成為必然的結果，也成了我們學習西方科學最大的障礙。

4.封建官僚主義　封建官僚主義是我國數千年來，存在於官僚體系內，一些非正式的行為模式例如：父權統治、群帶主義、拉幫結派、寡頭壟斷等等。封建官僚主義強化了認知形式主義、狹隘經驗主義與科學教條主義，對我國科學發展，產生了深遠的負面影響，因為官僚機構掌握了資源分配的權力。封建官僚主義對科學發展最大的傷害，是政治領導科學、科學服務政治。所造成科學探究的障礙，主要表現在思想的局限與資源的錯置方面。我國自古以來，不斷出現的科技發明-失傳-再發明的諸多慘痛教訓（金觀濤、劉青峰，1994），就是封建官僚主義，影響我國科技發展的鮮明案例之一。

5.強制儀式主義　由於封建官僚主義，在我國有悠久的歷史，使得我國社會各個角落，常常可見陽奉陰違、指鹿為馬、效忠表態、上有政策下有對策、選邊站等等的行為。所謂的強制儀式主義，是指用儀式性的行為，隱含表演性質來表達感情、忠誠、道德，並形成普遍的壓力。中國飛彈之父錢學森，在大陸搞大要躍進期間，由於毛澤東異想天開，不按科學規律辦事，大搞「畝產萬斤」的神話，錢學森卻公開撰文附和毛澤東，說只要土壤保持良好，水分、日光充足，畝產可以無限量（張純如，1996）。

其實，強制儀式主義對科學發展最大的傷害，還並不是主動或被動地對政治表態，而是科學發展的儀式化，所造成的名實分離。以為透過了儀式性的宣告就擁有了實質，造成以名為實，最後甚至變成喧賓奪主只顧追尋儀式，反而壓根忘了儀式是怎麼來的。最鮮明的例子就是以 5 年 500 億的經費，鼓勵大家發表 SCI、SSCI 等論文，來追尋前進百大的目標。然而，追尋進入百大的想法，本身就是一種強制儀式主義。以為只要經過某個機構儀式性

的宣告名列百大之內，就真的是「大」學了。

　　大學之所以「大」是因為有大師坐鎮。就像當年美國普林斯頓大學的愛因斯坦、加州理工學院的馮卡門。所謂的大師，必然是在某個領域內，具有無可替代地位的人。通常，會是一個領域的開山鼻祖；或是具有舉足輕重地位的人物。這樣的人，必然是在思想觀念上，有過重大貢獻或足以指導群倫的人。「聽君一席話、勝讀十年書」，就是大師最好的寫照。因為唯有這樣的人，才值得大家去朝聖。這樣的人之所以產生，有兩個主觀的條件，是不可或缺的。第一、必然擁有堅定的價值信仰，否則不會去設定如此崇高的人生目標；第二、必然擁有堅強的毅力，否則無以克服追尋過程中，所遭遇到的困難險阻。因此，學術成就的追尋，一定是來自一個人內在的原動力，也就是所謂的內導的，而不可能是外導的（Riesman、Glazer、Denney, 1950）。換句話說，這樣的人，一定是為了自己內在的存在感，才會設定這樣的目標，因為任何外來的誘因，都不會有這麼大的力量。套用Maslow 的人類需求層次理論（Maslow, 1943），學術成就的追尋，明顯是屬於五層中最高層次的需求——自我實現。用 5 年 500 億的經費，發表一篇 SCI 論文獎勵多少錢，發表一篇 SSCI 論文，又獎勵多少錢等等的外導式作法，無疑可以激發出更多的論文篇數，因為確實有很多人，是具有外導式的性格。然而，金錢或資源對於思想上的創造，所能產生的催化作用，卻是極端有限的。還有，它所能滿足的，頂多只達到第二層——安全的需求，永遠也滿足不了最高層次自我實現的需求。

　　這五項特質，是非常典型的中國特色。典型到已經觸碰到了中華文化非常核心的部份。而且這五項特質很明顯的，與我國的圖像式思維方式，是息息相關的。Baum 把這五項特質，歸因於來自儒家文化之穩定和諧的基本意識型態。漢學家 Pye 則以中國

文化的情境主義來解釋（許烺光，2000）。中國人的情境主義，是指中國人會視他所處的情境，來決定所扮演的角色與該採取的行為。因此，中國人在面對模稜兩可，或甚至互相衝突的情境時，會感到不知道該如何自處甚至不知所措，而逃避不願意面對。景鴻鑫則從複雜科學的角度，提出「恐懼無常集體潛意識」的看法（景鴻鑫，2003），來說明包括科學發展在內的中華文化的基因。然而，不論是穩定和諧的意識型態、情境主義，還是恐懼無常集體潛意識，似乎都在訴說著，西方科學跟中華文化的落差還真的很大。至少絕對不會是同一「國」的。

日本明治維新何以成功？

日本明治維新何以成功？最根本的原因無它，日本人跟西方人是同一「國」的人。

19 世紀西方人挾著船堅炮利來到亞洲，我國與日本幾乎同時受到衝擊。中日兩國在被西方列強撞開大門之後，都強烈的意識到自身的落後，為圖振衰起敝我國開始了洋務運動，也就是自強運動；日本則啟動了明治維新。30 年之後，甲午之戰成了檢驗兩國變法圖強成果的考場。考試結果日本擠身世界列強，而中國則被當掉重修。中國喪失的不僅只是 30 年的時間、230,000,000 兩白銀、與朝鮮半島、臺灣島而已，而是整個民族自信心的徹底淪喪，至今都尚未恢復。

1868 年以天皇為實際最高統治者之明治新政府成立，馬上推行一連串的改革，史稱明治維新。明治維新的主要內容，包含了下列幾大項目（彭大成、韓秀珍，2005）：

1.奉還版籍，廢藩置縣；

2.改革軍事制度，廢除武士俸祿；

3.發展民權，組建政黨，開設議會，實行憲政；

4.改革地稅，殖產興業，移植資本主義產業與制度；

5.改革教育制度，提高全民素質，培養高級人才。

從以上所列的幾個項目，我們可以了解，日本明治維新所推動的，是一個包含政治、軍事、經濟、社會與教育的全面性改革，根本就是在徹底的改造一個國家。如此大幅度的變革，竟然是在不到 30 年的時間之內，獲致完全的成功，要說沒有非常根本性的原因，是很難令人置信的。

我國的自強運動則是始於 1860 年，主要的倡議人物是咸豐皇帝的弟弟恭親王奕訢與文祥。1861 年初就以自強為名，做為政策的綱領。實際的領導人物，則是平定太平天國的文人將領：曾國藩、李鴻章、左宗棠。當時主要的目的，只著重於仿效西方的軍事技術與制度，來執行「師夷長技以制夷」的基本政策。整個自強運動的思想基礎，就是張之洞的「中學為體、西學為用」，其內涵即：「取西人之器數之學，以衛吾堯、舜、禹、湯、文、武、周公之道」。接下來展開的，是大幅度的引進西方軍事科技：

1861　成立北京神機營，訓練使用俄製火器

1864　成立江蘇製器局，學習外洋炸炮炸彈，及各種軍火、
　　　機器，與製器之器

1865　成立江南製造局

1866　成立福州船廠

1866　成立上海同文館

1867　成立天津機器局

1870　成立江南輪船操練局

從此，中國開始了全面學習製造西方槍炮、船艦的洋務運動。不過與日本相比，很明顯的我國的西化，僅止於停留在表面上（費正清，2002），並未進入政治、經濟、社會的層面。

甲午之戰的結果，證明了日本人的全面學習，是迅速、有效率、而且成功的；而我國的表面學習，則是遲緩、沒有效率、而且是失敗的。何以致此？相關的看法、解釋、說明汗牛充棟不勝枚舉。其中較為深入較具代表性的，在西方有費正清，在中國則有黃仁宇。

對照日本明治維新的成功，以及我國自強運動的失敗，黃仁宇認為，自強運動只不過是一段連續失敗的開始，是一個龐大社會革命之前，無可避免的先聲。雖然失敗至少代表著在全面性的社會改革中，在實踐方面很嚴肅地向前跨出了第一步。從當時的環境來看，要使中國工業化，甚至還要從編撰最基本的數學教科書做起，如何可能在這麼短的時間內，將中國的工業水準，提升到足以與西方國家對抗的程度？鴉片戰爭之前，整個中國就是一個由無數農村組成的大集團。船堅炮利代表著整個西方現代物質文明，在社會上注重效率，在各角落講求準確，所得到的綜合成果。在中國農業社會的生活方式與習慣，與追求穩定和諧的傳統保守官僚體系，全部都與這些特質全然背道而馳。因此歸根結底，黃仁宇認為最根本的原因，是中國是一個無法在數字上進行管理的國家（黃仁宇，1997）。

黃仁宇的觀點對中國而言，當然是正確的，可是依然無法拿來解釋，日本明治維新何以成功的原因。自強運動時，中國當然是一個無法在數字上進行管理的國家。然而，明治維新之前，日本也是一個無法在數字上進行管理的國家，因為日本當時也是一個封建農業社會。中日兩國在當時，都是無法在數字上進行管理的國家。何以 30 年後兩國變法圖強的作為，結果會有如此大的差異？很顯然的，能不能在數字上進行管理，無法拿來解釋中日兩國一成一敗的差異。

費正清（1994）把原因歸之於「中學為體、西學為用」的基

本指導思想。費正清認為：「做為依據的好聽卻誤導人的『中學為體、西學為用』之說，似乎是以為，西洋的軍械、輪船、科學、技術，可以從某方面，用來保存儒家的價值觀。我們現在回顧以前，可以看得出來砲艇和煉鋼廠，是帶著它們各自的生活哲學而來的」。基於這樣的看法，費正清又進一步的批判，這種不徹底西化的誤謬為：「只讓工具西化，而不讓價值觀西化」。費正清顯然是認為，西學是有「體」的，即他所說的生活哲學或價值觀，而且與「用」緊緊相連。因此，把西學當成純粹的工具，只取其用而摒除其體，是荒謬而且不會成功的。費正清的說法，就文化的層次來講，是完全正確的。任何的文物，不論是槍炮船艦，均不會憑空產生，一定是在原生文化裡的人們，認為這個東西是好的、對的、應該的、有利的才會形成。所有的這些認知，我們以價值體系稱之。價值體系當然更不會無緣無故的從天上掉下來。只有在人們經過日久天長的適應環境之後，常態性的適應方式，逐漸內化成為潛意識中的行為規範即成為價值。因此，價值完全是環境的產物。文物──價值──環境，就是文化形成的三個層次。所以，要學習諸如船堅炮利等西方文物，而完全無視於其背後價值體系的存在，當然是註定要失敗的。

然而，費正清對於我國自強運動之所以失敗的解釋，看似合理，卻仍然僅止於表面失之膚淺。如果費正清的說法是對的，則日本的明治維新也同樣不可能成功。

1889 年 2 月日本正式頒佈「大日本帝國憲法」，也就是「明治憲法」強調日本採用君主立憲制，國體絲毫沒有改變，與天皇的統治權來自皇祖天照大神的神聖。憲法的制定，均不外乎「紹述皇祖皇宗貽于後裔的統治洪範」。聽起來跟我們的「以衛吾堯、舜、禹、湯、文、武、周公之道」如出一轍。此外，日本首相吉田茂在其所著的《激盪的百年史》中，明確的提到：「日本

明治維新在喚起近代化所必需的思想方法的轉變時，仍然注意發揮儒家思想的積極作用」。所以，在明治維新的政治體制改革中，明治政府的決策者，高舉「尊王攘夷」的旗幟，繼續發揮儒家文化中的「忠孝節義」、「忠君愛國」思想，強化天皇的絕對權威，強調必須把儒家的道德教育擺在第一位。在此基礎上，學習西方的「器藝之學」。其它類似的提倡還包括：「東洋道德、西洋藝術」「士魂商才」等等，一再的說明了日本在全面引進西方近代文明的時候，其所堅持的主導中心思想，仍然是以孔孟為核心的傳統中國儒家文化，反而沒有去搞拋棄傳統、割斷臍帶、連根拔起的「全盤西化」。凡此種種，也形成了日本明治維新的思想基礎：「和魂洋才」。跟我們中國的「中學為體、西學為用」相比，可以說是毫無差別的。而且，正是因為日本根據本國的國情，調和東西文化的衝突，融合東西文化的精華，各取所需、為我所用，才構成了明治維新成功的重要基礎（彭大成、韓秀珍，2005）。

日本學習中國的典章制度上千年，在西風東漸之前，兩國都是屬於封建的農業社會型態。要說兩國的價值體系，有多大的不同，恐怕是很難令人信服的。而且，中日兩國的價值體系，及便是真的有所差異，跟西方人從文藝復興之後，基於希臘文明與基督教信仰，所建立起來的價值體系相比，恐怕還是跟孿生兄弟一般的類似。況且，日本明治維新的思想基礎，本來就是跟「中學為體、西學為用」幾乎完全一樣的「和魂洋才」。說明了日本人在學習西方文明的時候，同樣也沒有放棄自己的價值體系——自己跟中國文明幾乎雷同的價值體系。所以，日本的成功就已經證明了費正清的解釋是不正確的。中日的失敗與成功，問題不在價值體系。

日本明治維新的成功，原因是來自比價值體系還要深刻、還

要根本的因素。從表面上來看，日本人學習西方，確實學得比較快比較深也比較成功。關於這一點，可以從日本人學習製造西洋槍炮船艦的深度與速度得知。日本人很快就了解到，鑄造大炮必須先建造西式反射爐，以便運用高溫來煉鐵。日本在 1850 年即開始建立反射爐以及煉鐵所，為大炮的鑄造，提供了必需的材料。1852 年成功仿製出船用蒸汽機。1862 年開始動工建造日本最早的蒸汽軍艦「千代田丸」。1863 年仿造成功小型輪船「凌風丸」。1864 年基本機械製造能力建立完成，開始生產各式洋槍洋炮（于桂芬，2003）。

　　反觀我國同樣是學習西方的船堅炮利，結果卻慘不忍睹。自強運動開始之後，各地造船廠製造局紛紛成立。然而，1868 年第一艘國造 600 噸火輪船下水，引擎是購自外國，船行緩慢、吃水太深、人耗燃料，建造費用昂貴，幾乎不堪使用。1873 年底自行生產的雷明頓槍枝 4200 枝，卻因為成本高性能差，連淮軍都拒絕使用，槍枝只好繼續依賴進口。1875 年我國首次生產新式 68 磅重的大砲 3 門，在大沽演放時，卻當場爆炸（費正清，1987）。一連串的挫折，讓當時主導洋務運動的李鴻章，對於中國自製西式武器的信心大受打擊，也讓李鴻章更傾向於直接用採購的方式，來建立北洋艦隊。最後卻又陰錯陽差地，因為經費被慈禧太后挪用，用於建造圓明園之故，導致甲午之戰的慘敗，整個自強運動遂土崩瓦解。如果我們模仿西方序列式的思維，把甲午之戰的失敗，看成是一個因果循環的事故鏈，則此事故鏈的第一因，顯然應該就是自製武器的失敗。假如，我們在學習自製西式武器的時候，像日本一樣是順利而且成功的，甲午之戰的結果，有沒有可能不一樣？非常有可能。

　　問題是為什麼日本人知道造槍炮之前，要先學會煉鐵？造船艦之前，要先學會製造蒸汽機？使得他們能夠成功地，製造出西

式的槍炮與船艦？而中國人似乎都不知道？以致於仿製的結果失敗？此時我們不要忘了，中日兩國都仍然非常努力地，在維持儒家文化的價值體系於不墜。因此，價值體系解釋不了這個差異。中國之所以失敗、日本之所以成功，真正的原因，在於比價值體系更為深刻的思維方式。

西方科學在本質上，是一種透過實證、邏輯推論，來探索這個世界的探究方法。槍炮與船艦，則是科學的產物。西方科學最核心的特色是邏輯。一旦了解邏輯就會知道西方人是如何探索世界的，以及西方人的文物，是經過什麼樣的過程產生的。在希臘語言中邏輯的本意是指：「來自語言的神聖秩序」。眾所周知西方人所使用的語言，正是典型的拼音語言。所以，西方人用以探索世界的邏輯，是得自於拼音語言的啟發。因此西方科學的思維，是一種語言的思維。西方科學，就是一種語言思維的產物。至於槍炮船艦，當然也是語言思維的產物。

毫無疑問的中國人的思維，是一種基於漢字的文字思維或圖像式思維，與西方人的語言思維或單線式思維，差異非常的巨大。原因來自於西方文字，屬於一種拼音文字，漢字則是一種書畫文字。日本是儒家文化影響圈內的一員，長久以來，被認為與中國人是「同文同種」，因為日本人也使用漢字。然而，日本人雖然也使用漢字，其思維方式卻不是圖像式，而是與西方人一樣的語言思維，即單線式的，因為日本的文字，也是一種拼音文字。

日本人雖然使用漢字，卻把漢字拿來書寫日語，使得日文成為一種拼音文字，而不是書畫文字。所以日本人與我們雖然是同文，思維方式卻截然不同。日文裡面同時使用四種文字：漢字、平假名、片假名、羅馬字。因此，日文又被稱為是一種漢字—假名混用文，因為羅馬字地位並不重要，故略而不提。在明治時代

初期，以及二次世界大戰剛結束時，都曾經推行過只使用片假名、平假名、以及羅馬字的運動，以便廢除漢字，但是都沒有成功。

漢字在日語中的使用 1500 百年來，大致上經過了這樣的過程：日本原始並沒有自己的文字，漢字被當作外國文字全盤輸入。首先日本人用漢字來表音，書寫日本話。然而，漢字是表意文字，拿來表音的效率並不好。因此，漢字又逐漸回到表意的用途。漢字在日本地區擴散，必然要經過一個「再定義」的過程，才能被日本社會所接受。經過再定義的過程之後，漢字的轉化，就是必然的結果，也就是假名的出現。假是「假借」，名就是古文中的「字」，假名就是假借字的意思。假名可以看成是將漢字轉化、簡化之後，所創造出來的符號。結合漢字與假名，形成了現在的漢字一假名混用系統（劉元滿，2003）。整個 1500 年的日本文字歷史，就是一個漢字與日語，不斷融合的過程。

漢字在公元五世紀左右，經過朝鮮傳入日本。早期是將日文翻譯成純漢文的形式，來做為溝通的工具。漢字進入日本之後，逐漸開始與日語結合。當時漢字僅被視為是一種表示日語的音符。日本人在使用漢字之形時，捨其義僅取其音，來作為記錄日語的工具。五、六世紀時從中央到地方，都已經有了這種「音假名」的用法。音假名就是「假借漢字之音的字」。在中國，漢字基本上一字一音，雖然因時代地域有不同的表現，但卻有其歷史的連續性和一致性。日本則不同。由於漢字是外來的，在處理漢字的音方面，就受傳入時期及地域的影響，表現出同字不同音的現象。公元五世紀時，傳到日本的漢字，主要是長江下游的讀音，日本人稱之為「吳音」。七、八世紀中國文化中心移至西部，日本的遣隋使、遣唐使，奔赴都城長安，帶回了習得的新音，為了與吳音區別，日本人稱之為「漢音」。八世紀奈良時

代，國家命令不可再操吳音，而必須學習漢音，漢音成為漢字讀音的主流。十四、五世紀鎌倉、室町時代，日本與中國交往又興盛起來，中國的漢字音與過去相比，有了很大的變化。以禪僧和商人為中心，習得的來自江南的新音韻，被稱作「唐宋音」又稱為「唐音」、「宋音」。這種漢字的讀法一般稱為「音讀」。

將漢字作為表音文字來使用，是違背漢字本來的表意性質的。漢文化在上層社會的浸潤，加上漢文學的強大表現力，都使得漢字無法只作為表音文字而存在。於是人們在保持漢字基本字形的基礎上，取義捨音，用與漢字詞對應的日語詞讀音，來讀該漢字詞，從外觀看漢字的形義，均與漢語詞一致，僅讀音為日語的讀音。漢字用這種方法轉化之後稱為「訓假名」。訓是「義」的意思，訓假名即是「假借漢字之義的字」。訓假名是日本的獨創，訓假名使漢字與日語結合得更為緊密，比起純表音的漢字，使用訓假名之後，字數減少，句子變短，意義更清晰。這種漢字的讀法稱為「訓讀」。

文字與語言是兩個不同的概念。語言伴隨著人類而產生，可以自然習得是一種自然現象。因此連動物都會。而文字是一種文化現象，必須經訓練才可掌握，所以二者不能混為一談。文字記錄語言，但用什麼文字記錄語言，並不由語言來決定，而主要由文化影響決定。一種語言，可以用不同文字來表現，而一種文字也可以記錄不同語言。作為語言記錄工具的漢字，按照漢語規律組合就是漢語，按照日語規律組合就是日語。漢字最初是為記錄漢語而產生的，用於紀錄語言不相同的日語時，就改變了組合規律。同時在需要取漢字字音時，就放棄字義，成為音假名，而需要漢字字義時，就按照需要改變讀音，成為訓假名。不論音假名，漢字音讀還是訓假名，漢字訓讀，讀出來的都是日語。

公元 754 年奈良時代中葉，在一本集結上至天皇下至販夫走

卒之歌謠的《萬葉集》中，除了漢字以外，大量地使用這種音假名、訓假名，因此而被命名為「萬葉假名」。萬葉假名的用字，一直與使用者個人的喜好有關，直到明治時代才得以統一。然而因為古日語在詞彙意義方面都十分質樸，使用漢字寫作，就會出現許多困難。中國古代漢字沒有句讀，漢語跟日語的順序也不同。因此，如果把日語純用訓寫，則常常詞不達意；而純用音記，則往往會變得冗長而令人不勝其煩。為了閱讀方便，日本人就在字旁，用筆加上句讀標誌或標注閱讀順序。不易理解的地方，就採取加註的方式，如數註、音註、聲註、訓註、語註等。漢字表述未盡或太過的部分，也用註的方式來彌補。

既然是加註，當然以方便快速為目標，就如同速記一般。久而久之，不僅是加註就連漢字的寫法，也開始發生變化。人們逐漸不寫完整的萬葉假名，而將筆畫多的漢字草寫，或只寫漢字的偏旁部首。這種省略的寫法，既快又不佔用空間，很適合在字裡行間標記。由於只是為了臨時表音而省寫漢字，原來的漢字字體依然存在。因此，這些符號，只能說是「省字」。這種省字主要用於速記及閱讀佛經之用，可以避免反覆書寫筆劃繁雜的漢字，而節省時間。由於省字富於效率，使用範圍不斷擴大。到了公元十世紀，平安時代初期，除了用省字外，也有標記音假名和訓假名的行書、草書以及更加減省的形式。多年以來省字的寫法各不相同，並沒有大家公認統一的寫法。其中，只寫偏旁部首的省字方式，後來就演化成為「片假名」。「片」在日語中，是指不完整不成熟的意思。十二世紀院政時代的僧侶學者之間，已經大量使用片假名，甚至出現了全篇皆用片假名的歌集。片假名在一般人的筆記中，也被大量運用，使片假名終於成為實用的文字系統。

奈良時代的人在閱讀書寫漢字時，就已經使用音假名和訓假

名，以及各類的加註。為求提高書寫效率，這些假名字體，不同於原來嚴謹的楷書，出現使用草書或行書的字體，甚至在草書、行書的基礎上，更進一步的草化。萬葉假名所使用的漢字，因此而逐漸被藝術性的草書所取代。初期這些草假名，是被當作漢字使用。後來，草假名再進一步簡化，而成為「平假名」。到了公元十世紀，平假名已經從漢字脫胎出來，成為一種與片假名不同的文字體系。當然，不論是平假名、片假名，與書寫漢字的省字一樣，都是由漢字簡化變形而來的。早期平假名與片假名，是分開獨立使用的，地位不如片假名正式。

十二世紀開始，日本出現了漢字、假名混用的書籍。當時，漢字是以大寫的形式出現，假名則是小寫，且各有功能。漢字主要是作為名詞、動詞、形容詞等主體詞，假名則用於標記助詞、助動詞等附屬詞，以及動詞、形容詞等之詞尾。到了鎌倉時代的混用文中，假名不再小寫，而寫成跟漢字一樣大小的字體。至此，日本的各種文字形式，都已經具備。日本的文字體系，開始逐漸的成熟，並定形為一種漢字─假名混用文字直到今天。

漢字在跟日語的融合過程中，我們可以很清楚的看到，漢字不斷地被拆解。漢字是一種形、音、義三位一體的文字，傳入日本之後，為了適應日本本土的語言，這個結合勢必無法維持。首先是字形與音、義的分離。日本人把漢字的形、音結合日語的義，成為音假名。再把漢字的形、義結合日語的音，成為訓假名。不論是音假名還是訓假名，漢字的字形，仍然還是跟中國的漢字是一樣的。接下來日本人進一步地，再將漢字的字形拆解，以使漢字能夠更方便地表達日語。結果產生了片假名與平假名。日本人對漢字所做的一切作為，都是為了遷就日語為一種拼音文字。由於漢字的字形，並沒有基本的組成單元，無法形成字母，日本人對漢字的拆解，逐漸走到盡頭，也使得日語無法再進一步

地，演化成一種字母書寫的拼音文字，充其量也只能是一種以漢字及假名為音標的音節文字。儘管如此，日文仍然是一種拼音文字，不論使用了多少個漢字。日文的文字，不論是漢字還是假名，基本上只是一種注音符號，真正攜帶字義的是聲音。關於這一點，日文與西方的拉丁文字，完全一模一樣。不像中文攜帶字義的是字形。所以，日文就像英文一樣，聲音才有意義，而中文，聲音是沒有意義的，形狀才有意義。

1500 年來日本人將漢字的形、音、義，不斷地加以拆解，來做為表達日語的一種音節文字。拆解對日本人來說，早就已經非常的熟練。希臘先哲亞理士多德，所建立的分析方法，本質就是拆解。拆解之後，希臘人再根據「神聖的語言秩序」所建立的邏輯，來探索整個宇宙，從人類思維到物理世界。日本人，拆解漢字拆了 1500 年，再以語言邏輯，將拆解後的漢字，合成拼音的日語。在分析與邏輯的基本思維模式上，日本人與西方人毫無二致。唯一的不同是漢字沒有基本組成單元，日本人無法從拆解漢字之中，得到字母的概念與成果，使得日本人對漢字的拆解，無法深化也就無法徹底。因此，跟西方人比起來，在分析與邏輯的思維上，日本人無法達到同樣水準的細密與嚴謹的程度。

日本人的思維，受到拼音文字的塑造，當然是標準的語言思維，中國人的思維則是一種文字思維。雖然從表面上來看，日本人跟中國人使用的都是漢字，漢字對兩者思維方式的塑造，卻截然不同。因此，日本人在面對西風東漸的時候，之所以能夠又快速又有效地學習西方的工業化，最根本的原因是：日本人的思維方式，跟西方人的思維方式，幾乎根本就是一樣的。它們都是基於拼音文字的單線式思維，都是以聽覺為基礎的語言思維。西方單線式思維的特色：講順序、重邏輯、長於分析，沒有理由日本人不具備，只是因緣尚未成熟，沒有被啟發出來而已。所以當日

本人在學習西方科技時，只有「知識」學習的問題，不存在「思想」轉變的問題。對我們中國人而言，情況並不相同。我們除了要克服知識的障礙之外，還要跨越思想的鴻溝。以基於書畫文字的圖像式思維，要了解、吸收並複製基於拼音文字之單線式思維，所淬煉出來的文物——船堅炮利，其困難可想而知。

日本人 1000 多年以來，在分析與邏輯的思維訓練上，與西方人並無二致。因此，僅管日本人的價值體系與我國較接近，但是當日本人在面對西方科學的時候，卻由於思維方式的極端類似，會很容易掌握西方科學背後的來龍去脈，也就不是什麼稀奇的事了。因此日本人很容易的就知道，製造槍炮之前，要先學會煉鐵；製造船艦之前，要先學會製造蒸汽機。使得他們能夠在很短的時間內，成功地製造出西式的槍炮與船艦。明治維新成功的原因毫無疑問的，應該是來自於比價值體系更為根本之思維方式的影響。思維方式的影響，同樣也是我國自強運動之所以失敗的根本原因。

西方科學對日本人而言，確實是無國界的。明治維新之後，日本人已經可以充份掌握西方的單線式思維模式，並能夠自行生產出科學知識的態勢，在進入 20 世紀之後，越來越明顯。第二次世界大戰就是另一次的展現。

二次世界大戰，對科技發展最大的影響，就是航空取代了造船，成為最先進的國防科技。不列顛之戰、偷襲珍珠港、中途島之戰，一再地證明了，飛機具有決定戰爭勝負的關鍵性能力。二次世界大戰期間，全球列強無不傾全力，希望製造出飛得更高、更遠、更快的飛機，以便爭奪制空權。整個大戰期間，史家公認最傑出的戰機有四款：英國的噴火式戰機、德國的米式 109 戰機、日本的零式戰機與美國的野馬式戰機。如果我們把這四款戰機的主要性能，拿來比較一下，我們就可以發現，日本的零式戰

機，完全可以跟歐美的最先進科技產品並駕齊驅，甚至有過之而無不及：

國別	機型	服役年份	最大時速	升限	航程
英國	噴火式	1938	571 公里	10360 公尺	805 公里
德國	米式 109	1939	550 公里	10500 公尺	660 公里
日本	零式	1940	534 公里	10000 公尺	3105 公里
美國	野馬式	1943	628 公里	9550 公尺	1200 公里

　　當日本的零式戰機在 1940 年，進入太平洋戰區時，立刻完全掌握空中優勢，盟軍飛機無一能與之匹敵。直到 1942 年的中途島之戰後，零式戰機的空中優勢才逐漸喪失。然而零式戰機之所以失去空中優勢，卻不是因為飛機的性能問題，而是因為日本畢竟是小國，跟美國相比無法承受飛機與飛行員的大量損失，造成了飛行員訓練不及與飛機產量不足的致命傷，終於導致喪失太平洋上空的制空權。至於飛機本身的性能，日本的零式戰機，依然是當世的佼佼者。直到美國的野馬式 D 型機，在 1944 年問世之後，零式戰機才被比了下去。如果當時日本擁有跟美國一樣大的國土一樣多的人民，憑著日本已經掌握西方科學思維的關鍵鹿死誰手，恐怕還在未定之天。

　　進入二十一世紀之後，日本人更進一步地，證明了他們不但能夠掌握西方科學思維的關鍵，甚至已經有能力獨立自主地在科學思想上，進行開發與創造的工作。公元 2008 年 12 月 10 日日本京都產業大學教授益川敏英，在瑞典斯德哥爾摩大學，所舉行的諾貝爾獎典禮上，以英語「I cannot speak English（我不會說英語）」作為開頭，開始發表演講。益川敏英說完簡短的英語之後就一直用日語。這是自 1968 年獲得諾貝爾文學獎的小說家川端康成之後，時隔 40 年的首次日本諾貝爾得主，再度以日語演講。

所不同的是，這一次益川敏英所得到的是諾貝爾物理獎，一個真正代表西方科學桂冠的獎項。

　　益川敏英是一個一生都在日本國內學習的純粹本土派，既不會說英語，也沒有出過國，甚至連護照都沒有。如果一個人不會說英語，他的思維方式，就不可能是英文的方式。一個不會說英語的日本人，他絕對百分之百是用日文在思考的。百分之百的日文思維，可以讓益川敏英在物理學上，創造出理論而得到諾貝爾物理獎，充份的說明了，以日語來思考物理學，完全不需要經過英文的轉述，一樣可以達到登峰造極的境界。很顯然的，以日語思考跟以英語思考，在掌握以邏輯為核心的科學探究方法上，完全不存在任何根本上的差異。因此，以日語思考就是以英語思考。如果我們說英語是科學的語言，則日語一樣也是科學的語言。

　　日文對日本人思維方式的塑造，基本上跟西方人是完全一致的。雖然日文是從漢字演化而來，漢字卻沒有把日本人，塑造成跟我們中國人一樣的思維方式。原因是日本人為了滿足日語的需求，而把漢字徹底拆解了。不幸的是，做為書畫文字的漢字，並不存在所謂基本的組成單元，使得日本人對漢字的拆解工作，無法達到極致，以致於無法產生字母。沒有字母的日語，造成日本人所掌握的思維工具，其精密、嚴謹與深刻的程度，乃無法跟西方人相提並論。因此，雖然少數的日本人，能突破這個限制，而得到諾貝爾獎，終究還是無法達到百花齊放、百鳥齊鳴的境地。這也是日本人從明治維新西化成功以後，一百多年來，在科技的發展上，始終無法超越西方的根本原因。在西方科學的發展史上，義大利、英國、法國、德國、美國都曾經獨領過風騷。其中的國家有大有小，不一而足。顯見要在科學發展上領袖群倫，國家領土的大小和人口的多寡，並不是決定性的因素。此外，日本

人的諾貝爾獎得獎人數，如果只計算跟科學有關的獎項，也就是拿掉和平獎與文學獎，在全球國家之中位居美國、英國、德國、法國、瑞典、瑞士、荷蘭、俄國之後，跟丹麥並列第九。以日本的富有，加上國家投入研發的經費，日本人的表現，跟西方國家比起來其實是非常遜色的。

所以，日本明治維新之所以成功，最根本的原因是日本人跟西方人，在思維方式上根本就是同一「國」的。日本成功的原因，正是我們中國失敗的原因。中國人跟西方人，在思維方式上並不屬於同一「國」。科學對我們而言，是有國界的。

第六章

龍的傳人

6-1 我國傳統的威權

在飛航安全的領域之中，Helmreich 的研究成果（1998）很清楚的告訴了我們，在國家文化的層次上，各國飛行員之間最大的差異，就在面對威權時的態度。在 Helmreich 所提供的數據之中，包含了面對長官的威權、面對律法的威權、與面對科技的威權。不論是長官、律法、還是科技，指的都是擁有我們所不能及，並能控制我們行為的力量。Jing（2001）的研究結果也顯示出，一個社會面對威權的態度，與該社會的航空失事率，其統計相關性可以達到 6 成，一個讓人無法視而不見的數字。

每一個社會大家所共同接受的權力運作方式，不可能是一樣的。對西方人而言，所謂的威權，韋氏大字典的定義是這樣的：由於身分、地位、形象之不同，而造成盲目服從之行為。很明顯，西方社會的威權概念，比起東方社會，要來得單純許多。公元 1793 年英國使節 Macartney 奉英王之命令，卻領著東印度公司的薪水，乘戰艦來到了天津。要求清政府開放寧波、天津、及幾個近海城市，做為中英貿易的通商口岸。當時在位的乾隆，下詔褒獎英王喬治三世的「向化歸誠之心」，同時也表明了「天朝物產豐盈，無所不有，原不藉外夷貨物以通有無」的態度（丁偉志、陳崧，1995）。當時清政府依照慣例，要求來使入境隨俗，

在面見乾隆的時候，行三跪九叩的禮節。然而在西方，即使是面見國王，也只行單膝下跪禮而已。因此 Macartney 拒絕遵循清政府的禮節，以致於雙方不歡而散。

對英國人而言，做不成生意，當然不會高興。但是，僅僅為了做生意，而屈服於他們認為既不對等甚至有辱尊嚴與國格的三跪九叩之禮，以當時英國擁有的國力，包括經濟與軍事實力，以及其殖民擴張的政策，英國人當然不會接受。對清政府而言，中國不但不需要跟外夷互通有無，甚至普遍認為，中外貿易不過是天朝對於番邦，格外仁厚的恩賜，是「以中原之貨殖，拯彼國之人民」。雖然，清政府並不關心通商與否，可是，卻非常重視英使朝見乾隆時的禮儀制度，尤其是被清政府視為來使朝貢的禮儀。表面上看，中英第一次的交流，以不歡而散告終。如果我們從較為深入之文化衝突的觀點來看，中英雙方在心底的不歡，恐怕是大不相同的。

對英國人而言，行三跪九叩之禮，代表的是一種屈服，屈服於中國皇帝所代表的權威。英國人要不要屈服，固然跟他們想不想做生意有關。但是，最後決定是否屈服的考量，恐怕還是要看雙方的實力來決定。為什麼這麼說呢？公元 1795 年荷蘭使節來華，同樣是為了通商，就跟中國人一樣地行三跪九叩之禮。公元1816 年英國第二個使節團來華，由 Amherst 率領，卻依然拒絕行三跪九叩之禮（耿昇譯，2002）。英、荷都為通商而來，等著他們的都是三跪九叩之禮，何以兩國的反應，會有如之此差別？說穿了其實也很簡單。在西方人的眼裡，面對權力的行使時，主要的考量就是實力而已。因為在西方人的字典裡，對權力的定義，是很機械化的，就是決定別人行為的能力。如果我的實力不小於你，為什麼讓你來決定我的行為？應該由我來決定你的行為才對。因此，跟中國實力的對比，當然就是英、荷兩國決定要不要

屈服的主要依據了。19世紀初，英國人已經殖民全球，而荷蘭人卻曾經被鄭成功打敗。根據歷史長久以來的經驗，以及英、荷兩國的反應，一個選擇屈服，一個卻最終使用大炮以對，均一再充份地說明了，西方人對權力的看法確實是如此。

　　根據西方人對權力的認知，在面臨敵我雙方權力之行使的情境時，其核心的考量必然不脫：我方決定敵方行為的能力有多少，敵方決定我方行為的能力有多少。經過評估敵我雙方所擁有的能力之後，對比之下差距有多少，將決定敵我雙方，所可能採取的行動，以及後續情境的演變。根據這種單線式的思維模式，如果將敵我雙方改成上司與屬下，很自然的會得到「權力距離」的概念。因為權力距離就是基於西方人對權力的認知，根據雙方所擁有的權力，對比落差之後，所得出的必然結果。因此 Hofstede 使用權力距離的概念，來描述西方人的權力結構與行使，是理所當然且毫不意外的。然後 Helmerich 再將權力距離的概念，套進飛機的駕駛艙，來解釋正機師與副機師的互動，也就更不足為奇了。因此之故，使用權力距離的概念，來說明西方人在面對威權時，所採取的行為與態度，無人能夠置疑。問題是，如果我們也使用基於單線思維之權力距離的概念，來說明我們中國人在面對威權時，所可能採取的行為與態度，恐怕會很難讓人信服。

　　中國人在面對權力的行使時，主要的考量比起西方人要來得複雜得多太多，遠非西方單線式思維可比。這是當然的，因為我們的思維是圖像式的。我們只要看看乾隆皇帝，在面對英國使節的時候，所採取的態度，就可以思之過半矣。首先，乾隆先褒揚英國人的歸順之意。我先誇獎你，表達我上國天朝的雍容大度，雖然你什麼事都還沒有做。當然，這是因為你歸順的意願，是值得嘉許的。褒揚的核心：歸順，對於中國傳統威權的行使，是非常重要的一個象徵。其次，乾隆表明，中原不但無所求於外夷，

還可以援助拯救外夷。當然，你可以離開，不要我的拯救，否則請你表達出你歸順的誠意：三跪九叩。然後，即便是我完全不需要你，我還是會樂意於拯救你。在這個權力行使的過程當中，我們可以看到，利益的考量似乎並不重要。甚至連力量的對比，好像也並不是核心的考慮因素。中國傳統的威權，比起西方人，確實是相當的複雜難解。

　　中國傳統威權的典型代表是皇帝。皇帝的形像，長久以來又與父親糾纏在一起，也就是所謂的君父。君父的概念與國家的概念是一致的。因為我們中國人，習慣把國看成一個大家庭，皇帝就像是大家長一般。所以，中國傳統威權的典型，雖然是皇帝，可是，中國傳統威權的原型卻是父親。了解中國傳統家庭中父親的角色，就能夠了解中國傳統威權的內涵。

中國傳統的父權家長制

　　家庭對一個人一個社會的塑造，具有舉足輕重的重要性。文化人類學家許烺光（2002）甚至說過：「家庭是人類的製造工廠」。家庭是塑造大多數人類生活型態，最早的外在勢力。所有不同的生活方式，都是在家庭中養成的。一個社會中，一切所能容許的行為模式，就個人而言幾乎都是來自於家庭。因此，文化的典範可以說是從家庭開始的。觀察一個社會中家庭的運作，就能夠掌握到相當多該文化的基本特質。

　　中國的家庭中，是以父子關係為主軸。西方的家庭，則是以夫妻關係為主軸（許烺光，2000）。換句話說，中國家庭的運作，是由父子關係所支配。西方家庭的運作，則是由夫妻關係所支配。夫妻型的關係，具有不連續、獨占、有性、選擇等特徵。父子型的關係，則具有連續、包容、無性、權威等特徵。兩者之間的差異，不但非常的明顯，還非常的尖銳。例如：夫妻關係中

的不連續特徵，是指夫妻關係的本身，不會一代一代地連續下去。不像父子關係，每一個父親，都曾為人子，每一個兒子，如果沒有意外的話，也都會是父親。任何一個父子關係，都是一連串的父子關係中的一個小環節。在所有的關係特質當中，夫妻關係與父子關係，最大的差別，來自於夫妻關係是可以選擇的，即選擇權是存在於夫妻關係中的；父子關係則屬於天生的，不存在選擇的概念。因此，夫妻關係在本質上是自由的，父子關係在本質上則是威權的。

如果一個社會中的家庭，是以父子關係為主軸的話，威權必然會成為該社會文化中，一個相當重要的內涵。首先，每一個父親，都比兒子年長，而且至少在一段相當長的時間之內，父親均較兒子的能力及經驗為強。在這段時間之內，父親所扮演的角色，是發號施令的支配者，以及生存資源的提供者；兒子則扮演被支配的依賴者角色。而這段時間，正是形塑一個人性格的全部時間。再在加上根植於每個社會中，對男女角色要求的基本差異：男子扮演對女子與小孩展示威權、女子扮演照顧子女的角色。凡此種種，均一再地造成了父親的威權形象。而且這個形象，還是與生俱來的，子女完全沒有選擇的餘地，只能被動的接受。

來自於父子關係中，父親的威權形象，根植於每一個家庭之中。父親形象的威權，來自於無可選擇的與生俱來，因此，不需要證明威權的合法性。不像夫妻關係中的丈夫，要妻子服從，是需要有理由的，因為夫妻關係是經過後天選擇之後才建立的。也正因為如此，夫妻關係中的威權，常常被人憎恨；而父親的威權，則較少為人所憎恨。

許烺光對於中西家庭中，父子型與夫妻型之親屬關係的相關研究，所使用的原型，就是中國人跟美國人的家庭。許烺光對於

家庭中父子關係的描述，指的就是中國的傳統家庭。這種父子型的家庭特質，在我國已經存在了數千年，並演化成一種牢不可破的典型，一般稱之為「父權家長制」。家長制是一種文化現象、一種社會現象，因為長久以來，社會上幾乎每一個家庭都是如此。家長制說明了在家庭中，家長是家庭中的絕對權威，握有極大的權力。家庭中的其它成員，與家長是支配與被支配，領袖與從屬的不平等關係。在我國家長這個概念，最早的記錄，出現在《墨子・天志上》：「惡有處家而得罪於家長而為可也」。從這段簡單的記錄之中，就可以看出家長在家庭中，自古以來就擁有不可侵犯的地位（王玉波，1988）。

早期人類的社會，是不存在所謂的家長制的。只有發展到從母系社會，開始進入父系氏族社會以後，才出現了家長制，時間大約在距今 5000 多年前。隨著農業、蓄牧業、手工業的逐漸發達，人類社會出現了社會分工的現象。各種產品的交換，刺激了私有制的發達，並加速了社會的分化。社會開始出現了剝削者與被剝削者、主人與奴隸等社會階級，並且慢慢形成了一種社會的制度。此時，父系氏族中的首領，逐漸成為氏族的代表、資源的分配者、分工的決策者，權力結構因此而開始出現。由於勞動力的多寡、強弱的不同、以及工具與技術上的差異等原因，無法避免的貧富分化，造成了氏族之間的資源爭奪甚至戰爭，也就應運而生。有的氏族被消滅或淪為奴隸，有的氏族則更為壯大。逐漸的，父系氏族內的家長，為了因應各種挑戰，權力更為擴大，尤其是在富有的勢力大的大家族之內。並形成了所謂的貴族階級，階級對立的奴隸制度確立。

春秋戰國時代，最大的社會變革，就是奴隸社會的崩解，與封建社會的建立。對我國而言秦漢時代所確立的封建社會，維持了 2000 年之久。直到民國建立之後，才逐漸的消失。由於傳統

的社會階級崩解，生產力獲得解放，大量的小農經濟和小農家庭湧現，家庭經濟成為普遍存在的社會型態。奴隸家長制也隨之轉變成封建家長制，因為由於土地所有的關係，人身依附的現象依然存在。家庭經濟大權依然操在家長之手，家屬仰食於家長，所以必然依附於家長，使封建家長仍然擁有絕對的權威。

在封建社會由於生產力低下，生產技術落後，社會分工不發達，所以自給自足的自然經濟占主要地位。生產不是靠社會分工，而是利用自己的經濟條件，生產自己所需要的大部份產品。商品交換雖然存在，卻並不發達。如此封閉式的經濟型態，造成大多數人，對土地以及家庭的依賴極為深重。一個人一旦離開了土地離開了家庭，謀生將極為困難。此時，組織並統領家庭經濟活動的家長，必然成為家庭中的至尊。

在中國父權與君權常常是不可分割的。就像「國」與「家」一定是連在一起的。秦漢以來封建家長制，一直是封建國家政權，用以維護封建統治的社會基礎。歷來的封建國家政權與封建法律，也都確認和保護封建家長制。正是由於封建家長制符合封建統治的需要，且得到封建國家政權的保障，所以封建家長制得以長期存在於我國的社會。秦統一了六國，建立了中央集權的封建君主專制，開始了我國長達 2000 餘年的「家天下」政治傳統。以封建的政治倫理為核心的儒家學說，從漢朝開始，佔據了正統官方統治思想的地位。更使得君、父徹底的融合在一起，成為一而二、二而一的中國傳統威權的象徵。荀子說過：「君者，國之隆也；父者，家之隆也。隆一而治，二而亂。」這裡所謂的隆，就是尊的意思。從此在中國的社會中，不論是各種大大小小的團體裡面，只要有上下尊卑，父子關係就是權力運作的原型。直到今天依然如此，只是程度上有所不同而已。

父權家長制的一個基本特點，就是父家長在家庭中，居於統

治的地位，握有絕對的權力。我國的封建君主專制統治，就是君權與父權的結合，君權是父權的擴張，「君為臣綱」就是「父為子綱」的延伸。今天，雖然封建君主統治已經一去不返，然而父子關係卻依然是我國社會運作的主軸。此外，從中央政府到各級地方政府，再到各個社會團體公司行號甚至學校，「大家長」的稱呼，依然不絕於耳。凡此種種，均充份地說明了父權家長制，仍然在深深地影響著各級組織的權力運作。因此，了解我國傳統的父權家長制及其內涵與特質，對於理解中國傳統的威權，是非常有幫助的。

今天，我國已經從傳統的封建社會，轉型成為資本主義社會。傳統的封建家庭，已經不復存在。傳統的封建帝王，也已經一去不返。理論上，封建家庭中的父權家長制，也應該隨風而逝。事實上卻不盡然。首先文化的轉變，通常需要非常長的時間。我國的社會，剛從封建制度中解放出來不到百年。以百年之功，要改變累積已經 2000 年的價值體系如父權家長制等等，其困難可想而知。其次，父權家長制之所以能夠延續，最主要的原因，是人身依附關係並未消失。即便是在社會已經高度商業化的今天，一個人在成年之前，仍然要依附於父母而存活。父權的形像，隨著每一個人的成長，深深植入腦海。然後當一個人成年之後，雖然可以不必再依附於父母、家庭或土地之上，然而不幸的是，人身依附的關係，不但沒有消失，還仍然牢牢地掌握著每一個人。因為，一個人離開父母之後，對父母的依附關係，開始轉變為對工作的依附或是對長官、上司、老闆的依附。而且，在可預見的未來中，這個依附關係，沒有任何會消失的跡象。所以，傳統的父權家長制，是不會消失的，只會不斷的演化、不斷的轉型。

龍文化的形成

中國自古以來的皇帝，都喜歡用龍來代表自己，這顯然不是單純的巧合。如果說龍的意涵，是為了皇權的需要，而被製造出來的，當然不盡合理。或者是說皇權的發展，是依據龍的形象而進行的，當然更不會有人相信。但是龍圖騰在歷史的演化過程中，因為具備了皇權所需要的意義，足以形象化地傳遞威權的內涵，並做為代表某種價值信仰體系的文物，因而被皇帝所採用，再進一步地與皇權結合，使龍的意涵更為豐富，並在歷史上形成了中國傳統威權的象徵，則是非常有可能的事。而且，這個文物成熟以後，不論是在時間還是空間上，均透過不斷的強化，深深地印在每一個中國人的心底，歷經了數千年而歷久不衰。不論如何改朝換代，龍圖騰的意義，均毫不含糊地保留了下來。到現在幾乎所有的中國人，都認為自己是龍的傳人。每一對父母，無不期待望子成龍。

「龍」字始見於中國目前所知最古老的文字——商代甲骨文和金文之中。如果我們把文字的出現和使用，作為文明的標誌之一，那麼，在中國文明時代的早期，龍就已經存在了。甲骨文與金文中的龍字，是屬於一種象形文字，即龍字是基本上依龍的形象而來，係龍形象典型化、抽象化的產物。甲骨和金文中的龍字，是我們了解龍形象的基礎依據。然而，商代甲骨文中的龍字卻並不統一，據有關專家統計，竟多達 70 餘種（劉志雄、楊靜榮，2001）。如果龍字是象形，依實物的形象而來，卻又為數龐大，說明了一件事實：龍在形像上，是依據許多實物的形象而來；在概念上則是一個大家所一起分享的共通概念。

如果，我們進一步從商周青銅器的紋飾上，去辨別龍的形象，則即使是有關方面的專家，也往往意見不一。考古學家張光直在論述商周青銅器的動物紋飾時說過：「龍的形象，如此易變

而多樣，金石學家對這個名稱的使用，也就帶有很大的彈性：凡與真實動物對不上，又不能用其他神獸，如饕餮、肥遺和夔等名稱來稱呼的動物便是龍了」。這種觀點，在現今學術界中，具有一定的代表性。從青銅器上的紋飾來看，同樣說明了在商周時代，人們對於龍的具體形象，看法是多樣的模糊的。雖然如此，龍在商人的心目中，卻明顯地帶有神秘的意涵。當時人們或向龍祈禱，或向它卜問晴雨，或希望它能預示利於實現願望的信息。商代的龍不論形像為何，顯然已經逐漸演化成為一種關係著人類生活與命運且具有神性的一個整合概念，並常常藉著不同的動物來呈現。周代《詩經》中所提到的龍，則多指器物上的龍紋，尤其以龍旗為最多。值得注意的是，上述詩句都出現在《詩經》的「頌」中，「頌」是周王和諸侯，用於祭祀或其他重大典禮的樂歌。只有高層統治者，所進行的祭祀活動，才會出現以龍為紋飾的旗幟。所以龍在周代，即已明確地象徵著權力。

　　在中國經過了春秋戰國之後，統一六國的秦始皇，開始被後人稱為「祖龍」，也就是「第一條龍」的意思。據《史記·秦始皇本紀》記載，秦王政 36 年公元前 211 年秋，使者從關東夜過華陰平舒道，有人持璧遮史者曰：「為吾遺滈池君」，因言曰：「今年祖龍死」。使者問其故，因忽不見，置其璧去。雖然本記載所陳述之事，真假難分，然而用「祖龍」來指秦始皇，倒是千真萬確的事，而且大家也都接受。《史記集解》載蘇林注：「祖，始也。龍，人君象。謂始皇也」。嬴政集古史傳說中之「皇」、「帝」於一身自稱「始皇帝」，是中國的第一個皇帝，也是第一條龍。從此，龍就是皇帝，皇帝就是龍，皇帝與龍合而為一，再也無法分開，直到公元 1911 年中華民國成立。

　　主動將自己的身世，與龍聯繫在一起的第一人，是漢高祖劉邦。這位以泗水亭長起事，「好酒及色」的農民起義軍領袖，出

身低下缺乏項羽那「世世為楚將」的顯赫出身。出於政治上的需要，劉邦編造了顯示他先天不凡的奇異出生，來神化自己，以掩飾其低下的身份，並提升他的威信與號召力。《史記・高祖本紀》中記載：「高祖，沛豐邑中陽里人，姓劉氏，字季。父曰太公，母曰劉媼。其先劉媼嘗息大澤之陂，夢與神遇。是時雷電晦冥，太公往視，則見蛟龍於其上。已而有身，遂產高祖。……常從王媼、武負貰酒，醉臥，武負、王媼見其上常有龍，怪之」。建構如此荒誕不經的神話，只是要讓大家相信，劉邦就是「真龍天子」理應得到天下。姑且不論，劉邦所塑造的神話，在他爭奪天下的時候，到底發揮了多大的作用。從劉邦會去塑造這樣的神話，以及司馬遷會如此慎重的予以載入史冊，就已經充份地說明了，中國人真的相信，皇帝就是龍，龍就是皇帝。或者二者至少是分不開的。公元前 49 年，漢宣帝劉詢，首次將龍字，直接用進自己的年號，史稱「黃龍」。龍不但被用來代表皇帝，還根本就是皇帝的名字。

結合多種動物的特徵，並具有神性的龍，周代就被用來象徵王公貴族，秦漢時期正式與皇帝結合，成為皇權的象徵。具有神性又象徵權威的龍這個概念，到底出現於何時？

龍的概念充滿了神秘。大自然中並沒有一種動物叫做龍。龍是人類文化的產物，也就是一種文物。既然是文物，背後一定有來自環境所塑造之價值信仰體系的支持。由於龍所具有的神性，使得其背後的價值信仰體系，必然與先民的宗教信仰有關。早期先民的宗教信仰，起源於對未知事物的恐懼。在先民的心目中，大自然是可怕的，風、雨、雷、電，全部都充滿了無法理解的可怕力量。此時萬物有靈的自然崇拜，充斥人類社會。日、月、星辰、樹木、石頭都成為崇拜的對象。於是一個個的神靈，在人們的想像之中，被創造了出來；一套套崇拜神靈的儀式，被發明了

出來，原始宗教就此形成了。

　　然而，神靈卻必須要擁有形像，才便於大家膜拜。於是一個個形態千奇百怪的神靈，陸陸續續地被創造了出來。然而早期人類的思維，仍然處於非常原始的狀態，沒有能力憑空創造出有意義的形像。因此，先民所描繪出來的神靈，大多數是屬於真實的動物或者是動物組合的形像。這個階段我們稱之為動物崇拜。當然，動物崇拜的出現，也跟人類開始有能力豢養動植物有關。時間應該是在人類逐漸離開狩獵採集的生活方式，進入農牧時代的階段。

　　隨著時間的推移，人類的能力、理性與智慧，均逐步成長。先民對於動物的崇拜，也逐漸的複雜起來。和人類相比，動物確實有許多優越的地方。有的動物有驚人的力量、有的動物有極端優異的感官、有的動物還能飛翔、有的動物甚至壽命長的驚人。先民對於這一切感到羨慕不已，於是崇拜它們、模仿它們，渴望自己也能夠擁有跟它們一樣超凡的能力。久而久之，跟動物的親切感油然而生，甚至跟動物有某種關聯的幻想也浮現腦海。於是，先民就把它們當作圖騰來崇拜，甚至進一步攀親帶故，心甘情願地作動物的子孫，以祈求獲得庇護。圖騰崇拜是以氏族血緣共同體為單位，以某種動物為崇拜對象。

　　史前的中華民族，當然也不例外。傳說中的黃帝，曾經調動過龍、虎、熊、貔、貅等猛獸，與炎帝作戰並獲得勝利。這些傳說中的猛獸，就是黃帝部落中，以各種野獸為圖騰的氏族。人類早期一切的宗教活動，不論是自然崇拜、動物崇拜、還是圖騰崇拜，都只不過是支配著人們日常生活的外部力量，在人們腦海中，所幻想出來的反映而已。在這種反映中，產生了功利主義明顯的原始巫術。如果我們將中國新石器時代，看作是巫風熾烈的時代，那麼商代就可謂是集前代宗教觀念之大成，並使之一統

化、體系化、規範化的時代。龍就是商代先民宗教活動的一個特殊產物。

　　商代甲骨文中，龍的象形字可達 70 餘種，說明了龍這個概念，雖然是來自於具體的動物，由於種類繁多，其形像依然還在演化之中尚未定形。可是，卻已經共同擁有類似的意涵在內，否則不會最後演化成形像單一意義明確的龍。這個過程，也說明了一件事，龍的概念據推測應該是始於許多氏族，各不相同的圖騰崇拜，龍概念的整合與成熟，則應該是在商代。

龍文化的內涵

　　商代甲骨文中的「龍」字的原型，明顯來自於龍紋。描寫龍的起源，存在很多的論點，以及說法。到目前為止，似乎尚未出現大家都同意的定論。如果我們能夠澄清龍的源起，將有助於了解我國傳統威權之實質內涵。關於龍的起源，有一種說法是這樣的。龍圖騰是來自於我國古代，不同地區的六種真實動物所演化而成的（劉志雄、楊靜榮，2001）。演化過程開始於 6000 年前。當時，存在許多的動物紋像，都具有現今龍圖騰的某些形象特徵，學術界將這些動物紋像，統稱為「原龍紋」。龍圖騰的成熟期大約在 3000 年前。這些原龍紋是迄今所知最古老最原始與龍有關的圖像。它們是探索龍起源的最堅實證據，此六種原龍紋分別為：魚、豬、鱷魚、老虎、蛇、娃娃魚。

　　1. 渭河流域的魚紋　在距今 7000 餘年以前，位於我國中原地區的渭河流域，生活著一批以彩陶文化為特徵的先民。目前已發現的重要遺址有陝西的半坡、姜寨、北首嶺等多處，考古學家稱其文化為仰韶文化半坡類型。仰韶文化半坡類型先民的經濟生活，以農業為主兼營採集狩獵和捕魚，大多數考古學家認為當時屬於母系氏族社會。仰韶文化半坡類型的陶器上，多繪有生動的

動物紋樣有魚、鹿、山羊、獸形等等。其中數量最多最富於變化的是魚形紋飾。仰韶文化半坡類型的先民，對魚紋的熱衷不是偶然的。半坡遺址中出土了數百件石網墜和製作精美的骨質魚叉，說明了捕魚是當時的一項重要的經濟活動，魚類是當時先民賴以生存的重要食物之一。屬於仰韶文化半坡類型的北首嶺遺址，位於寶雞市金陵河西岸，出土的一件蒜頭壺，碳同位素年代鑑定為距今 6000 至 6800 年前。在蒜頭壺上人們發現了現今稱為水鳥啄魚紋的原龍紋像。

圖 6-1　渭河流域出土的蒜頭壺，及其上的水鳥啄魚紋

　　這條「龍」具有細長的身軀，呈弧形盤曲於陶壺的肩部。「龍」的頭部成方形、圓睛、頭兩側具有暴起的巨腮，頭與背部，均有斑狀花紋，而其腹部則為 U 字形弧狀花紋。背部並有凸起兩鰭，腹部有一鰭，尾部分為三叉。「龍」的尾部，繪有一隻短尾、尖嘴、體型肥碩的大鳥，鳥喙與「龍」尾的中間部位相連狀似啄銜。考古工作者把這一圖案定名為「水鳥啄魚紋」。如果我們仔細察看水鳥的圖案，從其眼圈的條紋，我們可以知道，這裡所畫的水鳥，就是鸕鷀或者叫做魚鷹，是人們養來專門捕魚的一種鳥類。很多學者都認為，這裡的魚，就是早期的龍紋。魚在渭河流域先民的生活中，具有重要的地位，半坡類型陶器上的大量魚紋的含意，應該是先民對魚的依賴及喜愛以致於崇拜的產物。

　　2. 遼河流域的豬紋　在新石器時代，我國東北地區的遼河流域，分佈著的是紅山文化。紅山文化是一種具有自身特徵的地方

性文化，其文化遺物除石器和彩陶外，還有大量精美的玉器。紅山文化的玉器，不僅有璧、環、璜、佩、珠等禮器與裝飾品，還有大量的動物形玉如龜、鳥、魚、虎等，而「龍」的形象在其中尤為矚目。遼河流域的「龍」形玉，比較典型的目前發現兩件。第一件「龍」形玉是 1971 年，在內蒙古翁牛特旗三星他拉村，地表以下 500 釐米處發現的。考古工作者認為這是一件紅山文化的玉飾，其年代不會晚於距今 5000 年。這條「龍」由墨綠色玉雕磨而成，高 26 厘米，全玉細長，彎曲呈 C 字形，截面呈直徑 2.3～2.9 厘米的橢圓形。「龍」頭較長，具有長長且略向上翹的吻，鼻端截平，端面近橢圓形，有一對圓形鼻孔，頸脊部有一條長鬃，鬃後部上翹彎捲。「龍」的雙眼細長，呈突起的梭形，嘴緊閉呈一條線。第二件龍形玉，是 1988 年在內蒙古翁牛特旗紅山文化遺址出土，時代比第一件稍早。第二件龍形玉，其造型與第一件基本類似。所不同的是這件龍形玉的鼻端不是平面，鼻孔是兩條短線，兩條龍的背部都有一孔，經證實是用來繫掛的，因此這兩條龍均屬於懸掛或佩帶的玉器。且那彎曲的玉環，並不是動物的軀體，只是玉器的造型。如果我們將龍形玉的身軀除去，它立刻不再像現今的龍圖騰，而是取自於自然界中實有的動物。兩件龍形玉的吻、鼻、鼻孔及頸脊聳起的長鬃，都明顯是豬的特徵。紅山文化先民素以養豬著稱，遺址中多發現大量的豬骨，這不僅體現了墓主人生前的財富，同時也是先民對豬的原始宗教觀念的反映。

　　3. 漳河流域的鱷紋　在距今 6400 餘年前，漳河流域分佈著一種以紅陶為主的文化，這種文化屬於仰韶文化後崗類型。1987 年考古工作者發掘了河南濮陽西水坡遺址。西水坡遺址出土的陶器，大多不具紋飾，僅有少量陶器上飾有弦紋、指甲紋、錐刺紋、麻點紋等等。這一帶的先民，似乎並不熱衷於在器物上描繪

圖 6-2　紅山文化出土的玉豬龍

紋像，然而他們卻善於使用食用過的蚌殼，來塑造既生動又活潑的圖像。西水坡遺址的先民，以奇特的蚌塑形式，塑造了號稱「中華第一龍」的原龍紋造型。

　　這幅原龍紋，出現在濮陽西水坡遺址 M45 號大墓，墓主人骨架的東側，由白色的蚌殼，精心擺塑而成的龍圖案。這條「龍」長 1.78 米，高 0.67 米，頭北尾南，背西爪東。「龍」頭似獸，昂首瞠目；它的吻很長；頸部長而彎曲，頸上有一撮小短鬃；身軀細長而略成弓形，前後各有一條短腿，均向前伸，爪分五叉；尾部長而微曲，尾端具有掌狀分叉。墓主人骨架的西側，是一幅與原龍紋相對稱的虎形蚌塑。虎頭微垂，圓目圓睛，張口露齒，長尾後撐。虎的四肢作交遞行走狀。整個墓室佈局嚴謹，充滿著莊嚴神秘的氣氛。墓主人西側的虎形蚌塑，幾乎完全是寫實的，另一邊則是完全虛構的龍，這是不合乎邏輯的。一般認為，西水坡蚌塑「龍」的形象，也應該是寫實的才合理，即表現的是現實中存在的動物形象。經過學者深入探討，提出許許多多的論述證明，先民所塑造的龍圖像，是一隻鱷魚。

　　在已知的動物之中，包括早已絕滅的恐龍類，與西水坡「龍」形像相近的動物，只有鱷魚。此外，水中的鱷與山中的虎，在各自的生活環境中，都屬於最兇猛有力的動物，二者正好是一對，往往給人類造成威脅，屬於動物崇拜中的畏懼型動物，也都是先民猛獸崇拜觀念的產物。一邊是鱷魚，一邊是猛虎，中間是可以駕御它們的主人。這一佈局充分反映了墓主人生前的地

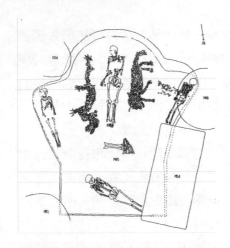

圖 6-3　號稱「中華第一龍」的蚌塑原
　　　　龍紋造型

位和權力，因為墓主人「具有
降龍伏虎、主宰一切的神
威」。

　　4.太湖流域的虎紋　在距
今4000至5000年前後，我國
的太湖流域，分佈著良渚文
化。這是一支自己獨立發展的
地方性文化系統。良渚文化的
經濟，以農業為主，其手工業
十分發達。陶器以夾細砂的灰
黑陶，和泥質灰胎黑皮陶為
主，多數素面磨光，少數飾有
精細的刻劃花紋和鏤孔。在浙江省餘杭縣，瑤山良渚文化墓葬
中，出土的一些圓牌、璜、玦等玉器上，人們發現了與殷商龍紋
十分相似的「龍首」形雕飾，其中以玉鐲較為典型，考古工作者
直接稱之為「龍首鐲」。整個圖像，具有一種逼人的氣勢，給人
以神秘恐懼之感。

　　研究人員將此原龍紋，放入良渚文化玉器紋飾中，進行對比
研究，及深入的分析，發現「龍首鐲」上的「龍首」，實際上是
良渚文化中，典型紋飾「神人獸面紋」的簡化變形。「神人獸面
紋」的含意，一般認為是：「一位頭戴羽冠的英俊戰神，其胸腹
部位隱蔽在獸面盾之後，作衝擊前的跳躍動作」。另外一種解
釋，是獸神的人形化，既可以作在獸面的表象裡，包含著人形的
精靈或是獸已具有人的形狀。

　　作為太湖流域出土的原龍紋，主要組成部份的獸面紋中，獸
面的圓睛、獠牙外露、犬齒發達、爪甲長而尖刺，都是食肉動物
的特徵。圖像中那樣的大嘴，與如虎等貓科動物之類，短吻的食

肉動物的正面形象相符。獸面部份的額部有橫紋，口兩側有鬚，酷似現今工藝美術品布老虎的正面頭像。從古生物資料表明，新石器時代的太湖流域，確實有虎生存，而後世與良渚「神人獸面紋」形象含意基本一致的器物造型中的獸，無一不表現為虎的造型。因此，太湖流域原龍紋形象，主要取象於虎的正面頭像。

「神人獸面紋」的下部實際上，是獸趴伏時的正面形象，上部應是當時的酋長兼巫師形象的寫實。整體圖像所表現的，是巫師騎在趴伏的虎身上，雙手扶住虎頭兩側的正面形象。虎以畏懼型動物出現於先民的動物崇拜觀念之中，其含意是巫師以虎為通天座騎，乘之往返於天地之間。

5. 汾河流域的蛇紋　在距今 3900 至 4500 年前，汾水流域分布的龍山文化，陶寺類型文化中，也出現了原龍紋。陶寺先民過的是長期定居的農業生活，有鑿井技術及較高的建築、畜牧業和手工業。汾水流域的原龍紋，是出現在襄汾陶寺遺址大型墓葬出土的彩陶盤上的。彩陶盤紅邊黑底，彩繪原龍紋蟠曲其中，頭與身體無明顯界線，龍眼小而圓，長尾部收縮成尖。汾河流域原龍

紋，被考古界稱為「蟠龍紋」，照此說法這是迄今在中原地區所見的最早的「蟠龍」圖像。蟠龍紋是商代重要紋飾之一，汾河流域原龍紋的主要型態結構，與商代蟠龍紋幾無二致，二者的淵源關係無可置疑。

因蟠龍頭、頸、體和尾無明顯界限，身體長而蟠曲無足，形態特徵與鱷魚截然不同，它的原型顯然是自然界中的「蛇」。盤中的蛇紋，是以溝通天地的使者身份出現。因為在陶寺大墓中，

圖 6-4　龍首鐲：太湖流域良渚文化出土之原龍紋

鱷被剝皮製成祭祀用的鼓，蛇口銜農作物，以盛放祭品的陶盤紋飾出現，似乎它們都不像是被祭祀的對象，祭祀的對象，應該是位階更高的神。鱷、蛇同屬水中的畏懼型動物，給人恐懼之感。隨墓出土的彩陶壺上，則繪有水紋。陶寺居民很可能認為，水及水中的猛獸，具有一定的神性，故以鱷傳聲，以蛇負物上達天庭，表達人類的祈求與希望。

6. 渭水流域的鯢紋　在距今約 5500 年前，我國西北地區的渭水流域，也出現了原龍紋像。當時，渭水流域分佈著仰韶文化廟底溝類型文化。廟底溝類型是與半坡類型，同時平行發展的仰韶文化的另一個支系。廟底溝類型的彩陶，多為紅地黑花，紋飾有大量花瓣、豆莢等植物，和魚、鳥、蛙等動物圖像。渭水流域的原龍紋，最早出現在甘肅甘谷縣，西坪遺址出土的彩陶瓶上。彩陶瓶上，繪有一條形狀怪異的動物。這條墨彩繪製的「龍」紋，高 38.4 厘米，頭部滾圓，額部中間繪有十字紋，眉部有數道橫紋，兩眼睜大，眼球居中，下頜露出具板狀牙齒的大嘴。「龍」頸部具 U 形紋，體長尾大，呈斜 V 字形外翻，腹部具有網紋。「龍」體的上部兩側，具有伸向上方的雙臂，手臂很短，具有四趾。

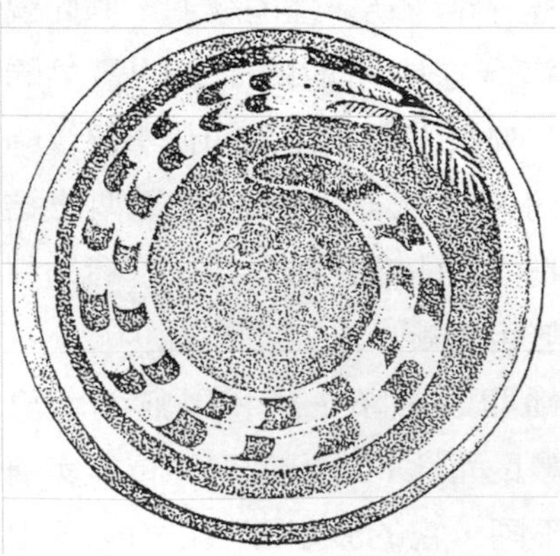

渭水流域的原龍紋在發表時，及後來的一些研究文章中，多被稱為「人面鯢魚紋」或「蜥蜴紋」。鯢魚俗稱娃娃魚，通常生活在河流溝溪的水流急、水質清澈之處。在先民的心目中，鯢魚是一種奇異的動物。它們生活在僻靜優雅的

圖 6-5　汾水流域龍山文化出土的蟠龍紋

溝溪深處，頭面四肢及叫聲，多有似人之處，很容易引起先民的畏懼與聯想。於是先民將鯢當成人的始祖，認為人是從鯢演化而來。因此，先民在陶瓶上描繪鯢的圖像，可能是認為鯢具有人類始祖的身分，必然具有神性，於是試圖藉由巫術形式，向它表達自己的期望，或是祈求保佑整個家族，有給人家族的觀念。

圖6-6　渭水流域仰韶文化出土之人面鯢魚紋彩陶瓶

　　據嚴文明先生（1987）的研究，在原龍紋出現的新石器時代中、晚期，中國存在著數個經濟文化區，每個經濟文化區，根據考古學文化的特徵，還可以劃分出許多較小的文化區。位於中國中心的是中原文化區，其他 5 個文化區，都緊臨和圍繞著中原文化區，很像一個巨大的花朵，5 個文化區是花瓣，而中原文化區是花心。各文化區，都有各自的特色，同時又有不同的聯繫，中原文化區成為聯繫各文化區的核心。迄今發現的 6 種原龍紋，分布於 4 個文化區之中。其中遼河流域的豬紋，分布在燕遼文化區；渭水流域的鯢紋，分布在甘青文化區；太湖流域的虎紋，分布在江浙文化區；渭河流域的魚紋、漳河流域的鼉紋、汾河流域的蛇紋，都分布在中原文化區。不過，他們仍然分屬不同的文化類型，發展階段也不盡一致。這些原龍紋產生的時代環境各不相同，又都直接來源於各自不同的原型動物，有著自己獨有的特徵和型態，因而他們彼此之間在型態上，並沒有什麼關聯。正因為 6 種原龍紋，都是對某種特定動物的摹寫，有著自己完整的宗教含意，儘管 6 個文化區之間，在各個發展階段，都存在著不同程度的交流與滲透，但各有原龍紋並沒有也沒有必要，因此而出現

型態上的交融。總之,中國史前時期的各種原龍紋,都是以獨立的形式,產生並發展下去的。在商以前的漫長歲月裡,他們並行共存於世,並不存在合併交融的現象。

距今 3500 年左右,商王朝建立,其勢力範圍,以史前時代的標準而言,屬相當的龐大。西至今陝西西部,東至山東西部,北至今河北北部,南至漢水以南的長江流域。商王朝的建立,使得其四周的各文化,如百川歸海般的匯之於商,從而形成了各個區域文化的空前大融合。中國的史前文化是多元的,出現在各類型文化中的原龍紋也是多元的,因此龍的起源,必然是多元的。起源多元的原龍紋,經過了長時間的並行共存之後,隨著文化的匯集與融合,全部殊途同歸於商文化中,從而構成了真正龍紋形成的基礎。龍正是商文化中多種文化成份融合之後的產物。

由於商王朝控制了幅員相當遼闊的地區,直接統治著各有信仰的部落,極需一個統一的官方意識型態,以便統一思想與信仰,好利於統治。在巫風鼎盛的商代,商人崇拜對象之眾多,形象之多樣,禮儀之繁縟,達到空前絕後的程度。然而,在迄今發現的 15 萬片以上的商代甲骨文中,據研究整個殷代卻並不存在一個統一至高無上的神靈。不僅如此,他們不但尊崇王室的先祖,而且,也尊崇非王室的先祖,以致於某些異姓部族的先祖。殷人的這種宗教觀念,是與商代的社會文化狀況相吻合的,也是與當時政治發展的需要分不開的。

既然商人接受了其他區域文化中,原有的崇拜對象,那麼就必然會相應接受與吸收,這些區域文化中,起溝通天地的作用的各種圖騰,包括原龍紋等生物紋像。在神權時代,通天地的手段與政治權力是分不開的。這個道理很簡單:天、神是知識的源泉,通天地的人是先知先覺。能夠先知先覺的,或是說人們相信他能先知先覺的人,就有領導他人的資格。通天地的各種手段的

獨占，包括古代儀式的用品、美術品、禮器等等的獨占，是獲得和占有政治權力的重要關鍵，也是中國古代財富與資源獨占的重要條件。正因為如此，商人對來自各方的多種具通神含意的原龍紋，不但不予排斥，反而主動地進行收集與採納，將它們統統鑄刻在各種禮器上，讓它們統統為商王朝服務。這些起通神作用的紋象，以各種禮器為載體，出現在商王朝的祭祀活動上，不僅滿足了商人的宗教心理，同時也在一定程度上，滿足了其他諸部族的宗教心理，而在精神上發揮了安撫與威懾作用。因此，商代各區域文化的融合，為龍的形成提供了肥沃的土壤。商人兼容并蓄的政治需求，與博大開放的宗教觀念，為龍的形成提供了適宜的氣候，龍的形成終於水到渠成。

在一個統一的大帝國內，擁有一個統一的官方意識型態，以做為思想控制的工具，是非常有必要的。不僅商人如此，羅馬帝國也是如此。早期環地中海的希臘、中東、以及埃及的各民族，都擁有自己的原始信仰，甚至也有各自的創世神話。各式各樣的神無所不在。公元前 1 世紀，環地中海地區，基於希臘所奠立的基礎，由羅馬人完成了首次實質上的統一。從此，地中海不再是文化交流的障礙，反而成為通衢大道。對於西方航海文明的發展，建立了深厚的根基。羅馬人對於環地中海區域的征服，始於公元前 2 世紀中葉。羅馬先後征服了迦太基，接著併吞希臘，然後又將整個波斯納為羅馬的行省，接著又征服了高盧，勢力直達不列顛。羅馬統治的區域，幾乎包含了整個地中海，以及歐、亞、非三大洲的一部份，及其交匯之地。東起伊朗，西到英國，南邊包含埃及，一直到利比亞。所統治的民族，從西歐的所謂蠻族、希臘人等白種人，到中東的猶太人、阿拉伯人、波斯人，以及非洲的埃及人、黑人等，種族不可謂不複雜。

由於各地區都有自己的神，各有自己效忠的對象，對於帝國

的統治是不利的，因為思想無法統一。公元前 27 年，當屋大維在凱撒去世後的內戰中獲勝之後，除了使用皇帝的頭銜，來統治羅馬之外，還自稱為「奧古斯都」：一個莊嚴且具有強烈宗教色彩的名字（許列民等譯，2004），就像中國的皇帝，把自己稱為龍一般。很顯然的屋大維不只想當皇帝，還想強化自己的神性，藉著神化自己，以提升自己的權威。並通過宗教的力量，要求人民對皇帝獻祭以表忠誠。然而皇帝崇拜，很容易地就流於一種內容空洞的形式主義，各民族依然信奉自己原來的神。

　　一個如此龐大的帝國，在思想上卻缺乏一個一以貫之的國家意識型態。以致於多元的信仰，造成了多元的效忠對象，甚至在羅馬帝國的統治階層也是如此。一個聰明的君王，當然不會坐視此事而無動於衷。於是，基督教強烈排斥其它神靈唯我獨尊的一神信仰，吸引了羅馬皇帝君士坦丁一世的注意，因為基督教的學說，正好符合羅馬帝國獨裁的需要。因此，羅馬帝國的統治者，改變了原來對基督教的迫害轉為安撫、支持甚至保護的態度。並根據自己的政治需要，對基督教進行改造。公元 322 年君士坦丁一世把基督教的學說，正式確立為羅馬帝國之內，唯一的官方學說，進一步地利用和扶持基督教，做為一個官方的統一意識型態，與一個帝國思想控制的工具。

　　君士坦丁一世死後，繼任者繼續執行他所定下來的宗教政策，扶持和利用基督教，基督教則藉政治的力量，排斥迫害其它宗教。公元 392 年羅馬皇帝迪奧多西，詔令全國，正式承認基督教為羅馬帝國國教，並要求臣民「遵守使徒彼得所交予羅馬人的信仰」，使得基督教成為羅馬帝國唯一的合法宗教，同時開始關閉所有其它宗教的神廟，禁止一切其它宗教的活動（李安修，2005）。於是基督教成為羅馬帝國的唯一思想獨裁者，並隨著羅馬帝國的統治，擴散到整個歐洲與中東。

商人把各部落的圖騰，整合成龍的行為，與羅馬帝國把基督教定為國教，其出發點完全沒有兩樣，純粹都是為了統治上的需要，都是為了尋找一個控制思想的工具而已。所不同的是，商人在整合各圖騰成龍的過程之中，並沒有出現排它性，而是兼容並蓄。基督教在成為羅馬國教之後，由於基督教本身唯我獨尊的潛意識，一旦跟政治力量掛勾之後，排斥迫害其它宗教，就成為無法避免的必然結果。果然到了中世紀，基督教的行徑，演變得根本就與邪教毫無二致。即使在人類進入現代化之後，基督教唯我獨尊的意識型態，依然扮演著西方帝國主義侵略他國的原動力。

　　龍還有一個非常顯著的特徵，就是頭上長了一對角。在商代的龍紋中，頭上的角，非常類似長頸鹿的角。在實際的動物中，只有長頸鹿才有這種類型的角，別的獸類並沒有。然而在中國諸多第4紀古生物出土的地點中，包括具古生物化石的文化遺址，從未出現過長頸鹿化石。這意味著在中國大陸，即使是最古老的人類，也沒有與長頸鹿共生的機緣。這當然也就排除了商代「長頸鹿角」源於長頸鹿的可能性。從型態上來看，這種角更像甲骨文中的「且」字，其來源當為生殖器崇拜觀念的產物——祖，而祖的原型——且，則為男性生殖器。生殖器崇拜，在中國遠古文化中，是一種極為普遍的現象。商人根據祖的宗教含意，將其安在無角動物的頭上，以角的形式出現，作為增加神性的一種手段，是合乎邏輯的。透過祖先崇拜的意涵，一方面祈求祖先的庇護，一方面強化各氏族的認同感與向心力，同樣是有利於商人的統治。此外，龍圖騰本來就是多種動物結合而成，再加上一種男性特徵的圖紋，也是很合理的。

　　總結以上的討論，我們可以了解到，龍圖騰的起源，是6種原龍紋，再加上祖先崇拜意涵的角，經過數千年的演變而逐漸形成。這6種原龍紋，魚、豬、鱷、虎、蛇、鯢，加上頭上的角，

其所代表的意義，毫無疑問的，可以分成三大類。第一類是魚、豬。當先民懂得豢養動、植物之後，食物來源開始穩定，生存的風險開始下降，先民的生活大幅改善。魚紋，想必是先民用來祈求或感謝食物豐收之意用的。藉著魚紋，表達希望能多抓到一些魚好改善生活，也是很有可能的事。至於豬紋，含意則更為清晰明確。豬在中華文化之中，常常是福氣的代表。豬對中國人來說，用處是很大的。從耳朵到豬蹄，無一不能吃，而且全都是桌上佳餚。甚至只有在房子裡養了豬之後，這個房子才能稱之為「家」。當先民懂得養豬之後，豬必然成為財富的象徵，因為豬養得多，生活必然富足。此外，豬紋的來源，是出土的玉豬龍。玉豬龍的環形部份有孔，明顯是懸掛用的。先民把玉刻成豬的形狀，掛在身上，來彰顯自己生活的富足，是非常自然的一件事。就像今天的人，把珠寶鑽石，戴在手上掛在身上，來表現自己的財富、身份與地位一般。即便是一般的人，也都喜歡穿名牌、戴名錶、背名牌包、穿名牌鞋等等。因此，不論是玉豬龍、珠寶、鑽石、名牌，都是象徵著主人的富貴。所以，魚豬這兩個龍紋，應該就是先民用來祈求吉利及象徵財富的動物。綜合以上所述，如果我們用一句成語，來形容魚龍紋與豬龍紋的內涵，最適當的應該就是：「吉祥富貴」。

　　第二類原龍紋是鱷、虎、蛇。這 3 種動物之所以放在一起，是因為它們都是讓先民感到畏懼的動物。鱷魚是生活在水裡的一種冷血動物。平常在水邊棲息獵食的時候，能夠只露出兩隻眼睛在水面上，或全部潛入水中，靜悄悄地接近獵物，而完全不被發現。等到接進到某個距離之內，再以迅雷不及掩耳的快速動作撲向獵物。鱷魚是生物界中，演化非常成功的一種掠食動物，其獵殺的技巧，已經到達登峰造極的地步，因為鱷魚的型態，已經 1、2 億年來，都沒有發生改變了。鱷魚在水裡稱霸，堪稱水裡的

百獸之王。至於地面上的百獸之王，則非老虎莫屬。老虎也是屬於一種令人畏懼的掠食性動物。人類各文化，對老虎的普遍印象，多屬強壯、兇猛、敏捷、快速等。先民對老虎的恐懼，是很容易理解的。至於蛇這種的動物，雖然比不上鱷魚和老虎般強壯兇猛，然而蛇的神出鬼沒，令人防不勝防的陰騭，加上蛇擁有鱷魚和老虎所沒有利器——毒液，輕輕一咬即足以致人於死。凡此種種再再使得蛇成為令人不寒而慄的恐怖象徵。在許多人類的文化之中，幾乎都有恐懼蛇的潛意識。在基督教文明裡，蛇甚至是撒旦的化身。鱷魚、老虎、蛇這3種動物，都是食物鍊頂端的掠食動物。它們都擁有人類所無法企及的巨大力量，它們擁有的這個力量，是人類所無法理解預測的，當然更是人類所無法控制的。因此，鱷、虎、蛇這3個原龍紋，所代表的意義，是非常接近的，我們就以「天威難測」來統攝。

第三類的鯢以及龍頭上的角，所代表的意義，是頗為一致的，都與祖先崇拜有關，所以，我們把它們放在一起。鯢的頭面四肢及叫聲，多有似人類嬰兒之處，故又稱為娃娃魚。於是，先民將鯢當成人的始祖，認為人是從鯢演化而來，而產生了祖先崇拜的行為。至於龍頭上的角，更是充份的說明了，商人對祖先崇拜的重視。鯢以及龍頭上的角，所擁有祖先崇拜的意涵，暗示著我們大家都是來自同一個祖先。因此，所傳達的潛意識，應該就是我們都是一家人的家族意識。所以，龍圖騰所擁有的第三個意涵，我們認為是：「家族意識」。

綜合以上所提的看法，我們可以了解，中國傳統威權的象徵是龍。龍並不是一種生物，而是一種文物，一種先民因為各種需求，而創造出來的文物。龍圖騰是由6種真實動物演化而來。這6種圖騰崇拜時期的對象動物，分別是魚、豬、鱷、虎、蛇、鯢。商人基於統治上的需要，整合個部落的圖騰，融匯於一爐，形成

統一思想匯聚認同感，集中向心力的工具。基於這 6 種原龍紋，商人加以整合之後，加上頭上的角，龍圖騰乃得以完成。因此，龍所代表的意義，毫無疑問的，可以分成 3 大類。第一類是魚、豬所代表的「吉祥富貴」的內涵；第二類是鱷魚、老虎、蛇所代表的「天威難測」的內涵；以及第三類的鯢以及龍角所代表的「家族意識」的內涵。如果，我們同意龍是我國傳統威權的象徵，那麼，我們就也會同意，中國傳統威權的三大內涵為：1.吉祥富貴，2.天威難測，3.家族意識。

　　以上的推論，如果合理的話，我們就會完全的同意，西方人單線思維所產生的權力距離概念，與中國傳統威權的內涵，差距實在是太大了，大到根本就不可能用權力距離的概念，來理解中國人心目中的權力，以及權力角色的扮演，與權力運作的方式。

6-2　座艙中之龍文化

組員資源管理與文化研究

　　公元 2000 年成大航太系的研究團隊，接受行政院飛航安全委員會的委託，進行了一項研究計劃，名為「飛航安全人為因素──組員資源管理與企業文化研究」（陸鵬舉等，2000）。該研究計劃的目的，在評估現階段台灣各航空公司，組員資源管理（Crew Resources Management）的訓練情況及實施成效。所謂組員資源管理，指的是有效辨識利用可供運用的各項資源，以獲致安全有效之飛航運作。這裡所說的資源，包括硬體設備、軟體資訊與人力等，當然也包括燃油以及時間。管理，當然就是指如何有效運用這些硬體、軟體與人力資源。因此組員資源管理，是一項為達到飛航的安全、有效之非技術性訓練計劃。

　　毫不例外的，組員資源管理是美國人發明的。美國航空太空

總署，在 1980 年與德州大學心理學教授 Helmreich 合作，針對太空人執行任務，所設計的一套訓練課程。後來，該課程被民航界廣泛運用，由座艙飛行員為對象開始，逐步擴展至客艙服務員、航管人員、維修人員、簽派員甚至管理人員。在全球航空界仍然是由美國執牛耳的情況下，組員資源管理，由美國擴散至全球各地。全球的各大小航空公司，均將組員資源管理視為改善飛安、提升企業組織文化、安全文化的一個利器。

民國 79 年中華航空公司，首先將組員資源管理訓練引進國內，當時的名字是「座艙資源管理」。隨後國內各航空公司，也陸續採用該訓練。民航局亦於民國 89 年，訂定國籍航空公司組員資源管理實施要點，以便航空公司有所遵循。該要點規定，組員資源管理訓練應包括狀況警覺、溝通技巧、團隊合作、任務配置與決心下達等項目。目的為提升人機介面與人際互動之績效，其核心精神是「組員間的同心協力」。

長久以來飛行員的訓練，均集中在飛行的技術層面，以及強調個別飛行員的表現與解決問題的能力。然而，越來越多的證據卻顯示，航空事故的發生，常常跟個人飛行技術層次的問題，關係並不密切。大多數涉及人為因素的航空事故，其發生原因，往往是由於組員沒有好好運用各種資源而導致，而並不是因為缺乏資源可用。例如，機械運作正常天候正常，卻因為溝通不良或決策錯誤，而造成事故。所有可供安全落地的資源全部都在，只因誤用而發生事故。名古屋事件、大園事件，都是如此。因此要再進一步地改善飛航安全，重點就應該從個人技術，轉移到團隊合作上。組員資源管理問世的目的，就是要結合個別的飛行技術與有效的團隊合作，發揮加乘的效果，以克服日益嚴重的人為因素問題，好降低甚至消滅航空事故中的人為因素。

依美國人的原始設計，組員資源管理的訓練，包含 5 大部

份：人際溝通、狀況警覺、決策判斷、領導統御、壓力管理。當
然，這些內容會隨著時間，而不斷的演變，也確實已經演化許多
代了。所謂的人際溝通，是指為了促進健康的座艙環境與氣氛，
組員所需要掌握的溝通方式與技巧。例如積極參與、用心傾聽、
正面回應等等。由於正機師是最後負全責的人，所以，正機師必
須隨時保持艙內溝通管道的暢通。狀況警覺是指一個人精確掌握
周遭狀況的能力，周遭狀況則是指艙內、飛機與艙外環境等，一
切正在進行的事物。對於飛航狀況的掌握一旦失去，常常導致錯
誤的判斷與決策。因此隨時警醒並監控飛航狀況的變化，是絕對
必須的。決策判斷是解決問題的過程中最關鍵的步驟。在組員面
臨的狀況中，資訊常常是不足的，甚至是互相矛盾的。即使所有
的資訊都攤在面前，常常也會導致不同的看法，以致於形成不同
的判斷。當然所有的決策，必須出自主控飛行員，並獲得所有組
員的支持。主控飛行員必須負責評估及管理所有可用與適當的資
源，以確保飛航任務的安全執行。因此，領導與追隨等角色的扮
演，以及命令的下達與執行，就成為組員資源管理中，非常關鍵
的一部份。任何的緊急狀況，均會導致壓力的升高，不論是在生
理上還是心理上。甚至家庭事務，也有可能在座艙中，導致組員
的壓力。組員必需能夠了解認識與處理壓力，並進行適當的疏
導。

　　組員資源管理的核心，毫無疑問是領導統御。領導指的是以
想法與動作，來影響別人的想法與行為。領導與威權是不一樣
的，領導是獲取的，威權是給定的。或者換句話說，威權指的常
常是位置或身份，領導指的則常常是能力。例如在座艙中，機長
自動地被給定對飛行任務負責，因此機長自然擁有威權，只要他
是機長。但是在某特殊狀況下，副機師卻由於能力強，以致於果
斷地「領導」了所有的組員，化解了某項危機而完成任務。如果

威權與領導充份結合，當然是最理想的狀況。只是在真實的世界裡，威權跟領導常常並不一致，威權不會自動保證好領導。所以，對組員資源管理訓練而言，每一個人，不論他在什麼位置，都要學習成為那個位置的好領導，也就是都要具備領導力。

在美國人所設計的組員資源管理訓練中，所謂的領導統御，至少應包含下列的技能：調節資訊的流動、指示及協調組員的活動、激勵組員士氣與決策。擁有這些技能，當然是最理想的。只是這些技能，卻不會憑空就掉下來的。組員資源管理，既然是美國人所發明，就是美國文化所製造出來的一種文物。我們知道任何的文物，背後一定有相對應之價值的支持。從 Hofstedc 所提出的四維文化價值架構：權力距離、個人主義、不確定迴避、男性氣概來看，西方人用以解釋全球國家文化主要差異的量尺，就是權力距離與個人主義。其它兩項由於差異不大暫且不論。權力距離與個人主義，是西方單線化之序列式思維的典型產物。從組員資源管理所列舉的內容來看，我們幾乎在每一個地方，都可以看到低權力距離與高個人主義的影子。當然對美國人來說，低權力距離與高個人主義，是毫無疑問的理所當然，是無庸置疑的天經地義。而且也早已內化成為他們的潛意識了。正因為早已內化，我們才把這些信仰稱為價值。擁有這種價值的美國人，設計了一套組員資源管理，裡面當然到處充塞著低權力距離與高個人主義。當這樣一個文物，要引進中華文化的領域，再定義的過程，是絕對無法避免的。單就領導而言，我們的飛行員看到「領導」這個字，腦海中所出現的影像，跟西方飛行員看到「leadership」這個字，腦海中所出現的影像，必然是大相逕庭的。因此引進組員資源管理之後，如過果能夠進一步了解實施的成效，以及落差之所在，當然是非常有意義的一件事情。

成大航太系執行的研究稱為「飛航安全人為因素──組員資

源管理與企業文化研究」。主要的方式，是進行一次大規模的問卷調查。問卷題目的設計根據 Helmreich（1998）的研究問卷為藍本，研究小組以組員資源管理課程中的 6 大主題：溝通、狀況警覺、組員合作、工作負荷管理、決策下達和文化因素等，依了解程度、支持程度及實際執行程度等 3 個層面，來建立組員資源管理訓練成效的評估架構。主題與層面，形成了一個格式為 3x6 的矩陣。研究小組總共設計 58 個變數，用來評估組員資源管理的實施績效。其中包括了理解組員資源管理的看法、了解壓力、敞開的對話、不苟責的氣氛、領導、權力距離、公司訓練、訓練中文化的隔閡、標準操作程序、安全報告審核系統、語文技能、對話風格、雇用標準、晉升標準、飛安計畫、公司員工的價值觀、忠誠度、工作環境、飛航的操作滿意度、理解飛安記錄等等。依據這些變數，研究小組全部共設計了 88 道題目，而形成問卷。每一道問題，均以李克尺度（Likert Scale）的 5 點量表進行量測。以非常不同意、不同意、沒意見、同意、非常同意的方式，詢問飛航組員對所問問題的看法，且分別給予 1 分至 5 分的得分。此次研究的受測對象，為國內各大航空公司之民用航空機師，包括了本國籍及外國籍，總人數約 1946 人。國內六家主要的航空公司，皆參與了此次的問卷調查。研究小組共發出約 2000 份問卷，回收問卷約 1200 份，其中有效問卷為 1116 份，平均回收率約為 56%，

　　因為我國民航公司的政策使然，很少有外國的副機師，被雇用來台工作。為了比較國內外的文化差異，我們僅拿本國籍及外國籍的正機師之問卷，來進行研究。所有的其它變數，像年齡、性別、軍或民、飛行時數與公司，皆暫時被省略。因此，本研究共收集了 361 個本國籍正機師，及 188 個外國籍正機師的問卷結果。其中，外國籍機師來自全世界各地，包括了亞洲、北美、南

美、歐洲、非洲與澳洲。其國籍則包含了美國、加拿大、墨西哥、巴西、委內瑞拉、薩爾瓦多、英國、德國、瑞士、意大利、愛爾蘭、荷蘭、奧地利、挪威、保加利亞、印尼、馬來西亞、菲律賓、伊朗、南韓、澳大利亞、紐西蘭、南非等 23 個國家。其中，擁有比較多機師的國籍，是美國、加拿大、委內瑞拉、墨西哥、菲律賓、印尼等 6 國，分別來自北美洲、南美洲與亞洲。要說這些外國機師的問卷，足以充份代表國際機師的看法，確實是有點困難的。然而，如果只是把這些問卷結果，當成是一個國際平均值來參考，好做為本國籍機師看法的對照，是完全可以接受的。因為這些問卷已經足夠多，又涵蓋了足夠廣的地理範圍，而且其抽樣也是足夠的隨機。

我們所要探討的對象，是座艙中的龍文化。換句話說，是要探討中國傳統的威權，在座艙內所呈現出來的面貌。所以，必然是要針對問卷中，本國籍正機師與外國籍正機師，看法明顯不同的問題來進行探討。因為外國正機師，並沒有受到龍文化的影響。因此，我們先透過統計學上的 t 檢定，以 95%的信心水準，篩選出本國籍與外國籍正機師，看法有顯著差異的題目。然後再從其中，選出具有上下從屬關係的題目，也就是問到有關上司與屬下的題目。如此共篩選出 13 題（Jing、Lu、Yong、Wang, 2002）。

天威難測

在組員資源管理的問卷中，本國籍正機師與外國籍正機師的填答中，在統計上差異顯著的題目裡面，有 13 題是與上司屬下相關的題目。其中的 5 題列在圖 6-7 之中。圖中將國籍正機師與外籍正機師填答的平均值與標準差列出，並以 t 檢定之值的大小來排列。t 值越大表示本國籍正機師與外國籍正機師的看法，差異越大。在這 5 題中，差異最大的 t 檢定值為 8.01，是第 24 題，

題目是：

題目	國籍正機師			外籍正機師			t test value	p
	人數	平均值	標準差	人數	平均值	標準差		
24.我不太願意向上司表達我的反對意見。	368	3.10	0.99	193	2.37	1.11	8.01	<0.001
59.當我跟主管談話時，我必須謹慎的修飾我的措詞。	368	3.64	0.85	193	3.19	1.17	5.18	<0.001
01.飛行時若發現潛在的問題，不論會冒犯何人，我都會勇於提出。	368	4.40	0.80	193	4.65	0.66	3.63	<0.001
16.在飛行時遭遇緊急狀況下，我仍然會詢問組員意見做決定。	368	3.74	0.98	193	4.01	0.96	3.01	<0.001
43.我可以自在的到主管辦公室討論飛航操作的問題。	368	3.21	1.09	193	3.50	1.19	2.90	<0.001
（1：非常不同意，2：不同意，3：普通，4：同意，5：非常同意）								

圖 6-7　組員資源管理問卷中，屬於天威難測的題目

我不太願意向上司表達我的反對意見。

本國籍正機師的平均值為 3.1，外國籍正機師的平均值為 2.37。分數越高表示越同意題目所問的內容。以上的結果表示本國籍與外國籍機師，對於是否會向上司表達反對的意見，明顯有著非常不同的看法。由平均值的數據看出，台灣人比起外國人，比較不願意向上司表達反對的意見。也就是說當中國人在面對上司時，即使自己並不同意長官的看法，仍然不太願意從說出來。其原因應該是來自於害怕上司，在聽到不同意見時，會有什麼意想不到的反應，或是下一步將會做出些什麼秋後算帳的動作。這個答案與一般中國人給人的印象，是相吻合的，這也正是中國傳統威權最典型的特徵。

　　本國籍正機師與外國籍正機師的看法，差異第二大的題目是第 59 題，t 檢定值為 5.18，題目是這樣的：

> 當我跟主管談話時，我必須謹慎的修飾我的措詞。

國籍機師的平均值為 3.64，外國籍機師的平均值為 3.19。由平均值可以顯示出，國籍的機師在面對上司的時候，確實傾向比較小心謹慎，連遣詞用字都特別注意。也就是說，我國的下屬在與上司談話時，他們必須非常小心，以避免在言詞上，顯露出對上司的不敬而激怒了上司。外國機師則並不認為須要特別注意。很明顯的外籍機師心目中，權力並沒有那麼可怕。

在本題與上一題中，所提到的上司或長官，指的都是國籍航空公司的領導階層。因為即使是外籍機師，也是在台工作的機師。不論是國內還是國外的機師，所面對的上司，其實都是同一批人。所以國籍機師在面對他們時，不太願意表達反對意見，以及認為必須謹慎修飾措詞的態度，很難讓人相信，是因為長官特別的兇悍，因為外籍機師並沒有這樣的認知；或者因為長官有差別待遇，對外機籍機師特別的客氣，以致於本國籍機師受到歧視。因此，本國籍機師的這種態度，是來自內在發自內心的，並非是因為長官真的有什麼特別。此外，這麼多不同公司的機師，都擁有同樣的傾向，明顯是一種集體行為。只有文化因素，可以提供令人滿意的解釋。而且，也只有中國傳統的威權文化，可以解釋得清楚。

接下來差異第三顯著的題目是第 1 題，其 t 檢定值為 3.63，題目的內容是這樣的：

> 飛行時若發現潛在的問題，不論會冒犯何人，我都會勇於提出。

本國籍正機師的平均值為 4.40，外國籍機師的平均值為 4.65。雖然，就絕對值來看，本國籍機師通常也都是勇於提出問題。因為飛行時如果發現問題，常常會是性命交關的事，正常狀況下一般人都會提出來。然而，比起外籍機師，卻仍顯著不足。相較之下從數據可知，即使遭遇到問題，比起外籍機師，本國籍機師依然

較不願提出質疑。如果質疑的對象是屬下，根本就不構成問題。因此之故，本國籍機師之所以較不願意提出質疑，仍然是指對長官提出而言，如此，其顧慮才會言之成理。所以很清楚地，我們的飛行員會有這種想法，應該是來自於害怕提出錯誤的問題時，會沒面子被嘲笑，當然也有可能如果提出的問題，證明是對的的話，可能引起長官的不快等等。

接下來有顯著差異的題目是第 16 題，t檢定值為 3.01 題目是這樣的：

> 在飛行時遭遇緊急狀況下，我仍然會詢問組員意見做決定。

本國籍正機師的平均值為 3.74，外國籍機師的平均值為 4.01。數據顯示在緊急時刻時，較少本國籍正機師，在作決定之前，會去尋問組員的意見。其原因可能是這樣，因為正機師是有權力作決定的人，也常常是最後要負起責任的人。原則上正機師所作的決定，副機師並不一定需要知道，更不見得要提出質疑。如果正機師持這樣的看法時，尤其又是在緊急時刻，不論是基於自己的責任感、或是屬下的信賴感，不會去徵詢屬下的意見，也是可以理解的。然而，外籍機師卻顯然不作如是想。即便是緊急狀況，他們也較傾向會尊重其他組員的意見。因此在權力的行使上，我們中國人比較會又有「一朝權在手，便把令來行」的傾向。這裡面隱含了唯我獨尊、較不尊重屬下以及保持權力神秘感的意涵在內。這些其實正是傳統華人展現權力的方式之一。

圖中所列的最後一題是第 43 題，t檢定值為 2.90，差異仍然是顯著的題目是：

> 我可以自在的到主管辦公室討論飛航操作的問題。

本國籍正機師的平均值為 3.21，外國籍機師的平均值為 3.50。不令人感到意外的，跟外國機師比起來，我國的機師比較沒辦法自在的，到主管辦公室討論飛航操作的問題。我國的機師何以會不

自在？只要是面對上司或長官，中國傳統的文化就會教我們，該有一些合宜的行為或規範。身為中華兒女的我們，大家都心知肚明：在長官面前，如果我們表現自在的話，長官要是不喜歡呢？不小心講錯話呢？可能自己不知不覺中冒犯了長官，自己還渾然不覺，豈不是划不來？因此，在還沒把握之前，最好還是保守一些。權力，對我們中國人來講，從來都是天威難測的。

以上的 5 道題目及其數據，明白的告訴了我們跟外國人相比，我們在面對權力時，似乎有比較深沉的恐懼。當然，這應該是來自對於上司權力意向的不明。例如：不太願意向上司表達反對意見、必須謹慎的修飾措詞、不易自在的跟主管討論問題、以及在發現問題時比較不會勇於提出，因為怕冒犯到別人等，好像真的在面對可怕的老虎鱷魚似的。另一方面，緊急狀況下又比較不會詢問其他人的意見，似乎比較傾向認定屬下自然應該信任上司。凡此種種態度，其實都與中國傳統威權的特徵一致，也與來自於龍文化中對於鱷、虎、蛇的潛意識相去不遠。凡此種種，我們都將之歸屬於中國傳統威權中的「天威難測」。

吉祥富貴

國籍機師與外籍機師有顯著差異的，同時又具有上下從屬關係的題目中之第二部份共有 8 題。這 8 題是跟屬下對上司的期待有關。

對於權力的恐懼，西方人其實也有，只是沒有我們中國人這麼嚴重而已。所以龍文化裡的鱷、虎、蛇，是很容易理解的。然而，中國傳統威權文化中的另一個主要內涵——吉祥富貴，在洋人對權力的定義中，則是完全看不到的。洋人對權力的理解，完全沒有任何吉祥富貴的成份在內。我們中國人，則由於歷史悠久的龍文化使然，造成我們對權力有很高的期待。期待權力給我們

帶來吉祥富貴，就如同龍文化中的魚、豬一般，讓我們擁有身份、地位、財富、顯貴等等。

事實上「天威難測」與「吉祥富貴」並不是互相獨立的。二者不但沒有互相獨立，反而是一體的兩面。當一個屬下，對上司必恭必敬言聽計從，不但會揣摩上意，摸清長官權力的意向，還會迎合上意，主動的執行長官的意志。如此一來，長官必然會投桃報李特別加以照顧，甚至進一步重用與提拔。對屬下來講，一旦摸清難測的天威之後，則吉祥富貴必然隨之而來。對上司來講手握大權，可以決定要照顧誰或提拔誰，至少可以決定，資源要分配給誰。在這樣的情形下，上司必然會對最能夠執行自己意志的屬下括目相看，特別對待。因此，對長官越遵從的人，長官必然最樂於提拔給予富貴。所以說，不論是從屬下還是上司的觀點來看，天威難測與吉祥富貴，都是一體的兩面。

天威難測與吉祥富貴之所以會形成一體的兩面，最根本的原因是來自於中國人傳統「報」的概念（Yang, 1957）。「報」一般認為是中國社會關係的基礎。「報」的中心意涵是回應或還報，是人與人之間，甚至人與自然之間，人與超自然之間的一種確定的互動關係。中國人對這種具有因果關係的互動方式深信不疑。跟「報」有關的概念，幾乎存在於所有的場合。如：報答、報復、報恩、報仇、善報、惡報、報應、還報、果報、業報等，以及「一報還一報」、「吃人一口、還人一斗」等。在中國人的心目中，上司屬下之間，必然也存在某種天經地義的還報關係。正因為中國人的權力內涵如此的豐富，不但可以逞威於天下，要求眾人的尊敬與服從，還會給我們帶來吉祥富貴，當然就會造成每個中國人的戀權情結（朱永新，1993）。

在這8題跟屬下對上司的期待有關的題目中，我們可以清楚的看到吉祥富貴的意涵。前兩題是有關領導方式的問題。題目首

先說明 4 種不同的領導方式：

領導方式 A：領導者通常迅速的作出決定，然後明確的告知
屬下，且期望屬下完全遵從。

領導方式 B：領導者通常迅速的作出決定，但在執行前會先
告知屬下，作此決定之原因，並回答屬下提出
的問題。

領導方式 C：領導者通常會先諮詢傾聽及考慮屬下的意見後
才作決定。一旦作出最後決定，領導者期望屬
下都會遵從。

領導方式 D：在要做出重要決定前，領導者通常會召開會議，
要求人家提出建議，並以大多數人之意見作為
決定。

以上一共列出 4 個領導方式，從最專制的方式 A，到最民主的方
式 D，相對得分是 4 分，分數越低表示越民主，反之則越專制。
本項題目詢問座艙中的領導方式、領導風格以及領導統御民主化
的程度，也就是決策的權威，以及決策前徵詢意見的程度，或是
認知到先徵詢意見整合後，再以較民主的方式來領導較佳。本項
有兩題的數據，是國內機師與外籍機師具有顯著差異的。其題目
與相關數據，均列於圖 6-8 之中。

第一題是 66 題，t 檢定值為 2.97，題目是這要樣的：

你最希望長官以何種方式來領導你？

本國籍正機師的平均值為 1.85，外國籍機師的平均值為 2.04，其
差異在統計上是顯著的。本國籍機師得到較低的數據，表示他們
期望有較民主的領導風格，而外籍機師則對民主的領導方式，並
沒有像本國機師那麼高。

很顯然的，外國人並不像我們，把民主評價得那麼高。第二
題，即 67 題，則問到：

題目	國籍正機師			外籍正機師				
	人數	平均值	標準差	人數	平均值	標準差	t test value	p
66.你希望長官以何種方式來領導你。	368	1.85	0.77	193	2.04	0.68	2.97	<0.001
67.在你目前的工作環境中,那種方式的領導者最多。	368	3.48	0.84	193	3.17	0.99	3.84	<0.001
(1:D,2:C,3:B,4:A)								
領導方式 A.領導者通常迅速的作出決定,然後明確的告知屬下,且期望屬下完全遵從。 領導方式 B.領導者通常迅速的作出決定,但在執行前會先告知屬下作此決定之原因,並回答屬下提出的問題。 領導方式 C.領導者通常會先諮詢傾聽及考慮屬下的意見後才作決定。一旦作出最後決定,領導者期望屬下都會遵從。 領導方式 D.在要做出重要決定前,領導者通常會召開會議,要求大家提出建議,並以大多數人之意見作為決定。								

圖 6-8 有關領導方式的相關問題與數據

> 在你目前的工作環境中,那種方式的領導者最多?

這一題的填答,本國籍正機師的平均值為 3.48,外國籍機師的平均值為 3.17,其差異在統計上也是顯著的,因為 t 檢定值為 3.84,比上一題更大。本國籍正機師的數據 3.48,幾乎剛好介於領導方式 A 與領導方式 B 之間。領導方式 A、B 與 C、D 之間最基本的差異,是 A、B 的領導方式,是直接告知屬下決策的結果;反之,C、D 的領導方式,則先詢問屬下的意見再做決策。根據這樣的數據,本國籍機師顯然普遍認為,在他們的工作環境裡,以專制的領導居多。上司在作決策時,幾乎從不詢問屬下的意見。然而,外籍機師的看法則跟本國機師有著很顯著差異,他們並不認為上司是如此的專制。不論是本國機師,還是外籍機師,他們所面對的上司,其實是同一批人,都是國內幾家航空公司的領導階層。同一個領導階層,不可能存在兩種不同的領導方式,事實

只有一個。因此這個差異，是來自機師們的認知差異。本國籍機師對領導方式的民主程度，明顯有著過高的期待，比較渴望被上司詢問意見或者被重視。外國人則並不那麼強烈的認為，上司應該聽取我的意見。我國機師因為對權力有較高的期待，如第 66 題所示，導致有較高的不滿，就像 67 題的結果。上司沒來詢問我的意見，他就是專制的、不民主的。所以，以上的數據明白的表示出，中國人對權力的期待，比起國際間的人，真的要高出許多。如果我們把國際的平均值，當成一個比較的標準，則我們可以得到一個結論：我們中國人對權力，確實存在著過高的期待。不過這也不稀奇，因為這是龍文化必然的結果。如果我們的權力，同時包含了「天威難測」以及「吉祥富貴」的意涵在裡面，按照正常的人性，誰會不期待呢？

我們中國人對權力的期待，在圖 6-9 的 6 題中，可以看得更清楚。在這 6 題中，我們依然是按照 t 檢定值的大小來排列。首先，t 檢定值最高的題目是第 61 題，題目是這樣的：

> 當主管們跟我談話時，他們的態度是有禮貌的。

本國籍正機師的平均值為 3.54，外國籍機師的平均值為 4.07，t 檢定值為 6.99，差異非常的大。在這裡我們不要忘記，不論是本國機師，還是外籍機師，所面對的長官，其實是同一批人。有關他們的態度，外籍機師傾向比較同意，他們是有禮貌的。本國籍的機師，持同意態度的則比較少。對於同一批人，有著如此顯著不同的看法，表示本國籍機師，對他們的長官的態度，確實有著較高的期待，較嚴苛的評價。相同的對待，外國人可以接受，我們則認為不夠禮貌。

t 檢定第二高的題目是第 69 題，t 檢定值為 5.86，差異仍然非常的顯著。題目是這樣問的：

公司對員工在訓練上所做的投資是：1.少的可憐　2.勉強及

題目	國籍正機師			外籍正機師			t test value	p
	人數	平均值	標準差	人數	平均值	標準差		
61.當主管們跟我談話時，他們的態度是有禮貌的。	368	3.54	0.88	193	4.07	0.79	6.99	<0.001
69.公司對員工在訓練上所做的投資是…… 1.少的可憐 2.勉強及格 3.不夠多 4.適當的 5.非常多。	368	3.26	1.09	193	3.81	0.96	5.86	<0.001
82.公司如何支持你去完成你被指定的工作? 1.公司根本沒有給我任何支持 2.不覺得公司提供我適當的支持 3.公司只提供我工作所需的支持 4.公司充份提供我工作所需的資源與工具。	368	2.96	0.74	193	3.22	0.78	3.82	<0.001
49.我的直屬上司參與CRM的各項工作。	368	3.49	1.02	193	3.77	1.07	2.99	<0.001
32我認為公司有長遠的飛安規劃。.	368	3.16	1.10	193	3.43	1.09	2.71	<0.001
28.公司的管理階層，會因為公司利益或其它原因，而犧牲飛航安全。	368	3.26	1.26	193	3.00	1.21	2.30	<0.001
（1：非常不同意，2：不同意，3：普通，4：同意，5：非常同意）								

圖 6-9　中國人對權力過高的期待，常常是導致失望的來源

格 3.不夠多　4.適當的　5.非常多

本國籍正機師的平均值為 3.26，外國籍機師的平均值為 3.81。按照數值來看，對於公司對員工在訓練上所做的投資，外國籍機師傾向認為是適當的；本國籍機師則傾向認為是不夠多的。本國籍機師顯然期待公司對員工應該投資更多才對，因為公司當然應該照顧員工和栽培員工。

接下來，第 82 題的題目是：

> 公司如何支持你去完成你被指定的工作？1.公司根本沒有給我任何支持 2.不覺得公司提供我適當的支持 3.公司只提供我工作所需的支持 4.公司充份提供我工作所需的資源與工具。

本國籍正機師的平均值為 2.96，外國籍機師的平均值為 3.22，t 檢定值為 3.82，差異還是很大。本國籍正機師的平均值低於 3，換句話說我國的機師平均認為，公司連提供我工作上所需的支持都不夠。外國人卻認為，至少是提供了工作上所需的支持。再一次的我們又看到了，本國籍機師對權力的過高期待。第 49 題也是差異顯著的題目，題目是：

> 我的直屬上司參與 CRM 的各項工作。

本題中，本國籍正機師的平均值為 3.49，外國籍機師的平均值為 3.77，t 檢定值則為 2.99。同一批上司，在外籍機師的眼裡，傾向同意直屬上司有參與 CRM 的各項工作，雖然比例並不高。但是，本國機師同意的比例，則仍然是比較低的。我國機師比較期待上司積極參與 CRM 的各項工作，外籍機師的期待，則沒這麼高。第 32 題的題目是：

> 我認為公司有長遠的飛安規劃。

該題本國籍正機師的平均值為 3.16，外國籍機師的平均值為 3.43，t 檢定值為 2.71，統計上的差異仍然是顯著的。比起本國籍機師，外籍機師同意公司有長遠飛安規劃的比例，仍然是比較高的。這些外籍機師的公司，同樣是國內這幾家航空公司，為什麼他們會認為，公司比較有長遠的飛安規劃，而國內的機師則不這樣認為？原因無它，我國機師對於上司的期待較高而已。

最後一題跟對上司的期待有關的題目，是第 28 題，題目是：

> 公司的管理階層會因為公司利益或其它原因，而犧牲飛航安全。

本國籍正機師在這一題的平均值為 3.26，外國籍機師的平均值為

3.00，t檢定值為 2.30，統計差異依然是顯著的。面對相同的管理階層，我國機師竟然傾向比較同意，公司的管理階層，會因為公司利益或其它原因，而犧牲飛航安全，外籍機師則持中性的態度。其實也並不令人意外，中國人本來就對權力有著不當的期待，總認為聖上要英明，要為天下打拼，還要仁慈，更要照顧屬下等等，不一而足。過高的期待，常常會導致失望，因而產生不滿，有時候可能還會產生怨恨。

從以上的許多數據可知，本國籍機師對公司所能提供的資源及支持，皆比較不滿意。對於上司的表現，也常因為要求較高，而導致失望。諸如此類的現象，從龍文化的觀點來看，其實是非常合理的。數千年來的龍文化，讓我們在面對權力的時候，自然不知不覺地產生了「吉祥富貴」的期望。我們期望長官英明，知道該如何領導我們。我們同時也期望長官能明察秋毫，了解到我工作的認真與勤勞，提供多一點的資源給屬下，並且仁慈地照顧屬下，尤其是在我已經表現出我的尊敬與服從之後。在中國人的心理，此現象是非常正常的。因為，當我們已經表現出對上司的服從與尊敬時，相對的我們自然會期待上司應以照顧、提拔來回饋部屬。

6-3　我們都是一家人

中國人的家庭

在「龍」這個文物的演化史中，來自六種原龍紋：魚、豬、鱷、虎、蛇、鯢加上頭上的角，使龍所代表的意義，可分為三大類，即吉祥富貴、天威難測與家族意識。其中的鯢以及龍頭上的角，都擁有祖先崇拜的意涵在內，暗示著我們大家都是來自同一個祖先，我們都是一家人、我們都是兄弟姊妹。因此從遠古時代

開始，我國傳統威權，就充滿了濃厚的家庭意識在內。所以毫無意外的，中國傳統威權的原型，是來自父親的角色，中國傳統威權運作最早的來源，則是父權家長制。在這樣的文化中，任何團體的領袖，就像家庭中的父親一般，團體中的其他人，就像家庭中的成員。家庭乃成為中國人自古以來，任何團體組織運作的原型。

　　家庭，自古以來就是我國社會結構的基本組成單元，也是政治組織的基礎。每一個人一生下來，就跟父母、兄姊、親戚等人，產生了一生都無法改變的關係。因此人的一生，都要在家庭裡的各種關係之中生存發展。在文化人類學的領域之內，家庭屬於始原群體，家庭裡面，各個組成份子之間的關係，則稱為始原關係。每一種關係，如果我們都賦與一種相對應的是非、對錯與好壞的價值於其上，則該價值就稱為倫理。所以，倫理最早的來源，必然始於家庭，中外皆然。然而，在西方文明的歷史上，卻由於基督教的高度發展，家庭倫理始終處於被基督教壓抑的狀態，因而無法成長茁壯。新約聖經裡面有兩段文字，非常清楚的說明了，耶穌確實很努力的在摧毀家庭倫理。耶穌說：「假若任何人到我這裡，而不憎惡他的父母、妻子、兒女、兄弟、姊妹，甚至一己的生命，他就不能做我的門徒」。在另外一段文字中耶穌又說：「我來並不是使世界安寧的，而是使它紛擾的。因為我來了，將使兒子與他父親不和，女兒與她母親不和，媳婦與她婆婆不和」（張蔭麟，1942）。當然，這樣的新約聖經，是不可能讓中國人接受的。民國初年的翻譯本，還有這些文字，後來的版本，就修改過了，以便符合中國人的倫理觀念。不過在西方，基督教卻藉著羅馬帝國的政治力，而取得了空前的成功。因此，西方人的倫理觀念不強是必然的。

　　我國在商代，是一個巫風盛行滿天神佛的社會。早期人類對

於大自然一無所知，對萬事萬物充滿了恐懼，神靈之說，充塞在每一個角落。社會之需要宗教，是非常自然的。不論是東方還是西方，都是如此。隨著人類知識的增加、理性的提升、征服自然的力量增強，宗教之失勢，乃成為人類文明演進不可避免的趨勢。只是在中國這個趨勢早在周代即已啟動。

商人統治的區域，雖僅包括黃河中下游，以史前時代的標準，已經是非常的遼闊。為了統治如此廣闊的區域，以及居住於其間各個不同的氏族，在民智未開的時代，商人以吸收統治下之各族群的守護神共冶於一爐，而使得多族群的商王國，在精神上可以團結，並進一步融合成為一個統一的王國，也非常的成功。然而，如此強大的商王國，竟然在牧野一戰，敗於人力、物力、文化水平，都遠遜於商的蕞爾小邦周，連周人都覺得不可思議。信仰如此虔誠的商人，為何被他們所崇信的神所放棄？此外，周人雖在軍事上擊敗商人，卻仍然需要在思想上，令戰敗的商人心悅誠服，以利新王朝的統治。於是，周人遂炮製了「天命靡常、惟德是親」的政治思想（許倬雲，1990），以說明商人因為失德，尤其是商王紂，而為「天」所棄。周人因其行為，而得以承接「天」之所命，乃得以擊敗失去天命護佑的商王。因此，天命確實曾在商人。然而，天命也是會更替的，全在人自己的作為。而且，天命更是有選擇的，就看誰有德行，而不是看誰膜拜得比較虔誠。此一觀念的改變，固然來自於周人對自己勝利之正當性的解釋，卻也可能是根植於周人對商代，長期在宗教觀上的反思。中華文化一旦產生了天命思想之後，乃逐漸擺脫了神秘不可知的神本思維，並開始超越了宗教的局限。人間的秩序，從此不再隨著神的喜怒哀樂而轉移。自此以下，中國的朝代更迭，必然引徵天命，強調人君的德行以為號召。中華文化也自此開始進入了理性、以人為本的時代。並直接或間接地，促成了中華文化的

早熟（梁漱溟，1963）。

　　周代之後，宗教在中華文化的演化史上，再也無法扮演主導的角色。由於天命思想的影響所及，人君的德行，與衍生出來民心的向背，決定了天命的依歸。天命的政治觀與歷史觀，從此支配了我國的歷史三千餘年，直到今天。天命的思想，不但讓中華文化擺脫了宗教的糾纏，亙古不見宗教戰爭，也因為天命思想之意義系統的問世，使得中華文化得以提升到文明的層次，並擠身為人類四大古文明之林。周人的天命思想，將道德的地位，提升至可以決定人類的命運且影響力大過鬼神的崇高層次。至此，道德乃成為中華文明的核心意義。到了東周時代，再經過孔子、孟子的擴大與系統化的努力，以及漢武帝的獨尊儒術，遂使中華文化演化成為一個倫理型文化。

　　在中國做為始原群體的家庭，從未遭受過任何宗教的壓抑。更由於天命思想的影響，在與道德結合之後，家庭的功能更為強化、模範化，使得家庭倫理成為社會其它所有領域的樣板。因此而有「倫理始於家庭，而不止於家庭」的說法（梁漱溟，1963）。家庭裡面，各個組成份子之間的關係，稱為始原關係，即人類自從出生之後，最早接觸到的關係類型。始原關係與道德結合之後，家庭中的每一份子，遂擁有各自應該遵守的規範，如父慈、子孝、兄友、弟恭等等。自此之後，家庭的凝聚力更為強大，對於家庭中每一份子行為的塑造，更為紮實且具體。每一個中國人，從哇哇墜地的一張白紙開始，到 20 歲成年，腦袋裡被塞進了這樣一個軟體，家庭倫理遂成為中國人最基本的行為準則。一個人成年之後，雖然離開了家庭，進入社會、國家，腦袋中的軟體，卻並未更換也無法更換。碰到各種情境，均不自覺的會從始原關係去延伸，而將一切關係家庭化。因此之故，家庭乃成為我國社會所有關係的原型及典範。道德與家庭的緊密結合，

形成了中華文化成為倫理型文化，以及辜鴻銘（2001）眼中的
「良民的宗教」。家庭也成為了捍衛中華倫理文化最堅強的堡
壘。

　　整個中國就是一個具有層級的家庭組織，一個大家庭，套著
許多層級的無數中、小家庭。君就是一國之父，臣民就是國君之
子。所有的人，不是君，就是臣；不是父，就是子；不是夫，就
是妻；不是兄，就是弟。每一個人都有無法逃避的角色，需要去
扮演。每一個角色，也都有隨之而來的道德規範要遵守，此即中
國傳統的五倫。在這樣的一個社會裡，絕對不會有「獨立的個
體」的概念，個人主義也必然沒有生根發芽或成長茁壯的可能。
倫理文化的土壤裡，長不出個人主義的花朵。

中國人的人際關係

　　在進入中國人際關係的討論之前，我們先回憶一下，西方人
是怎麼看人與人之間的關係。如果我們要選擇一個代表，最能夠
說明西方文化的核心特徵，毫無疑問的那將是個人主義。整個西
方從羅馬時代起，一直到今天，不論是在思想上還是生活上，始
終是在個體與團體之間來回擺盪。當然，這也是西方單線思維的
具體證據之一。西方的個體、團體概念的塑造，基督教有著無庸
置疑的影響力。早在羅馬時代，基督教就因為擁有超越部落神格
的唯一真神信仰，被認為有利於帝國的統治，而被羅馬皇帝引為
唯一的官方意識型態，並定為國教。基督教以上帝為父，人人皆
為兄弟，打破了家庭與階級的藩籬，建立起了超越家族與部落的
團體──教會。早期的教會，教徒衣食相共，不分界限，財產歸
公，儼然雛型的共產主義社會。對內凝聚力堅強，對外排它性激
烈。長期的被迫害，導致對團體的向心力更強。西方自有基督教
之後，長期過著集團式的鬥爭生活。因而養成個人隸屬團體、團

體直轄個人，團體之中人人平等，以及人人習慣集團生活的習性。

　　然而，基督教唯我獨尊的意識型態，畢竟是違背了生命自由發展的基本原動力。強大的集團性，長期對個體的強烈壓抑，加上教會的腐敗，終於引發了宗教革命。宗教革命的核心，不外是「我」的覺醒，或是個體的解放，其實也就是個體對集團的強烈反動，中世紀的宗教革命，直接間接地促成了西方個人主義及自由主義的抬頭。數百年下來，形成了西方文化的主流。就以到今天還未退流行的西方民主而言，正是一種基於個人主義所演化出來的一種集體生活方式。團體中的個體，均擁有高度的自覺，團體不但無法再壓抑個體，且尊重其個人自由，團體的公事則由所有個體予以公決。

　　整個西方由於受到單線式思維的塑造，自古以來不論是在思想上還是生活上，始終是在個體與團體之間來回擺盪。基於這樣的背景，對於人際關係，當然是離不開個人主義與集體主義的觀點。因此當 Hofstede（1980）欲建立一個價值體系，來量測全球的文化差異時，個人主義必然是他們所無法排除的一個維度。Hofstede 所指的個人主義，是個體與群體間關係的一個描述，即相對於群體，個體存在有意義的範圍。以人際關係而言，這個有義意的範圍，是指個體與團體之間互動的邊界。當這個邊界，遠離個體而靠近團體，代表著個人在思想及生活上的空間，獲得了充份的保障，此即個人主義式的人際關係。如果這個邊界，壓迫侵犯到了個人的基本空間時，即是指集體主義式的人際關係。

　　中華文化屬於一種關係本位的倫理型文化。在西方家庭倫理被基督教徹底摧毀之後，取而代之的是個人主義。與個人主義相對應的，則是集體主義。因此，西方人在理解人際關係上，所使用的基本概念，就只有個人主義與集體主義。中國人則因為家庭

倫理之故，從小就活在一堆關係之中，以致於除了面對自己之外，不論面對任何人，都是滿腦子關係。因此，中華文化的倫理，所指的完全都是人際關係的倫理。中國人雖然也有宇宙觀與自然觀，卻未曾聽聞過有所謂的宇宙倫理或自然倫理，當然就更不會有動物倫理。

有關中華文化的特性，相關的討論文獻，可以說是汗牛充棟。有從文化觀點看中國人，有從歷史觀點看中國人；也有從哲學觀點看中國人，更有從社會學觀點看中國人的。但是不論從何種觀點看中華文化，基本上大多數人都同意中華文化屬倫理型文化，既不偏於個人主義，也不偏於集體主義，而是非常重視人與人之間的關係。中華文化的主導思想是儒家思想，而西方文化的主導思想，則是基督教中的新教思想。儒家思想所關心的核心課題，是如何在以「人」為中心的世界中，建立起和諧的世俗秩序。在儒家思想中，從來不存在獨立於他人的「人」的概念，亦即個人從來都不是一個孤立的或獨立的實體，而是被界定為社會的或互動的存在。因此，人的一切行為，都是人與人交互關係所產生的行為，而形成了強調人際交往的「仁」的概念。

眾所週知，儒家思想造成了中華文化成為核心為「仁」的倫理型文化。「仁」即是二人，透過兩個人互相對應之中，來呈現的關懷。具體而言，「仁」即是人與人之間的關係。人一生下來，便與其他人（如父母、兄弟）產生關係，且人一生始終在人與人之間的各種關係中生活。儒家哲學認為，傳統中國社會，存在五種基本的人與人之間的關係，那就是君臣、父子、夫婦、長幼、朋友。而且更進一步認為，每種關係中的個人，都要遵循特定的規範，也就是君臣有義、父子有情、夫婦有別、長幼有序、朋友有信，此即國人所熟知的五倫。因此，整個中華文化的核心，即在討論如何處理各種人與人之間的關係。

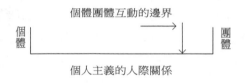

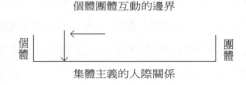

圖 6-10　個人主義：西方單線思維對人際關係的認知

　　儒家主張：個人和任何其他人交往時，都應當從「親疏」和「尊卑」兩個認知向度，來衡量彼此之間的角色關係。前者是指彼此關係的親疏遠近，後者是指雙方地位的尊卑上下。「五倫」中任何一種對偶性的角色關係，參與互動的雙方，都應當根據彼此的「尊卑」和「親疏」，來決定彼此的互動方式。事實上先秦儒家諸子，就是用這兩個向度，評估「五倫」關係中的角色屬性後，再從其中提出最適當的倫理主張。也就是孟子所說的：君臣有義、父子有親、夫婦有別、長幼有序、朋友有信。此處值得注意的是：對於不屬於「五倫」的眾多陌生人，儒家並沒有訂立明確的倫理準則。

　　儒家所主張的「仁」，是具有差序性的「親親」，是必須視個人和他人之間關係的親疏，而有所不同的差別待遇，並不是普遍性的對任何人都「一視同仁」。因此，倫理也可以視為是一種「有差等的秩序」。

　　除了歷史上的古聖先賢，對人際關係的各種學說與討論之外，用比較現代的科學方法，來深入研究中國人的人際關係，而

且建立新觀點者，首先當推費孝通（1947）。費孝通早年在雲南鄉下農村，所進行的田野調查研究後，提出了「差序格局」的概念。他認為傳統中國人，是以「自我」為中心，把與自己有關係或來往的所有人，按遠近親疏分成數個同心圓。自己在圓心與自己愈親近的，放在越接近中心的小圈圈內，越外圈的關係越遠。就像把一塊石頭丟進水裡，所產生的一圈圈推出去的波紋一樣。並以不同的交往法則，來對待屬於內外不同圈圈裡的人。根據費孝通的差序格局，中國社會中，人與人的關係，是每個人均以自我為中心，向外推己及人。因此，所有的社會關係，都是私人關係的擴大，私人聯繫的增加而已，因而造成了社會結構，只是一個私人的聯繫，所構成的網路而已。基於中國人的「自我中心主義」，一切的關係，均可以「已／人」為基礎之二分法來區分，因此，費孝通使用自家人／陌生人（或外人），來描述中國人的人際關係及其相關的活動。

費孝通除了提出差序格局的概念，及使用自家人／陌生人（外人）的粗略分類之外，他同時也提出了，自家人與陌生人的

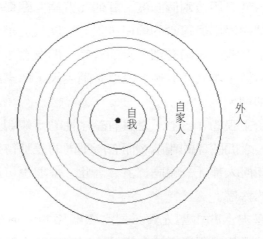

圖 6-11　差序格局：中國圖像思維對人際關係的認知

界限是會變動的。有時會隨著不同的情境而有所伸縮，亦即中國人的人際關係，並不是恆常不變的。關於這一點與許烺光（2000）從東西文化差異的研究中，所提出的東方文化的「情境主義」不謀而合。相對於西方的個人主義，東方文化的特徵，在於承認每個人的存在，明顯是需依賴父母，並透過父母依賴其祖先，進而推衍出較大範圍的相互依賴。所以，人類並無所謂的擁有上帝所賦與不容剝奪的權利，也無自由與平等的觀念，也不像西方人強調自己內在的感受喜好。而是隨著不同情境中與他人關係、地位及交情等等，各種因素的考量，來決定自己的行為。換句話說，中國人習慣於克制自己個人的感受、喜好及想法而考慮情境，並隨著不同的情境，而有不同的表現。

近年來，港台有許多學者，延續差序格局的概念，繼續深入探討中國人的人際關係。何友暉（1991）等人在描述中國文化與其他文化特性之不同時，也同意中國人社會交往時，特別重視情境中各個人之間的關係，但是他較傾向以較為持久之結構特性，來取代變動式的且要在時間和空間上定位，才有意義的情境。他並進一步提出「關係取向」論，並認為：人的性格發展，不能脫離社會背景，更直接受人際關係的影響。金耀基（1992）認知到關係人情和面子，是理解中國社會結構的關鍵文化概念，而以網路來形容中國人的人際關係。因此，每個人均有意識的透過拉關係，建立屬於自己以自我為中心的人際關係網路。並利用這種高度個人化的關係網路，來建構一種文化策略，以保證社會資源，能夠用於達成特定的目標。

楊國樞（1993）從社會取向的觀念，定義出「關係取向」，來描述中國人在人際關係中的一種主要運作方式，並列出幾種主要的特徵：關係形成化（角色化），關係互依性（回報性），關係和諧性，關係宿命觀，關係決定論，並具體定義出家人、熟

人、生人，三種人際關係的類別，及其不同之對待原則、方式、互依型態及互動效果。黃光國（1995、1998）則以社會交換理論，提出「人情與面子」來說明，中國人在人際交往之間，所進行的社會交易行為，並據以解釋中國人的權力遊戲。他並將人際關係，分類為情感性、工具性及混合性，指出人們會依對方所歸屬的類別，而以不同的法則與之交往。

楊中芳（2001）將關係分成兩個成份：既有成份與交往成份。既有成份指兩人過去交往時，經驗所累積的，交往成份則指兩人透過具體一來一往之實際經驗，所累積的現況，再根據此二成份之高低，來進行人際關係的分類。楊宜音（2000）認為中國人的關係，不僅強調身份與角色的匹配與符合，還強調角色關係中，地位的差別，並藉由費孝通原始差序格局中，所認定人際關係不是一個固定團體，而是一個範圍。而且，此範圍有伸縮性及通透性，即自己人可變成外人，外人也可以變成自己人，從而認定「自己人／外人」的分類方式，是一個中國人人際關係分類格局中的核心分類。

從以上各家的研究中，我們可以發現，大家都承認費孝通的差序格局，是描述中國人之人際關係，非常貼切的一個概念。費孝通僅只提出了「自己人／外人」的基本分類，並指出該分類的邊界，是變動不定的，其餘之分類，不論是「家人／熟人／生人」分類方式，或是「情感性／工具性／混合性」分類方式，或是「既有成份／交往成份」分類方式，似乎均缺乏科學化且數據化的驗證。

中國人重視人際關係是無庸置疑的，差序格局是大家都認同的一個描述中國社會人際結構的適當概念。但是，關係結構的數據化研究，其成果的缺乏與不易獲得則也是事實。更進一步的該結構的動態變化，顯然也是很多人都發現到的一個現象，但是其

變動的根本原因，則有不同的看法。雖然如此，費孝通所提出的「自家（己）人／外人」的基本分類，卻是大家都共同認可的。費孝通自己也曾經解釋過，「自家（己）人／外人」的基本分類方式，來自於中國人人際關係分類的意義單位是「家」。因此，中國人人際關係的基本原型正是家庭。雖然家庭的邊界，可能會隨著信任的程度，而有所變動。

6-4　關係梯度

四級差序格局

在中國人的心目中，每一個人都有一個位置，圍繞著自己。我們根據對方與自己之親疏遠近程度，來劃分歸屬範圍，因而形成了一圈又一圈的各種關係網路，也就是眾所週知的差序格局。差序格局是一個中國人如何因應人際關係及互動的方式之基本描述，主要是說明中國人的自我中心主義，以及按親疏遠近之不同，將不同的人放在不同的心理距離，如同投石於水面，所形成由近而遠之大小圈圈。因此，中國社會中的人際關係，以自我為中心由己及人，形成親疏不同的關係圈，建構出龐大的社會網路。它通過向圈內的成員或自家人，提供各種支援和幫助，對傳統鄉土社會，發揮著重要的福利功能。

差序格局是以己為中心，依據將石子投入水中，產生的波紋，一圈一圈地向外推，所產生的型態，來解釋中國人看待人際關係的方式。因此，越靠近自己者，即關係越親密的人，對待的態度越正面；越往外推，則與自己的關係越疏遠，態度則越負面。至於遠近親疏的區隔，則是以家庭為基本模型，以情境為區隔依據。當我們面對不同情境的時候，常以家庭為基本概念，來二分遠與近、親與疏，彈性的運用關係資源。在圈子內的人，常

視為自己人，以類似對待家人的態度，形成家族式的或社區的照顧與幫助，感情利益的交流濃烈，體現著濃厚的集體主義色彩；對圈外的人，則視為外人，人際關係不僅是疏遠的，而且是排他的，表現出極端的利己性。我們區隔自己人／外人的邊界，是以情境為判斷標準。不同的情境，自己人的範圍會有所變動。

我們所要面對的情境千變萬化。不同的情境，採用不同的自己人的標準。如此說來，我們心中的人際關係範圍區隔，豈不也有非常多種？然而人類的心智構造，卻不容許在我們的心中，建立起非常複雜的分類區隔或甚至連續的區隔。否則，不會心理學研究所用的問卷，幾乎全部是使用李克的五點量表來進行，因為一般人根本就無法應付更複雜的分類。因此中國人的心中，相信必然存在一個足夠簡單且有效的分類區隔，或者是基本結構，來分別人際關係的遠近親疏，好讓我們能夠有效地，掌握人際資源的運用。

人際關係對飛航安全最大的影響，就是座艙中的人際互動。民航業界目前最普遍重視的，就是組員資源管理。組員資源管理的核心精神，正是同心協力。在駕駛艙中，只有正、副機師兩個飛航組員，通常職責的分配，是由正機師下達指令，而副機師按照其命令，來執行相關的操作。在座艙中，組員互動的核心考量，乃通常落在駕駛艙內的權力運作。換句話說，在駕駛艙中，由於彼此的權力地位是不平等的，因此在討論飛航組員間的互動時，總會著眼於組員間的權力落差，並而以權力距離的概念，來進行相關的訓練與要求。目前全球推行組員資源管理訓練的重點之一，便是在追尋降低駕駛艙中的權力距離。然而，眾所週知，個人主義是一個比權力距離更為根本的文化概念，其重要性只會比權力距離更大。所以，飛航組員如何看待人際間的關係，對飛航安全的影響，其重要性相信不會低於權力距離。

第三章中，我們提到了 Hofstede 與 Helmreich 的研究。Hofstede 建立了權力距離、個人主義、不確定迴避與男性氣概之四維度價值體系，並據以來探討全球之文化差異。Helmreich 則針對不同國家的飛航組員，研究在座艙中的互動。在 Helmreich 的全球數據裡，來自不同國家的飛行員，在國家文化的層級上，態度差異最大的有三項分別是：對發號施令角色之扮演及其互動；對命令規則與程序的態度；對自動化偏愛及信賴的程度。Helmreich 進一步將這三項相關的問題，與 Hofstede 的四個維度，做了基本的相關性研究。結果是這樣的。第一項：對發號施令角色之扮演及其互動，與權力距離的相關性為 0.79，與個人主義的相關性為 0.86。第二項：對命令規則與程序的態度，與權力距離的相關性為 0.67，與個人主義的相關性為 0.88。第三項：對自動化偏愛及信賴的程度，與權力距離的相關性為 0.74，與個人主義的相關性為 0.74。從以上的數據可以看出，不同國家飛行員之間最大的差異，跟權力距離的平均相關性為 0.73，與個人主義的平均相關性則為 0.83，遠高於權力距離的相關性。換句話說，如果我們要選一個價值或信仰，來解釋全球飛行員的主要差異，則個人主義的解釋力最高。因此人際關係毫無疑問的，是一個比權力還要基本的文化概念。

我們所要探討的對象，是座艙中龍文化之下的人際關係。換句話說，是要探討中國傳統的家族意識，所衍生出來的人際關係，尤其是差序格局，在座艙內所呈現出來的面貌。所以，我們就針對公元 2000 年，成大航太系的研究團隊，所進行了一項研究問卷中，本國籍正機師與外國籍正機師，看法有明顯不同的問題，來進行探討。因為外國正機師，顯然並沒有受到龍文化的影響，他們的家族意識，相對必然比較弱。因此，我們先透過統計學上的 t 檢定，以 95%的信心水準，篩選出本國籍與外國籍正機

師，看法有顯著差異的題目。然後，再從其中，選出明顯具有遠近親疏意涵者，如此共篩選出9題（Jing, 2004）整理在圖6-12中。

與人際關係有關且具有顯著差異的題目，我們按差異的顯著程度來排列，第一題是34題，題目是：

公司內，和我一起飛過的飛行員，有良好的溝通技巧。

國內機長的平均值是3.83，遠高於外籍機長的3.34，且t檢定值為8.00，兩者的差異非常的大。國內的機長，傾向比較同意，和

題目	國內機長		國外機長		t檢定
	平均值	標準差	平均值	標準差	
34.公司內，和我一起飛過的飛行員，有良好的溝通技巧。	3.83	0.59	3.34	0.82	8.00
35.公司內，和我一起飛過的飛行員，可以保持良好的狀況警覺。	3.87	0.55	3.52	0.95	5.52
38.公司內，和我一起飛過的飛行員，能有效率的處理工作負荷。	3.96	0.57	3.71	0.82	4.14
40.在飛行時，和我一起飛行過的飛行員，可以迅速做出適當決定。	3.86	0.58	3.69	0.77	2.87
36.公司內，和我一起飛過的飛行員，是良好的團隊工作者。	3.84	0.61	3.69	0.80	2.53
65.當衝突發生時，公司內大家比較關心的是什麼是對的，而非誰是對	3.45	0.94	3.18	1.11	2.98
55.跟我一起工作的同仁，會遵守公司的 SOP 工作。	4.11	0.62	3.97	0.86	2.17
18.我會特別下功夫，去瞭解來自其他國家的組員。	3.52	0.86	4.33	0.74	-11.11
19.我喜歡和來自不同國家的飛行組員一起工作。	3.08	1.04	3.84	0.82	-8.87

圖6-12　組員資源管理問卷中，具有遠近親疏意涵的題目

我一起飛過的飛行員，有良好的溝通技巧；外籍機長同意的比例，則並沒有那麼的高。不過我們仍然要記得，不論是國內還是外籍的機長，都是服務於台灣的航空公司，和他們一起飛過的飛行員，其實是同一批人，指的就是國內的飛行員。所以，本題填答的差異，與飛行員是否有良好的溝通技巧無關，只是來自於國內與外籍機長的評價不同而已。問題是面對同一批人，國籍機長的評價頗高，而外籍機長的評價則相對普通。說明了國籍機長，對於自己的同事好朋友，普遍都傾向會給予較正面的評價。

其次為第 35 題，題目是這樣的：

公司內，和我一起飛過的飛行員，可以保持良好的狀況警覺。

國內機長填答的平均值為 3.87，國外機長則為 3.52，t 檢定值為 5.52，統計差異仍然是非常的顯著。本題的數據與 34 題所代表的意義，基本上是一樣的。面對同一批人，國籍機長的評價頗高，而外籍機長的評價則相對普通。國籍機長對於自己的同事好朋友，普遍都會給予較正面的評價。

不僅如此，以下 3 題全部都呈現出幾乎完全相同的現象，其所代表的意義也幾乎完全一樣：

公司內，和我一起飛過的飛行員，能有效率的處理工作負荷。

在飛行時，和我一起飛行過的飛行員，可以迅速做出適當的決定。

公司內，和我一起飛過的飛行員，是良好的團隊工作者。

以上 3 題，國內機長填答的平均數據，分別是：3.96、3.86 與 3.84，全部高於國外機長的填答平均數據：3.71、3.69 與 3.69。其統計 t 檢定的值，則分別是 4.14、2.87 與 2.53，全部都是差異非常顯著。如果我們仔細看看題目的內容，毫無疑問的，我們可以得到一個相當一致的結論：國籍機長，對於自己的同事好朋友，確實普遍都傾向會給予較正面的評價。對於每一個中國人而

言，這種現象一點也不稀奇，「做人」而已，平白無故幹麼得罪人。

　　除了以上 5 題之外另外還有 2 題，其詢問的對象，並非是和我一起飛行過的飛行員，而是公司內的同仁。當然和我一起飛行過的飛行員與公司內的同仁，在機長心目中的遠近親疏關係，當然是不一樣的。這 2 題的題目分別是：

當衝突發生時，公司內，大家比較關心的是什麼是對的，而非誰是對的。

跟我一起工作的同仁，會遵守公司的標準作業程序工作。

以上兩題的填答，分別是這樣的：國內機長平均值為 3.45 與 4.11，國外機長則是 3.18 與 3.97，t 檢定值為 2.98 與 2.17。雖然統計上，差異仍然是顯著的，不過，整體的t值，已經小了很多，意思是統計差異已經沒有前 5 題那麼大了。可是，國內機長填答的平均值，依然高於國外機長的平均值。表示說，對公司內的同仁，國內機長還是會給予較正面的評價。

　　在國內與外籍機師的填答中，具有統計差異顯著的題目，另外還有 2 題是針對來自其它國家的飛航組員而問的。題目是這樣的：

我會特別下功夫，去瞭解來自其他國家的組員。

我喜歡和來自不同國家的飛行組員一起工作。

這兩題詢問的是：我會特別下功夫去瞭解外籍的飛航組員，與我喜歡和來自不同國家的飛航組員一起工作，全部都是對於來自其他國家組員的正面態度。有趣的是，國內機長填答的平均值為 3.52 與 3.08，全部遠低於外籍機長的平均值 4.33 與 3.84，而且差別還非常的大。其統計 t 檢定的值，分別是-11.11 與-8.87，負值是表示外籍機長的平均值比較大。根據上列的數據，很明白的顯示出，比起外籍機師，我國的飛航組員，確實比較不願意特別下

功夫，去瞭解來自其他國家的組員，同時也比較不喜歡和來自不同國家的飛航組員一起工作。

以上 9 題根據所詢問的內容，可以分為 3 大類。第一類是關於如何對待和我一起飛過的飛行員，第二類是對公司內的同仁，第三類則是對待來自不同國家飛航組員。按照中國人差序格局的概念，和我一起飛過的飛行員，曾經多次在一個非常狹小的駕駛艙內，共同完成過很多趟的飛行任務，說不定還經歷過一些特殊的事件，心理距離當然是非常親近的。至於公司內的同仁，大部份其實我都不認識，不過既然同在一家公司，總是有緣人，心理距離必然比較疏遠。對於來自不同國家飛航組員，我根本就不認識，未來對方一旦合約期滿，就會回去他的祖國，大概永遠也不會再有機會見面。心理距離可想而知是非常的疏遠。在這種情形下，我為什麼要特別下功夫，去瞭解來自其他國家的組員呢？有什麼意義呢？他們對於我，就像是一個客客氣氣的陌生人一般，我如何會喜歡和一個陌生人一起工作呢？

以上三類人：和我一起飛過的飛行員、公司內的同仁以及來自其他國家的組員，按照差序格局的概念，明顯位於不同的心理位置。如果我們再去檢驗統計 t 檢定的值，我們可以發現，對於詢問和我一起飛過飛行員的 5 題，其 t 檢定的平均值為 4.61。對於公司內的同仁，題目有 2 題，其 t 檢定的平均值為 2.58。至於針對來自其他國家的組員，題目也有 2 題，其 t 檢定的平均值則為-9.99。以上三類的題目，從 t 檢定值就可以知道，統計上這三類題目的填答，其差異是非常顯著的。意思是在我國機師的心目中，和我一起飛過的飛行員、公司內的同仁以及來自其他國家的組員，其對待的態度，確確實實是不一樣的，而且統計差異非常的顯著。

本研究的原始目的，雖然並非針對中國人的人際關係，但其

結果卻對於解釋差序格局的結構，提供了強而有力的數據化證據，而且還同時擁有近似的國際平均值作比較。綜合以上所得到的數據，套入差序格局的架構，我們可以歸納出一個四級的差序格局，來呈現中國人在面對人際關係時的心理結構。差序格局的中心是自我。在自我的中心之外，最近的一層，可以稱之為「親人」，因為離「我」最近的，就是父母、子女、兄弟、姊妹等親人了，或許再加上血親與姻親。在中國人心目中，和我一起飛過的飛行員，固然很親近，但是卻永遠無法和家人、親人相比。因此，無法列入親人的範圍，而家人的範圍又太狹隘。所以，我們可以將之歸類為「熟人」的範圍。至於公司內的同仁，顯然並不一定認識，問卷調查結果也顯示，中國人對待這類人，顯然也與熟人不同，我們就稱之為「國人」。因為如果是不認識的人，顯然不能認為是親人或熟人，但卻擁有某些共通的認知與特質，乃至於理念與利害甚至是感情，可是卻又無法親近到可以歸類為自己人。至於來自其他國家的飛行組員，其中必然有些曾在同一駕駛艙內共事合作過，但是我國正駕駛卻明白表示，既不喜歡一起工作，也不願下功夫去瞭解，即便是認識也將他們在心理上推到最外面，因此我們將之歸類為「外人」，是非常合理的。

「親人／熟人／國人／外人」之四級差序格局結構，是根據針對國內飛航組員與管理階層，所進行的組員資源管理研究的數據中，分析所得到的人際關係描述。該結構是基於費孝通的差序格局，具體量化而得，也是費孝通「自家人／外人」結構的推廣。費孝通的差序格局，則是來自於龍文化的家族意識，做為社會中各類組織運作的基本範型，加以推廣而得。在本結構中，「親人」指的是有血緣或親屬關係的人，至於「熟人」，指的是有相當認識或熟悉的人，熟悉到我們可以與之進行相當程度的情感交流與利益交換，如鄰居、同一辦公室的同事、多年的老同

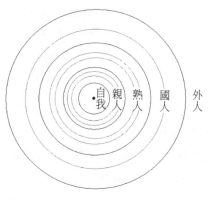

圖 6-13　中國人的「親人／熟人／國人／外人」之四級差序格局結構

學、老長官、老鄰居。當然，熟人可以透過婚姻或結拜（某種程度上），而進一步成爲親人。「國人」則常指較不熟悉或根本就不認識的人，但是我們卻與這些人，擁有某些共同的認知與情感，甚至理念或利益。如在同一家公司，同一學校畢業或同鄉等。「外人」並非全然是陌生人或外國人，中國人心中認爲不想理他，也不想一起工作，或是根本就不在乎的人，但卻不一定不認識，或甚至有可能根本就曾經是熟人或親人。

　　此上所列之四級差序格局結構，是根據對我國航空界從業人員，所作之問卷調查結果，歸納所得中國人心裡，對人際關係的接受程度的排序。如前所述試圖用如朋友、同事、老師等名詞，來描述差序格局的努力，其方向的正確性，是值得懷疑的。因爲費孝通的差序格局，並非是一個表面上，社會人際關係網路的描述而已，應該是指中國人內心中，把與我們有關係的人，按我們心中認定之親疏程度，所爲的一個排序而已。這樣的一個心理結構，當然就更不是西方人簡單二分法的個人主義——集體主義所能夠描述的。

關係梯度與飛航安全

　　西方人對人際關係的看法，是基於個人主義的二分法，即個人主義與集體主義。當然，這明顯是西方單線式思維的產物。在他們眼中的中國人，既然不可能是屬於個人主義，當然就只好歸

類為集體主義。而我們中國人的人際關係，不可能是集體主義，那只是西方人的偏見（楊中芳，2001）。中國人的個體有不同的範圍如小我、大我；中國人的團體，同樣存在不只一個如小圈圈、大圈圈等等。我們中國人看人際關係，受制於我們的圖像式思維，都是把人與人之間的關連，看成是一幅圖像，而不是一條線。費孝通的差序格局，以石頭擲於水中，所產生的波紋，來描述中國人的人際關係，是圖像式思維的必然結果。單線式思維所見必然有所偏頗；圖像式思維，看到的會比較完整全面，解釋力也應該會比較高。

根據以上的數據，我們可以看出，中國人在對待遠近親疏位於不同心理位置的人，態度是顯著不同的。越親近越正面，越疏遠則越負面。換句話說，隨著關係的疏遠，態度呈現出衰減的趨勢。而外籍機師對待人際關係的態度，似乎並未呈現出類似的衰減。因此隨著關係的疏遠，所呈現出態度的衰減趨勢，如果拿來描述跨文化的人際關係態度差異，應當是非常可行的事。至少一定比個人主義——集體主義的二分法，要強得太多了。

如果我們的目標，是探討跨文化的人際關係態度差異，則外籍機師的部份，就必須再加以區分。我們從所有外籍機師的資料中，篩選出可以辨認國籍的問卷，並以地區進行分類：北美洲40份，中南美洲20份，亞洲（不計台灣）28份，歐洲32份以及澳大利亞14份。份數雖然不多，無法作為嚴謹的學術研究依據。但是作為一個國際參考，相信也有其特殊的價值。取得不同國籍問卷之後，我們將這些問卷中，能呈現不同人際關係之題目的分數列出。從所列的數據中觀察，我們可以很清楚的看出，對遠近親疏之不同人際關係，對待方式差異最小者為澳大利亞。換句話說，澳大利亞人對於遠近親疏的區分最不明顯。這個結果與外國人自己的觀察，是頗為一致的（Braithwaite、Caves, 1997；Hofstede, 1980）。因此，我們以澳大利亞的數據做為正規化的標準，再以每一題在各不同地區的數據，減去澳大利亞的值，再除以澳大利亞的值，即得每一題在各不同地區之正規差。該正規差就代表以澳大利亞為正規化的標準，對不同人際關係之對待態度，越正面其值越大，越負面其值越小。

首先，從數據中可以看出，我們的機師對於心目中的外人，態度是比較負面的，或者說放在較遠的心理位置。外籍機師則否。但是，我們的機師在心理，到底把外人推到多遠？如果我們先設定差序格局中的自我，位於親疏軸上的原點，把親人假設位於親疏軸上 1 的位置，以此做為標準，再把熟人、國人以等差的方式，排列在 2、3 的位置上，外人的位置，假設為 X 則先不固定，讓它可以沿著親疏軸上移動。然後，將正規差設為垂直軸座標，分別以 Y 來代表。如此，我們就擁有各類人的座標：熟人（2，Y）、國人（3，Y）與外人（X，Y）。其中的 Y，各人有各人的正規差值。如果我們以最簡單的直線，來貼合上列的數據點，並找出最佳直線貼合時，也就是均方差最小時，X 所應該在的位置。則 X 所代表的，就是以熟人與國人的心理距離為基準，推估外人所在的最合理位置。其結果如圖 6-14 所示。圖中分別列

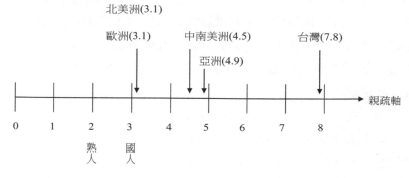

圖 6-14　全球不同地區，相對於熟人與國人，外人所處的心理位置

出各地區的飛航組員，相對於熟人與國人，外人所處的位置。從
圖中我們可以得知，對於北美與歐洲的飛航組員，外人所處的位
置在 3.1，與國人 3 幾乎沒有差別。換句話說歐美的人，並不區
隔國人與外人的不同，其對待的態度，基本上完全一致。其次是
拉丁美洲的飛航組員，在其次是亞洲的人。這也是合理的。拉丁
美洲的人，一向熱情好客。至於我們的飛航組員，最佳貼合時的
外人位置，遠在 7.8！是熟人與國人距離的將近 5 倍！我們中國
人心目中的外人，真的被我們推得好遠。

　　本結果與一般認知相比，是相當一致的。北美洲或歐洲，均
屬個人主義文化圈，他們對待國人與外人的態度，幾無差別，相
當符合西方人源自基督教生而平等的基本思想。亞洲各國，屬中
華文化的影響圈之內，深受儒家文化的薰陶，也重視遠近親疏之
分別。因此，外人位於頗遠的 4.9。至於我國屬儒家文明的核心，
對遠近親疏之區別，是有深厚的歷史淵源的。我們中國人，一向
嚴防華夷混淆，一但被我們認定是外人，一定會被推得遠遠的。

　　接下來，我們將外人的位置固定下來，固定在親疏軸的 4
上。如此一來所有的數據，都有水平座標與垂直座標。此時，親
疏軸上的原點是自我的位置，1、2、3、4 則分別是四級差序格局
中，親人／熟人／國人／外人所在的位置。根據計算所得之正規
差值，我們就可以看出，不同地區的飛航組員，在對待遠近親疏
不同距離的人時，其態度的衰減變化。此處我們仍然用最簡單的
直線，來貼合所有的數據點，並分別求出其所代表的直線方程
式。結果如下：

台　　灣：$Y = -0.1835\,X + 0.6002$

中南美：$Y = -0.0921\,X + 0.3902$

亞　　洲：$Y = -0.0759\,X + 0.3138$

歐　　洲：$Y = -0.0333\,X + 0.2173$

北美洲：Y ＝- 0.0035 X ＋ 0.0773

以上所列的 5 條直線，繪於圖 6-15 中。上列諸式中，不論那一個地區，直線的斜率都是負的，表示隨著人際關係的疏遠，對待的態度都會衰減，這其實是人類的本性與文化無關。

不同地區的差異，其實是在斜率的大小。斜率越大，表示隨著人際關係的疏遠，對待的態度衰減得越快；斜率越小，則表示隨著人際關係的疏遠，對待的態度衰減得越慢。從上列諸式來看，我國的飛航組員，其實是所有的中國人，在面對關係疏遠時，態度的衰減最大，斜率大到 0.1835。到了外人的位置時，對待的態度根本就衰減成為負的，既不想下功夫去了解，更不喜歡和外人一起工作。至於北美洲的飛航組員，其斜率是 0.0035 幾乎已經是 0。說明了北美洲的人，在對待熟人、國人和外人時，其態度幾乎沒有衰減，完全與西方人個人主義式文化的人生而平等是一致的。因此，根據四級差序格局所求出的斜率，一方面與我們一般的認知一致，一方面又可以拿來描述全球各不同地區，對待不同人際關係態度的衰減，做為一個新的文化變數，是非常值得再進一步深入研究的。該斜率我們就稱之為「關係梯度」

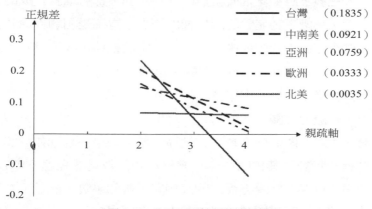

圖 6-15　全球不同地區的關係梯度

（Jing, 2006）。在每一個人的心目中，在對待比較親近的人時，態度總是必較正面；對待比較疏遠的人時，態度則總是比較負面。從正面到負面，其衰減總有個過程。當對待關係越來越疏遠的人時，其正面態度衰減的速度就是關係梯度。

根據 Helmreich（1998）的研究，全球不同國家的飛航組員中，差異最大的三類題目分別是關於：對發號施令角色之扮演及其互動；對命令規則與程序的態度；對自動化偏愛及信賴的程度。以上三項跟權力距離的平均相關性為 0.73，與個人主義的平均相關性則為 0.83。換句話說，全球不同國家的飛航組員中，其差異與個人主義的相關性最高。也就是說，人際關係，應該才是不同國家的飛航組員中，產生態度差異的最根本原因。

全球各地的航空失事率各不相同。景鴻鑫（Jing, 2001）曾經針對威權對飛航安全的影響，進行過初步的全球性統計研究，並證明其間的相關性，是不容忽視的。全球各個不同國家，在面對威權時的態度，與航空失事率之間，存在高達六成的相關性。西方觀點的威權：權力距離跟全球飛航組員文化差異的相關性，則有七成。然而，個人主義的相關性卻更高。因此，假如簡單二分法的個人主義，跟全球飛航組員的文化差異，都可以有八成的相關性的話，那麼更為完整的關係梯度概念，豈不是相關性應該會更高？確實如此！我們根據原有的航空事故數據，找出這五大地區最近 20 年（1980～2000）來的失事率，並將各地區擁有的關係梯度做為橫軸，失事率作為縱軸，繪於圖 6-16。從圖中我們可以看出，一般而言關係梯度越大的地區，航空失事率基本上越高如台灣。反之，關係梯度越小的地區，航空失事率越低如歐美。當我們進一步計算其相關性後，發現相關係數竟然高達 0.977！一個幾乎可以寫下數學方程式的高相關。當然事實可能並沒有這麼明確。首先，高相關並不代表就真的有因果關係。不過，飛航

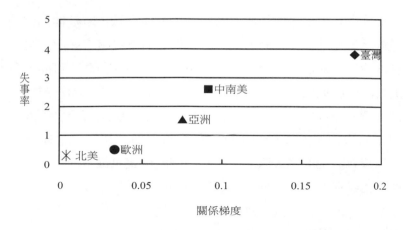

圖 6-16　全球不同地區的關係梯度，與航空失事率的相關性

安全與人際關係之間，存在因果關係，是大家都認同的事。而且，還有因為人際關係太過親密，而導致事故發生的案例。另外，在我們所取的樣本中，來自北美洲 40 份，中南美洲 20 份，亞洲（不計台灣）28 份，歐洲 32 份以及澳大利亞 14 份。嚴格來說樣本數是不夠的。因此 0.977 的相關性，是無法作為學術證據的。然而在我們所取的樣本中，得到 0.977 的相關性，是完全來自全然隨機的因素，也是令人無法相信的。合理的看法應該是這樣的：關係梯度與航空失事率的相關性，多高還不確定，但是一定是高到無法忽視的。

　　以上的結果，說明了幾件事情。第一，圖像式思維的差序格局以及關係梯度，其解釋力明顯比基於單線式思維的個人主義，要高出許多。個人主義只是一種二分法的概念，非黑即白，無法涵蓋全球各地，各不相同繽紛多彩的人際關係。關係梯度則無此缺點。第二，人際關係確實會影響飛航安全。關係梯度與航空失事率之間的高相關性，是確實存在的，也是無法視而不見的，絕對值得進一步深入研究。關係梯度與航空失事率之間的高相關

性，表面上看似乎說明了我國傳統基於家族意識，所延伸出來的人際關係，是落伍的是有害的，讓我們的航空失事率如此之高。這樣的看法，即使是正確的，也於事無補。因為我們不可能把我們的傳統徹底拋棄，更不可能攔腰切斷我們的歷史。何況這樣的看法，還有商榷的餘地，不見得那麼的正確。航空百分之百是西方科學的產物，西方科學，則百分之百是西方單線式思維的產物。單線式思維的高級產品，放在一個圖像式思維根深蒂固的環境中，衝突在所難免，適應也是勢在必行。因此，談論誰對誰錯是沒有意義的。沒有誰對誰錯，兩者只是不匹配、不相容而已。重點是，我們該如何去適應，以提升兩者的相容性。

中國人對於熟人與外人，其親疏遠近的區隔，相對於來自其他國家的飛行員最為明顯。台灣的飛行員在心理上，確實將外人推至很遠的地方，表達出不喜歡跟外人一起工作，也不願意去了解的態度。表面上看，似乎當一個地區之文化，越偏向以自我為中心時，對待親疏遠近的差異越為明顯，則航空事故發生的機率，似乎跟著升高。航機座艙操作相關活動的設計，是由不重視遠近親疏的西方個人主義文化所提出的。台灣社會西化已久，這50年來受美式文化的影響更深。難道我們台灣人在人際關係上，真的還這麼傳統嗎？真的還那麼講究遠近親疏嗎？

在成大航太系所進行之組員資源管理的研究中，當時所發的有效問卷有 1116 份。為了比較方便，只取正機師的填答進行分析。其中國籍正機師 361 位，外國籍正機師 188 位。為了了解關係梯度隨著時代的變化，我們將不同年齡層之飛航組員，問卷填答中，所呈現出來之關係梯度，列於圖 6-17 之中。其中年齡層的區分是這樣的：55 歲以上、54～50 歲、49～45 歲、44～40 歲、39～35 歲、34～30 歲、30 歲以下，一共 7 個層級。每一個層級，都有一個相對於該層級，計算所得的關係梯度。從圖中我們可以

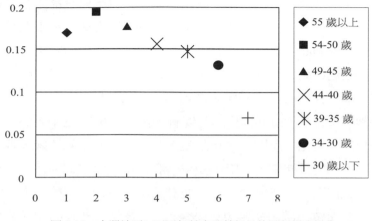

圖 6-17　台灣地區，不同年齡之飛航組員的關係梯度變化

看出來，除了 55 歲以上到 54～50 歲的層級關係梯度有所上升之外，其餘的層級非常一致的隨著年齡層的降低，關係梯度值都隨之降低。意思是：越年輕的飛航組員，其關係梯度越平緩。表示說：在他們的心目中，在面對人際關係時，遠近親疏的區隔越來越模糊，越來越靠近個人主義式文化。

　　以上的趨勢，說明了台灣確實深深受到美式文化的影響，至少年輕人是如此，而且越年輕越明顯。當然，這個也跟台灣社會的工商業化有關。台灣社會人際關係的演變，最核心的差異，應該是對待陌生人的方式。在中國傳統的五倫之中，並沒有該如何對待陌生人的倫理。差序格局中，外人永遠是被所有人際關係排除在外的人。因此，在中國基於傳統家族意識，所衍生出來的外人，就是指我們根本就毫不在乎視而不見的人。對於農業社會，這樣的倫理觀念似乎並無不可，因為很少人會遠離家鄉，一個人終其一生所碰到的人，幾乎全部都是親戚朋友。在現代工商社會，情況已經大不相同。上百萬人共同生活在一個擁擠的都市之中，人與人之間來往非常頻繁，每個人天天都要面對數不清的陌

生人，不可能視而不見。每一個陌生人，跟自己似乎都存在某種程度的「關係」。所以，傳統與陌生人的對待方式：毫不在乎視而不見，就勢必要改變。在我們的心裡面，一定要給陌生人留個位置，我們已經不可能再將陌生人推得很遠。因此，隨著社會的演變，關係梯度的日趨平緩，勿寧是必然的結果。

然而重點是，這個演變的速度有多快？圖 6-17 之中，每一個關係梯度的變化，所間隔的年齡是 5 歲。意思是每差 5 歲，飛航組員心中的關係梯度，下降了多少。我們再次使用迴歸方法，求取這些數據點的最佳貼合直線，並計算出該貼合直線的斜率，如果以年為單位，該斜率為 0.00295，代表著台灣社會的關係梯度每年下降 0.00295。如果我們使用個人主義最發達的澳大利亞為基準，當台灣社會的人際關係，演化到與澳大利亞一樣，經過計算需要 62 年！換句話說，如果台灣的關係梯度，仍以相同的速度趨緩，則在公元 2060 年左右，台灣社會的人際關係，會非常類似澳大利亞。

單單一個人際關係中的遠近親疏衰減的趨勢，就需要超過 60 年的時間來演化，才能讓一個社會中的某項文化特質，慢慢趨近於另外一個社會。文化的演化速度，確實非常的緩慢。

第七章

圖像思維的飛安理論

7-1　單線式思維的不足

　　西方人長期使用拼音文字，形成講順序、重邏輯的一維思維方式。擁有這種大腦構造的民族，當他們面對飛航安全的問題時，他們會從什麼角度來看航空事故？他們會看到什麼？可以確定的是，當他們一旦戴上「順序、邏輯」這個有色眼鏡，來看航空事故的時候，他們所看到的毫無疑問的，一定是「按照前因後果邏輯排列的一個順序」！如果他們要尋找一些通俗的語言，來表達他們所看到的這樣一個過程時，則「骨牌」、「事故鏈」、「起司」就顯得非常的自然甚至是天經地義的選擇了。

　　然而西方人這一套思維方式，卻存在一個非常明顯的缺點。西方人這一套「順序、邏輯」，明顯是來自長期使用拼音語言使然，用語言表達思維，必然使得思維單線化。語言必須靠聲音來傳遞訊息，聲音是來自空氣的振動，振動是空氣密度隨時間的變化。所以，語言必然是以時間為自變數，也必然是一個一維的訊息。換句話說，透過聲音所傳遞的訊息，必然要安排成以時間為自變數的形式，也就是一維的形式，才能傳播。語言就像是一個一維的濾波器，再複雜的訊息，語言都會將其過濾成一組像排隊一般的訊號。西方人的思維方式，二千年來，在這種拼音文字的不斷規範之下「用進廢退」，思維單線化是必然的結果。

由於西方人思維的單線化，在面對航空事故時，相繼建立了許多序列式因果觀點的飛安理論。然而西方人的思維固然是單線化了，可是不幸的是，事實就是事實，不是你想單線化，就可以任意把事實加以單線化的。如果硬要把事實單線化，疏漏就在所難免了。

　　航空事故的調查有三個重點：發現、肇因、建議。發現的搜尋，是為了找出相關的肇因。建議的提出也是要以肇因為依據。因此肇因的辨識，是整個航空事故調查的核心。使用序列式因果觀點，將所有與事故有因果關係的發現或肇因，按前因後果關係排列出來的做法。表面上看毫無任何問題，因為事實就是這樣演進的，航空界對此也沒有什麼爭議。然而我們不要忘記，對於肇因的定義以及用肇因的概念，來解釋事故的發生是否合理，則確實存在著不同的看法。何以致此？其實真正的問題，並不是出在肇因該如何定義，而是出在使用序列式因果觀點，來說明事故發生的來龍去脈時，很容易造成誤解，讓人誤以為事實的發生也是單線的。當我們使用單線化的思維，來解釋事情發生的過程時，就像有人在一幅畫中，劃上一條彎彎曲曲的線，然後指著這條線，告訴我們說這幅畫如何如何……。當我們沿著他們所劃定的這條線，跟著去看這一幅畫時，卻發現旁邊有好多東西明顯都漏掉了。不論這條線劃得多完整，沿著線來看畫想要看得真切，恐怕都不是一件很容易的事。

土耳其 TK981 空難

　　航空是一個極其複雜的系統，任何一個地方都有可能出錯。而且一旦出錯，常常會引發意想不到的連鎖反應。因此只要是系統內，某個地方出錯，所造成的航空事故本身，當然也應該用系統的觀點來看。

1974 年 3 月 3 日一架土耳其航空的班機 TK981，預計從巴黎飛往倫敦。這架飛機是麥道公司生產的 DC-10 擁有 3 個發動機，兩個在機翼下方，一個在後面垂直尾翼的下方。早上 11 點，這架飛機從伊士坦堡載來了 167 位旅客，在巴黎機場落地。其中的 50 位旅客下機，因為他們只到巴黎。在巴黎機場又有 216 位旅客登機，準備飛往倫敦。中午 12 點 20 分飛機終於準備起飛。起飛、爬升過程一切正常。12 點 37 分組員報告高度 7000 英呎繼續爬升中。

4 分鐘後座艙通話記錄顯示，組員急促的以土耳其語交談，襯托著吵雜的背景噪音，清晰而且大聲。持續了 30 秒鐘之後，座艙內的艙壓警告裝置響起，機艙內的艙壓，已經不正常了。接著超速警告聲也響了。很快的，雷達幕上顯示飛機開始向左偏，高度急速下降。不到半分鐘，飛機就從螢幕上消失。經過不了多久，飛機就被證實，已經在巴黎東北方 40 公里處墜毀。連同機組和空服人員，機上 346 人無一生還。

在失事調查的過程中，被恐怖份子放置炸彈的揣測甚囂塵上。因為在距離失事地點 15 公里處，找到了飛機部份的殘骸以及 6 具屍體，讓很多人相信飛機是在空中就已經爆炸了。而且，經過調查人員仔細觀看雷達影像記錄，發現就在艙內聲音很吵雜的時候，雷達影像顯示飛機的光影分裂成為兩點。較大的一點，沿著向左的軌跡移動，另一個較小的光點，則停留在原處，兩分鐘後才消失。很明顯，飛機還在天上時，就已經不是一個整體了。然而從墜落的 6 具屍體的解剖結果來看，這 6 人的致死原因都是因為撞擊，沒有任何爆炸的跡象。就連跟著他們一起墜落的 6 張座椅，以及跟座椅連在一起的部份客艙地板，都找不到任何爆炸的痕跡。

經過長期的調查之後，真相慢慢地被揭開，原來飛機並不是

被放置炸彈，只是飛機左後下方的貨艙門，在飛行途中爆開。由於飛機左後下方貨艙門門的設計，存在著某些瑕疵。在地勤人員關上門之後，有一道手續是要用人工，以 30 磅的力量，來將門門鎖住。如果門門沒有確實鎖住，當飛機的高度逐漸增加，艙壓慢慢建立起來之後，作用在貨艙門上的壓力，就會漸漸地從門門，傳到致動器的螺栓上。這個螺栓原本就不是設計要來抵抗艙壓的。因此，當飛機飛到高度約 10000 英呎左右時，艙壓將高到足以將螺栓剪斷。這個瑕疵在日積月累的不斷使用下，該發生的終究發生了。

土耳其的 TK981 班機，正當爬到 9000 英呎時，致動器上的螺栓，終於無法承受越來越大的艙壓。就在螺栓被剪斷的當下，貨艙門瞬間爆開，被強風帶走，連帶著撕裂部份蒙皮，造成貨艙爆炸性減壓。貨艙就在客艙下方，中間只隔著一層地板，以及支撐地板的橫樑。就在貨艙壓力突然洩掉的當下，客艙地板承受不了艙內仍然正常的氣壓而崩潰。部份地板被撕裂扯掉。兩排 6 個座椅連同坐在上面的 6 位旅客，都被吸出機外。然而接下來發生的事情，卻更為致命。

1974 年線傳飛控的科技還沒有問世，飛機的控制系統，都是透過使用機械式的鋼線，來傳遞飛行員的控制命令。換句話說飛行員的控制動作，是透過鋼線的傳遞，來操控位於飛機各處的控制面。這些控制纜線通常都位於機翼內部地板下面或座艙壁內等地方。TK981 班機在尾部的地板，因承受不了客艙正常的氣壓而崩潰的同時，穿過地板下方的部份控制纜線被扯斷，部份被拉扯而緊繃。4 條控制升降舵的纜線中，控制爬升的 2 條被扯斷，控制機頭向下的 2 條被扯住而繃緊，造成機頭急速往下俯衝，而且還造成飛行員根本就無法把機頭拉起。另外，幾乎一模一樣控制方向舵的纜線中，控制向右轉的纜線被扯斷，控制向左轉的纜線

被扯住而繃緊，不但造成飛機開始向左轉，而且使得飛機無法向右轉。DC-10 飛機尾部還有一個發動機，當地板崩潰的時候，尾部發動機一併失控，使得飛行員不但沒辦法控制推力的大小，甚至也無法關掉發動機。幾個致命的因子同時出現，於是飛機開始向左轉，同時向下俯衝，而且速度越來越快。當機長大聲喊出「快拉機頭」時，通話記錄器傳來副機師氣急敗壞的聲音：「我拉不起來，它沒有反應」。最後 TK981 以時速 800 公里的高速，撞到地面。當然這樣的速度，飛機上是不可能有人生還的。

　　按照序列式因果觀點，TK981 空難的事故鏈，可以排列如圖 7-1 所示。這樣的排列基本上是沒有錯的，事故的發生也確實是按照這個過程。只是單線式的說明，並沒有辦法把整個系統中，複雜因果之間的來龍去脈表達出來。其中最主要的關鍵是這樣的：序列式因果觀點，會讓人誤以為任何一瞬間，只有一件事在進行。而這件事是前一件事的果，同時也是後一件事的因。然而，如果我們以系統的觀點來看的話，我們將會發現任何一瞬間，同時有好幾件事在進行。而每一件事，都是前面好幾件事的果，同時也是後面好幾件事的因。為什麼這麼說呢？

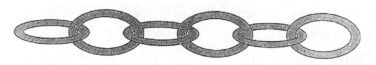

1.設計瑕疵　　　　　　　4.客艙地板崩潰

　　2.地勤人員疏忽　　　　　　5.控制纜線受損

　　　3.貨艙門爆開　　　　　　6.航機失控墜毀

圖 7-1　土耳其 TK981 空難的事故鏈

複雜系統

　　當人類科技發展到可以將高科技大量工業化之後，工業安全就是每一個操作社會，所不容忽視的課題。有些科技處於一個極端的作業環境，所操作之物質常具有危險性，其中並隱藏著大量能量。一旦沒有好好操作，因而造成失控將會釀成社會上重大的災難。對於這類型的科技，學術界稱為高風險科技（Perrow, 1994）。如核能電廠、化工廠、民用航空等，都是高風險科技。這些科技一旦發生事故，不論是核電廠輻射外洩、化工廠爆炸、病毒擴散、還是飛機失事，都會造成嚴重的生命財產損失，甚至影響到整個社會環境未來的發展與生態。

　　這些高風險科技，擁有下列幾個共同的特色：1.操作危險物質，2.控制大量能量，3.在極端的環境下運作，4.大量人命暴露其間。為了要安全地操作高風險科技，人類使用更尖端的科技，以便達到更好的控制與效能，結果也確實如人類所期望。但是也正因為如此，造成操作系統越來越複雜、越來越精密。越複雜的系統，所造成的事故模式種類，就越多且越繁複。越精密的系統，所形成不同的次系統之間，耦合的程度就愈高。因此事故發生時，不同種類的模式之間，互相牽制的可能性就越高。一點點微小的疏失，常常就會引發意想不到的連鎖反應，造成無法預料的結果，因而形成重大的災難。如名古屋空難，僅僅由於副駕駛誤觸重飛桿，就引發一連串的連鎖反應，產生了意料之外的事故模式，及其間無法掌握的互動，終於造成重大的災難。

　　Perrow（1984）在研究高風險科技時，經過整理歸納出高風險科技之所以容易發生事故，而且是發生無法預料的事故，主要是由於兩個特質所造成：高度的複雜與緊密的耦合。所謂的高度的複雜，是指系統所具有之下列特性：1.無法預料的後果，發生可能性高，2.高度複雜的科技，3.不同功能的部門，發生無法預

料的互動，4.訊息來源雜亂。至於緊密的耦合，則是指：1.有時間壓力的操作程序，2.操作程序的複雜與僵化，3.只有單一程序完成複雜工作，4.要求精準、缺乏彈性。

Perrow 並將這一類具有高度複雜與緊密耦合特性之科技系統稱為複雜系統。民用航空就是一個典型的複雜系統。首先，大型民航客機的複雜是顯而易見的。單單零組件就有三萬多件，還不算螺栓、螺帽等小東西。任何人第一次坐進駕駛艙，無不被複雜的儀錶所震攝。除了飛機本身之外，整個航空運輸系統以及飛航管制系統，其複雜性更是讓人嘆為觀止。另外，飛機飛行時的速度，可達每小時 900 多公里，進場落地時，至少還有 200 多公里的時速。因此其操作是有相當大的時間壓力。若未能及時判斷做出決定，生死可能就在一瞬間。而飛航操作程序本身，同樣也是相當的複雜而且還一環扣一環。操作時須同時注意高度、速度、姿態等眾多參數的變化，還得與地面管制單位聯絡，且必須依照其標準的操作程序執行。如此複雜的過程，卻要求只能使用單一程序來完成。而這樣的程序，卻又多到不勝枚舉。

對於民用航空這種高風險的複雜系統而言，在各個系統、原件中，存在著相當大的變化與未知的狀況；且各個單元系統之間，彼此環環相扣緊密的相依在一起。這兩個特性，即高度的複雜與緊密的耦合，往往是造成事故發生的主要原因。當系統裡面某一個地方，發生了未預期的變化，工作人員由於系統的高度複雜，而一時不知該如何處置，而問題又因為系統的緊密耦合，而迅速地擴散至其他無法預料到的元件或次系統。很快地，整個系統到處都出現狀況，此時做任何的補救，可能都已經無濟於事，無法阻止事故的發生了。

複雜系統最大的特色，就是任何微小的疏忽，常常引發無法預料的連鎖反應，並造成難以理解甚至不可思議的災難。從系統

的觀點來看，任何微小的疏忽之所以會引發無法預料的連鎖反應，根本的原因來自任何一瞬間，都有許多不同的事件同時在進行著，而且還會互相影響。例如當 TK981 的貨艙門，因設計的考慮不周加上地勤人員的疏忽，而造成在飛行中爆開。此時，飛機這個複雜系統，幾乎同時產生下列的後果：艙壓喪失人員缺氧，機艙地板結構失效，飛機結構變形，氣動力外形改變，飛機結構產生振動，控制纜線失去功能無法正常運作，尾部發動機失控……等等。這幾件事是同時發生的，而且其中的每一件事，都在持續的演變中，而且還會互相影響各自的發展。最後，飛機是由於失去控制而墜毀，但卻並不表示其它的部份都正常。其它的部份仍然在持續的惡化，只是「控制纜線失去功能」的事件，發展得比較快而已。如果當時的飛航組員的能力高超，可以將飛機控制得勉強可以飛行，則「控制纜線失去功能」這事件，發展的速度可能就會減緩，或甚至被抑制住。如此一來，飛機是不是就安全了呢？空難是不是就不會發生了呢？當然不是，大自然恐怕不會這麼仁慈。即便飛機仍然勉強可以飛行，機艙缺氧卻仍然在持續著，最後可能造成組員因缺氧而失去意識，而同樣使得飛機墜毀。或者飛機雖然可以控制，缺氧的問題也並不嚴重，飛行員的意識仍足以飛行。但是，結構受損的狀況，卻由於振動而越來越嚴重，最後造成機尾承受不了設計之外的壓力，而被扯斷，飛機最後仍然墜毀。或者……，還有其它許許多多機上正在進行的因素，都有可能造成飛機最後的墜毀。這就是複雜系統。

如此高度複雜以及緊密耦合的特性，造成單線化的思維，不足以解釋飛安複雜因果關係之全貌。在一個複雜系統中，任何事件的發生，均會造成多重的影響，形成眾多的事件同時在進行的複雜情境。事故的演進並非以單線的方式在進行，而是呈現樹狀的型態。最後那一條路徑，會演變成最終的事故而成為肇因，常

常是很難確定的。然而，由於傳統上，航空事故調查的方式，都是從最後結果開始往回推，往上游尋找造成每一階段事件的原因，直到第一因被找到為止。所以，調查結束之後，將調查所得的原因，按照前因後果關係的順序排列，就自然形成序列式因果的陳述，以及所衍生的骨牌模型、事故鏈模型，以及起士模型等單線式思維的解釋架構。

現在，我們就以一個簡單的示意圖，來說明線性思維之不足。圖 7-2 中某一航空事故，經過調查之後，發現是 C 因素引發最後的事故。再經過搜集證據之後，發現因素 C 是由因素 B 所引發，接下來又發現因素 B 又是由因素 A 所引發，而 A 即是第一因。因此，找到 A 之後調查工作結束。如果按照現今使用之單線化的序列式因果觀點，該事件的發生過程，即是 A → B → C → 事故。其中的 A、B、C 可能是人為因素、機械因素或氣象因素等等。然而，如果我們仔細查看事故發生過程中複雜的因果關係，我們將會發現，因素 A 不只引發了因素 B 而已，A 同時也引發了因素 D 甚至 E。因素 B 也不只引發了因素 C 而已，B 同時也引發了因素 F 等等。只是 D、E、F……等因素，並不會出現在事故調查報告的肇因裡面，因為它們不是事故鏈中的一環。但是 D、E、F 的影響，仍然是存在的。只是因緣際會不論是什麼原

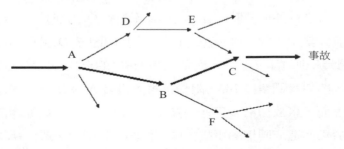

圖 7-2　複雜系統事故發生的過程，與序列式因果觀點之比較

因，或者是發展速度較慢，或者是被抑制，這些因素並沒有直接導致事故的發生而已。當我們用傳統肇因的定義來看這些因素，它們當然不能算是肇因。可是它們對事故的發生，卻明明是有其貢獻的，甚至有時候還是不可忽視的貢獻。把它們從事故肇因中拿掉，當然會引起爭議。

單線化的序列式因果觀點之不足，絕對不僅僅是引起爭議而已。由於西方人的基本思維方式，使他們認定航空事故的發生，就是一連串具有前因後果關係的事件，在某些特定的環境因素，所形成的情境之下，串聯在一起所造成。基於這樣的認知，任誰都會很自然的推論，只要將其中一塊骨牌拿掉，打斷這個前因後果的序列，讓因果無法串聯事故鏈無法形成，就可以阻止事故的發生。這樣的推論，如此的自然、如此的天經地義，以致於毫無爭議。因此大家都相信，只要將事故鏈中的任一個環節拿掉，就可以防止類似的事故再發生。奈何人算不如天算，事實常常不能盡如人意。

根據事故調查報告，某事件的發生過程，是 A → B → C → 事故，因此，要防止類似的事故再次發生，飛機製造商將 B 至 C 之間的連結拿掉。也就是即便是 B 發生了，也不可能引發 C。因此，事故的演進也就被斬斷了。然而，民航機是複雜系統，事件的演進是呈樹狀的，眾多事件之間，具有複雜難料的連繫。所以，下次當條件成熟時，如 A 因素又產生了，此時，因素 A 除了引發因素 B 之外，同時會引發 D。其中因素 D 又再引發因素 E，因素 E 則可能又引發因素 C，使得相同的事故得以再次發生。因此，雖然我們拿掉 BC，阻斷了事故沿著 A → B → C 的路徑前進。然而，事故卻沿著另外一條路 A → D → E → C 繼續前進，以致於仍然造成同樣的事故，就如同圖 7-3 所示一般。所以，拿掉其中一個環節 BC，並不能保證事故不會沿著其它的路徑前進，

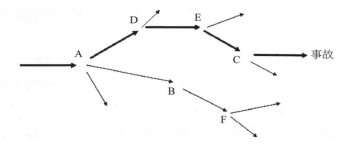

圖 7-3　複雜系統中拿掉一個環節 BC，類似的事故會通過另外一條路 A → D → E → C 而發生

當然也就無法保證類似的事故不再發生。套用一句通俗一點的話來說，這叫做：事故會自己找出路。

從名古屋到大園

　　這個推論並非憑空想像，名古屋事件以及之後的大園事件就是一個證據。

　　名古屋事件的發生，核心原因是「人機對抗」。起因於副機師在降落時誤觸了重飛桿，飛機上的自動駕駛，開始執行重飛的程序，而飛行員卻一直想把飛機降落。空中巴士飛機的設計，在手動與自動駕駛的命令相反時，會造成尾翼之可調式水平安定面，與升降舵互相抵觸的現象。在名古屋事件中，兩者不協調的狀態一直持續著，最後造成攻角基準保護功能被啟動，導致機頭大幅上揚，形成失速而墜毀。簡單的說，名古屋事件的發生原因，是飛行員與機上的飛行控制電腦，互相爭奪飛機的控制權所造成。

　　名古屋事件發生之後，空中巴士公司為了避免再度發生人機對抗的悲劇，而將飛機最後的控制權交還給飛行員。也就是說，如果以後再發生組員與飛機的自動駕駛相牴觸的情形時，只要組

員下壓駕駛桿的力量大過 33 磅，手動駕駛即可超控自動駕駛，如此即可避免再次發生人機對抗的可能性。

不到 4 年的時間，跟名古屋非常類似的大園事件發生了。這次事件的起因是進場過高。由於飛機在高度 21000 英呎時，該下降而未下降，繼續平飛了有 34 秒之多，造成航機進場高度過高。面對此一情境，飛航組員採用不斷放下襟翼的方式，希望大幅增加阻力，讓航機的高度快速下降。不幸的是，不但快速下降高度的目的沒有達到，反而造成航機速度過低、攻角太大，以致於攻角基準保護的功能再次被啟動，航機的仰角又開始大幅增加。此時，組員本能地將駕駛桿往前推，想把機頭壓下，卻由於用力超過 33 磅，手動超控自動駕駛，使得自動駕駛被解除掉。當正駕駛最後決定重飛時，為了避免人機對抗再度發生，飛航組員放開駕駛桿，讓自動駕駛去執行重飛的命令。然而，自動駕駛卻已經被組員解除，造成在最危急的時刻，有 11 秒鐘的時間，飛機無人駕駛直到失速。

在名古屋事件發生之後，理論上當我們拿掉其中一個環節：「讓飛行員可以超控飛機，以避免人機對抗」，理應可打斷事故的串聯，阻止類似事故的發生。然而，事實卻並非如此。名古屋事件之後，航機的自動控制系統已被修改，以避免人機對抗。在大園事件中，卻正由於這個原因，導致關鍵時刻航機無人駕駛，終於造成幾乎完全一樣的悲劇。因此之故，當我們把先前造成意外事故的路徑排除之後，以為可以阻止類似事故的進行，卻造成事故經由其他路徑繼續前進，終至還是發生類似的意外。所以，基於序列式因果觀點的看法：「拿掉一張骨牌一個環節或一片起士，即可阻止類似事故的進行」，確實是不夠完整的。

飛航風險評估

單線式思維的不足,不僅表現在如上所述的失事預防一端,在一般飛航風險的評估上,也呈現出明顯的不足。何以會如此?基本上,西方人是從序列式的因果觀點,來看待飛航安全。因此,從消極的失事預防角度出發,自然是希望「打斷壞的因果序列」,也就是拿掉一張骨牌,以阻止類似的事故再發生。從名古屋到大園,已經證明了序列式思維的不足。另一方面,如果從積極的提升飛航安全的角度出發,自然會想到要「保護好的因果序列」,好讓飛機在良性的因果循環之下,降低飛航風險安全的完成飛行任務。不過,不論是「打斷壞的因果序列」,還是「保護好的因果序列」,都要先把飛航安全看成「序列」。西方人一旦把飛航安全看成序列,就又犯了思維單線化的毛病,疏漏一定在所難免。

民航局在 2007 年 3 月參考美國聯邦航空署 FAA AC120-92 的內容,公佈了有關「飛安管理系統」的民航通告,提供航空業者建構安全管理系統之指引。在民航局的說明中,明白指出安全管理系統之目的,在提供一個有組織之管理系統,以控制作業中之風險。不論整個飛航作業多麼的複雜,飛安管理系統的核心,毫無疑問是風險管理。具體而言風險管理的主要核心工作,包含下列四項:

1. 系統及工作分析　系統包括組織架構、流程及程序,和完成相關任務所需的之人員、裝備及設施。工作分析應完整敘述使其足以辨識危害、及完成風險分析的工作。

2. 危害辨識　系統及作業環境中,可預見之危害,必須加以辨識與控管。

3. 風險分析及評估　標準之風險分析及風險評估,其做法是將風險分為兩個組件,也就是如果發生危險,不幸發生的

可能性及嚴重性。一般所使用的工具為國際民航組織（ICAO）建議之風險對照表。所謂的風險對照表是如圖7-4 所示，詳細說明危害發生的後果嚴重性與發生的可能性。

4. 風險接受度　在制定風險評估標準時，業者須訂定風險接受度，說明可能危害發生可接受的程度。呈現的方式，即一般所說的風險矩陣如圖7-4 所示。

除了以上所提的4 項工作之外，風險管理當然還包括了其它很多的項目。不過，從以上的敘述，我們可以很清楚的看出，所謂飛安管理系統，核心工作就是風險的辨識、分析與評估。

在整個飛航過程中從滑行、起飛、爬升、巡航、下降、進場到著陸等7 個階段，最危險發生事故也最多的階段，是進場與著

A：嚴重風險：罕有的意外事件，需要立即採取行動及預防策略以避免再度發生。

B：高度風險：需要特別注意及處理的意外事件。

C：中度風險：較常發生的飛安異常事件，需讓第一線工作部門加強注意。

D：低度風險：一般的事件，不需要採取任何行動。

E：最低風險：事件只用於統計分析。

圖 7-4　說明後果之嚴重性、與發生之可能性的風險矩陣。

陸。根據風險的定義，考慮危害發生的可能性與嚴重性，進場與著陸發生事故的次數最多，一旦出事後果也最嚴重。因此毫無疑問的，進場與著陸階段，是整個飛航風險最高的地方。當然也是飛航風險分析與評估的重心之所在。

在具體的步驟上，最後進場與著陸階段的風險分析與評估，民航界又是如何進行的呢？

現代大型的民航客機，已經非常的先進。不但飛機已經高度的自動化，對於飛機「健康狀態」的監控，也已經非常的詳細。現代商用飛機在飛行時，透過安裝在全身各處的感測器，飛機的整個飛行狀態，隨時都處於監控記錄的狀態下。每一次飛行，都會記錄諸如高度、速度、攻角、下降率等等數百個飛行相關的參數，可以提供飛行狀態極為完整的資訊，以做為飛安管理的科學化、數據化的可靠依據。這個系統航空界稱為飛航操作品質保證系統（Flight Operation Quality Assurance, FOQA）。

飛航操作品質保證系統，可以記下數百項飛行狀態的相關數據，因此管理者就可以依據這些數據，訂定相關的標準，來呈現飛行狀態的良窳。例如，航機在最後進場的階段，下降率不可以太高。太高的話，代表著飛機與地球接近的速度太快。一旦太快，飛機就會進入相對危險的狀態。正常的飛行，飛機應該以最平順的方式觸地，也就是適當的接近速度。如果接地速度偏高，可能會導致飛機重落地，乘客會有不舒適的感覺或受到驚嚇。如果接地速度偏差得更大，飛機的結構，就有可能會受損。如果情況更嚴重的話，不但結構會受損，人員也可能會受到傷害。接地速度如果偏得實在太大的話，飛機就會像摔在地上一般，我們就把這樣的事情稱為飛機墜毀了。因此，如果我們能對諸如下降率等數據，實施適當的管控，當然會有助於飛航風險的管理。所以，透過對於飛行狀態數據的管控，確實是飛安管理的一個理想

方式，也是一個經過事實證明，非常有效的方式。

　　使用飛航操作品質保證系統為工具，來進行風險分析與評估，儘管效果非常的顯著，我們還是得要清楚的知道，這整套系統，都是西方人所設計的，自然離不開西方人單線式思維的影響。沒錯，使用飛航操作品質保證系統來控制風險，正是先把飛航安全看成是一個「序列」，然後再以「保護好的因果序列」的概念，設定一些飛行狀態的包絡線，也就是範圍，如下降率不可以超過某個數值，以確保飛行狀態不致於偏離「好的序列」，從而達到將風險控制在可以接受的範圍之內的目的。圖 7-5 中說明了將飛行參數設定一些範圍，如同將飛機加一些框框，以「保護好的因果序列」好讓飛機在良性的因果循環之下，降低飛航風險安全的完成飛行任務。以下降率為例，當下降率大於 X 值時，其嚴重性等級定為 A 級。大於 Y 值時，其嚴重性等級則定為 B 級，若再更嚴重則屬不能接受等級。所以，在最後進場的過程中，一旦下降率大於 X 值，則對飛航組員提出告知。如果下降率大於 Y 值，則對飛航組員提出警示，因為管理單位是以嚴重性等級做劃分。

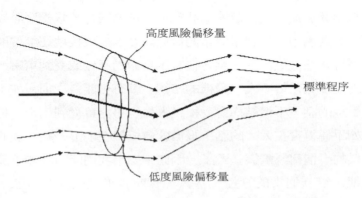

圖 7-5　「保護好的因果序列」概念下的飛航操作品質管理

保護好的因果序列？這不是很好嗎？當然好，只是不足而已。現在我們就用圖 7-6 來說明西方人的單線式思維，在飛航風險評估上的不足。圖 7-6 中橫軸代表時間，縱軸代表飛航情境，同時代表許多數據。飛機是一種複雜系統，任何瞬間，都有很多事件同時在進行，且其間會發生非常複雜的互動。任何一種情境的風險，都應該根據整體的狀態來判斷，才會比較正確。例如，有一種情境甲，下降率較小，但是高度比較低；另有一種情境乙，下降率雖較大，但是高度卻比較高。如果按照正常的飛航操作品質管理標準，情境甲比較不嚴重，情境乙比較嚴重，可是事實卻剛好相反。會發生這種矛盾的現象，原因正是來自於單線式思維使然。按照目前使用的飛航操作品質管理，任何一瞬間之飛行情境的嚴重性，都只是某項數據的函數如下降率。然而，飛航情境的嚴重性，卻應該是整體情境的函數才對。也就是許多項數據的函數，而非單一數據的函數。以單一數據的大小，來判定飛航情境的嚴重性，明顯犯了以偏蓋全的毛病。

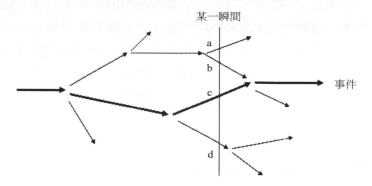

風險＝參數 c 的函數－單線式思維
　　　＝情境（a,b,c,d,）的函數－圖像式思維

圖 7-6　單線式思維在風險評估上，容易造成以偏蓋全的毛病

7-2　圖像式思維的困境

　　如前所述中國人的思維，是以六書書寫的書畫文字為基礎，所形成的圖像式思維，或二維思維或文字思維，具有講平衡、重整體、長於洞察的特色。這樣的思維模式，在面對從西方引進、全盤基於單線式思維的模式上、所建立的飛航體系時，存在一些非常根本且難以察覺的不相容之處，是必然無法避免的。

　　最大的不相容之處，是西方人講順序，而我們中國人並不重視順序。

　　波音公司在一份針對 1982 到 1991 年間，全球所有民航機失事的分析統計資料顯示（Boeing Commercial Airplane Group, 1994），亞洲地區所發生的失事，其中有 52% 的比例，若飛行員遵守操作程序，便可以避免事件的發生。該比例遠高於美加地區的 41%，歐洲地區的 38%。如果以歐美的平均 40% 為標準，則亞洲飛航組員沒有遵守操作程序的比例，比歐美飛航組員高出 12%。這樣的具體數據，說明了亞洲地區的飛行員，對於飛航操作手冊中，所列之標準作業程序的遵守，確實遠不如歐美地區的飛行員。但是這樣的數字，就能夠代表亞洲的飛行員，擁有較多的人為疏失？或是犯下較多的錯誤？如果要找人把航空事故的責任承擔下來，當然可以下這樣的結論。然而，事實恐怕沒有這麼簡單膚淺。

　　西方人使用的是拼音文字，由固定數目的字母所組成，書寫成字時，必然要嚴格依照某個固定的順序而且毫無例外。西方人的書寫、閱讀習慣傾向序列式，是毫無疑問的。因此，西方人對於程序的遵守是本能的、下意識的、天經地義的自然，不存在任何的文化壓力。漢字並非拼音文字，也無所謂的字母。書寫成字時，雖然存在一定的標準程序也就是筆順。不過，筆順卻只是一

個原則而已，若不按照該筆劃順序書寫，基本上也是毫無影響的。只要寫出來的樣子一樣，同樣可以完全發揮文字作為溝通工具的功能。此外任何一個漢字，其含意常常要看它前後相關的文字才能決定。還有在組句方面，即便是相同的幾個字擺在一起，只要標點符號的位置不同，整句的意思也就跟著不同，甚至可能正好相反。因此，漢字的書寫閱讀習慣必然傾向於圖像式。因為對順序的要求，不但並不嚴謹反而是很靈活的。形成了我們的思維，不管看到或聽到什麼東西，都會很自動的不斷在搜尋捷徑，以便最快的找到意義。不像西方人習慣於程序、習慣於規律、習慣於循規蹈矩。相信正是由於這個極為根本的因素，在不知不覺之中，養成了中國人對順序、程序以致於法律、規定的遵守，並沒有像西方人那麼的嚴謹。此時，如果強制我們的飛航組員，必須嚴格依照某特定的程序，來完成某一項任務，相信最後的成效，必然會被打折扣而無法跟西方人相比。此時我們用「人為疏失」來描述這樣的事件，將無可避免的造成誤導，因為我們把文化因素，當成個人行為來看待。

以上所說的僅僅是個人的猜測，還是真的是事實？

當一個圖像式思維的組員，面對一個單線式思維的飛航環境時，文化的壓力是絕對無法避免的。問題是這個文化壓力有多大？對於組員的表現，又會有多大的影響？思維模式之差異，所造成的文化壓力，包羅萬象。為了讓探討能夠繼續進行，我們在這裡先把問題簡化。我們只針對思維模式，對標準作業程序之閱讀理解的影響程度，進行比較探討。

成大民用航空研究所，曾經針對此種來自文字上的根本差異，所造成閱讀習慣或甚至理解接受程度的差異，對飛航操作手冊閱讀理解的影響，進行過一項研究（景鴻鑫、李家宏，2001）。結果顯示，將完全按照單線式思維方式所呈現的操作手

冊，對於圖像思維的閱讀者而言，確實會造成理解的障礙。如果由於中西方閱讀書寫習慣上的差異，會造成閱讀理解障礙的話，當然就有可能連帶使得組員，對飛航操作手冊接受度的降低，乃至於影響到組員對程序遵守的意願與能力。

目前我國組員使用的飛航操作手冊，全為西方人以英文編寫。就算有中文版本的飛航操作手冊，也多是直接翻譯自英文版本。然而，中英文書寫閱讀的基本特質相差極大，西方人傾向序列式的書寫閱讀習慣，比較能夠逐字逐句閱讀理解，所以可以接受長句，可以接受逐項條列的編寫方式。中國人的閱讀習慣則傾向圖像式，閱讀時並非逐字理解，而是與其他字合在一起讀，來瞭解其整體的含意（張欣戊，1993）。若沒有考慮中英文之基本差異，直接使用英文版本或由英文版本直譯，將造成閱讀理解的困難，並降低遵守的意願。

中文閱讀習慣的特性，是基於中文的閱讀歷程。中文閱讀歷程主要分為四個階段：解碼、字義理解、推論理解、以及後設認知。在閱讀過程中，所有包含於同一階段的歷程，都可能以平行處理的方式進行。所謂的解碼包含配對、組字、斷詞、譯碼。其中，斷詞是中文閱讀與英文閱讀上，一個很基本的差異點。中文是以幾個字代表一個意思，英文則通常一字便是一個意思。所以閱讀中文時，我們必需判斷，那幾個字應該放在一起，當作一個意思來解釋。當斷詞的方式不同時，也會出現不同的意義。只是，對於我們中國人而言，日久天長地使用中文，斷詞早已內化為自動化的基本技能了，所以我們都不會有感覺。

中文閱讀時的習慣，除了斷詞之外，似乎還存在一種範圍大於詞的群組單位。中國人閱讀中文時，除了須將字與字放在一起，來了解其整體的含意之外，詞也必須與前後文連貫，才能確定其詞意為何。而且，不僅在字義理解方面如此，對於推論理解

時，所能處理的程序項次，也是將幾項整合在一起，來進行理解。因此，我們習慣以大於詞的幾個字作為一組，來進行閱讀。這種閱讀習慣，使得我們很自然的會將幾個項次，當作為一組，放在一起閱讀理解。中文閱讀時所習慣的「群組」，不論是字數或項次數，我們把它稱為「群組型態」，也就是：「中文閱讀書寫時，將句子中的數個字段落中數個項目，彙整成為一個群組，來記憶理解的一種習慣」。

「群組型態」是為了適應中文的語言特性，所必然產生的閱讀書寫習慣，正是圖像式思維在閱讀理解時，所呈現出來的面相。中國古代的文章，並沒有標點符號的設計，所以有 4 字一句、6 字一句的書寫習慣。閱讀者也自然是以 4 字一句、6 字一句，作為閱讀的習慣。這 4 字一句、6 字一句，便是中國古文書寫閱讀的「群組型態」。如中國最早詩歌總集詩經，其句型便以 4 字為主如「關關雎鳩，在河之洲，窈窕淑女，君子好逑」之類。一直要到民國初年，胡適先生等人提倡使用標點符號後，中文標點符號逐漸普遍使用，才改變了此種中文書寫閱讀習慣。但事實上，這種已經使用了 2000 多年的「群組型態」，到今天依然存在。現代中文書寫閱讀時，仍然習慣於以幾個字為一組、以幾個項次為一組，而且通常是以標點符號作為區隔停頓。所以標點符號與標點符號之間，基本上，便可以視為代表了一個閱讀的群組。若句子長過某一長度，一般人無法一次閱讀時，便可能將句子分為兩個以上的群組，來進行閱讀理解。

中國人閱讀書寫中文時的「群組型態」，歷朝歷代都非常的明顯。圖 7-7 中所顯示的是自古至今，最具有代表性之文章裡，標點與標點之間的字數統計結果。這些文章包含：

1. 周朝至清朝，各朝代古文共計 37 篇，因為古文原始並無標點，我們是以吳乘權與吳大職在 1698 年所編選的「古文觀

止」為依據。

2. 民國初年白話文文章，選自當時 5 位較具代表性作者：胡適、魯迅、陳獨秀、徐志摩、朱自清的文章共計 16 篇。

3. 國小一到六年級國語、數學、自然課本共 36 冊。

4. 當代報紙一份，除去廣告部分不計共計 14 版。

統計結果顯示，原始並無標點符號的古文，在經由現代依其文意，重新標點後，顯示用字確實集中於 4 到 6 字。此一「群組型態」的書寫閱讀習慣，在我國持續了至少 2000 多年。有了標點符號之後，從民初白話文開始到現代的國小課本、一般的報紙，其標點與標點之間的字數，確實開始發生變化。不過其字數，仍然有超過一半的比例，集中在 4 字到 8、9、10、11 字之間。這樣的數字，明顯的說明了，「群組型態」的閱讀習慣到今天都還存在，2000 年來的變化並不大。這樣的數字，同時也說明

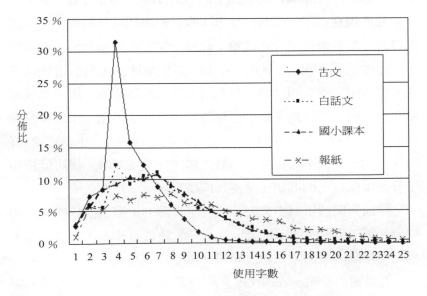

圖 7-7　從周朝到今天最具有代表性之文章裡，標點與標點之間的字數統計

了圖像式思維，仍然牢牢地在支配著我們的閱讀習慣。

以上的結果充份顯示，圖像式思維特徵的「群組型態」習慣，在中文書寫閱讀時仍然存在。因此，我們可以推論，飛航組員在閱讀中文時，當然也離不開「群組型態」的習慣。為了方便討論，我們將「4 到 10 為一組」的原則，作為中文書寫閱讀時所習慣的基本「群組型態」。若中文操作手冊的編寫，能按照此種「群組型態」，儘可能將詞句維持在 4 到 10 字之間，對於逐項條列的步驟程序，亦以 4 到 10 項作為一組歸類整理。將序列式的操作程序，儘量改成適合於中國圖像式思維的方式，以降低可能面臨的文化壓力，預期將能有助於閱讀者，對於操作手冊理解的提升。

擁有圖像式閱讀理解特質，自動化的群組型態理解模式的我們，在面對單線式思維的標準作業程序時，整體的表現到底會不會受到影響？如果有，影響又會有多大？

我們現在就以美國 Embry-Riddle 航空大學，飛行訓練中心的操作手冊為例，來看看閱讀習慣不同時，到底有多大的影響。我們選取該手冊中第 2.7 節：「失事、意外事故、危險及危險事件的報告」，進行原文直接翻譯。另外再根據中文群組型態的特徵，在儘可能維持原文文意、句子結構、語法的原則下，以增加標點或小幅調動的方式，改寫翻譯後的文章。並對逐項條列的部分，加以分類組織，以符合圖像式閱讀的習慣。譬如原文中對於強制報告事件，共定義了 25 項，且採逐項條列的方式。我們進行改寫時，便針對這 25 項中，類型相似的，進行歸類整理。結果共分了 5 類，每類不超過 10 項。對於每個項次，儘量使其標點與標點間的字數，維持在 4 到 10 字之間。這兩份直譯與依群組型態改寫的文章，其部分內容分別列舉如下：

【直譯】

下列對必須在 24 小時內回報的事件作進一步定義：

——當存在有對飛機操縱性能有負面影響或致使飛機不適於
飛行的系統缺陷時。

——當發生非操控的動力消失時。

——當發生火警或冒煙時。

——當機長宣布進入緊急情況時。

——當安全裝備或程序有缺陷或不適用時。

——當操作程序或手冊有不足時。

——當操作標準因為有缺點的操作或維修保養或裝備問題而
被迫降級時。

——當有造成飛機或財產損害的事件時。

——當發生飛機「吃草」情況時（若飛機在滑行起飛或降落
時任一部份超出了道面）。

——當有入侵行為發生時。

——當出現不安全的起落架指示或起落架無法伸放或收回
時。

——當遇到飛機操縱困難時。

——當飛行組員失蹤或迷失方向時。

——當飛機操作超出結構限制時。

——當通訊或導航系統失效或效能減弱時。

——當有飛機轉場或返回本場時或飛機降落在錯誤跑道時。

——當發生煞車失效情況時。

——當飛機低油量降落時。

——當發生空中接近、空中交通管制意外事故、或機後亂流
事件時。

——當遇有重大亂流、風切或其他劇烈的天氣情況時。

——當組員或乘客有嚴重的身體不適、受傷、失能情況或死亡時。

——當任一值勤的組員被偵測出有使用藥物或酒精時。

——當飛機遭鳥擊或外物損傷時。

——任何會迫使安全標準妥協的事件。

——任何能對改善飛航安全提供有用資訊的事件。

【改寫】

對必須在 24 小時內回報的事件，以下將作進一步定義：

一、機械故障問題

——當遇到飛機操縱困難時。

——當發生煞車失效情況時。

——當發生非操控的動力消失時。

——當通訊或導航系統失效或效能減弱時。

——當出現不安全的起落架指示，或起落架無法伸放收回時。

——當存在有系統缺陷，會對飛機操縱性能有負面影響或致使飛機不適飛行時。

二、人員及操作問題

——當飛行組員失蹤或迷失方向時。

——當任一值勤的組員，被偵測出有使用藥物或酒精時。

——當組員乘客有嚴重的身體不適、受傷、失能情況或死亡時。

——當飛機操作超出了結構限制時。

——當發生飛機「吃草」情況時（若飛機在滑行起飛或降落時，任一部份超出了道面）。

三、航管及天候問題

　　——當飛機低油量降落時。

　　——當有飛機轉場或返回本場時，或飛機降落在錯誤跑道時。

　　——當發生空中接近、空中交通管制意外事故、或機後亂流事件時。

　　——當遇有重大亂流、風切或其他劇烈的天氣情況時。

四、裝備及技令問題

　　——當操作程序手冊有不足時。

　　——當安全裝備程序有缺陷或不適用時。

　　——當操作標準因有缺點的操作、或維修保養、或裝備問題而被迫降級時。

五、其它情況

　　——當發生火警或冒煙時。

　　——當有入侵行為發生時。

　　——當機長宣布進入緊急情況時。

　　——當飛機遭鳥擊或發生外物損傷時。

　　——當有造成飛機財產損害的事件時。

　　——任何會迫使安全標準妥協的事件。

　　——任何能對改善飛航安全，提供有用資訊的事件。

　　接下來，我們就以直譯與改寫的兩篇文章，來進行閱讀測驗，以了解習慣圖像式閱讀的人，在面對序列式的文章時，到底會受到多大的影響。本閱讀測驗設計為 15 題選擇題，均為單選題。只針對與理解相關的 5 項閱讀歷程，作為設計題型的依據。15 題選擇題中，其題型可歸類為字義取得、語法分析、摘要、整合、推論 5 種類型。

閱讀能力與本身的後設認知、內部知識等也有關係，故我們所選取測驗的對象，為成大航太系大二、大三的學生，採隨機分組方式，分為甲、乙兩組，甲組 48 人、乙組 47 人。甲組學生聯考的國文成績平均為 67.53，乙組學生的成績平均則是 68.67。進行閱讀測驗時，甲組學生閱讀改寫的文章，乙組學生則閱讀直譯的文章。由於文章長度約 1000 字，所以閱讀時間控制於 5 至 10 分鐘，以保證受測者均能於時間內將文章讀過 1 至 2 次。閱讀後收回文章，再進行不限時間的閱讀測驗，以測試學生對文章的理解記憶程度。

測驗的結果列於圖 7-8，由測驗結果可以看出，甲組學生的測驗成績，比乙組學生的成績，平均高出 9%。由此結果顯示，適當詞句長度為 4 至 10 字為一句，與適當的項次分組為 4 到 10 項為一組時，根據群組型態原則，重新改寫的操作手冊，初步證實，確實有助於中文讀者的閱讀理解，理解能力提升了 9%。而且，其差異在統計上是顯著的。

分組＼結果	有效樣本數	大學聯考國文成績平均	閱讀測驗成績平均	閱讀測驗成績／國文成績
甲組 閱讀改寫文章	26 人	67.53	75.13	111%
乙組 閱讀直譯文章	30 人	68.67	70.22	102%

圖 7-8　根據群組型態原則，改寫與直譯的操作手冊閱讀測驗的結果

閱讀理解相差一成左右 9%，由於組員不遵守程序，而造成的事故比例，相差也是一成左右 12%。如此接近的數字，當然可能是偶然的，但也可能不是。不過這兩個數字，所呈現的現象，都與標準程序有關，一個與標準程序的理解有關，一個與標準程序的遵守有關。既然都與程序有關，則純屬偶然的機率，相信是

微乎其微的。因為理解的困難，必然影響到遵守的意願與能力。如此一致的兩個數字，一再地說明了，當一個圖像式思維的飛航組員，在面對一個單線式思維的飛航環境時，思維方式或者說是文化差異的影響，是絕對無法忽略的。這個影響，不是來自於我們的組員比較不遵守程序，而是來自於當我們在面對西方人的標準作業程序時，文化壓力確實來得比較大。

單單一篇文章的閱讀理解，圖像思維的人在進入單線思維的環境時，其表現都會被打折扣。對飛航安全領域而言，一成的折扣，已經是非常嚴重的事情。此外，中西思維方式的差異，其影響範圍，必然不會僅只限於閱讀理解方面而已。其它如組織的管理、管制、監理、查核以及飛航組員的思考、判斷、決策等等，思維方式差異對飛安累積的影響，恐怕只會更大。因此，當我們沒有選擇地、被迫面對由西方人所設計、具有單線式思維特色的飛航環境時，還能不戒慎恐懼如臨深淵如履薄冰嗎？

7-3 飛航安全裕度理論

基於西方單線式思維的飛安理論之不足，以及圖像式思維的困境，在面對西方人所提供之飛航環境時的困境，我們確實應該好好思考，開始從我們自己圖像式思維的角度，來看飛航安全，並嘗試建立我們自己的飛安理論。

我們真的需要自己的飛安理論嗎？關於這個問題，應該這樣回答才完整合理。

首先西方人的飛安理論，如果已經達到非常完整的地步，可以把飛航安全的面貌，充分的交待清楚；而且其說明又足以放諸四海而皆準，我們直接拿來用，就能夠讓我們據以面對我們自己的飛安問題的話，則我們當然是不需要去傷腦筋，思考建立自己

的飛安理論。就如同我們不需要去花功夫，去思考建立有中國特色的牛頓力學一樣。

其次，如果我們所面對的飛安環境，跟西方人一樣的話，我們也可以不需要自己的飛安理論。因為環境相同代表著我們所面對的問題也是一樣的。不過，很顯然的我們所面對的飛航環境，跟西方人大不相同。西方人從設計、製造、生產、行銷，以及法規、管制，與操作、管理，全部都得自己來，他們是整個飛航體系的設計者與提供者。我們的飛機是用買的、法規是引進的，管制是別人教的，機師是別人訓練的。面對西方人提供的航空體系，我們只是使用者、接受者而已。除此之外，再加上文化、社會的影響，我們面對的飛航環境，與西方人是截然不同的。

最後，如果我們對於飛航安全的觀點與航空事故的看法，也跟西方人一樣的話，我們也可以不需要自己的飛安理論。不幸的是，就算我們想跟西方人一樣，用同樣的思維、觀點、看法、甚至角度，來看我們的飛航安全，恐怕也做不到。西方人的思維模式，是基於字母書寫之拼音文字的單線式，擁有講順序、重邏輯、長於分析的特色；我們中國人的思維模式，則是基於六書書寫之書畫文字的圖像式，特色是講平衡、重整體、長於洞察。兩者不僅截然不同，甚至根本就可以用大相逕庭來形容。此外，這個基本思維的差異，始於兩河流域與黃河流域地理環境的不同，已經累積了數千年之久，到現在仍然在持續。在可預見的未來，相信也不會有根本上的變化。因此，如果我們真的想跟西方人一樣，採用同樣的觀點，來看我們的飛航安全，我們所面對的文化鴻溝，將會大到根本就無法跨越。就如同一隻貓，永遠也不可能用狗的觀點來看世界一樣。

他們的飛安理論並非完美；我們的飛航環境，跟西方人的飛航環境也不盡相同；再加上我們不可能用他們的眼睛來看飛安，

所以，我們「當然」需要自己的飛安理論，來指導我們如何面對自己的環境，與飛航系統的規劃、設計、管制、操作、監督、管理，以追求最有效的資源分配，與最安全的飛航管理。

然而，如果西方單線式因果觀點的飛安理論，並不符合我們需要的話，那麼，我們應該如何才能建立一個圖像式思維的飛航安全理論呢？

我們應該如何才能建立一個圖像式思維的飛安理論，以滿足自己的需求呢？本書所提出的飛航安全裕度理論，代表著一個嘗試，一個拋磚引玉的嘗試；同時也是一個證明，證明建立一個與西方單線式思維完全不同的理論，是有可能的。我們就以下列 3 個步驟，來進行圖像式飛安理論的建構嘗試：

1. 尋找適當的角度，建立自己的觀點來看飛安。
2. 採用漢字的思維方式，將飛航安全圖像化。
3. 將飛安的圖像抽象化，即把飛安幾何化，以建立相關之學術理論。

我們現在就按照這 3 個步驟為順序，分別予以說明。

首先，我們該踏出去的第一步，是建立自己的觀點，用自己的眼睛，來看我們的飛航安全。

從全球航空事故的資料來看，飛航組員實為飛航安全的核心。飛航組員是實際操作飛機的人，也是一連串失誤環節、最後且最重要的一環，如果我們接受西方人的思維方式的話。一旦飛機離開地面之後，基本上，大概只有飛航組員，能決定事故的發生與否。一般而言，很多航空事故的調查都顯示出，在飛機起飛之前，很多失誤其實已經存在而且已經發生了。如果飛行員資訊充足、判斷準確、動作及時，將可挽救大部份的空難事件。也就是說，飛航組員在大部份的飛航事故中，確實居於關鍵的地位。這種現象在台灣更為明顯。

我們現階段民航的狀況是：飛機是外國人設計的、外國人製造的、操作程序是外國人寫的、維修規範是外國人寫的、航空相關法規是參考外國人的、甚至失事調查也要借助外國的專家。綜合這些現象，很明顯，我國在全球整個民航體系中，只是扮演一個「使用者」的角色而已。因此，以我國有限的人力物力，我們就應該先從自己定義「何謂飛航安全」開始，發展自己做為一個使用者的飛安思想，來指導我們，如何有效的維持飛航的安全。如果這樣的想法，是正確的話，對我們而言，飛航系統的安全，應該就僅只是「飛航組員安全地操作飛機」而已！我們飛航安全的基本政策，也應該是「在我們所有可運用的資源中，協助飛航組員，安全地操作飛機」！並以此為出發點，去規範飛機的採購、維修、使用、管理、管制，航空公司的監督，以及飛航組員的訓練、給證與體檢。

　　有了自己的觀點之後，第二步是考慮飛航安全的複雜系統本質：每一瞬間都有多重的事件，同時在進行；放棄序列式的因果觀點，採用漢字的思維方式，把飛航安全看成是一幅完整的圖像。

　　如果我們的飛航安全，從使用者的觀點，定義成「飛航組員安全地操作飛機」，那麼我們就應該以飛航組員的操作為核心，來建構相關的飛安理論。建構的出發點，當然是圖像式的，以符合我們的思維習慣。考慮飛航安全的複雜系統本質：每一瞬間都有多重的事件，同時在進行。把飛航安全看成是一幅完整的圖像之後，我們就可以用圖 7-9 來說明使用者觀點的飛航安全。圖中的外圈，代表整個飛航系統，從飛機設計、製造、維修、檢驗，飛機的操作、飛航組員的訓練、體檢、給證到機場相關設施與管理、飛航管制，以及氣象條件，乃至於社會環境、經濟條件、公司組織文化，甚至政治環境，只要是會對飛航安全發生影響的因

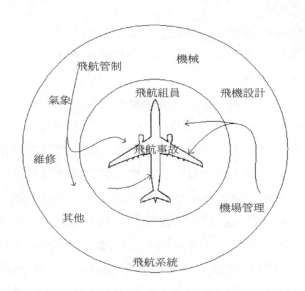

圖 7-9 以飛航組員為核心，從使用者的觀點考慮飛航安全的複雜系統本質，圖像化思維之飛航安全概念圖

素，都包含在內。內圈則代表飛航組員。飛航組員的因素包含性向、能力、技術、學識、經驗，以及心態、認知、思考模式、決策過程、與行為特性等等。除此之外，飛航組員的因素是有地域性的，會受該地區文化傳統、公司組織文化、以及社會環境的影響的。居於圖正中央的飛機，則代表著航空事故。包圍在航空事故四周的因素中，以飛航組員居於最關鍵的核心地位，也是航空事故的最後一道防線。因此飛航組員的因素，是直接包附在飛機的外圍，以發揮隔絕、緩衝、保護飛機的作用。

　　航空事故的發生，很少是單一因素，單獨造成事故的情形。常常是許多因素同時在進行。這些因素隨著時間演進，互相影響互相串聯。最後，可能其中某個因素，促成了最終的事故。所有影響因素的演進，我們以「事故曲線」來表示。事故曲線的源頭，可以開始於任何一個地方，如維修或是飛航管制，或甚至是

飛機設計，也可能是起自飛航組員本身。在一連串的失誤後，曲線會逐漸前進，終將遭遇到飛航組員。如果飛航組員處置得宜，事故曲線就被阻止下來不再前進，空難即不會發生。如果飛航組員也犯錯，事故曲線將穿過飛航組員的防衛，一直前進而到達到飛機，事故即發生。或者是飛航組員能力不足以阻止事故曲線的前進，事故也將發生。

　　如果飛航組員能力很差，沒有能力處理任何事情，圖中代表飛航組員的內圈，將縮小至飛機的範圍，表示事故曲線只要一前進，將直接到達飛機而造成事故。如果飛航組員能力很強，可以處理絕大部份的狀況，圖中飛航組員的內圈範圍將擴大。表示失誤產生後，飛航組員有很大的空間來發揮，以阻止事故曲線的前進，則飛航事故發生的機率將降低，就如同飛機被很寬大的緩衝區所保護一樣。

　　反之，如果飛航環境本身就很惡劣，例如：政治力不當的干涉、在不該設機場的地方建機場、不該開放的航線卻開放、或媒體不當的壓力、或公司不重視飛安、組織文化不健康，或維修設備不足等等，都將會使得飛航組員，所面臨的環境更為險惡。因此而壓縮到組員安全操作飛機的空間。以圖 7-9 來看，就如同圖中的外圈縮小了一般。外圈如果縮小的話，疏忽只要一產生，會很快地壓迫到組員，組員被迫要立刻面對險境，毫無緩衝的空間。因此，從飛航組員保護飛機的範圍大小，加上飛航環境是否有利於飛航組員，直接代表了飛航安全的程度。在圖 7-9 之中，很明顯的透露出一個「安全空間」的意涵。這個安全空間代表了「飛航組員操作飛機的安全空間」，我們把它稱為「飛航安全裕度」（景鴻鑫，1998）。

　　從飛航安全裕度的角度出發，我們可以很清楚地了解，所謂提升飛航安全，就是擴大飛航組員的飛航安全裕度，也就是擴大

第七章　圖像思維的飛安理論

■

419

飛航組員操作飛機的安全空間。飛航安全裕度的擴大，可以從兩方面來看。第一：為提升飛航組員的能力。以圖 7-9 來說明，就是放大代表組員的內圈。從提升飛航組員的能力來看，加強飛航組員的篩選，加強飛航組員的體檢，加強飛航組員的訓練，違規行為的監督與懲罰，舉凡可以強化飛航組員從思考決策到行動的能力，以阻止事故曲線前進者均屬之。

第二：為降低整體環境，對飛航組員飛航安全裕度的壓縮。以圖 7-9 來說明，就是放大代表飛航系統的外圈。改善飛航安全，除了提升飛航組員的能力之外，還需各項環境因素的配合。在飛機上打大哥大，機場四週的建築，機場四週的飛鳥、風箏，機場導航設施不足，民眾的壓力，民意代表的干擾…等等，都會造成飛行員操作飛機的安全裕度被壓縮。甚至航空公司不當的飛安觀念與組織文化，維修人員工作未徹底落實，民航局監督不周、執法不力，也一樣會造成組員的飛航安全裕度被壓縮。除此之外，國外飛機的設計理念，標準程序的制定，也有可能在不知不覺中，壓縮到我國飛航組員的安全裕度。國外飛機製造商，不可能很了解我國飛航組員的思考模式或決策過程，他們基於他們自己對飛行員的認知，所訂定的規則，並不一定適合我國的飛行員。在緊急情況下，東方人會怎麼反應，西方人不見得瞭解。所以，由他們一廂情願設計出來的飛機，以及所制定的所謂標準作業程序，產生的文化壓力，當然也會壓縮到飛航組員操作飛機的安全空間。

「飛航安全裕度」的觀念，是以飛航組員為核心，以飛機使用者的觀點出發，透過自主的失事調查能力，來釐清事故曲線的產生與進行。另一方面，經由飛航安全裕度的觀念，也可以很清楚地了解，應如何從增強飛航組員的能力，以及減輕各種環境因素，對飛航組員飛航安全裕度的壓縮，來達到擴大飛航組員的安

全裕度，也就是失事預防的目標。如此一來，飛航安全裕度的觀念，即可以提供飛航安全一個完整的圖像，讓我們從規範飛機的採購、維修、使用、管理、管制，航空公司的監督，以及飛航組員的訓練、給證與體檢，甚至社會環境如何定位與配合，有一個全面的指引。

最後，再把飛安的圖像抽象化，也就是把飛安幾何化，呈現出相關飛安規律的互動，做為建立學術理論的依據。將我們要研究的對象幾何化，是符合漢字所形成之圖像思維的基本特質的。在數學界，榮譽等同於諾貝爾獎的費爾茲獎，從 1936 年開始頒發以來，一共有 48 位得主。唯一的華人得主丘成桐，曾經表達過這樣的看法：「從數學的觀念來說，拼音文字可以說比較代數化，漢字可以說比較幾何化（啟功編，2004）」。丘成桐的看法，確實值得進一步討論。在漢字的薰陶之下，中國人擁有圖形化的思維方式，對圖形比較容易理解，也比較擅長用圖形來理解世界。所以當我們發現，丘成桐對數學的主要貢獻，是微分幾何，華人數學第一人陳省身的主要貢獻，也是微分幾何的時候，也就不足為奇了。既然幾何比較容易突顯出中國人的思維特色，當我們談到建立符合中國思維的飛安理論的時候，幾何化就是我們最自然的選擇了。

要建立學術理論，抽象化的動作，是無法避免的。因為一定要從複雜萬端的表象中，淬取出眾多事件背後的共通規律，再去尋找規律的來龍去脈，並建立理論架構，來解釋相關規律的互動。現在，我們首先將飛安圖像抽象化，並使用幾何的概念與觀點，來協助理解飛安，建構飛安的理論圖像。一趟飛航其安全性應以飛航情境為依據。所以，我們首先定義一個抽象化的情境空間，代表所有會對飛航安全造成影響的因素，也就是所有的情境參數所構成的集合。空間中的任一點，代表情境參數的某種組

合。任何一趟飛行任務，都是一組情境組合，隨著時間變動所呈現出來的結果，因此，都可以用情境空間中的一條曲線來代表。

每一趟的飛行，必然存在著最標準的理想情境，也就是百分之百理想、一切環境因素都完美無缺，完全按照規範飛出來的情境組合。我們就以中心線，來表示此種完全理想的情境。理論上，如果一切情境確實都很理想完美的話，實際飛航的情境，應該會沿著中心線進行，直到完成飛航任務為止。事實上，當然不會是如此。由於諸多因素的影響，實際飛航狀況不太可能完全沿著中心線前進。真實飛行的情境，必然只能是沿著中心線附近在進行。有時候靠近一點有時候離遠一點。靠近中心線時，表示當時的飛航情境，很靠近理想的情境，也必然是比較安全的。如果飛行情境遠離中心線，代表著危險性是在增加之中。如果再加上諸如人為疏失、機械故障或天候因素等影響，實際的狀況將偏離中心線更遠。若情況嚴重到飛航組員已經無法將飛機飛回正常狀況，代表事故已經無法避免，我們就以事故邊界，來表現這一類無法挽回的飛航情境組合。事故邊界代表著安全飛行的極限，一旦飛行情境落在邊界上，表示事故已經發生。當然，該邊界隨著不同的飛行階段，必然會有所不同。越靠近地面，到達邊界的空間必然越狹窄，代表著越靠近地面，越容易發生事故。

透過以上抽象化的動作，極端複雜的圖 7-9，已經可以用非常簡化的圖 7-10 來代表。而且，不但完整地保留了「安全空間」的概念，還進一步將模糊抽象的「飛航安全裕度」，具體形像化為一個簡單的幾何概念，用以代表飛航情境到事故邊界還有多遠的意涵。如此一來，飛航安全即有可能轉化為一個可以加以進行量測的對象。

以上的概念，固然是一個抽象化的概念，卻也是一個可以操作的概念。可以讓我們拿來作為進一步探討飛安的工具。因為，

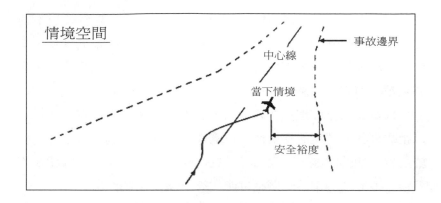

圖 7-10　抽象化之飛航安全裕度埋論示意圖

一旦我們把具體飛機的飛航問題，轉換到抽象的情境空間之後，我們所面對的問題，就已經簡化成為一個很容易理解的幾何問題了。此時如果我們再用幾何的概念，來定義飛航安全就會容易許多。在這裡，我們的做法是這樣的。對於欲探討安全性的任何一瞬間而言，我們用當下情境來表示，當下情境到事故邊界的距離，就是一個可以拿來表示安全性的指標。如此一來，在實際物理空間內的飛航安全，就轉換成抽象情境空間中的一個距離。這個距離，就可以用來直接代表飛航組員，安全操作飛機的剩餘空間。

　　基於以上的基本觀念，我們首先定義什麼是飛航情境。我們定義情境參數為 SHELL 模型中，除了人（L）以外，所有會影響飛安的因素，也就是包含了軟體、硬體與環境等的所有因素，如高度、速度、攻角、下降率等等。飛航情境就是由所有這些情境參數，所構成的集合。在給定當下所有的情境參數後，當下情境離事故邊界的距離，我們就定義為當下的「飛航安全裕度」。根據這個定義我們可以知道，如果飛航安全裕度越大，表示當下的情境離事故還很遠，也就表示越安全。反之，如果飛航安全裕度

越小，則表示當下的情境，已經非常接近事故，當然就越不安全。因此飛航安全裕度，雖然在表面上，代表著距離的含意，實質上，卻是代表著飛航組員操作飛機之安全空間的大小，或是容許被壓縮與犯錯的空間大小。

飛航安全裕度理論在觀念上，最大的特色是將飛安幾何化，以距離來代表情境的安全性或嚴重性。然而，所謂的嚴重性，屬於主觀認知的問題，因人而異且見仁見智。克服個人主觀認知的障礙，根據情境定義一個確實能代表飛航安全的距離，就是我們所面臨的首要難題。這個問題的答案，必然存在於飛航組員的心中。因為只有他們最清楚，飛航情境的安全性是指什麼，以及該用什麼方式，才能清楚表達飛航情境的嚴重性。在此，我們採取將當下情境飛回標準正常情境，飛航組員所需之綜合飛行能力的大小，來代表情境的嚴重性，也就是距離的大小。當下情境至中心線的距離越遠，離事故邊界的距離就越近，表示情況越嚴重，飛航組員也就需要越高超的能力，來將當下情境飛回正常。所以，飛航安全裕度理論的建立，必然要透過與資深飛行員之訪談，以科學化的方式，搜集飛行員的平均認知，才有可能建立相關的專家系統（林鈺峰，2005）。

給定任意的飛航情境，利用所搜集到飛行員的平均認知，也就是將該情境飛回正常的標準情境，組員所需的綜合飛行能力大小，我們就可以據此定義當下情境，至情境空間之中心線的距離。根據這樣的邏輯，我們定義飛航安全裕度為：綜合飛行能力的倒數，並將飛航安全裕度定義在介於 0 與 1 之間。在最標準的理想情境下運作，安全性等於 1，百分之百安全。當安全裕度被壓縮為 0 時，代表著所需的綜合飛行能力為無窮大，即事故一定發生，安全性等於 0。

為了證明飛航安全裕度理論的可行性，我們利用模擬人類大

腦學習的類神經網路加以訓練，訓練網路學習飛行員的認知。並根據此認知，來建立任意情境參數組合與飛航安全裕度的因果關係。我們之所以選擇類神經網路為工具，主要的原因是因為類神經網路，就是一套具有平行處理資訊功能的數學方法。

人類大腦的資訊處理方式，本來就是平行式的。圖像思維的運作也是平行式的。傳統計算機處理資訊的方式則是序列式的。傳統計算機一般都有一個中央處理單元，控制計算機運算的指令，是一個接一個地進入中央處理單元。資料的存取，也是一個接一個地進出記憶體。基本上，在傳統的計算機內，資訊的流動是完全按照順序來的。平行計算機，是指具有不只一個中央處理單元，且有能力執行平行計算的機器或軟體。給定一個問題，平行計算機將它拆成數個子問題，並將每一個子問題，分別交給個別的處理單元進行處理。換句話說，所有的子問題，是在同一時間內被解決的。其間，在不同的處理單元之間，可以進行資訊的交換，即互相交換計算的部份結果。這種的計算方式，就是所謂的平行計算。

平行計算的發展給我們最大的啟示，是分析工作不一定是序列式的。按照傳統西方邏輯的概念，分析就是拆解。西方人受制於語言思維方式，拆解通常都是沿時間軸進行，所以必然呈現序列式。平行計算則跳脫了單線拆解的限制，依問題的性質，將問題拆解成若干子問題，再予以平行解決。類神經網路正是平行計算中，最接近人腦運作方式的一種方法。類神經網路在學習的過程中，會以改變神經元連結的權重，來改進學習效果。一旦學習完成，學習對象的知識，即以權重的方式儲存在網路中。傳統西方科學的知識，幾乎毫無例外的，是以數學方程式來表達。在概念上這正是基於西方單線式思維，將知識以單因單果的單線序列形式，呈現在一個非常簡潔之前因後果的邏輯關係裡。類神經網

路則是以平行的方式，來表達知識。換句話說是將知識依特徵，分散在網路各處。這也正是人類大腦的知識儲存方式。如此建立的因果關係很明顯的，已經完全不帶有任何一環扣一環的前因後果概念在裡面，也就跳脫了序列式因果觀點的局限，進入了圖像式多因多果的世界，就同圖 7-11 所示一般。一旦從圖像式的觀點，來看飛安之後，我們的眼界將會大為放寬，事情也會看得比較為完整真切。

現在，我們就根據飛航安全裕度理論，結合類神經網路，所建立的相關專家系統，來針對正常航班與名古屋空難以及大園空難，來分析探討其安全性的變化，及其所代表的意義（盛嘉昇，2006）。

名古屋事件與大園事件在我國飛安史上，是非常重要的二個事件，也是很有教育意義的二個事件。我們選取名古屋與大園事件來分析，目的為了要證明飛航安全裕度理論，可以清楚呈現飛

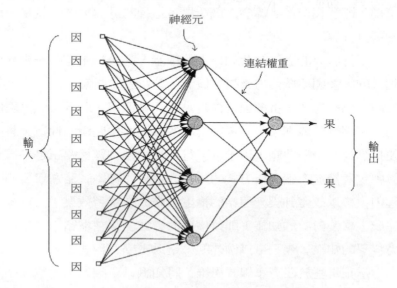

圖 7-11　類神經網路以網路的方式，平行儲存知識，並可呈現多因多果的圖像思維

機失事過程中，人為因素對安全性的影響，以及最後安全空間被壓縮至統計上為零的結果。此處我們將名古屋事件，最後從高度2400呎到失事點，共258秒的時間之所有情境參數，輸入專家系統，經過計算其飛航安全裕度的變動，其結果如圖7-12所示。圖中我們可以很清楚地看到，在發生人機對抗之前，安全裕度的變化與正常航班並無二致。人機對抗產生之後安全裕度即立刻大幅下降，隨之產生大幅度的起伏，再再說明了人機對抗，對飛安的重大影響。最後，在攻角基準保護功能被啟動之後，安全裕度進一步被壓縮至無法挽回的地步，空難終於發生。

在大園事件中，一開始即進場過高，安全裕度即已偏離正常的情境。在後續的過程中可以看出，安全裕度的整體趨勢，是持續被壓縮。顯示駕駛員始終沒有將進場過高的危險予以排除，反

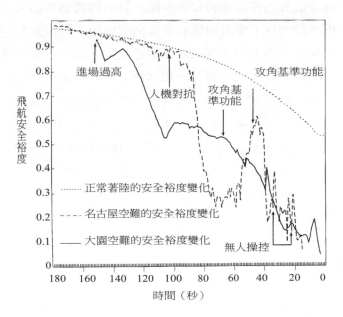

圖7-12　使用圖像式思維的飛航安全裕度理論，分析正常航班、名古屋事件、與大園事件的安全性變化

而繼續惡化此一失誤。最後無人操控的 11 秒，更使得安全裕度被壓縮至無法挽回的境地。最後終於降至低於 0.05，安全性完全消失，事故於焉無法避免。大園事件中飛航安全裕度的變動，其結果也同時顯示於圖 7-12 中。

綜合比較名古屋事件及大園事件的飛航安全裕度，與正常航班落地時間為結束點，並列於圖 7-12 以作比較。圖中可以很清楚地發現，名古屋事件中前段進場過程的飛航安全裕度，與正常落地航班並無太大差異。但在進入關鍵的人機對抗階段，安全裕度相較於正常航班，即呈現大幅度的縮減。充分顯示出，這起意外事件中，核心原因即是人機對抗。即飛行員執行的飛行模式，跟自動飛航系統執行的飛行模式相反，對飛航安全裕度的壓縮，影響最大。其次，攻角基準保護功能，則是最後將安全裕度壓縮至無法挽回的關鍵因素，也就是致命的一擊，因而造成意外一發不可收拾的結果。

而大園事件中關鍵因素則是進場過高。在很早的時間點，就已經開始影響安全裕度的變動，使其異於正常航班的安全裕度走勢。然而在高度過高的情形下，飛行員仍然勉強進場落地，使得情境更為惡化。而駕駛員始終無法改正進場過高的失誤。其次，最後階段 11 秒內無人操控航機，則扮演最後致命的一擊，使得安全裕度，被進一步壓縮至無法挽回的情境，終於發生悲劇。從以上所述的兩件空難的安全裕度變化中，兩起事件的關鍵因素，都能夠在飛航安全裕度的變動上，明顯表現出來。這些證據充分證明了根據圖像式思維，所建立起來的飛航安全裕度理論，確實有優於傳統西方的飛安理論之處。

第八章
跳脫船堅炮利的輪迴

8-1　百年思索

1949 年之前

　　很顯然的，中國的傳統文化，不論是威權文化，還是關係梯度，均造成了駕駛艙中，西方人設計的正常飛航操作程序，受到明顯的扭曲。我們不去評價誰對誰錯，只想說明我國的文化，與西方航空科技之間，來自深層因素的衝突，其實是相當嚴重的。如果我們從一個更宏觀的立場，來檢視我國文化與西方航空科技之間的衝突，我們會發現它只是我國在近 200 年來，學習西方科技以及文明，所形成的諸多衝突中的一個小小的例子而已！

　　2008 年 10 月佳士得公司宣布，將在法國巴黎拍賣從圓明園搶來的 12 生肖銅獸首中的兔、鼠二首。中國方面要求歸還被劫文物不得，勸阻佳士得停止拍賣又被拒，不得已乃正式訴之於法律。然而，律師團向法方提出的訴訟卻又失敗。以致於發生一個中國商人高價得標，卻聲稱不會付款，以為抗議的事件。中、法之間，發生了國家級的齟齬，經由媒體持續報導，事情已經變成2009 年國際藝術、政治的觸目事件。此事件的源頭起於 1860 年的第二次鴉片戰爭，英法聯軍攻進北京，大肆掠奪並焚燒圓明園，搶盡當時圓明園中的珍貴文物。12 生肖銅獸首，只是其中微不足道的一小件而已。面對此一事件，做為一個中國人，將近

200年來，一連串血跡斑斑的恥辱頃刻之間，又全部被喚了回來。你們外國人莫名其妙地打進我們家裡，搶走了我們的東西，我們現在要求歸還，你們不但不還，還要我們花大錢來買，真是豈有此理。

然而西方人真的就是這樣，西方人只跟拳頭比他大的人講道理。問題是我們中國人為什麼會拳頭這麼小，以致於受到如此慘痛的教訓？連自己家裡的傳家之寶，都保不住而任人踐踏羞辱？

圓明園是在康熙46年（公元1709年）前後開始興建，經過乾隆和雍正二朝的修葺和擴建，是一座集中國和西歐園林建築藝術之大成，被當時外籍人士驚讚為「萬園之園」的壯麗庭園。裡面保存著中華文明上千年來的文物精華，即使西方當時所有的皇室寶物全部加起來，也比不上圓明園的珍貴。如此一座人類文明的無價寶庫，在第二次鴉片戰爭（1856-1860）中，全部被英法聯軍先搶劫摧毀，能帶走的帶走，不能帶走的毀掉，然後再放一把火，故意徹底的把圓明園完全毀掉，以達到完全摧毀中國人尊嚴的目的。

1861年11月25日法國大文豪雨果，給剛戰勝回來的巴特勒上尉寫了一封信。信中，雨果寫下了對此野蠻至極之劣行的看法：

一天，兩個強盜闖入圓明園，一個掠奪，一個縱火。似乎獲得勝利就可以當強盜了。兩個勝利者，把大肆掠奪圓明園的所得，對半分贓……。從前對巴特農神廟怎麼幹，現在對圓明園也怎麼幹，只是更徹底，更漂亮，以致於蕩然無存……。在歷史面前，一個強盜叫法蘭西，另一個叫英吉利……。法蘭西帝國，吞下了這次勝利的一半贓物。今天帝國居然還天真地以為，自己就是真正的物主，把圓明園的富麗堂皇拿來展出。我希望有朝一日，解放了的、乾乾淨淨的法蘭西，會把這份戰利品，歸還給被

掠奪的中國。

　　150 年了，法國人並沒有聽從雨果的建議，把搶來的贓物還給主人，他們也不在乎背負強盜的罪名。所以該有作為的是我們。

　　鴉片戰爭之後，西方人徹底的看清楚了中國的衰弱，造成了西方強權在面對中國時，毫不保留的鄙視與為所欲為，視中國如無物。即便是已經進入了 21 世紀的今天，仍然不時地流露出此等習性。然而 200 年來，中國何以衰弱至此？

　　第二次鴉片戰爭時我國的衰弱，真的是足以驚天地、泣鬼神。一個如此輝煌的文明，竟然淪落至任人宰割、任人羞辱的地步，一定有著非常深刻的因素，否則不會發生如此讓人無法理解的事情。1860 年 8 月 21 日，英法聯軍進攻天津大沽白河河口的北炮台。當時負責防守的，是指揮京津全部武裝力量的欽差大臣僧格林沁，麾下所率領的蒙古族騎兵馬隊。僧格林沁的蒙族馬隊，以大無畏的精神，非常英勇地，保護著中國的每一寸土地毫不退怯，直到戰至最後一人。如此英勇的守軍，何以戰敗被殲滅？我國的資料上記載著（季平子，2001）：「我軍武器太落後，大沽我軍只有弓箭、腰刀、長矛，和很少幾枝槍。那很少的幾枝槍，式樣老透了沒有殺傷力」。

　　圖 8-1 是一張照片。是英法聯軍攻進大沽北炮台，守軍全數壯烈犧牲之後，他們所拍下來的情景。殘破的炮台，橫屍遍地的慘狀，實在令人不忍猝睹。我方跟敵方，在這次戰役相關的文獻中都提到，守軍極為英勇，但是我軍的武器，實在是太落後了。然而，到底落後到什麼地步？在照片的中間上方，炮台的頂端，很明顯的是一具十字弓。十字弓在我國春秋時代就已經問世了。到了 19 世紀，我們竟然還在用 2000 年前，老祖宗所使用的武器，來對抗西方先進的洋槍大炮，實在令人覺得不可思議。

圖 8-1　1860 年 8 月 21 日英法聯軍攻占大沽北炮台，守軍全數壯烈犧牲

　　我國的記錄中提到，除了弓箭、腰刀、長矛等冷兵器之外，我軍也有很少的幾枝槍，式樣很老沒有殺傷力的幾枝槍。我軍使用的槍，到底老到什麼地步？照片的左下方，守軍屍體的旁邊，確實是一枝槍。表示守軍也有火器。看槍的式樣，我們可以知道，那是一枝所謂的火繩槍。火繩槍最大的特色，是使用火繩點火的 S 形槍機，來擊發火藥，再射出子彈。因此，在槍的扳機上方，都會有凸起的一個鉤狀物。那就是連接火繩，用來引燃火藥池中的火藥，所使用的 S 形槍機。由於只露一半，所以通常只看到鉤子。對於火繩槍，在西方最早的記錄，是 1469 年義大利的

資料（Carman, 1955）。因此 15 世紀中葉，歐洲就出現了火繩槍，並且很快地，就傳遍了西歐各國。然而火繩槍在歐洲只出現了 100 多年。到了 17 世紀也就是 1600 年左右，歐洲已經完全看不到火繩槍了。因為他們在槍機上的改善很快，用火繩點火的方式，很快就被打火石槍機、轉輪槍機等淘汰。到了 19 世紀尤其是 1840 年之後，歐洲已經全面使用跟現在步槍幾乎一樣的撞擊式槍機。當火繩槍在歐洲風行的時候，被葡萄牙人在 1543 年帶至日本，造成了日本武士階級的崩解。火繩槍在日本被不斷的改良，並一直使用到 18 世紀結束。

明末清初，我國就已經開始斷斷續續地，跟葡萄牙人、荷蘭人購買大炮。天下太平之後，清廷隨即開始偃武修文，火器的發展，在中國遂處於停滯的狀態。200 年後中國人變得幾乎不認得火器了。鴉片戰爭前後，情勢日趨危急，清朝又開始大量購買各式火器，並開始嘗試自行仿造，尤其是第二次鴉片戰爭之後的自強運動。因此，圖 8-1 中的火繩槍，很可能是從日本引進的。

然而，讓人止不住地感到震驚的，在人類武器史上，首次使用槍機，來點火擊發的火繩槍，也是真正現代意義的人類第一枝步槍，竟然是我們中國人發明的！火繩槍就是明朝的時候，我們稱為「鳥銃」的火槍。

公元 1621 年，正當我國明朝熹宗天啟元年，茅元儀整理了南宋以來，累積數百年的軍事科技，出版了一本百科全書似的「武備志」。在 124 卷火器圖說三中，列出了 9 種「銃」，也就是我們今天所說的「槍」。其中一種稱為「鳥銃」或「鳥嘴銃」，用現在的話來說，就是鳥槍。這個名字的由來，武備志中有說明：「點火則不搖動，故十發有八九中，即飛鳥之在林，皆可射落，因是得名，此鳥銃之所以為利器也」。圖 8-2 中所示者，即書中之鳥銃。圖中最明顯的特徵，就是槍機上凸起的鉤子，也

鳥嘴銃全制

重六斤五斤尤妙
每杖每根重三兩火繩
根長二丈重三兩

圖 8-2　武備志書中所列的我
國明代鳥銃。

就是 S 形槍機。文字說明中也提到了，鳥銃是連火繩一起的。除了該圖之外，武備志中同時也列出鳥銃的分解圖，如圖 8-3 所示。其中特別值得注意的，是做成龍頭狀的 S 形槍機，做為火藥的擊發裝置。龍是中國所獨有的文物，我們很喜歡在各處放上龍的象徵。明代的兩節火箭「火龍出水」，整隻火箭就像是一條龍。因此，我們的老祖宗把 S 形槍機做成龍頭狀，是再自然也不過的事了。在如何使用鳥銃的文字說明中，武備志提到：「以火繩安入龍頭，前手托銃架中腰，後手開火門，即拿銃架後尾，人面妥架尾之上，用一隻眼看後照星對前照星，前照星對所射擊之人，用右手大食指撥軌，向後軌入，龍頭落在火門，藥燃銃發」。以上的說明，正是全世界火繩槍射擊的標準動作。

　　不過，武備志上出現鳥銃，並不能證明，火繩槍是我們中國人發明的。武備志出版的年代，已經是 1621 年了。但是武備志整理了從自南宋以來，所出現過的各項軍事科技產品。其中也包括了南宋就已問世的火箭、飛刀箭、飛槍箭等武器，以及元代的火龍箭。所以，武備志中所列的武器，事實上涵蓋了前後 400 年來的發展成果。因此，我們可以說，鳥銃問世的年代，必然早於 1621 年。此處我們認為一定相當的早。

　　火藥、火器、火箭都是我國的發明。自從北宋政府，在戰場上使用火器之後，人類的戰爭型態，就已經從根本上開始發生轉

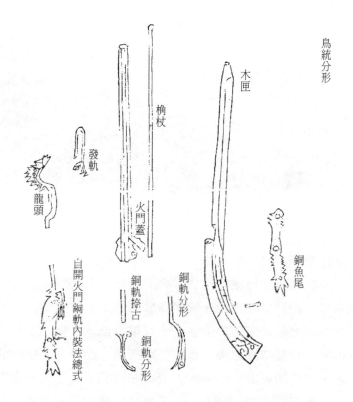

圖 8-3　我國明代鳥銃的分解圖，以及龍頭狀的 S 形擊發裝置

變。所使用的兵器，也開始從冷兵器，慢慢地轉向了火器。經過南宋、金、蒙古、元代與明代不斷的發展，火器在我國的進步，是非常驚人的。圖 8-4 是一把元代至正年間即公元 1351 年，所製造的手銃也就是手槍，原件現存北京軍事博物館。西方所發現最早的手槍，在德國出土，年代是 1399（Reid, 1976），跟我國元代的手銃一樣，都是銅做的。很清楚手槍也是我們中國人發明的，然後像火藥一樣，經過中東、阿拉伯，再傳到西方。如果 1351 年我們的老祖宗，就有能力製造出手槍，則鳥銃的問世，就不可能太晚。然後，鳥銃也像手槍一樣，再從中土傳到西方，也

圖 8-4　公元 1351 年元代所製造的手槍，原件現存北京軍事博物館。

不是什麼不可能的事。

　　鳥銃是第一枝使用槍機擊發的火器。火繩點火之後，食指摳動鈑機，龍頭上的火繩，瞬間釋放落下，點燃火藥池中的火藥。回想我們老祖宗使用的十字弓，其擊發機制在概念上與火繩槍毫無不同。弩箭架好之後，食指摳動鈑機，儲存在弓中的能量瞬間釋放，將弩箭射出。中國人將老祖宗發明的十字弓裡面的擊發機構，拿來用在火器的點火上，是極端自然的事。此外，火繩槍在中國叫做鳥銃，西方最早出現火繩槍記錄的是義大利。火繩槍之類的火器，西方人稱為 musket，也就是滑膛槍的意思。這個字來自義大利文的 moschetto，原意是指一種鳥。經過了這麼廣大的時空，鳥的意涵竟然還依附在這種火器的名稱之上。任何的文物，在交流的過程中，都必需經過一個再定義的步驟，對另一個文化，也才會產生意義。鳥銃經過義大利人再定義之後，內涵竟然還如此一致。這絕對不是巧合，只有一種可能：我國發明的鳥銃，不知道經過何種方式，傳到了西方，首先被義大利人拿來用，並留下了鳥的意涵。

　　前文我們提到，西方首次出現火繩槍的文獻，是 1469 年的

義大利。表面上看比 1621 年茅元儀的武備志，要早上一百多年。然而西方的火繩槍，確實是明代從我國傳到歐洲的鳥銃，直接證據就在英國。在英國倫敦有一處博物館，名字是「倫敦之塔」。裡面保存了兩枝公元 1540 年的火繩槍（Carman, 1955），是英王亨利八世的軍隊，所使用的槍枝，原件如圖 8-5，槍機部份放大於圖 8-6。令人非常驚訝的，在這兩把火繩槍上，所使用的 S 形槍機，竟然是跟武備志上所描繪的幾乎完全一樣：龍頭狀的 S 形槍機！中國獨有的龍，每一個中國人都認得的龍頭，出現在 1540 年英國軍隊所使用的火繩槍上！如果火繩槍是西方人發明的，他們怎麼可能使用中國龍做為標誌？使用龍頭狀 S 形槍機的火繩槍，百分之百來自中國，因為只有中國才有這種龍。在西方的歷

圖 8-5　公元 1540 年英王亨利八世的軍隊所使用的火繩槍

圖 8-6　公元 1540 年英國軍隊所使用的火繩槍上，龍頭狀的 S 形槍機

史上，從來也沒有發生過這樣的事情：西方人的發明卻刻上中國的龍。此外，西方的文獻上，也從未提到過是誰發明了火繩槍。因此，根據以上諸多的具體證據，火繩槍幾乎已經可以確定，就是傳自我國的鳥銃。只是發明的年代與西傳的路徑，早已無從考究。不過，我們可以大膽的假設，鳥銃發明的年代，應該是在公元 1400 年左右。然後，隨著鄭和七下西洋，或者是沿著義大利人馬可波羅所走的絲路，而傳到義大利。鄭和下西洋的時間，是從 1405 年起至 1433 年。元代一統歐亞兩洲之後，絲路交通更為發達，直到大航海時代來臨之後才日漸沒落。因此，在時間上，兩者都相當的吻合。

在經過第一次鴉片戰爭的慘痛教訓之後，過了 20 年當西方人再次侵門踏戶而來的時候，我們英勇的清軍，竟然是拿著 2000 年前，老祖宗的老祖宗，所使用過的十字弓，以及 400 年前，老祖宗所使用過的鳥銃，來抵抗西方先進的洋槍洋炮。中國怎麼會如此的落後？更令人氣餒的，我們的落後並不是因為我們愚笨或素質低下，因為這些洋槍洋炮，竟然還是改良自我們老祖宗傳給他們的寶物！另外，當我們進一步的知道這樣的慘劇在第一次鴉片戰爭的時候，就已經上演過一次了，我們除了嘆氣之外，只剩下滿肚子的不解，中國人是怎麼啦？自己發明的東西，竟然讓別人拿來打擊自己，而且如此慘痛的教訓，竟然讓它一再地發生？

悲劇還不只於此。西方文明有其不同於中土的生命歷程。勝過我們，必然是因為他們擁有一些我們所沒有的特質。我們輸了，好像勉強還可以編個理由，阿Q式的自我欺騙一下。不幸的是連千百年來的跟屁蟲日本，竟然也跟在洋人後面欺負我們。日本人對我們的羞辱與踐踏，才是真正觸及靈魂深處的痛徹心扉，讓我們無從逃避連想自我欺騙一下都不可能。

日本千百年來，一直都是中華文化影響圈內的一個小國。中

國人一向稱他們為倭奴、倭寇或倭夷。當西方列強挾著船堅炮利東來的時候，日本也是被侵略的國家之一。然而，當日本在明治維新取得初步成功之後，對於被西方侵略的反應，竟然是轉而去侵略比自己更弱的鄰國。單就這一點我們應該可以理解，日本人的思維方式，跟我們中國人真的是不一樣，跟西方人反而極端類似。

滿清在經過第一次、第二次鴉片戰爭的慘敗之後，終於痛定思痛，開始風起雲湧地，大力推行自強運動。在全國各地成立造船廠和製造局，學習西方船堅炮利，追求師夷長技以制夷，來衛吾中華道統的目標。前後經過了 30 年的整軍經武，1895 年在對日本的甲午之戰時，我們終於可以不必再拿著數百年前的武器來跟敵人對抗。以當時中國海軍船艦的噸位數而言，已經可以位居世界列強，僅次於英國、美國、俄國、德國、法國、西班牙、義大利位居第 8 位，遠遠超過日本的第 16 位。北洋艦隊的裝備，絲毫不輸日本。面對的又是千百年來，我們一貫輕視的小老弟。然而甲午之戰的結果，卻是如此的慘不忍睹。堂堂裝甲 14 吋，配備 4 尊 12 吋巨炮的 7000 噸主力艦，竟被日本所擄，拖回日本展示（唐德剛，1998）。中國人的民族尊嚴，被徹底摧毀，到今天都還未完全恢復。甲午之戰的影響，到現在還在兩岸之間作祟，隨時提醒著我們，「落後」所必須付出的慘痛代價。

當我們的軍隊拿著十字弓、鳥銃，來對抗西方人的洋槍洋炮時，武器就已經落後人家數百年，任人宰割似乎是必然的。但是這種武器上的巨大差距，在甲午之戰時並不存在，然而結局卻依然是任人宰割，而且這次操刀的竟然還是小日本：一個自己從來就看不起，吃中華文化奶水長大的小輩。如此創巨痛深的教訓，讓中國人開始懷疑，單單追求船堅炮利似乎不夠，好像還漏掉了些什麼，否則無以解釋甲午之戰的失敗。其實早在 1882 年，美

國亞洲艦隊司令薛菲爾海軍少將，就已經表達過這樣的評論（季平子，2001）：「李鴻章建立一支約 12 艘船的艦隊……，包括正在德國製造中的，兩艘德國海軍薩克遜級的鐵甲艦……，這支艦隊的物質配備是完整的。但是，為了使之發揮作用，明顯地還需要一個有才智的人和嚴密的組織……。可是中國行政系統的腐化和弱點，滲透了這支艦隊。軍官們缺乏團隊精神、作戰經驗和對外部世界的知識，來自不同省份、互不協調的水手，缺乏勇氣和鬥志……。使這支艦隊在平時，不過是總理閣下用以自娛的珍玩；在戰時，將成為提供敵人擄獲的戰利品」。外國人都早就看出來我們的問題，並不在表面上的船堅炮利。

　　30 年的生聚教訓，全部付諸東流，還換來了永遠無法磨滅的民族恥辱。中華文化在學習西方先進文明的路上，不斷地摔跤。到底出了什麼問題？武器落後顯然只是表面的原因而已。據大多數歷史研究者的看法，以當時甲午之戰的現場，中國之所以戰敗的直接原因，是炮彈的缺乏所致。甲午之戰失敗的原因，當然不會是這麼的簡單，但是，如果當時北洋艦隊的炮彈充足的話，結果有沒有可能不一樣？當然有可能。然而炮彈何以會缺乏？從表面上看是因為人員腐化所造成，實際原因則是，慈禧太后將海軍經費，拿來修建頤和園所致。基於這些認知，甲午戰後我國學習西方先進文明的態度，開始有了大幅度的改變。那就是：認清只學軍事科技是不夠的，必須將學習的對象，擴大至制度的層面，如教育制度、政治制度等等。如此一來，所引進的船堅炮利，才能夠確實發揮應有的力量。

　　這樣的看法，是基於過去五、六十年來的慘痛失敗，所得到的寶貴教訓。並且獲得相當一部份人的認同，甚至連皇帝都同意。從 1898 年 6 月 11 日到 9 月 21 日的 100 天時間裡，光緒皇帝和康有為、梁啟超等人，以及其他幕後策劃者，模仿日本明治

維新的模式，以徹底改造一個國家為目標，頒發了 40 多道改制詔令，內容幾乎涉及到了各個方面：修建現代學校，改革考試制度，修訂法律，促進實業、醫學、開礦、商貿、發明、留學等事業的發展，促進陸軍、海軍、警察和郵政制度走向現代化等等（費正清，2002）。然而慈禧太后發現，變法維新對儒家體系和朝廷上下所進行的改變，明顯將威脅到原有的統治勢力與基礎。隨著舊勢力以及既得利益集團與保守派的反對風潮日漲，慈禧太后最後終於在 1898 年 9 月 21 日發動政變，挾持了光緒皇帝，開始第三次垂簾聽政。康有為和梁啟超逃到了日本，但也有不少人被殺害，其中包括了來自湖南年輕有為的譚嗣同。光緒皇帝就此被軟禁。當慈禧太后於 1908 年去世時，光緒皇帝也神秘地於前一天死去。這一場自上而下所進行變革，有如曇花一現，最後仍以失敗而告終，僅僅在歷史上留下了「百日維新」幾個字。中國在學習西方文明的路上，又重重地摔了一跤。

百日維新雖然沒有成功，中國人追求救亡圖存的心願，卻更加地強烈。既然滿清政府不願意改變，那就把它推翻，以免阻礙歷史的進程。辛亥革命成功之後，中國歷史又回到了學習西方先進文明的主題上來。只是這一次更為深入，不僅只是軍事科技的學習，也不僅只是制度的學習，因為它們全都失敗了；而是思想上的學習，或者說是思想改造比較適合。

既然是思想的改造，操刀的當然就應該是學術界。沒錯，這一次學習的核心是北京大學。民國初年當時的國內教育界，北京大學是國內僅有的兩所國立大學之一。1916 年出任校長的蔡元培，網羅了一批知名學者進入北大，造就了北大成為當時思想界，帶領風潮的旗手。蔡元培為前清進士，25 歲時入翰林院，後加入同盟會，並赴德國研究康德等西方哲學家的學說。1912 年先後在孫中山和袁世凱兩任總統治下，擔任第一屆民國政府的內閣

教育總長。他再次赴德、法深造回國後，開始著手把北大，從培訓官僚的衙門學校，改造成為兼容並包各種思想的學術中心。

　　蔡元培校長，是中國文化所孕育出來的著名學者，但是卻充滿了西方哲人的精神，尤其是古希臘文化的哲學精神，與自由研究的態度，強調為知識而知識，為學問而學問的信仰。因此不論是保守派、維新派、激進派都同樣有機會，自由地表達自己的看法，並爭取大家的認同。這種情形很像是我國春秋戰國時代的重現。其中有蔡元培校長，提倡用美學以替代宗教，提倡自由研究以追尋真理；有文學院長陳獨秀，提倡德先生和賽先生，認為是使中國現代化的兩種武器。科學可以剷除舊信仰，民主可以確立新民權；同時也有哲學系教授胡適，提倡文學革命，主張以白話文替代文言文，以利於表達思想、普及知識。

　　在各路思想交互激盪、知識活動蓬勃發展的北大校園裡，心靈上、思想上與道德上的不安定，迅速地在校園內蔓延擴散。當時盛行於歐日的各種社會思潮和哲學理論，在校園裡四處流竄。其中包括現實主義、功利主義、實用主義、自由主義、個人主義、社會主義、無政府主義、達爾文主義和唯物主義等等，儘管其中不乏一知半解的敘述。大家依靠這些思想武器，對舊社會進行全面的批判。因此，由於北京大學的影響力，在思想上和行動上，在政界和學界，引發一場知識階層能量大釋放的條件，都已經具備。

　　巴黎和會中將山東半島送給日本，只是一條導火線。蓄積多年的能量遲早要釋放。尤其是結合了七、八十年來東、西方列強對我們的羞辱，以及改革一再失敗的挫折，1919 年 5 月 4 日五四運動終於爆發開來。五四運動所引發的政治活動，僅持續了一個多星期，就在我國代表，拒絕在凡爾賽和約上簽字、親日三官員撤職、學生全部釋放之後落幕。然而五四運動就像潘朵拉的盒子

一般，一旦打開情勢就已經永遠地改變了。五四運動迎來了 19
世紀 20 年代，中國新民族主義的蓬勃發展，西方思想得到更為
熱心的研究，舊的文化受到更為有力的打擊，新的價值觀也更多
地得到了討論，因此，五四運動已經不只是一場政治運動，而是
一場「新文化運動」。

然而，弔詭的是，以標榜迎接德先生和賽先生的北京大學，
以及之後的新文化運動，結果卻先後迎來了國民黨與共產黨的一
黨專政。引進德先生和賽先生的思想改造運動，不論是什麼原
因，確實是又失敗了。中國在學習西方先進文民明的道路上，又
再一次重重地摔得鼻青臉腫。

讓很多中國知識份子醉心的所謂民主，也就是德先生，不只
陳獨秀認為是能夠使中國現代化的兩項武器之一，戊戌六君子中
的譚嗣同，在他所寫的《仁學》中，表現得更為激烈：「君主之
禍，所以烈矣」，並稱頌法國大革命：「法人之改民主也，其言
曰，誓殺盡天下君主，使流血滿地球，以洩萬民之恨」。再推崇
民主：「故民主者，天國之義也」。用通俗一點的話來講就是：
民主是天堂的正確制度。然而，辛亥革命推翻滿清之後，中國的
憲政民主實踐，卻是讓即使是最樂觀的人，也會對民主喪盡信
心。1912 年 1 月中華民國成立，孫中山在南京，宣誓就任中華民
國臨時大總統。一個多月之後，旋即辭去職位讓給袁世凱。隔年
1913 年 2 月，在進行國會兩院選舉時，眼見國民黨取得壓倒性席
次，大總統袁世凱竟派人暗殺國民黨第三號人物宋教仁，並嫁禍
給黃興。民主還沒發芽就已染血。民主尚未成形，即胎死腹中。

1916 年袁世凱稱帝未成而死，傳統皇帝的觀念，在中國總算
是壽終正寢。天命已經被民意所取代，人民的同意與否，逐漸成
為統治者權力的基礎、統治正當性的來源以及統治能否持續的關
鍵。可是，即便是在大家已經慢慢形成民主觀念的時候，中國的

民主憲政，依然是慘不忍睹。袁世凱死後，中國陷入軍閥混戰的局面。當時的國會議員選舉，賄選是非常普遍的事。根據享譽國際的學者辜鴻銘所述，甚至還有留學美國、哥倫比亞大學畢業的博士，照樣花錢買票。這樣的民主，毫不令人意外，很快就被人民所唾棄。歐美的民主，是基於憲法的基礎，在憲法的規範之下運作。而歐美的憲法，是人民思想信仰的具體表現，是根據人民的生活發展而來的，是有生命的。至於我國的憲法，根本就是抄襲自國外，起草的人隨意取捨，沒有深入思考西洋憲法所產生的社會文化背景，甚至也沒有考慮到，中國人的生活習慣與思想觀念。天真的以為有了法律，就可以自己運作了，而不知道這樣的憲法，只是一具僵屍罷了。因此，中國人捨棄民主，先後接受國民黨、共產黨的一黨專政，是有跡可尋的。人民既然已經對民主喪失信心，接下來的國共內戰，就只能是一黨專政權的爭奪而已，已經與民主毫無關連。當然就更不可能是自由與奴役之爭或是民主與獨裁之爭。

1949 年之後

　　五四運動所掀起的新文化運動，高舉的兩面大旗，就是民主與科學。民國初年，鼓吹德先生與賽先生最力的雜誌《新青年》，是 1915 年 9 月在上海創刊，當時叫做《青年雜誌》，創刊者與主編就是陳獨秀，隔年才改名為《新青年》。這本雜誌的言論激進，對舊文化、舊信仰、舊道德與舊傳統的批判毫不留情，其中就包括了「打倒孔家店」。1917 年 1 月陳獨秀受聘為北京大學文學院院長，《新青年》跟著遷至北京。1917 年 10 月俄國的共產革命，對於中國的部份年輕人，造成了極大的鼓舞。1919 年 5 月《新青年》刊出了馬克思主義研究專號，北大圖書部主任李大釗，特別撰寫專文，介紹共產思想。這是中國第一篇系

統介紹馬克思主義的文章。從此，馬克思主義開始迅速地在中國傳播開來。1920年陳獨秀與李大釗，不僅僅完全接受了共產思想，甚至已經開始醞釀在中國成立共產黨。2月上旬陳獨秀受邀至武漢演講，宣揚共產主義，北京軍閥政府，準備在陳獨秀返京時，予以逮捕。於是，陳獨秀不得不辭去北大文學院院長職務，逃往上海。到了上海，陳獨秀開始著手建立中國共產黨。1921年7月標誌著中國共產黨正式成立的第一次全國代表大會，在上海召開。陳獨秀雖因受當時的廣東省長陳炯明的邀請，遠赴廣東任職，而未能參加，卻被選為臨時中央領導機構-中央局的書記，成為中國共產黨第一代的領導人（邵維正，1991）。

民主與共產，是兩個差異極大的意識型態。一個鼓吹民主最力的人，在不到10年之間，可以搖身一變，而成為共產黨的領導人。不僅說明了共產主義，對當時年輕人的吸引力，也同時說明了中國民主實驗的徹底失敗。當中國人民，對民主失去信心的時候，人民接受了國民黨的一黨專政，一個右派資本主義的一黨專政。然而，20年後，中國人民再次的放棄了右派資本主義的一黨專政，轉而選擇了左派共產主義的一黨專政。中國在學習西方先進文明的路上，於是又轉了一個大彎。

然而，中國人這一次的選擇，卻留下了更為慘痛的教訓。中國的共產實驗，進行得非常的徹底，失敗的也非常的徹底。為了要完成中國「向社會主義一邊倒」的偉大目標，永無休止的政治運動，一個一個接踵而來：「鎮壓反革命運動」、「土地改革運動」、「民主改革運動」、「知識份子思想改造運動」、「三反運動」、「五反運動」、「整風運動」、「農業的社會主義改造」、「手工業的社會主義改造」、「資本主義工商業的社會主義改造」、「肅清反革命運動」、「大躍進運動」、「人民公社運動」、「反右傾運動」、「百家爭鳴運動」等等（李茂盛主

編，1991），當然還有在人類歷史上絕無僅有的「文化大革命」。其中，又以10年文化大革命為禍最烈。30年的共產實驗，死亡的人數，根本就無法估計。有人說有三千萬，有人說一千萬。不論多少，共產主義在中國的實驗，終於宣告徹底的失敗。只是，中國人民所付出的代價，也是無與倫比的慘痛。1979年中國共產黨終於放棄左傾的路線，開始向右轉。鄧小平的改革開放，正式宣告中國放棄了共產主義，開始走修正的市場經濟道路。有一句俏皮話，說得最傳神：

辛辛苦苦幾十年，一覺回到解放前。

改革開放之後到現在，又經過了30年。連續20多年超過二位數的經濟成長，使得中國的社會，除了政治制度還維持共產黨一黨專政之外，其餘的每一個角落，幾乎都與資本主義社會毫無分別，形成了極為特殊的「上左下右」式，具有中國特色的社會主義體制。

國民黨在大陸時期的右派資本主義一黨專政，很快就被歷史所淘汰。然而歷史的弔詭，常常令人覺得不可思議。國民黨的右派資本主義一黨專政，在大陸雖然失敗，在台灣卻獲得了空前的成功。以一個風中殘燭似的南逃政權，在風雨飄搖之中，卻能夠創造出舉世稱羨的台灣經濟奇蹟，不能不讓人嘖嘖稱奇。有人說國民黨在台灣的成功，是因為沒有南京時期的包袱。這樣說，當然也是有道理的。不過，這只是外部因素而已，必然還有更為深刻的內在因素，才足以形成台灣奇蹟。台灣奇蹟的創造者，毫無疑問是蔣經國。有人認為不是蔣經國，而是台灣人民。這種說法是昧於事實的。因為，蔣經國去世之後，台灣奇蹟日漸褪色。本來位居亞洲四小龍之首的台灣，逐漸被拋到後面，台灣奇蹟也不再有人提起。如果台灣奇蹟是台灣人民所創造的，為什麼台灣人民依然還在，台灣奇蹟卻消失了？

蔣經國早年在俄國生活，受共產思想影響極深。因此，當蔣經國逐漸掌握大權之後，形成了一個有趣的現象。在國民黨這麼一個右派資本主義的政黨之中，竟然出現了一個具有強烈社會主義思想的左派領袖，實在是有夠諷刺。蔣經國帶領台灣人民，所創造出來的台灣經濟奇蹟，完全沒有出現資本主義社會中，最常讓人詬病的貧富差距、與官員貪腐的現象。在台灣經濟快速發展的過程中，仍然維持著讓人引以為傲的低貧富差距。政府之中清廉任事的官員比比皆是。這種典型的社會主義，追尋公平正義的政策展現，除了來自蔣經國之外，很難找到合理的解釋。尤其是當蔣經國過世之後，不但台灣奇蹟開始消失，連貧富差距都開始拉大，黑金的橫行，逐漸開始明目張膽。諸多轉變，更證明了蔣經國才是台灣奇蹟的推手。可惜的是，蔣經國過世之後，國民黨的社會主義核心，無法繼續維持，開始慢慢地被繼任者腐蝕掉了。

有一個現象，非常值得全世界所有的中國人深思。國民黨在台灣的成功，明顯是因為蔣經國所領導的國民黨，堅持一條「上左下右」式的右派資本主義一黨專政，雖然國民黨把它稱為三民主義。共產黨改革開放成功以來，所走的路線，竟然也是一條「上左下右」式的左派共產主義一黨專政，雖然共產黨把它稱為有中國特色的社會主義。兩黨都是一黨專政，兩黨都是上左下右。可是我們要弄清楚，當國民黨在大陸一黨專政的時候失敗了。共產黨的一黨專政同樣也是失敗的。當國民黨在蔣經國的領導之下，將上層結構，改成左派社會主義的時候，台灣開始邁向成功；同樣的，當共產黨在鄧小平的領導之下，將下層結構，改成右派資本主義的時候，大陸也開始邁向成功。因此，不論是右派的一黨專政、還是左派的一黨專政，在中國土地上的實驗，都歸於失敗。但是，只要是「上左下右」式的一黨專政，則不論是

由上而下、還是由下而上，或者是先右後左、還是先左後右，在兩岸的實驗中，竟然都獲得成功。上左下右的政治結構，應該是中國人基於多年來的慘痛教訓，在兩岸各自分別獨立實驗，所逐漸摸索出來的一條路。上左下右是中國人獨特的創造，因為西方政治學的領域內，從未聽聞過此等理論。此外，以西方人單線式的思維，也不會有這樣的產物。單線式的思維，是有指向性的，很容易產生對立。例如主與客、心與物、靈與肉、甚至上帝與撒旦等等，全部都是西方思維的產物。一旦人的思維產生了對立，則不論面對什麼，都很容易落入僵化的二分法。如：自由對奴役、民主對獨裁、資本主義對共產主義、市場經濟對計劃經濟、個人主義對集體主義等等，沒有一個不是西方文明的產物。兩岸的政治改革，再一次的證明了，西方思維解決不了我們的問題，我們一定要走自己的路，除此之外，別無它途。

　　就在台灣奇蹟光照寰宇的時候，由於誤信美式民主是普世的價值，相信一黨專政為專制獨裁的罪惡象徵，必欲除之而後快。因此，台灣開始了民主改革，追尋將美式民主的普選總統制，落實於台灣，以便擠身於先進民主國家之林，與歐美國家並駕齊驅。在台灣追尋徹底民主化的過程中，一黨專政、左派思想、社會主義等等，追尋公義、公理、公平的思想言論，被進一步的抹黑、污名化。強調自由、開放、競爭、贏者全拿的極右派思想，被無限上綱至等同於真理的地步。經過多年的努力，台灣終於在1996年，展開首次的總統直選。從此，台灣捨棄了非常成功的上左下右體制，又進入了新一輪的民主實驗。然而也就是在這幾年，台灣社會卻發生了非常明顯的轉變：台灣奇蹟開始褪色、國民平均所得開始停滯、貧富差距開始拉大、政府開始迅速腐敗。強調仇恨、且盲目的省籍情結，被惡意的挑起、人民的痛苦指數開始升高。台灣第一次的總統直選，選出了一個公認的黑金總

統，第二次總統直選，更選出了一個轟動全球的貪腐總統。十幾年下來，竟然有高達兩百萬的台灣人，不得不離鄉背井，遠赴大陸謀生。民主給台灣帶來的竟然是自殘。中國在學習西方先進文明的道路上，又已經摔跤摔了一半。

在台灣社會民主化的過程中，有一個現象的影響，相信會是極為深遠的。蔣經國時代，創造台灣奇蹟，所極為倚賴的國之重臣，如孫運璿、李國鼎、趙耀東等等許多傑出的人才，其能力、操守、風骨、廉潔，無不令人深為景仰。然而，在台灣民主化之後，賢能退位、奸邪倖進。這樣的人才，明顯開始絕跡，20 年下來竟然連一個也找不到。而透過民主方式產生的各級政治人物，不堪聞問者，十之八九。」焉者竊國、下焉者竊鉤。本來應該是「選賢與能」的民主，竟然演變成是杜絕賢能、開門揖盜的元兇，與「上下交爭利」的社會。在兩岸一黨專政的年代裡，反而可以看到許多令人景仰的人物。選賢與能的理想，竟然只能存在於一黨專政之中，而且跟民主是如此的互相排斥，確實是非常的諷刺。中國自從五四運動開始，高舉德先生大旗之後，所迎來的民主，譚嗣同眼中的「天國之義」，竟然是這付不堪的模樣。莊子如果復生，看到今天的情景，恐怕也會感嘆：「民主不死、大盜不止」。

船堅炮利的輪迴

自從 1840 年鴉片戰爭以來，中國人被西方人以船堅炮利的姿態，所徹底懾服。逐漸地中國人開始真心的覺得，西方人確實有相當的優點，值得我們學習。雖然剛開始時是不情不願，大多數的時間，倒都是心甘情願地，跟著西方老師，亦步亦趨。而且越靠近現代，姿態越卑微。可是將近 200 年來，雖然我們苦苦追趕，卻一再的摔跤，每次都摔得頭破血流。為什麼我國會一再地

發生這樣的事情？是不是有一些非常深刻的原因，我們從來都不知道，以致於老是犯錯而不自知？

160 年前的鴉片戰爭之後，西方文明開始大舉入侵中國。有識之士在大受刺激之下，發起了自強運動，也就是洋務運動。洋務運動主要學習的對象，就是大家都耳熟能詳的船堅炮利。其中最有名的一句話就是魏源所說的：「師夷長技以制夷」，也就是：「學習西方人的船堅炮利，來抵抗西方人的侵略」。這樣的努力方向，絲毫沒有什麼不妥，因為日本也是這樣。之後，清政府在各地廣設造船廠和製造局，態度不可謂不認真。30 年後甲午一役，中國敗於日本，洋務運動徹底瓦解。在跟日本對照比較之下，我國的失敗是相當令人不堪的。學術界對於何以一成一敗的討論，汗牛充棟見仁見智。不過，一般大家普遍認同的說法，誠如費正清所言，我們的學習太膚淺不夠深刻，以為可以把船堅炮利，跟背後的科學、生產、製造，甚至教育、經濟、社會分開。不像日本，明治維新是整個國家的徹底改造。所以，日本可以成功，而我們終歸失敗。

甲午戰後大家痛定思痛，答案似乎已經呼之欲出。當代的知識份子，也儼然智珠在握。我們可以從康有為、梁啟超、譚嗣同等人，對我國傳統文化，尤其是政治上的專制，毫不留情的撻伐，就可以了解到，他們必然是認為，中國多年來所承受的失敗與羞辱，根源就在滿清政府，以及它所代表的專制體制。當康、梁等人說服光緒皇帝，開始推動的「變法維新」時，從其內容之中，我們就可以理解，康、梁等人心目中的正確道路，與所模仿的對象，正是日本的明治維新。不幸的是，變法維新最後，竟是以「戊戌政變」收場，皇帝被囚於瀛台，六君子血灑北京菜市口。整個變法維新，僅維持了 103 天，不但沒有將我國的政治制度向前推進，反而還倒退了數十年（唐德剛，1998）。

變法運動，代表著中國知識份子發覺，僅只是器物的學習，已不足以挽救國家的危亡，應該更深入地學習西方文明的制度才是。然而，這一階段的學習，雖然在深度上進步了，從器物的學習，進步到制度的學習，但其背後船堅炮利的思維模式，卻仍然沒變。他們並沒有考慮到，這些制度的背後，有其產生的背景與環境，也不去思考，我國具不具備這樣的條件。最後，變法運動終究無法掙脫失敗的命運。

船堅炮利的追尋失敗了，因為沒有觸碰到制度層面。以日本為師的制度改革，卻也依然沒有成功。當溫和式的制度改革－君主立憲，在保守勢力的反撲之下失敗時，激進式的制度改革－推翻帝制，就成為僅有的選擇。僅僅十幾年，滿清就真的被推翻了。

辛亥革命是成功的。因為，我國自從秦始皇以來，兩千多年來的帝制，終於被推翻了，中國展開了民主共和的新局。基本上，制度的改革算是成功了。從此，中國再也沒有皇帝，而是四萬萬人一起來做皇帝。然而，民主是西方人基於基督教文明與個人主義式文化，所演化出來的一種政治制度。中國既不是基督教文明，更沒有個人主義的文化傳統。只因為少數知識份子的信仰與鼓吹，四萬萬人就要來做皇帝，當然是天方夜譚。因此，在中國的土地上，由五四運動所代表，首次的民主實驗，就在蔣介石完成北伐，名義上統一中國的那一天，宣告失敗而結束。五四運動所要改革的對象，包含中國的傳統文化在內，當然與自強運動、變法維新所要改革的對象，都不一樣。然而，隱藏在整個運動背後，其船堅炮利的思維模式，則仍然是完全一模一樣：完全不考慮所要引進的對象，背後所需要的條件，也不考慮我國是否擁有類似的條件。

國民黨完成北伐之後，中國的改革之路，又進入了一個新的階段——右派資本主義的一黨專政。不過，我國的政治制度，總

算是有了一點點的進步。以前的帝制，權力完全集中於一人，一個可以用世襲的方式，來傳承此一權力的一個人。到了國民黨的一黨專政，權力雖然還是集中於一人，但是，要以世襲的方式，將權力傳給子子孫孫，事實上幾乎已經是不可能了。所以，進步還是有的，只是非常的緩慢，而所付出的代價，常常不成比例。

變法維新所標舉的制度改革失敗了。中國人自此徹底失去了耐性。激進的制度改革──辛亥革命，在這股浩然的民氣支持之下，表面上是成功了。但是十幾年後，卻依然難逃失敗的命運。繞了一大圈，結果只前進了一小步，只革掉了權力的世襲制度而已，集中於一人的型態，依然牢不可破。僅管確實有了一點點的小進步，中國的右派資本主義一黨專政的實驗，卻還是失敗了，否則國民黨不會被趕到台灣。如果我們回頭檢視一下，國民黨的資本主義實驗，何以會又失敗，我們將會發現，與前幾次改革相比，這次實驗的背後，依然可以看到船堅炮利的思維模式：完全不考慮所要引進的對象，其背後所需要的背景與條件，與我國是否擁有類似的條件。

中國的社會千百年來，都是一個基於小農經濟的封建宗法社會，實施資本主義的條件根本就不存在。此外西方資本主義的發達，與產業革命是分不開的。辛亥革命時期，中國還是個農業社會，並沒有發生產業革命。所有實施資本主義的條件，根本全部都不具備，卻在少數知識份子的鼓吹之下，就要冒然施行資本主義，當然是不可能成功的。所以，只好依賴近乎專制的一黨專政來執行。如此一來，結果必然適得其反。除了製造人民的怨恨之外，不會有任何有意義的成果。就像變法維新一樣，在所有的條件都還不成熟的情形下，妄圖用皇帝的專制權力，來強制推動，除了製造守舊派的反撲之外，也不會有任何的成果。當然，光緒皇帝背後還有一個慈禧，做為守舊派的靠山。蔣介石則是實力派

人物，當然不會遇到守舊派的反撲，於是，他只好直接面對人民的反撲。

　　從自強運動開始，中國進行了一連串的改革：變法維新運動、辛亥革命、五四運動、右派資本主義改革卻無一成功。這裡所說的無一成功，並不是指毫無改善或毫無進步。因為中國的改變，確實已經是亙古所未有，中國的進步也是千年所未見。這裡所說的無一成功，是指都沒有達到這些改革運動開始時，所設定的原始目標。當我們仔細去檢驗，這些改革失敗的原因時，我們幾乎都看到了船堅炮利的影子，貫穿於百年來，每一次改革的背後。每一次的改革，我們都是天真地期望，引進一些器物、制度、思想、文化，來改善我們的現狀，卻渾然不知這些對象，是有其產生的背景與條件的。當我們完全不知道，這些對象產生的來龍去脈與背景條件時，當然就無法得知，我們是否擁有至少類似的背景與條件，來接納所欲引進的對象。在如此無知的狀況下，就冒然進行大規模的改革，成功的機會有多少呢？

　　五四運動除了要求民主與科學之外，其核心進行的，其實是新文化運動。說得更明確一點，就是全盤西化的運動。全盤西化的運動，擺明了就是要徹底改造中國文化，全盤引進西方先進的文化。在深度上比起自強運動、變法維新、辛亥革命，又往前邁進了一步。於是，這次運動除了學習德先生與賽先生之外，把剷除傳統文化，視為主要目標。因此，展開了諸如打倒孔家店等，全面性的反傳統運動。由於多年來連續的失敗與挫折，知識份子在面對中國傳統文化時的不耐與仇視，與引進西方強勢文明與價值時的急迫與焦燥，一再不斷地被強化。於是，當我們在學習西方先進文明時，我們不但姿態更為卑微，而且態度更為焦燥，幾乎已經到了「饑不擇食」的地步。極端者，甚至認為只要是來自西方的，就一定是好的對的，只要是來自中國傳統的，就一定是

壞的錯的。果不其然，如此自卑的集體認知，終於促成了一個不可思議的共產主義實驗，在中原大地展開。

連西方都從來沒有實行過的共產主義，是好？是壞？是對？是錯？都還不知道，中國人民就在由於對國民黨的資本主義實驗失敗的不滿之下，全盤地接受。中國新一輪的改革，又已然開始。這次倒並不是不滿一黨專政，而是不滿右派的資本主義。這一次中國的歷史，並沒有選擇民主，而只是選擇了徹底的向左轉。共產主義做為一種學術思想，自然有其不朽的貢獻。可是，一旦做為政治制度，而希望在社會上徹底落實，則連西方也沒有成功的先例，因為根本就還沒有實行過。可是我們中國人卻一馬當先地，搶先進行了徹底的共產主義實驗，還批評共產主義老大哥蘇聯，背叛了共產理想，走向修正主義，不像我們堅持真正原汁原味的純正共產主義。諷刺的是，這次中國的共產主義改革，卻是百年來一連串失敗的改革中，唯一成功的一次！正因為太成功了，共產主義思想中，最致命的缺陷：無限上綱地強調秩序，完完整整地暴露了出來。造成了中國社會的民不聊生、社會僵化、生機喪盡。

這次的共產實驗，證明了中國人在學習西方先進文明的道路上，已經「走火入魔」。以前學習的西方先進文明，不論是船堅炮利還是民主憲政，至少在西方曾經實驗過，而且是經過檢驗的成功產品。可是共產主義卻並非如此。如果以前歷次的改革失敗，是由於無知的話，則這次的共產實驗，就只能用「盲目」來形容。

在學習西方先進文明的道路上，國民黨在台灣的改革，終於初步成功了，創造了讓全世界刮目相看的台灣經濟奇蹟。在中國一角的台灣社會，終於開始脫離貧窮與落後的惡性循環。然而命運對中國的作弄，似乎尚未結束。就在台灣人充份享受甜美果實

的時後，就在台灣人陶醉於「台灣錢淹腳面」的時候，不可思議的事發生了。台灣竟然將分明已經初步實驗成功的制度，毫不珍惜的棄若敝屣，轉而擁抱美式的總統制民主。蔣家父子結合台灣人民，辛苦經營了 40 年的基業開始流失崩解。

台灣的成功，是來自於上左下右的右派一黨專政。類似的模式，在新加坡也是成功的。毫無疑問，新加坡的制度也是上左下右，經濟自由政治獨裁屬於典型的一黨專政，只是很難將之歸類為右派還是左派。不過，新加坡的法治，倒是與中國傳統的法家有點接近。上左下右的一黨專政，甚至後來在大陸的實驗，也是成功的，只是共產黨執行的是左派的一黨專政。上左下右式的一黨專政，不論是台灣的右派國民黨，還是大陸的左派共產黨，或者是如新加坡的中國傳統法家派的人民行動黨，連續在不同的時間、地點、背景之下都實驗成功。而且還是一百多年來，一連串失敗之後，連續的成功。鐵一般的事實，不可能毫無原因，更不會只是運氣好或純屬偶然。

當然，台灣、新加坡、大陸相繼成功，並非是因為一黨專政所致。單純的一黨專政，不論是國民黨的右派還是共產黨的左派全都失敗。成功的原因，是來自上左下右的制度。然而，上左下右的制度，卻需要一股穩定的力量來維持，只是在目前，這股力量還必須寄託在一黨專政上。由於一黨專政的存在，才使得上左下右的制度，有機會可以維持下來。而這樣的模式，在華人社會一連成功三次。

不幸的是，台灣只要看到一黨專政，直覺地就相信，一黨專政必然就是專制獨裁，一定會導致落伍、腐敗必欲除之而後快。卻沒看到更符合生命本質的上左下右以及維持上左下右，所需要的秩序力量。在缺乏足夠的理性，去了解背後的來龍去脈；以及無限上綱自己的認知，一廂情願地認定，美式民主一定是好的一

定是對的情形下，台灣就將上左下右，連同一黨專政一起污名化，而且，毫不猶豫地加以拋棄，轉身擁抱基於基督教文明與個人主義文化，所形成的美式民主。而美式民主在全世界各個不同的地方，不同的文化背景，經過多次的實驗，卻是完全的失敗，一個成功的案例也沒有。台灣二十世紀末的美式民主實驗，雖然最後的成敗，還沒有定論。但是，從整個社會幾乎陷於停滯，政府功能大幅萎縮的狀況，以及背後清清楚楚的船堅炮利思維，再對照以前人人稱羨的局面，失敗的命運，恐怕已經在所難免。

船堅炮利的思維模式是將近 200 年來，造成我國一連串改革失敗的深層原因。因為它使得我們變成無知、盲目、智障而不自知。不但不知道自己為什麼失敗，連自己為什麼成功也不知道。但是，我們中國人自許非常優秀，曾經創造出輝煌的中華文明，與貢獻卓著的四大發明，何以在這將近 200 年來，表現卻是如此的令人慘不忍睹，讓船堅炮利的錯誤思維，不斷重覆出現而無法改正？讓人不得不懷疑，我們對於整個問題的看法，是不是從一開始就錯了。而且還一錯就是 200 年，以致於類似的失敗不斷地重演。

8-2　被寄生的觀點

鴉片戰爭之後一百多年來，在我國學習西方科技與文明的道路上，跌跌撞撞早已是常態，屢仆屢起更是家常便飯。然而，面對歷史上的斑斑血跡，我們已經記取歷史教訓了？一百多年來天譴般的悲劇，已經結束了？我們已經找到我們該走的道路了？船堅炮利的輪迴，已經不會再發生了？殘酷的事實，恐怕不容許我們如此樂觀。

法國人送給美國的紀念品，矗立於紐約港口的自由女神像，

龍在座艙

456

西方人對它的稱呼是 statue of liberty，在西方人眼裡，它只是「自由雕像」，我們卻用「女神」來稱呼它。六四天安門事件，學生把他們高舉的雕像，用來象徵西方民主的雕像，也稱為民主「女神」。西方人的自由民主，進到我們中國來之後，都搖身一變而成為女神，地位比起它們在家鄉還高。當我們用「女神」來無限上綱自由民主之後，使得原來僅僅屬於人類思構範疇內之產物的自由民主，變成是一種圖騰化教條化的象徵。自由民主也因而發生質變，成為一種訴諸感性的信仰，從而離理性越來越遠。使得我們幾乎無法以理性的態度，來面對西方的自由民主。自由民主在西方，只是兩個基於個人主義式文化，所衍生出來的概念而已，兩個從來就沒有人能夠完整定義的模糊概念，即便是引進中國之後，能否適應也都還不知道的概念，經過我們神格化之後，在我國尤其是台灣，竟然可以成為絕對不能質疑的普世真理。是什麼原因造成這種不可思議的現象？

　　僅此兩個既簡單又深刻的例子，就已經說明了，在我們面對西方科技與文明時，我們不但毫不懷疑的接受了西方的觀點，而且還將其無限上綱，以致於出現諸如自由女神及民主女神等讓人無法理解的現象。我們不但比西方人更為信仰西方概念，我們甚至還比西方人更為努力的維護西方概念。何以如此？原因只有一個，我們的觀點已經被徹底寄生了。

　　以航空科技而言，航空科技這個文物，本身就是有膚色的；其背後的精神，更是具有西方傳統特色的。根植於西方觀點，所建立起來的航空科技，在傳進我們中國之後，當然會有適應的問題，當然會產生只有在我國才會出現的獨有現象。但是，我們卻從來也沒有誠實的面對過自己的問題，因為我們毫不猶豫地，採用西方人的觀點，來看我們自己的事件，並認為這樣才是正確的。本質完全不同的航空事故，卻採取完全一樣的觀點，結論當

然也會大同小異，但事實卻並非如此。根據外國人的觀點，來找尋改善中國人問題之道，則治標不治本的結果，當然也就無法避免。然而，習慣用西方人的眼光來看事情而毫不自知，卻絕對不只發生在航空界。這樣的心態，反而是台灣這三、四十年來，非常普遍的現象。在這裡我們就舉一個跟航空八竿子也打不著的領域：心理學，來說明這個完全一模一樣的心態。

第二次世界大戰時，西方一些學者，對德國人屠殺猶太人的心理狀態產生興趣。他們認為這種行為，可能是由於在德國文化的薰陶之下，使德國人普遍具有某種性格傾向，以致於他們會因對權威的極端崇拜，及毫不置疑的服從，而產生殘殺無辜猶太人的非理性及不人道行為。戰後，流亡美國的德裔學者 Adorno 等人，用精神分析學派的理論與基礎，建立了一組性格結構型態，來解釋德國人在戰時，針對猶太人所施行的仇恨暴行。這一組性格結構型態，通常被稱為權威性格（Adorno, 1950）。Adorno 等人定義權威性格為：

　1.重傳統

　2.權威服從

　3.權威攻擊

　4.迷信、固執、堅持己見

　5.依附權威

　6.悲觀

　7.多疑

　8.過份關心性的問題

　9.不做內省

他們並依此編製了一份量表稱為「法西斯或反民主傾向」量表，一般簡稱為「法西斯量表」或「F 量表」。同時，本量表是用來量測對權威所表現的行為特徵，所以這個量表也被稱為「權威性

格量表」。

　　當然，很快就有人發現，Adorno 等人所定義的權威性格，似乎非常符合中國人的傳統性格。於是就有一些學者，將 F 量表翻譯成中文，來量測中國人的權威性格（Singh、Huang、Thompson, 1962；Meade、Whittaker, 1967；Ho、Lee, 1974），結果千篇一律的發現，中國人在 F 量表上的得分非常高，許多人即依此來支持中國人確實具有權威性格傾向的論點。接下來又有一些中國學者，分別從不同的角度，來討論中國人的權威性格，如從中國人的理想性格角度（韋政通，1972）與中國人的價值觀角度（文崇一，1972），以及中國人的性格發展角度（曾炆星，1972）。結果當然一再證明，中國人確實具有權威性格傾向。

　　然而事實上，中國人確實如 F 量表上所顯示的，具有服從權威的性格傾向嗎？雖然確實有很多中國人同意這樣的論點，但是事實卻並非如此，甚至連洋人都認為中國人對權威的看法，與西方人所認知的並不相同（Pye, 1968；1981）。只要洋人提出一個看法或理論，我們似乎就一窩蜂地趨之若鶩，好證明自己也跟得上時代也站在潮流前端。飛航安全領域如此，其它領域依然如此。

　　事實上，國際知名的華裔文化人類學者許烺光（Hsu, 1973）早就對這樣的現象，提出過他的看法：非西方心理學家，充其量所能做出的貢獻，只是提供西方學者自己無法去取得的（由於語言障礙），有關另一個文化的本土材料，去驗證他們的宏觀跨文化理論而已。台大心理學系楊國樞教授，也曾經表達過類似的看法（楊國樞，1981），他認為中國人性格心理學研究，目前在相當的程度上，還停留在翻譯外國量表，來做研究工具的階段。某一研究領域，是否受重視或被研究，通常視該領域是否有外國量表，可以翻譯為準。很顯然的這些人的論斷，絕對不是誇獎，而

是一種沉痛的呼籲，呼籲我們應該嘗試努力去建立屬於自己的觀點，用自己的眼睛看世界。只是多年來他們的呼籲，似乎並沒有引起多大的注意。以致於到了 21 世紀，仍然還有學者（楊中芳，2001），繼續在呼籲本土研究者，應該撇開用與西方人相同的眼光，來看中國人行為的架構。

習慣用西方觀點看世界的現象，也絕對不僅僅發生在心理學的領域而已。2007 年 1 月，全國大學校長會議在高雄舉行。會中有數位國內知名大學校長，針對提升國內大學競爭力等議題，分別發表看法。大家都認為各大學在追求論文「量」的提升時，也要儘速重視「質」的改進。其中，台大校長特別提到，現在台灣學術界所做的研究，都是「me - too」型的研究。另外，中央大學校長也說，台灣學界很多所謂的 research（研究），是名符其實的「re - search」（重新搜尋），只是重新去發現，別人已經找過的東西而已。所謂的 me - too 型研究，從表面上看就是證明別人已經證明過的東西，或是尋找別人已經找到過的東西。實際操作上，是使用別人的觀點或理論，證明自己的數據符合該觀點與理論，然後得到「我也證明了」或「我也找到了」的結論。因此 me - too 的產生，其根源正始於用別人的觀點看世界。

三、四十年來，台灣社會各行各業的精英包括航空，幾乎全部都是這些最好的大學所教育出來的。所以，使用西方尤其是美國的觀點，來看這個世界，還洋洋得意的 me - too 心態，其實早就已經溢出了學術界，不僅成為台灣文化的一部份，更早已深化為台灣人的集體潛意識了。飛航安全自然也不會例外。

問題是如果別人的觀點是正確的或更先進的，則使用別人的觀點，又有何不可？如果別人過著幸福快樂而且富裕先進的生活，我們跟著 me - too 不是才正確嗎？

不幸的是，天底下沒有這麼便宜的事！兔子羨慕老虎，擁有

尖牙利爪，可以爬到食物鍊的頂端，於是兔子發誓也要 me - too 一下，請問兔子成功的機會有多少？

現在，就讓我們拿「民主是普世價值」這句話，來說明當我們使用別人的觀點，來看世界的時候，造成我們無法誠實的面對自己與面對事實，所付出的代價是多麼的巨大。「民主是普世價值」這句話，在台灣社會的每一個角落，可以說已經等同於真理，幾乎無人敢於公開質疑。然而，我們當然可以把這句話，當成真理去追尋去奉行，只是這句話確實不是什麼普世的真理，充其量只是美國帝國主義進行侵略的文化武器而已。美國人為了他們可以合理化地繼續掠奪全球的資源與勞務，以維持他們奢華浪費的生活水準，並在被壓榨的開發中或未開發國家的人民心中，建立這種壓迫行為的正當性，而祭出「民主是普世價值」這個文化武器，對全世界尤其是第三世界進行洗腦。讓被洗腦的人感受不到被侵略被壓迫的痛苦，只會怨嘆自己的民主素養不足。

如果我們從質疑的角度出發，把眼睛張開來，看一看所謂普世價值的民主，我們很容易的就會發現，真相原來是如此的不堪入目。全世界都知道，美國的總統大選，是一場燒錢的戰爭。台灣、菲律賓等所有學習民主的國家，無不如此。1969 年，菲律賓馬可仕競選總統的花費，就已經高達美金一億。2004 年美國總統的競選經費，是美金 6.93 億。2008 年，民主黨初選落敗的希拉蕊，單初選已經使她負債三千萬美金，還沒開始正式選舉，就負債累累。透過這樣的民主程序，即使當選，莫大的經濟壓力，將迫使總統在政治上進行分贓，以及法案上向金主利益團體妥協。而這正是民主正確先進表象下的殘酷事實。根據諾貝爾經濟獎得主史迪格里茲的統計，1991 年到 2001 年美國 41 家大企業，政治獻金有 1.5 億美金，而這些企業，僅在三個會計年度，就獲得了 350 億美金的稅金減免。這樣的投資報酬率與「搶劫」有何不同？

而且還是以完全合法的民主方式公然搶劫！被搶的正是自以為自己是主人的每一位選民！這就是民主的真相！更可怕的還不止於此。美國總統與大企業大財團掠奪方式，不僅僅是減稅而已，還有明目張膽的製造戰爭，以及公然說謊欺騙世人、公然賤踏聯合國的民主程序的方式，製造藉口去攻打伊拉克以奪取石油；以及藉著 WTO 等國際組織架構，從開發中國家巧取豪奪市場和資源，圖利美國大企業。美國作為最大溫室氣體排放國，長期拒絕參加京都議定書。美國做為超級大國，那些在實現民主過程中，所累積的競選經費上與人情上的債務，不僅僅只是掠奪美國人的財產來還而已，還要進一步掠奪開發中國家的雨林、能源、農業、材料等，以滿足美國大企業永無止境的欲望。

香港回歸中國的歷史事件，是另一個更為鮮明的例子，將西方人口中的民主真面目，赤裸裸地呈現在世人的面前。

公元 2007 年 6 月，港英政府最後一任總督彭定康，在香港回歸中國 10 周年前夕，公開指責北京政府，對香港的民主化「拖拖拉拉」。彭定康表示，自從香港主權移交給中共，過去 10 年，香港民主化進程沒什麼進展，令人惋惜。聽了彭定康的話，只會讓人頓悟，原來這就是西方人所說的民主。英國自從 1840 年佔據香港之後，到 1997 年退出為止，整整統治了香港 157 年。如此漫長的歲月中，怎麼從來就沒有聽說過要給香港人民主？現在離開香港了，反而如此關心香港人的民主？

1840 年鴉片戰爭，滿清戰敗，簽訂不平等的「南京條約」，割讓香港給英國。1856 年，英國藉口亞羅號事件，發動第二次鴉片戰爭。1860 年，英法聯軍攻陷大沽、天津、北京，與清政府簽訂「北京條約」，九龍割讓給英國。1898 年，甲午之戰結束後三年，英軍再度逼迫清政府簽訂「拓展香港界址專條」，強租新界，為期 99 年，直到 1997 年 6 月 30 日止。從此，157 年內，香

港就淪為英國的殖民地，除了二戰其間，被日本占領將近四年的時間之外。

公元 1972 年，中華人民共和國進入聯合國，取代中華民國成為安全理事會常任理事國之後，第一件事，就是將香港及澳門從殖民地的名單中剔除。中國認為，港澳原屬中國，是不平等條約下割讓的土地，不可以獨立，當時英國的首相希斯沒有反對。可是英國有人卻認為，三個不平等條約是國際條約，不可以不承認。雖然新界是屬於租借的土地，必須要歸還，但是香港與九龍半島則是割讓的，不必歸還。顯然英國人是不想歸還香港的，至少港九是如此。然而，由於地緣的因素使然，香港與九龍半島在經濟上，根本就不可能獨立生存的。因此，香港的割讓與租借的兩種土地，勢必無法分開處理。1979 年，港督訪問北京，首次提出新界土地租約延續的問題，避開了香港與九龍的問題而不談。然而，中國政府的立場則是相當的一貫：香港是中國的領土，不承認三個不平等條約，並在中國內部逐漸形成以「一國兩制」的構想，作為解決香港問題的基本政策。因此，以北京政府一貫的立場，英國應該早就已經了解，保住香港的可能性已經很低了。

1843 年，南京條約在香港換文後，第一任總督就職，香港殖民政府正式成立。同時設立的還有行政局與立法局，協助總督處理政務。行政局與立法局的成員，完全是由總督來任命。自此以後，直到 1991 年，港英政府才陸續開放直選，香港人才第一次有選舉權，能夠選出自己的立法局議員。其間整整經過了 148 年。在這 148 年間，扣掉日本占領的時間，總共占了英國管理香港全部時間的 96.7%。在這麼長的時間裡，英國人不但從來就沒有給香港人民主，還大言不慚的表示香港是：中國近百年來唯一能夠過著中國社會史上，未曾實現的理想生活社會（蔡維先、杜模默譯，1998）。英國人何時關心過香港的民主？

隨著租約到期日的逼近，中英兩國終於在 1982 年 9 月開始談判。然而，也就是從 1982 年開始，英國人突然開始加快香港代議制度的推動，打算開放由港人進行直接選舉。隨即在 1984 年 7 月，公佈「代議政制綠皮書」，提出香港政府未來的政制建議三個主要目標：使政治權力立根於香港、提高香港人的代表性、更直接向港人負責。1984 年 9 月，中國與英國共同簽訂「中英聯合聲明」，聲明中規定，英國於 1997 年 6 月 30 日撤出香港，中國則於 7 月 1 日恢復行使對香港的主權與行政管理權。

　　理論上，既然已經簽訂聯合聲明，港英政府就是一個看守政府，1997 前不應該推出任何新的政策，以表達對繼任者的尊重，這是任何一個文明政府所應盡的本份。然而，英國人不但沒有好好地扮演看守政府的角色，反而變本加厲的加速推動香港的民主進程。並且很快的就在 1991 年，舉行首次的立法局議員直接選舉，接著又在 1994 年舉行區議會選舉、與 1995 年舉行市政局及立法局選舉。前 148 年都沒有要讓香港居民直接選舉，就在不得不交出香港的前 6 年，突然迅速的讓香港居民可以投票選各級代表，良心發現了？還是另有圖謀？

　　英國人的行為，讓人不禁要問：如果民主是好東西，為什麼英國人自己治理香港時不要呢？在不得不把香港還給中國時，卻又迫不及待的硬塞給中國？民主真是好東西嗎？不過，有一點是可以確定的。今天，如果香港還在英國人手裡，香港是不會有民主的。然而西方英美等國家，不是「隨時準備維護其價值觀」嗎？而且還是「在亞洲繼續不斷的努力捍衛這些價值觀」（蔡維先、杜模默譯，1998）？果真如此的話，英國統治香港的 148 年中，為什麼就不捍衛了呢？好東西為什麼不留著自己用呢？要硬塞給敵人？

　　原因其實很簡單。以英美學術研究之發達，他們很清楚的知

道，在非基督教文明的社會中，民主的實施，未曾出現過任何成功的先例。而且，不但不能實現「理想生活社會」，讓人民安居樂業，反而只會讓社會分崩離析、甚至動盪不安。非洲、回教世界、與東南亞，血淋淋的案例不勝枚舉。民主這種文物，就像資本主義一般，背後有它來自於基督教文明之價值體系的支持。對於不具備這種價值體系的社會，民主，根本就是病毒。西方人對此了然於胸，因此，英國人自己統治香港的時候，當然不會將民主病毒引入香港，148 年來都一樣。後來發現不得不還給中國之後，遂趕快將民主病毒注射入香港人的腦中。期待中國吞下香港之後，會像非洲、回教世界、與東南亞國家一般，分崩離析，永遠無法跟西方人競爭。

全世界現在有四個華人社會：大陸、香港、台灣、新加坡。40 年來，全部都經歷過快速發展的所謂經濟奇蹟階段。香港在60 年代，就已經是眾所週知的「東方之珠」，當時香港根本就是英國的殖民地，離民主十萬八千里。台灣在蔣經國治理之下，所創造舉世聞名的台灣奇蹟，卻是威權政治的產物。而且，當台灣自豪於脫離威權落實民主之後，卻用民主的方式，先選出一個黑金總統，接著又選出一個貪腐總統。先進法治的新加坡，正是落實典型東方家父長式的威權政治，所獲致的成果。大陸連續 30年驚人的發展與成長，更是在一黨專政之下所成就的。40 年來不斷出現的成功模式，被台灣棄若敝屣，而被無限上綱為普世價值的民主，卻摧毀了台灣奇蹟，讓台灣陷入長期的停滯，人民痛苦指數持續上升。儘管台灣人已經付出如此慘痛的代價，卻還依然像泰國人一樣，洋洋得意於自己破碎的民主。Me - too 之害，真的還包括讓人身受其害而渾然不覺。

Me - too 的飛航安全、me - too 的學術研究、me - too 的政治社會，如果我們再仔細思考一下，我們將會發現，我們的教育改

革，好像也是 me‑too，我們的電子代工產業，好像也是 me‑too
……。

走筆至此，讓人不禁想到大自然的例子。演化現象無奇不
有，為了生存，大自然演化出許許多多不可思議的策略。有一種
蜂稱為寄生蜂，寄生蜂是最常見的一種寄生性昆蟲。寄生蜂一旦
找到宿主之後，就會將卵產於宿主體內。幼蟲孵化之後，直接吃
宿主的身體吸取營養。在這段時間內，宿主毫無知覺，一直都活
得好好的。因為這樣才可以維持食物的新鮮，好讓寄生蜂的幼蟲
享用。寄生幼蟲與宿主，共生一段時日之後，可以自行覓食了，
才讓宿主死去。寄生蜂的成蟲，就從宿主的屍體（有時候只剩下
一層殼）中爬出，離開宿主再繼續去尋找下一個宿主。寄生蜂的
種類很多，分別寄生於宿主成長的不同階段從卵、幼蟲到成蟲都
有。還有一種寄生蜂，可以將產卵器，刺入宿主的腦部，將宿主
麻醉卻仍然維持宿主的正常生命功能，宿主同樣活得好好的，一
切正常只是動彈不得。

所謂的演化，如果從資訊的觀點來看，其實只是「選擇性的
資訊流動」而已。所謂的寄生，也只不過是其中一種特殊的資訊
流動方式。一種生物將代表自己的遺傳資訊即 DNA，注入到另
一個生命體內，使用該生命體的生存資源，來合成自己的生命
體，以追尋子孫綿延繁榮昌盛。對於寄生生物而言，這個寄生策
略非常高明。但是對於宿主而言，如果依然毫無知覺，以致於不
能破解這一敵人的侵略武器，將無法逃離被滅絕的命運。

從資訊觀點來看包括「民主是普世價值」等，這些各式美國
觀點、美國理論、美國價值等，無一不是資訊體系。這些外來資
訊，在我們的頭腦裡面，已經寄生多久了？我們是不是早就已經
被這些資訊所麻醉？而且還協助這些資訊的流動？我們是不是在
用我們的寶貴的資源與勞務甚至生命，來幫忙傳遞美國觀點與美

國價值，來維持美國人的高水準生活？來確保他們的子孫持續壯大？

　　「拾人牙慧、還洋洋得意」的 me - too 心態，為什麼會使人受到重大的傷害而渾然不覺？因為它正是一種被寄生的現象。關鍵是我們有沒有認知到，用別人的觀點看世界，正是一種被寄生的現象？我們有沒有認知到，美國跟我們之間，這種思想上的「寄生──宿主」關係的存在？從目前的狀況來看，似乎是沒有。只要這種寄生──宿主關係繼續存在，我們將持續以西方人的觀點看世界，因而永遠無法誠實的面對自己，以致於永遠不知道自己錯在那裡。如此，中國人將永世輪迴而不得超生。

8-3　文化的演化

　　文化，是人類活動的產物，也是一種有演化現象的生命體。換句話說，任何的文化就像貓、狗、大象、獅子、老虎一樣，是一個活生生的生命體。這是我們在面對任何文化，所應該秉持的基本尊重。

　　160 年前的鴉片戰爭之後，西方文明開始大舉入侵中國，有識之士在大受刺激之下，發起了自強運動，也就是洋務運動。洋務運動主要學習的對象，是大家都耳熟能詳的船堅炮利。學習西方人的船堅炮利，當然沒有錯。然而，船炮只是文物，任何的文物之所以存在，必然是因為背後的某些價值所造成。船炮的背後至少有科學，科學有它自己的精神與信仰，也就是西方人認為，該如何對待這個物質世界的正確態度。可是，當我們在學習西方船炮的時候，眼裡只看到文物，完全沒有注意到這些文物背後，存在著更深一層的價值（科學）。接下來的維新變法運動，代表著中國知識份子發覺，僅只是器物的學習，已不足以挽救國家的

危亡，乃更深入學習西方文明的制度。然而這一階段的學習在表面上，雖然在深度上進步了，從器物的學習，進步到制度的學習。不幸的是，當時的人沒有理解到，制度依然只是一種文物，背後仍然存在它的價值體系。當我們希望學習一種制度，卻仍然完全不了解這個文物，是根據什麼樣的價值所產生的，又如何可能學會呢？

辛亥革命引進了民主共和，僅僅十數年又宣告失敗。原因有又是一模一樣：只看到西方民主的制度，卻完全不了解其背後的價值系統。鑑於器物的學習與制度的度學習相繼失敗，五四的新文化運動，所欲進行的改革，確實又更深了一層。新文化運動本質上就是全盤西化的運動，希望徹底改造中國文化，引進西方的先進文化。根據傳統對文化的理解：「一個群體中，個人的價值觀和行為體現」，新文化運動所欲改革的對象，已經不是文物（器物、制度）而已，它的矛頭對準的，顯然已經是價值體系。從文化三層次的觀點來看，嘗試學習西方的價值體系，在深度上又往前邁進了一步。問題是，全盤西化的運動，從 1917 年開始至今已經將近一百年，何以這麼久了，當時所標榜的德先生與賽先生，似乎仍然遙不可及？我們的社會，迎頭趕上西方先進的社會了嗎？答案顯然是否定的。全盤西化的運動又是失敗的，其實應該說，根本不會成功才正確。因為，學習的對象固然是深化了，進入了西方價值體系的學習，卻仍然忽略了任何價值系統的形成，都來自於其背後環境的塑造。因此全盤西化運動的背後，船堅炮利的思維模式，仍然是一模一樣。五四運動之後，國民黨的右派資本主義實驗，共產黨的左派共產主義實驗均告失敗，其原因如出一轍：學習西方的價值體系，卻忽略了背後的環境因素。

總結將進 200 年來的歷次改革，失敗的原因其實都一樣：每

次的學習，都忽略了更深一層的影響因素。文物的學習，忽略了價值；價值的學習，忽略了環境。如此說來如果想要成功，只要我們再往前一步，進行環境的學習即可。不幸的是，這是根本就不可能的事。任何文化都是環境的產物。文化的環境，包含了自然環境、社會環境與歷史環境。其中任何一種環境，都不可能透過學習而獲致。因此環境的學習，根本就是一個荒謬已極的概念。正因為它太荒謬了，所以從來也沒有人提出來過。然而環境的學習，固然是荒謬的，文物的學習、價值的學習，又何嘗不是呢？文物的學習，沒有價值的支持，是不會成功的；價值的學習，沒有環境的支持，也是不會成功的。可是，環境的學習，卻又是不可能的事。繞了一大圈，全部都是鏡花水月。原來文化的學習，根本就是緣木求魚的無稽之談！

於是我們終於了解，任何牽涉到跨文化的問題，都不是學習的問題，而是演化的問題。任何的文化，都不可能經由學習而獲致，只能透過演化而形成。就如同一隻貓，不可能透過任何方式的學習，而變成一條狗。中華文化也絕對不可能經由學習，脫胎換骨而變成西方先進的文化。正是由於這個基本出發點的錯誤，使得我國 160 年來歷次的改革，無一成功。

為什麼這麼說呢？文化的本質就是資訊，就如同生命的本質，也是資訊一般。從演化的角度來看，生命不論是生物的生命，還是文化的生命，好比一條訊息的長河。最簡單形式的訊息，在源頭崛起後，慢慢地從支流散出去，然後又匯聚成無數種變化多端的組合。在代代相傳的過程中，訊息會從這個個體流到下一個個體，一路上指揮著新個體的形成與組裝。每個個體的成功，將決定它所攜帶訊息未來的命運。訊息在往下流傳的過程中，會經過不斷的突變、篩撿、選擇與累積，把最適用的部份，繼續傳給下一代。這種選擇性的資訊流動即是演化。

文化與生物一樣，都是擁有演化現象的生命。從資訊的觀點來看二者毫無不同。因此文化的多樣性，就如同生物的多樣性一樣，都是一種生態現象。然而文化與生物，還是有不一樣的地方。它們的不同在於資訊的載體不同。地球上的生物，其資訊是以碳水化合物為載體，而以具體的DNA型式呈現。再以DNA為藍圖，建構出我們所看到各式各樣的生物體。人類的文化資訊，則是以人類的大腦神經網路為載體，而以具體的「內建環境代表」來呈現。內建環境代表，就是基於大腦神經網路之用進廢退的特性，在日積月累地與環境互動之後，所形成的「特定之腦神經網路電流活動的時空型態」。對人類而言，內建環境代表就是所謂的價值系統，或者是文化的 DNA。人類再以價值系統為藍圖，建構出我們所看到各式各樣的文物如船炮、飛機、電腦、手機等等。

　　生物界的碳水化合物、DNA、生命體等，大家早已耳熟能詳。將文物看成生命體，恐怕很多人還不能接受。現在，我們就以一個非常簡單的例子來說明將文化視為生命或生物的正確性。圖 8-7 是一幅演化樹。念過生物學的，都很清楚什麼是演化樹。演化樹可以用來說明生物在演化過程中，生命型態的連續變化。演化樹是演化論的最佳詮釋，沒有演化論，生物學將完全失去意義。如果我們去思考演化樹所隱涵的意義，我們將會發現，演化樹所呈現的正是「選擇性的資訊流動」。圖 8-7 所呈現的，是澳洲原住民的打獵工具，其中有大家都熟悉的迴旋鏢。從圖中我們可以很清楚的看到，澳洲土著所使用的各種打獵工具，是如何從最原始的矛，開始逐漸演變出來的。隨著不同的資訊融入了矛，矛開始產生了各種不同的變異，而逐漸演化出包括迴旋鏢在內的各種工具。整個變化的過程與生物的演變，完全一模一樣毫無不同。

　　演化是一種科學性的客觀描述，是目前所知，有關文化研究

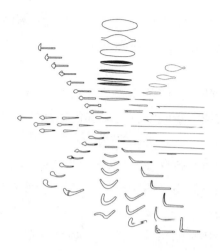

圖 8-7　澳洲原住民打獵工具的演化樹

最徹底、最根本、最客觀也最有啟發性的觀點。如果我們不能理
解文化也是一種生命體的話，我們將會犯從古到今一般人不斷在
犯的一些錯誤。一般有關文化與價值的討論，最常犯的一個基本
錯誤，是把文物視為一種純物質，而不知道任何的一個文物，都
攜帶了演化的資訊。即便是最簡單的外形，也都是經過了「選擇
性的資訊流動」才形成的。如果我們見不及此，我們將無法正確
地引進任何的文物，船堅炮利就是一個最典型的例子。另外一般
人常犯的錯誤，是常常過於主觀，以某一文化特有的價值體系為
標準，來評斷另一種文化的價值，渾然不知價值只是環境適應的
產物而已。其實這也不稀奇，因為對任何人來講，他所屬的文化
中之一切價值，對他而言，本來就是無庸置疑天經地義的。因此
任何有關文化與價值的討論，都應該回歸到從生命的演化與適應
的觀點來進行，才能跳脫不論從任何一個價值觀點來看，都無法
避免的以偏蓋全，以及從傳統學習觀點陷入的困境，也才能看到
問題的本質與真相與解決問題的方法。

如果我們接受，文化是一個活生生的生命體，文化演化與生物的演化是完全一致的話，我們就可以借用生物學的智慧，幫助我們理解複雜的文化現象。換句話說，從生物在演化的過程中，資訊是如何流動的、如何選擇的，其基本規律又是什麼，對於我們理解文化的演變與走向，就可以提供類比的範例，並發揮指導性的功能。

　　演化又是複雜系統存在必然的一個結果。任何一個高度非線性的複雜系統如一個生命體、一個群落、一個生態體系、乃至於一個人、一家公司、一個團體、一個政黨、一個國家……，為了要在複雜且充滿無常的環境中存活，必然會產生演化的現象。當環境發生改變之後，生物為了要適應環境的變化，也就是要通過天擇，都會朝向將存活率極大化的方向演變，亦即都會努力提升自己的適應力。從資訊的觀點來看，既然演化只是選擇性的資訊流動，選擇最有利生存的資訊，就可以達到強化適應力的目標。問題是什麼樣的資訊，最有利生存？

　　在生物的演化過程中，資訊的傳承是非常重要的。所有的生物，在生下來的那一刻，就已經擁有一些基本的謀生技能。原因是有些資訊，直接就從親代透過複製，遺傳到子代的身上。這個過程一般稱為遺傳。遺傳的作用是將生命資訊直接傳給下一代，免得下一代重複經驗累積的過程。如此一來，就可以讓子代一生下來，就擁有某些能力以利生存。然而，在遺傳資訊複製的過程中，常常不容易百分之百的正確複製。百分之百的正確複製，也未必是好事。由於子代所生存的環境，跟親代多少會有一些變化，故子代將會需要擁有新的技能。因此，在生命資訊流傳的過程裡，需要留下一些產生變異的空間，好讓子代可以不同於親代。在生命資訊遺傳的過程中，如果發生了變異一般稱為突變。突變的作用，是為了讓資訊產生變異，好增加生命的彈性，以利

生物面對無法預料的環境變化。

在生命資訊流動的過程中，資訊的選擇主要是靠遺傳與突變的作用。當生命在一代又一代的演化過程中，為了累積演化經驗，以增強生存的競爭優勢，生物資訊會越來越組織化，所發揮的功能，也會越來越複雜。因此，從資訊流動的觀點來看，遺傳所代表的意義，是資訊秩序程度的累積，換句話說，代表資訊朝「有序」方向演變的傾向。至於突變是使子代有機會，擁有親代所不具備的能力，以因應無法預測的環境變化。既然環境的變化是無法預測，突變當然也就應該是全然隨機，成功的機率才會增加。所以，從資訊流動的觀點來看，突變所代表的意義，是資訊隨機程度的提升，換句話說，代表資訊朝「無常」方向演變的傾向。綜合以上的討論，所謂選擇性的資訊流動，其基本機制只有兩項：有序與無常，有序代表資訊組織化程度的提升，無常代表資訊組織化程度的下降。

生命資訊的流動，主要的兩種方式：一個是有序，一個是無常。從生物觀點來看，遺傳是將有序的資訊，交給下一代，在代代相傳的過程中，逐漸增加有序的程度，提升組織功能整合力量，以增加自己的競爭力。突變則是讓資訊有隨機變異的空間，使得新功能有機會產生，以及避免因為有序過度累積，而形成生命的彈性降低甚至僵化，則一旦環境發生變化，或是突然出現從來沒見過的競爭對手，遭到天擇淘汰的機會將大增。生物觀點的遺傳與突變，就是資訊觀點的有序與無常。

複雜科學的研究告訴我們，複雜系統適應力的極大化，出現在有序與無常的平衡點。原因是這樣的，一個複雜系統如果有序累積過度，造成極度缺乏無常，優點是組織力強大，缺點是生命力萎縮。一旦發生，生命將開始凝結，輕則環境適應不良，嚴重的就會形成柏楊所形容的醬缸，再嚴重的生命將開始結晶而導致

崩解。反之，一個複雜系統，如果無常過度擴張，造成資訊不易累積，優點是生命力旺盛，缺點是組織力萎縮。因為每個世代都要重新學習，不易形成高級組織功能，生命將持續維持低級型態，如同病毒一般。所以，一個複雜系統，如果能在有序與無常之間取得平衡，兼具生命力產生力量充滿活力，以及組織力匯聚力量發揮效率，適應力自然會達到的極大化。只不過，有序與無常的平衡，只是一個理想。任何的複雜系統，都是在有序與無常兩股力量的拉扯之下來回擺盪。在平衡點附近的小幅度擺盪，是正常而且健康的，如果擺盪幅度過大，將造成系統僵化乃至於崩解；或是混亂不堪，沒有競爭力而被淘汰。

有序與無常的觀點，提供我們一個理解所有文化生命體的制高點。從有序與無常的觀點來看，強調自由、民主、人權、開放、競爭的右派思想，及其衍生的市場經濟與資本主義，本質上，代表著無常的基本運作機制。一旦落實將使得文化生命體傾向無常。生命力獲得釋放及創造力提升等，都是正面的發展。但是如果無常的機制，在人類社會被無限上綱，其缺點則馬克思早已說得非常清楚。另一方面強調公平、正義、秩序、穩定、和諧的左派思想，及其所衍生的計畫經濟與社會主義，本質上則是代表著有序的基本運作機制。一旦落實將使得文化生命體傾向有序。組織力大幅提升，競爭力迅速增加。然而，一旦有序被無限上綱，二十世紀的共產主義的實驗，也早已證明其災難性的後果。所以，不論是右派還是做左派，不論是自由民主還是穩定和諧，一旦被無限上綱，必然是社會的大災難，毫無例外。因此，在生命資訊選擇性的流動之中，有序與無常一定要取得平衡，不可偏廢任何一方。

任何一個生命體，由於生命歷程的不同，其資訊之有序與無常的程度均不相同。一般而言，資訊組織化程度越高者，越屬於

高等生物如人類。反之,資訊組織化程度越低者,也就是生命資訊的無常程度越高者,越屬於低等生物如病毒。因此,任何的生物,基於其所擁有之資訊組織化程度的不同,在尋求適應力極大化的過程中,所追尋之有序與無常的平衡點,自然也就各不相同。

因此,任何一個文化,都只能走自己獨一無二的演化之路。任何一個文化,都不可能經由機械式的移植或者學習,讓自己產生新的資訊系統,而只能透過演化的過程,從內部自己演化出新的資訊系統。

8-4 文化的改造

我國將近 200 年來所面臨的問題,其實是一個演化與適應的問題。西方人基於文藝復興之後的思想解放,所導致的科學飛躍前進,與產業革命所形成的生產力,二者結合之下,劇烈地改變了這個世界。中國人在心不甘情不願的情形下,不得不去面對。中華文化既然已經沒有能力,去主導世界的變化,就只好改變自己去適應別人所創造的環境,以追求能夠繼續生存於這個世界。上一波的中華文化改造運動,顯然並不是非常的順利。中華文化改造的大業,仍然需要繼續的進行下去。160 年來的慘痛教訓,往者已矣。然而,如果我們不能徹底了解以前所犯的錯誤,我們將會不斷地重複以前的失敗,則未來文化改造的成果,恐怕也難以樂觀。

生物演化的智慧

從生物觀點看文化,讓我們可以引用生物演化的智慧,做為文化改造的指引。任何一種生物不論多麼的渺小,其億萬年來,

所累積的演化智慧，都是非常令人讚嘆的。如果我們能夠從中學習一二，對於中華文化的改造，必將有莫大的助益。

演化，單純從字義上來看是指演變、變化之義。當然這是中文翻譯。英文原文 evolution 的原意，是指「朝某方向進行之連續相關變化」。這裡所說的方向，是指從較簡單、較低階、功能較差的狀態，朝向較複雜、較高階、功能較佳狀態進行的方向。不論是中、英文，其核心的意涵都是變化。演化所說的變化，乍看是全然隨機毫無目的，長期累積之後卻明顯具有方向性的。當然，大自然的演化是毫無目的的，就像一個「盲眼鐘錶匠」（王道環譯，2002）一般。演化的觀念讓人最難以接受的地方，就在於它否認了一個「有意識的設計者」的存在。一個讓人無限讚嘆的生物界，到處充滿著如此複雜、精密、完美的生命，竟然都是毫無目的、毫無設計的結果，太令人難以置信了。不過，隨這時代的進展，越來越多的人，接受從演化概念來解釋的世界。

演化的智慧令人讚嘆。然而，演化之所以讓我們讚嘆，是因為它的成果。如果我們深入理解，演化的背後的手法或機制，我們將會更為驚訝，演化的基本機制，竟然是如此的簡單，簡單到不可思議，它只是：非隨機繁殖。非隨機繁殖是什麼？Dawkins 曾經用一個很有趣的例子，來說明什麼是非隨機繁殖。

如果我們給一隻猴子一架英文打字機，上面有 26 個字母以及一個空白鍵，一共有 27 個鍵。這隻猴子需要多少時間，才能打出一個有意義的句子？假設這個句子是 I am a monkey。如果猴子的動作，是全然隨機的，在 27 個鍵當中，敲對正確字母的機率是 27 分之 1。每一個字連同空白鍵敲對的機率都是 27 分之 1。因此，猴子要正確敲出這個句子的機率，是 27 分之 1 的 13 次方，即 2.5 乘上 10 的 -19 次方。如果猴子每一秒敲一下，則敲出 I am a monkey 所需的時間，是一千兩百億年，比我們現在這個宇

宙的壽命還長。如果演化真的是全然隨機的，則恐怕我們這個宇宙，到現在還是荒涼一片、毫無生機。

　　現在，讓我們換一個「非隨機繁殖」的方式，看看猴子要花多少時間，來完成這個句子。首先，我們讓猴子隨機敲出 13 個字母。然後，我們就從這一串毫無意義的隨機字母序列，開始繁殖。我們要求猴子一模一樣地複製這一串序列，連續複製 13 次。由於猴子的智商之故，在複製的時候無法百分之百的正確複製，因而產生了某個程度的隨機變異，也就是突變。我們比對這 13 個第一代的子序列，將其中最接近 I am a monkey 的子序列挑出，做為第一代的優勝者，然後將其它的 12 個全部淘汰掉。第一代的優勝者選出之後，叫猴子再重複剛才的繁殖過程，即要求猴子再一模一樣地，複製這一串優勝的子序列，連續複製 13 次。然後再重複一次選擇的動作，選出第二代的優勝者，如此一直持續下去。根據簡單的分析，假設每一個字母產生突變的機率都一樣，猴子每敲 3 次錯 1 次，突變率假設為 3 分之 1。則平均每一個字母，敲 3 乘 27 次，就會敲對。換句話說，平均經過 81 代之後，正確的字串就會出現。猴子每完成一次複製需時 13 秒，複製 13 次需時 169 秒。連續產生 81 代的後代，總共只需要 13689 秒，也就是 3 小時 48 分 9 秒鐘！從一千二百億年，縮減為 3 小時 48 分 9 秒鐘，其間效率的改善是無與倫比的。非隨機繁殖的威力，由此可想而知。

　　非隨機繁殖，必須具備三項非常明顯的條件。第一個條件是：演化是基於既有的基礎，所進行的變化。演化必然是基於既有的基礎，也就是經過累積選擇之後的結果。每一代中經過環境證明適應生存的資訊，直接遺傳給下一代，讓下一代在前人成功的基礎上繼續改善。如果每一次的改變，都要從頭開始，演化就只能是一個全然隨機的搜尋過程，則演化就毫無效率可言。此

外，在資訊選擇的過程中，只有適應環境的資訊，才能直接遺傳給下一代。所以，所謂既有的基礎，就是指從上一代遺傳下來，已經通過環境考驗的資訊系統。

非隨機繁殖必須具備的第二個條件是：演化是基於既有的基礎，所進行之目標導向的連續變化。當然，這個目標是環境給定的，這也是天擇概念的由來。什麼樣的資訊系統，應該遺傳給下一代，要由環境來決定。就如同猴子打字的例子中，什麼樣的字可以被選出來，做為產生下一代的起點，是以它靠近 I am a monkey 的程度來決定，I am a monkey 就是目標。換句話說，資訊流傳的選擇是以能否通過環境考驗為依據，也就是以環境適應力為依據。因此所謂的現狀，就是過去目標導向之變化的累積。現在目標導向之變化，則會累積成為未來的現狀。

非隨機繁殖必須具備的第三個條件是：演化是基於現狀之微小隨機變異的累積。在基於現狀的基礎之上，演化所產生的變異，確實是一個盲目、無意識、無目的、自動化的過程。當然，這是因為變異是一種進入未知領域的搜尋動作，當然是越隨機越好。然而既然是盲目，又怎麼可能朝向目標邁進呢？其中的關鍵就在變異的「微小」之上。正是因為環境的變化，也是不確定的。所有的變異，就不可能有方向。在全然盲目的情況下，任何的變異都是越小越好，因為改善的機率，是隨著變異的增大而降低的（Ridley, 1997）；出錯的風險，則是隨著變異的增大而增大的。因此，變異越小越好，而演化正是如此。「摸著石頭過河」正是第三個條件的最佳寫照。

綜合以上的敘述，演化成功的三項條件，分別代表現狀、目標與途徑。現狀是既有的資訊系統，目標是環境適應，途徑則是微小變異。結合此三者，就可以形成非隨機繁殖。當然成功的文化演化，也必須具備此三項條件。

蛇的飛行能力

飛行能力不論是對於動物還是植物而言，都是一個競爭優勢。很多的動、植物，為了增加自己的存活率，先後演化出飛行的能力。其中，又以蛇飛行能力的演化，對我們中國人來講最具有啟發性。

中華文化，是一種基於圖像式思維的倫理型文化；西方文化，則是一種基於單線式思維的個人主義型文化。二者資訊系統的差別，簡直就有如天壤、雲泥。東西文化的環境、價值體系、各式文物，甚至背後的作業系統，均大相逕庭。因此，兩者之間的文化距離，確實是相當的大。以中華文化的本質，欲改造成為能夠將西方的船堅炮利、民主憲政等等異質資訊系統，內化成為中華文化的一部份，其困難可想而知。160 年來的慘痛經驗，也充份地證明了這 點。

中華文化欲學習西方文明的優點，是有一些基本上的困難，就像在地上爬的蛇，想要演化出飛行的能力，當然會存在一些根本的矛盾。我們現在就以蛇所演化出來的飛行能力，來說明蛇飛行能力的特殊之處，以及對我們中華文化改造的意義。

在討論這個議題之前，我們首先得定義，什麼是飛行能力。所謂的飛行是指運用空氣的力量，持續與重力對抗的活動。飛行能力指的是運用空氣的力量，來持續跟重力對抗的能力。鳥類當然是其中的佼佼者，對於空氣力量的運用，已經達到相當高級的境界。其它很多的動、植物，也會運用空氣的力量，來跟重力對抗，只是其能力高下各不相同。不論能力的高低，我們都將之稱為飛行能力。

鳥類、昆蟲的飛行能力來自於翅膀，蛇並沒有翅膀，要如何才能擁有飛行能力？全盤鳥化？長出翅膀？首先，蛇可以模仿像飛鼠之類的動物，在四肢之間長出膜狀物，來裹脅空氣為我所

用。然而，像蛇這樣的動物，身體的長度與寬度的比例相當的大。如果也要用同樣的方式來飛行的話，要長出多大的膜狀物，才能把自己的樣子，約略變成像個降落傘，而勉強具有運用空氣的能力？不要講演化的困難度非常高，即便是確實長出來了，強度的要求也必然使得其厚度增加，或甚至得在其中，長出骨頭來支撐。如此一來，重量必然會增加許多，飛行效果一定會被抵消掉。或者蛇可以先長出四肢，再在其間長出一片皮膜，來裹脅空氣，以便獲得飛行的能力。只是，這樣的演化，恐怕是更不可思議。因此，蛇如果想飛的話，一定不會走這條路，即便走了也會被天擇所淘汰。

重心的位置，對於飛行的穩定性，是非常重要的。如果蛇長出了翅膀，其細長形的身軀，就得要縮短，否則重心位置的控制，將會非常的困難。所以，如果蛇的演化，走向長出翅膀之路，就得要同時開始改變身體的形狀，則它所面臨的困境，恐怕是很難克服的。另外，如果蛇長出了四肢或是長出了翅膀，蛇又要如何的爬行？蛇當初放棄了四肢改為爬行，就是為了要獲得運動的靈活性。一旦蛇的身軀，開始長出東西，不論是四肢還是翅膀，蛇運動的靈活性會立刻喪失。長出四肢或翅膀所需要的時間，最少也要幾百萬年。在這麼長的時間之內，蛇運動的靈活性已經喪失，飛行的能力又還在未定之天，蛇將會面臨什麼樣的險境？如果蛇真的朝這個方向演化的話，豈非正是「邯鄲學步」的寫照？想要追尋的能力沒得到，自己原來的能力卻因而喪失。生物的演化是不可能這樣進行的。

飛蛇的飛行方式是這樣的。當蛇想要藉著空氣的力量，讓自己跳躍的距離增大時，通常蛇會從樹上一躍而下。蛇首先會將自己的肋骨展開，儘量攤平擴大與空氣的接觸面積，如圖 8-8 所示形成了一個約略上禿下平的形狀。蛇之所以能夠這樣做，是因為

平時肋骨收縮　　　　　飛行時展開肋骨

圖 8-8　蛇在飛行時展開肋骨，以便在快速扭動時可以產生升力

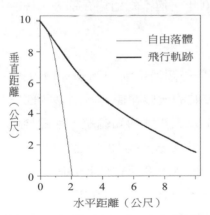

圖 8-9　蛇以快速扭動身體的方式飛行

圖 8-10　蛇飛行時的軌跡，與自由落體軌跡的比較

蛇的肋骨，本來就是活動的，這是蛇的長處。然後，蛇會將身軀快速的來回扭動，就像蛇在地上爬行一般，如圖 8-9 所示。一旦蛇的身體與空氣產生了相對速度，基於蛇肋骨張開後的斷面形狀，通過上方氣流的速度會較快，通過下方氣流的速度會較慢，根據伯努力定律速度差造成壓力差，升力就產生了。當蛇可以運用升力來對抗重力時，蛇就不再是只能以單純的拋物線，從樹上掉下來了，而是明顯形成一個滑翔的軌跡。如此一來蛇所跨越過的距離，如圖 8-10 所示，就可以放大五、六倍之多。

飛蛇的飛行方式，很清楚的呈現給我們，大自然的智慧之所在。當一個經過選擇過的長期演化出來的生物資訊系統，由於環境的變遷，須要去獲得另一種能力，以便提升自己的存活機率。換句話說，就是需要演化出新的資訊系統，而且是在資源有

限的情形下。大自然的做法非常清楚,首先必然是基於既有的資訊系統,做為改善的起點。其次,也必然是目標導向的。大自然的演化,只追尋環境適應目標的實現,完全不管演化的路徑、過程或方式。用一句通俗一點的話來說,就是「為達目的,不擇手段」。第三,基於既有資訊系統的不同,當不同的生物,即使要追尋的是同一個目標,大自然的做法:基於現狀之微小隨機變異的累積,必然造成每一條演化路徑,都是獨一無二的。換句話說,每一種生物都是在「走自己的路」,毫無例外!沒有一種生物會去「學習」另外一種生物的資訊系統,因為毫無意義。因此,一個資訊系統,若要成功的改造,首先必然是誠實面對自己的優缺點,再確定追尋的目標,接下來再以「摸著石頭過河」的方式來「走自己的路」,這才是大自然所展現的最高智慧。我們中華文化的改造,如果也能遵循這樣的思維,成功的機率將會大幅的提高,至少不致於失敗了 160 年,還不知道錯在那裡。

韓航的改造

　　韓航的變化在國際航空界,是一個很特別的例子。1999 年 Delta 航空與法航,分別取消跟韓航的伙伴關係。美國國防部禁止駐韓美軍,搭乘韓航的班機。加拿大正式通知韓航,準備禁止韓航班機,飛越加拿大領空。甚至韓國總統金大中,都取消了韓航做為總統班機的資格。此時,韓航的形像已經掉到谷底。原因當然是韓航的飛安記錄,實在是慘不忍睹。從 1980 年到 1999 年之間,韓航總共發生 8 次重大空難,死亡人數高達 710 人。平均的航空失事率,幾乎是美國的 20 倍。

　　韓航會成為話題的原因,並不是因為它飛安記錄的慘不忍睹,而是因為自從 2000 年之後,至今未再發生任何重大的航空事故。

公元 2000 年，韓航從 Delta 航空，請來了一個美國人，他的名字叫做 David Greenberg。Greenberg 到了韓航之後，他所採取的第一個步驟，乍看之下跟飛航安全好像沒有什麼直接的關係，確實也是如此。他沒有進行任何人事的調整，也沒有任何清算整肅的動作，更沒有趕走不合格的機師。他先全面檢查所有飛行員的英語程度。當然有的英文很好，有一些則確實有問題。然後，他提出了一個英語精進計畫，來全面提升飛行員航空英語的熟練程度。接下來 Greenberg 引進一家波音的子公司 Alteon，全面接管韓航的訓練業務。從此韓航所有的訓練，一律使用英文。只要組員進入駕駛艙，一律要求使用英文。全球航空界的官方語言，本來就是英語。現在，韓航的官方語言也是英語。任何飛行員，只要想留在韓航，英文就一定要在水準之上。如果有人英文不好，也不會把你撤職，而是讓你先去學英文，把英文弄好，符合標準之後，再回來公司。當然學英文的錢得自己付。

Greenberg 並沒有裁掉韓國籍的飛行員，然後去聘請外籍機師，來解決文化上的問題。他主要的作為有兩項，一是讓韓航的機師，了解到文化傳統的重要性，願意誠實地面對文化傳統中與飛行世界格格不入的地方，好讓他們能夠做出改變。二是提供英文做為一個濾波器，至少在座艙內透過英文，將某些韓國的文化傳統，隔絕在座艙之外。

文化改革的第一步，必然是誠實的承認自己的缺點。這一點是極端重要的。任何的文化傳統一旦形成，不論是什麼原因，通常都會維持很久。即便是傳統形成的原始原因消失之後，傳統依然還會繼續延續下去。原因是這樣的。傳統一旦成形，就會以價值體系的型態，「長」在我們的腦袋之中，形成了我們大腦中的「腦神經網路電流活動之特定時空型態」。根據大腦「用進廢退」的特性，當然會在我們的腦中存留很久。除非我們開始相

信，這個傳統不再是對的，再依據用進廢退的特性，它才會從我們的大腦中，慢慢地消逝。否則，該文化傳統將會持續上百年、上千年。在人類的歷史上，這樣的例子比比皆是。

任何的語言，都有它背後所要傳遞的訊息與意義。這些訊息，全部都受到各自文化的影響。因此，在將一種語言翻譯成另外一種語言時，有些來自文化上的意義，是非常難以完整翻譯的。例如「人情」要完整的翻譯成英文，就極端困難。目前的翻譯是 favor。然而，任何人都可以理解，二者的差距真的是很大。另外，武俠小說中的「江湖」，恐怕也找不到適當的英文，來完整傳遞其中的訊息。有人使用 underworld，恐怕還是很離譜。除此之外，就以最簡單的「關係」而言，如果翻成 relationship 乍看好像合理，仔細一想我們就可以知道，relationship 跟關係差太遠了。我國有一句話：「有關係就沒關係，沒關係就有關係」，任何人都可以嘗試用 relationship 來翻翻看這句話，結果必然是慘不忍睹。

語言，可以做為一個很有效的文化濾波器。因為，有些來自文化上的深層含意，是無法跨越語言的藩籬。只要翻譯成另外一種語言，一部份的訊息，就已經被濾掉了。因此，當韓航組員在座艙內，完全使用英文溝通時，挾在韓國母語中的威權意涵，就已經沒有辦法再完整的傳遞。整個座艙內的溝通，立刻變成相當的西化。造成多次事故的韓國威權化文，立刻獲得大幅的改善。西方人眼中的權力距離，也因此很快地下降了許多。換句話說 Greenberg 的做法，是透過英文將座艙轉化成一個對威權文化免疫的地方；透過英文，提供一個讓韓國飛行員，可以逃脫文化傳統影響的管道。事實證明 Greenberg 是成功的。

另外，語言會影響思維方式。這個影響是強迫式的，因為每一種語言都有它的文法，想要用該語言來表達溝通，就必須遵循

其法則，思維方式就必然被迫要跟進，否則就無法使用該語言。一旦韓航的飛行員，逐漸適應以英文，來溝通任何有關飛航的訊息時，其思維就已經被迫開始靠近航空體系原始設計的思維方式了。所謂的文化衝突以及所造成的格格不入，就會逐漸開始弱化。

對於韓航文化轉型成功的原因，有一點是我們中國人特別應該注意的。韓航的改革，並沒有進行任何形式的全盤西化，也沒有人去打倒孔家店。韓航的飛安記錄不佳，一般認為是來自威權文化。韓國人對於上下尊卑的區分，一向是非常嚴謹的。韓國的威權文化毫無疑問的，正是傳承自中國的儒家文化。理論上韓國人若要改善飛安，就應該剷除來自中國的威權文化，更要打倒孔家店才對。事實上他們並沒有這樣做。當然，主持改革的是一個美國人，美國人對於韓國的威權文化，不會有任何情緒上的反應。Greenberg 只是很簡單的基於現狀，找出問題之所在，提出改革之道而已。所以，韓航改革成功的基本原因，就是尊重既有的資訊系統，做為改善的起點。再摸索出，連繫現有之資訊系統與達成目標所需的資訊系統，二者之間的最短路徑。

韓航文化改革成功，所帶給我們的教訓就是：任何所謂的「全盤西化」「打倒孔家店」等，不尊重既有基礎的改革，成功的機率都是非常小的。

基督教的改造

基督教在中世紀的時候，不但是個邪教還是個殺人如麻的邪教。羅馬天主教會於 1220 年建立異端裁判所亦稱宗教法庭。宗教法庭建立以後，凡被控為異端者，毫無例外的都遭到秘密審判受到嚴刑拷打。輕者監禁或終身監禁，重者處以極刑絕無倖免。宗教法庭成立後的五百年中，遭迫害致死者以百萬計。據羅馬教

會的資料記載，在 15 世紀以後的 150 年間，羅馬就燒死了三萬人。西班牙的異端裁判所尤為殘暴，1483 年至 1820 年間，受迫害者竟達三十餘萬人，其中火刑處死者，就高達十幾萬人。

教廷攏斷了聖經的解釋權，不服從教廷解釋的，立刻加以嚴厲的制裁。除此之外，基督教會內部的腐朽，也已經到了讓人民群眾，再也無法容忍的地步。基督教向人民徵收的稅，如傳教費、埋葬費、聖水費、祈禱費等等，五花八門多如牛毛。有人指出甚至於老太婆為了讓強盜和小偷找不到，而藏在頭巾裡的最後一枚銅元，也被教會奪走！更不可思議的，是教廷發行的所謂「贖罪券」。16 世紀教皇利奧十世，以建造羅馬聖彼得大教堂為名，而聚斂錢財用發放和出售贖罪券，來搜括人民的財產。教皇宣稱他「掌握一切犯罪者的名單，和對每一椿罪惡的懲罰」，但不管什麼人犯了什麼罪，只要按規定價格，購買教皇所發行的贖罪券，就可以使自己的罪惡得到赦免。教皇一方面委派各地的教士，作為他的代理人，到各個基督教國家銷售贖罪券，同時還委託商人們代為推銷，要他們挨家挨戶沿街叫賣。

除了殺人如麻與徹底的腐敗之外，基督教還是數百年來，西方帝國主義奴役、掠奪、迫害全球的馬前卒。西方帝國主義，總是先派出傳教士，然後是商人，接著是軍隊，最後是殖民地的總督。在人類近代的歷史上，有兩大永遠無法磨滅的污點，一個是種族主義另一個就是殖民主義。因為這兩種意識型態，在根本上都是不尊重人性的。非洲人曾經非常生動地描述了基督教如何的配合殖民侵略：「歐洲人剛來時，他們有聖經，我們有土地。而現在，我們有了聖經，他們卻拿走了土地」。基督教做為西方帝國主義殖民全球的共犯，同樣積極地參與了非洲黑奴的買賣。

然而，一個雙手染滿血腥惡名昭彰的基督教，在中世紀之後，竟然能夠翻身一變，成為韋伯心目中，西方資本主義之所以

成功的核心關鍵（于曉、陳維鋼等譯，2006），確實是讓人感到非常的驚訝。

　　西方資本主義的運作，不僅需要生產的技術與手段而已，還需要一個可靠的法律制度，和按照規章辦事的行政機關。這樣的法制與機關，在西方很早就已經發展到相當完善的狀態，從而一直有利於鼓勵追求私利的經濟活動。且已經運作成功了數百年，並成為全球所有國家模仿的對象。韋伯將西方這一體系的成功，歸因於資本主義精神。那麼，資主義精神又是什麼呢？我們在每一個美國人身上，幾乎多多少少都可以看到一種氣質，他們不僅把自私自利當成天經地義，還把自私自利所得到的成果，當成是一種光榮在炫耀。如果我們要用一句簡單的話，來形容這種氣質「道德功利化、功利道德化」，將會非常的貼切。資本主義的精神說穿了，就是唯利是圖的精神，把功利視為美德的價值觀。

　　可是一個如此奇異的價值觀，一個幾乎在所有的文化中，都被否定的價值觀，又何以能如此的成功？如果沒有非常深刻的原因，是很難令人置信的，確實如此。如果我們單從表面上來看，會覺得資本主義精神是貪婪的、邪惡的、無恥的。但是，資本主義精神，卻有其更深一層的核心倫理存在。對西方人來講，謀利、賺錢、累積資本，本身就是目的。賺錢如果是手段，就表示錢賺來，是為了達成某個目的。對許多文化而言，賺錢確實只是手段。錢賺的目的，是為了享樂、或是為了滿足物質需求、或是為了顯揚父母、或是為了留給子孫。西方資本主義下的賺錢，卻並非如此。賺錢，既不是為了滿足自己物質的需求，也不是為了享樂，更不是為了任何其它的目的。賺錢的本身就是人生終極的目的。

　　這樣的價值系統，乍看是與一般的價值顛倒，但卻是資本主義非常重要的一個基礎。韋伯認為這個基礎，來自於基督教的新

教倫理。

在聖經箴言篇第 22 章第 29 節中，有一句話是這樣說的：「你看見辦事殷勤的人，他必站在君王面前」。這個倫理傳統，來自於克爾文教派清教徒的倫理觀。約翰克爾文是法國人，青年時代在巴黎學習，到受馬丁路德學說的影響，克爾文積極提倡宗教改革，而被羅馬教廷指控為「異端」，被迫流亡到了瑞士。1535 年克爾文寫了一本書《論基督教原理》，書中闡明其宗教改革主張，並以此從事反天主教的宣傳活動，從此逐漸形成了系統化的宗教改革思想。此後，克爾文及其追隨者被稱為克爾文教派。克爾文繼承了路德「信仰可得救」的思想，及其建立「廉價教會」的主張，他的宗教改革學說，卻比路德更加激進。他提出了建立「民主教會」的主張，和所謂的「預選說」。他認為人的命運，早已為上帝所注定，現世人的富貴與貧賤，就是上帝「選民」或「棄民」的標誌。因此，他鼓勵信徒們在世時積極活動發財致富，用以證明自己被上帝「選中」，以「升天國獲救」。

16 世紀中期，克爾文教派傳入英國。克爾文教派所宣傳的教義，以及「民主教會」的組織形式，符合當時英國新興資產階級，和新貴族的利益。於是，他們高舉克爾文教派的「清教」旗幟，發動宗教改革運動，要求對英國國教的教義和禮儀，進行根本改革，清除天主教的影響，削減教會費用，反對教會勒索，主張淨化教會故被稱為「清教徒」。

原來如此！這些基督教徒，把賺錢本身當做是目的，是因為要透過現世的財富累積，證明自己是被上帝選中的，證明自己是一個「辦事殷勤的人」，好光榮地「站在君王面前」！

清教徒的倫理，使得基督徒認為，累積財富是一個人的天職，目的是讓一個人，可以光榮地回到上帝的身邊。因此，一個鼓勵大家努力工作追求富裕，卻又同時可以壓抑個人私欲的資本

主義精神，就開始慢慢形成。這樣的一套思維，來自克爾文。克爾文的觀點，又是受到了馬丁路德的影響。馬丁路德是誰？馬丁路德正是現代基督教轉型的關鍵人物。中世紀時他所領導的運動史稱「宗教改革」。

基督教在中世紀的腐敗其核心關鍵，是教廷對聖經解釋權的壟斷。對聖經的解釋，一旦可以完全的壟斷，教廷就不僅只是上帝的代言人而已，教廷根本就已經綁架了上帝。教廷不但必然會以對自己最有利的方式，來解釋聖經；還會進一步地將自己的企圖，以上帝之名來實現。而且，還以暴力的方式，來阻止任何人的質疑。因此，人心的邪惡就開始披著上帝的外衣，四處泛濫橫行無阻。中世紀的基督教之所以變成邪教，原因就在這裡。

既然人可以按照自己的形像，創造了上帝，人當然也會按照自己的意思，來解釋上帝的話——聖經。如果教廷可以這樣做，沒有理由教徒就不能這樣做。馬丁路德的宗教改革，核心的源頭就在此。

馬丁路德是德國人，出生於農民家庭。路德年青時他的一位好友，因為批評教皇的贖罪券，被定罪為背叛上帝而活活燒死。好友的慘死，讓路德大受刺激。從此以後路德放棄了他原來從事的法律，改習神學。數年後，路德被任命為神父，還被聘為神學系教授。在一次前往羅馬訪問教廷的機會中，路德得以一窺令他徹底改變的教廷內幕：教廷的腐敗、教皇的窮奢極侈、神父修女的荒淫不羈……。所有的一切，都使得路德對教廷的不滿，達到難以再繼續容忍下去的地步。

1517 年教皇的代表，來到德國推銷贖罪券。路德站了出來，公開批評教廷侮辱和背叛上帝，並提出了 27 點宗教改革方案。路德主張：人只要虔誠的信仰上帝，苦讀《聖經》和懺悔自己，便可得救。無須透過教皇，人人都可以「直通上帝」這叫做「信

仰可得救」。他反對教皇擁有至高無上的特權，反對教皇舉行奢侈繁瑣的宗教儀式，要求建立「廉價教會」，並提倡人人有讀經及講經的自由，主張削減教會的苛捐雜稅。此外，路德努力著書批評教廷發表了《改革論》一書，明確提出反對教皇專制，反對教會和教階制度。路德在此基礎上創立了「新教」也就是「新的基督教」。

　　路德對基督教所做最大的改變，就是把聖經的解釋權，從教廷手中釋放出來，還給每一個教徒。從此以後，每一個教徒，不但可以依照自己的看法，來解釋聖經，還可以公開傳播自己的解釋，並爭取教徒的認同，成立教會建立教派。如果我們用政治來對比的話，馬丁路德的貢獻可以稱為「基督教的民主化」。一旦每一個人，都可以自由解釋聖經之後，「一本聖經、各自表述」，結果當然就是各種論述，有如雨後春筍一般，紛紛冒了出來。當各式各樣的資訊變異出現之後，天擇的機制就開始運作了。誰最符合環境的需要，誰就可以存活下來，其它的就很自然地被淘汰了。克爾文教派的清教倫理，宣揚積極開展工商業活動是「上帝派遣的神聖使命」，以及發財致富是「上帝的恩寵」的清教倫理，正好趕上英國的產業革命，而廣為大家接受，一直流傳至今。

　　基督教改革成功的關鍵何在？因為符合生物演化的規則而已！不論是馬丁路德，還是約翰克爾文，不論他們對教廷多麼的不滿，都沒有人說要「打倒上帝」「打倒耶穌」，更沒有人要「全盤 X 化」。馬丁路德的基督教民主化運動，並沒有摧毀既存的資訊系統，他還是以聖經為依據，只是容許資訊的變異，大量的出現而已。最後，由克爾文教派所代表的資訊變異：資本主義精神，由於最符合產業革命後所形成之社會環境的需要而得以成功。

第九章

期待公孫・亞里斯多德・龍

　　我們的老祖宗，曾經在春秋戰國時代，針對各種問題，建立了各種不同的思想與學術領域，也就是所謂的儒、道、墨、法等之九流十家。自從秦始皇一統中國，天下底定之後 2000 年來，再也沒有出現過任何新的一家。早熟的中華文明，在思想上明顯已經進入了停滯的狀態。500 多年來包含科技在內的西方文明，卻突飛猛進。進入 20 世紀之後，西方文明已經徹底改變了整個地球，甚至開始改變人類自己。在地球上，已經無人可以逃離撲天蓋地而來的西方文明，包括我們中國人在內。面對一個如此迴異於中國、完全不同於中國傳統思維的文明、強迫我們承受痛苦與羞辱的文明，我們當然毫無選擇地，應該思考如何面對它，並建立一套哲學思想，將西方文明融入中華文化，就像佛教一樣，使其成為中華文化的一部份。換句話說，我們需要在九流十家之外，建立新的一家，能夠提供我們面對西方文明的思想指導，以及產生新文化生命力的泉源。這樣的一家必然是產自中國本土，在不否定中國本土文化的基礎上，建立一套全新的思想，能夠兼容中西方的文化。一方面將西方的語言邏輯納入，另一方面又同時保有中華文化的洞察力。根據將近 200 年來的慘痛教訓，想要靠著引進文物，來更新自身文化的念頭，是不可取的。因為不論該文物是多麼的偉大，即使是像民主與科學，都不可能成功。認為將價值移植進入本土，然後就能期待它成長茁壯的做法，也同樣注定將是徒勞無功的。此外，任何新的一家只要想將西方語言

邏輯融入本土，並使其成為本土文化的一部份，任何單單提出新的價值系統、新的人生觀、新的宇宙觀等等作為，都是遠遠不夠的。因此，未來的中國一旦真的出現了新的一家，具有吸納西方文明的能力者，必然要從修正我國傳統思維方式開始。

9-1　思維方式與物競天擇

一百多年以來，我國學習西方的科技以及典章制度，可謂是辛苦備至血跡斑斑。由於我們始終抱著迎頭趕上的學習心態，以及直接移植的急迫態度，不但一開始就誤入了歧途，甚至到了今天，仍然沒有弄清楚，我們到底錯在那裡。如果我們知道自己錯在那裡，怎麼會去搞一個如此千瘡百孔的教育改革呢？怎麼會去追尋從來就沒有成功先例的美式民主呢？以致於讓自己從令全球稱羨的奇蹟，倒退到整個社會幾乎停滯了 20 年，到現在還不知道將伊於胡底呢？

從一開始追尋船堅炮利的自強運動，在不了解其背後價值的情形下，欲學習其文物導致失敗。其次，變法維新運動重蹈覆轍，又在不了解其背後價值的情形下，欲學習其文物，招致再次的失敗。接下來辛亥革命後，隨著失敗教訓的累積，學習的深度雖有所進展，欲從文物的學習，推進至價值體系的學習。然而覆轍依舊，繼續在不了解其背後環境的情形下，欲學習其價值，以失敗告終。後來，不論是資本主義的改革還是共產主義的改革，依然不脫此錯誤的思維模式，總是在不了解其背後環境的情形下，欲學習其價值，成功當然是不可能的。

從自強運動以來，我國最深刻的改革，應該算是五四新文化運動。新文化運動追尋的是文化的徹底改造，其結果卻是更徹底的失敗。五四新文化運動的第一個謬誤，是誤以為文化是可以移

植的。渾然不知任何的文化，都是環境的產物，在不具備外來文化的環境條件之下，任何的移植都不可能成功。五四新文化運動的第二個謬誤，是毫不尊重我國既有的文化現狀，誤以為摧毀既有的資訊系統，就可以移植外來的資訊系統於中國。因此，在學習西方先進文明的道路上，五四新文化運動最大的成果，是將中華文化置於徹底的虛無之中。邯鄲學步的結果，讓中國迷失了將近 100 年，到現在還沒回過神來。

回顧 100 多年來的每一次改革，都有一個很大的共同點：都不尊重既有的資訊系統，以致於所有的改革，一開始就沒有站在一個紮實的立足點之上，第一腳就踩空了。沒有起點，當然那裡也去不了。這也正是柏楊的看法：當我們不能誠實面對自己缺點的時候，我們將無法學習別人的優點。

100 多年來的失敗，原因其實也很簡單：看問題的基本觀點發生錯誤，使得所有文物、價值、環境的學習，都不可能逃脫失敗的命運。因為，文化改造是一種環境適應，既不是學習更不是移植。既然是環境適應，則基於生物學的觀點，才能提供我們正確的看法。所以，討論所有的文化議題，都不可以背離演化與適應的基本觀點。任何的文物背後都有相關價值體系的支持；任何的價值，都來自於背後環境的塑造；而環境的學習，根本就是一個荒謬的想法。一旦有了這樣的認知，我們就會知道，任何的文化改革運動，都要基於既有的資訊系統，做為立足點開始，再以目標為導向，以摸著石頭過河的方式，不斷的累積成果，走出自己獨一無二的成功之路。

但是，有了基於生物學的觀點之後，以生物演化智慧為學習對象，問題就解決了嗎？恐怕沒有這麼簡單。生物的演化是以碳水化合物為載體，所進行之選擇性的資訊流傳。人類文化的演化，則是以大腦神經網路為載體，所進行之選擇性的資訊流傳。

兩者的資訊選擇，存在一個很基本的不同。生物資訊在選擇的時候，是物理化學等的物質機制，也就是自然律，在主導資訊的變異與選擇。文化資訊的選擇，毫無疑問的受制於當時大腦所提供的環境。換句話說，生物資訊在產生變異的時候，是全然隨機的；文化資訊在產生變異的時候，則受制於人類大腦的運作方式。所以，人類的主觀意志，會影響到資訊的變異與選擇。大自然的產物，跟人類文化的產物，之所以會具有非常明顯的不同，原因就在這裡。

然而，人類的大腦神經網路，提供給資訊變異與選擇的，是什麼樣的環境？任何的資訊進入到人類的大腦之後，必然是以電流活動的方式呈現。而人類的大腦神經網路，卻由於用進廢退的特性，使得電流活動，沒有選擇地均以特定之時空型態在運作。這個型態正是人類的思維方式。所以，我們的思維方式，就是文化資訊在變異與選擇的時候，所必須適應的環境。因此之故生物的演化，是大自然的「物競天擇」在主導。文化的演化，則是人類大腦的「念競意擇」在主導。文化的生物觀點只能提供我們文化的「是什麼」。人類大腦的思維方式，才能提供我們文化的「為什麼」。我們將思維方式，視為人類文化的「作業系統」，因為它決定了資訊資源的分配，也決定了價值與文物的型態與組成。所以，人類文化的演化，成功失敗的核心關鍵就在思維方式。

日本明治維新的成功，可以提供一個強而有力的佐證。日本在明治維新之前，不論是文物、價值還是環境，各方面都與我國極端的類似。然而，當西方人挾著以科學為基礎的船堅炮利，敲開兩國大門的時候，何以兩國對於西方人所強加於頭上的環境，其適應的方式是如此的不同？兩者適應的成效，又會差異如此之大？如果單從比較當時中日兩國的文物、價值以及環境的話，不

可能找到令人滿意的解釋，不論是費正清還是黃仁宇都不能。表面上來看，中日兩國的文物、價值以及環境，確實是極端類似。但是，中日兩國人民的思維方式，則是大相逕庭。中國人的思維方式，是基於書畫文字的圖像式思維。日本人的思維方式，則跟西方人非常的接近，都是基於拼音文字的單線式思維。因此，當中日兩國的人民，在面臨環境刺激出現的時候，文化資訊的變異與選擇，必然會大不相同，文化演化的途徑，當然就會跟著產生很大的差異。結果，一個適應成功，另一個則適應失敗。

思維方式，是人類文化的作業系統，決定了價值與文物形成的型態與組成。思維方式是文化的建築師，資訊是建材，文物則是建築物。相同的資訊，不同的思維方式，所形成的文化面貌，將全然的不同。100 多年來的失敗，很清楚的給了我們一個教訓。我們需要基於文物、價值、環境 3 層次，以及考慮思維方式，做為文化作業系統的思維文化理論，讓我們更誠實的面對自己的文化與西方的科學，否則無以理解問題的癥結之所在。

我國傳統的思維方式，受到六書書寫之漢字的影響，是基於書畫文字的圖像式思維。圖像式思維最大的優點是長於洞察。長於洞察的結果，使得中國人從遠古時代開始，在很多的領域中，就得以不斷地創造出，許許多多令人讚嘆的傑作。李約瑟的巨作，已經充份地說明了這一點。長於洞察的優點，也是中華文化之所以早熟的根本原因。當世界上的其它民族，還處於民智未開的階段時，中國人對世界的理解，就已經達到相當先進的地步。因此，在西方文藝復興之前，中國文明得以遙遙領先西方。然而，早熟必然導致早衰。當中國文明各個層面的整體發展，還不足以跟上先進的思維方式時，思想的停滯就成為無法避免的結果。

我國的圖像式思維，是一種二維的思維。不若西方單線式的

思維，僅屬於一種一維的思維。從資訊處理的觀點來看，二維思維當然比一維思維要來的高級，資訊處理的能力，也高出一個等級。所以，中國人才能在很早的時候，就已經看穿了宇宙間的很多事情。然而，正因為圖像式思維，是一種比較高級的思維方式，數千年下來，中國人始終知其然而不知其所以然，無法徹底了解圖像式思維運作的機制。造成了永遠只有少數的秀異份子，才有能力發揮其所長，並得以屢屢創造奇蹟。對大多數人而言，既無法繼承這種能力，更無能去繼續發揚光大。反觀西方人的單線式的思維，由於是一種較低級的思維方式，以及符合語言的特性，西方人早在希臘時代，就已經針對單線式思維的運作機制，進行了探討與研究，並獲致相當的成果。亞里斯多德甚至還由此建立了他的分析學。當然簡單的東西總是比較容易理解。文藝復興之後，西方人藉著對單線式思維運作機制的掌握，在文明的創造上，終於卓然有成大放異彩。西方文明開始大步邁進，並超越中國甚至主導全人類的文明發展。

由於思維方式的差異使然，中國文明的早衰，與西方文明的大步向前，形成了 15 世紀之後，全球文明發展的基本格局。對於一個早熟又早衰的文明，處於這樣一個危急存亡的險要關頭，要如何才能追尋中華文明的躍升，將是二十一世紀，每一個中華兒女，無可推卸的使命。問題是中華文明要如何才能躍升？所幸，人類火箭科技的發展史，從問世、沒落到重生的生命史，正是一個資訊系統，從早產到因缺乏相關條件的配合而沒落，然後等到因緣成熟之後，又再次重生的範例。現在我們就以火箭為師，看看我們能得到什麼樣的啟發（景鴻鑫、何崇德、彭上吉，2007）。

人類的火箭，雖然遲至 20 世紀，才形成帶領風潮、引導流行的態勢。然而，火箭的問世卻比「船堅炮利」的出現，要早上

好幾百年。火箭，確實是一種相當早熟的科技，就像早熟的中華文化一般。

火箭，是我們中國人發明的。歷史上，沒有人懷疑這一點，除了少數有種族優越感的西方人之外。至於，我們的老祖宗，是什麼時候發明火箭的，則早已渺不可考。但是，早期的火箭，是用火藥推進的，因此，火箭的發明，必然是在火藥之後。火藥，是我們中國的老祖宗，對人類文明的偉大貢獻，號稱中國四大發明之一。西方人文藝復興的 9 項發明與發現，就有 3 項是來自我國，火藥就是其中之一。

北宋年間西元 1044 年，正當我國北宋仁宗時代。大臣曾公亮，受仁宗之命編輯了《武經總要》一書，是當代最完整、最詳細、最權威的一部官方軍事百科全書。書中就清楚地記載了 3 種火藥的配方。書中的記載，也是人類歷史上，有可靠文字記載、最早的火藥配方，連比例都有。因此，確實有文字記載的火藥發明年代，是西元 1044 年。

大約在西元 1180 年左右，江南一帶，民間就已經流行著，各式各樣且花樣繁多的煙火，作為遊樂、慶典之用。其中有一種叫做「流星」。其做法是將火藥裝入紙筒，筒上口用一層泥巴封住，下部則留一噴口。用引信點燃之後，火藥燃燒，從噴口噴出的火燄與氣體，可以讓紙筒升空飛起來。紙筒飛行的時候，從噴口冒出的火燄，使得飛行的紙筒，看起來有如流星一般，劃空而過，所以叫做流星。其實，流星就是我們今天所看到的沖天炮。除了流星之外，另一種煙火是「地老鼠」。地老鼠屬於旋轉型煙火，其原理為利用紙筒內之火藥燃燒時，所產生的氣體，向外噴射時，所產生的反作用力，安排成圍繞一個軸心旋轉。點燃之後，會在地面上高速旋轉，有如老鼠在地上亂竄一般。另外還有一種煙火叫做「起輪」，起輪跟地老鼠很類似，唯一的差別是，

紙筒的噴口不只偏向外，還偏向下。點燃之後，會同時升空並旋轉，再加上噴出的煙火，相當引人注意。

不論是「流星」或「地老鼠」以及「起輪」，它們都有一個共通之處，它們都是利用反作用力的原理所製成。也就是利用火藥燃燒時，所產生的氣體，加以導引從噴口噴出，所引發的反彈現象，使得紙筒被迫，沿著與氣體噴射方向相反的方向移動。用牛頓理論的術語來說，就是反作用力原理。上述三種宋朝時代的煙火，充份證明了早在十二世紀末年，我們的老祖宗，就已經充份地掌握到了反作用原理，並透過火藥的使用，創造出相關的反作用力裝置。當使用火藥的反作用力裝置相繼問世之後，火箭的出現在歷史舞台，只是時間的問題而已。

我們的老祖宗，早在中古時代，完全不具備任何化學知識的情形下，發明了火藥；更在完全不具備任何力學知識的情形下，發明了反作用力裝置。而且還將該裝置，做成多種兵器，用在戰場上。來自於圖像思維的強大洞察力，相信必然有其不可忽視的貢獻。

然而，火箭在中原問世之後，很快就遇到難以跨越的瓶頸。因為其它所有相關的知識，都還沒有問世。傳統火藥的燃燒效率，始終無法提高，因為化學知識的缺乏，使得所產生的推力，一直不盡理想。加上無法對空氣動力，產生更深入的了解，飛行效率自然無法提升。當然，因為當時根本就沒有空氣動力學，那是好幾百年以後的事。當時整個火箭的技術，不論是火藥本身、材料、射程、穩定性的問題以及控制與導向，我們的老祖宗根本就還一無所知。所有這些的相關知識，都要等到數百年之後，才會相繼問世。使得整個火箭的技術層次，不易大幅提升。在人類武器發展的道路上，驚鴻一瞥之後，火箭就逐漸讓位給火炮，並在戰場上消失了數百年，直到 20 世紀。

圖 9-1　公元 1232 年的蒙金開封府之戰，金人所使用的飛火槍

　　從另一個觀點來看火箭，我們也可以這樣說，火箭問世得太早了。在人類各項相關的知識，都還不具備之時，火箭就被發明出來了。使得火箭成為一種「早產」的武器，培養這個早產兒成長茁壯所需要的各種養份，都還並不存在，「早夭」就成為火箭無法避免的命運。直到進入 20 世紀，人類的各項科技的長足發展，火藥、燃料、金屬材料、電子科技、空氣動力、控制、機械製造等，都已經成熟到某一個程度之後，火箭才終於得以風雲再起，以致命武器之姿，重新出現在戰場上，並主導人類軍事科技的發展，直到今天。

　　公元 1918 年，第一次世界大戰結束，德國戰敗。世界各國代表齊聚在巴黎，史稱巴黎和會。在巴黎和會中，各國最後簽定了凡爾賽合約。該合約規定德國除了割地賠款之外，陸軍不可以超過十萬人、不可以擁有坦克、不可以擁有重炮、不可以擁有毒氣、不可以擁有飛機、不可以擁有飛船；海軍艦艇全部加起來，不可以超過十萬噸，也不可以擁有潛艇。凡爾賽合約雖然限制了德國軍備的發展，對火箭卻完全沒有任何的著墨。原因很簡單，

因為當時火箭在戰場上，只能扮演無足輕重的次要角色，沒有人會認為火箭有什麼威脅。正因為凡爾賽合約，沒有任何有關禁止火箭的條文，反而間接地鼓舞了德國人，對火箭的興趣。另外，列強對德國軍備發展的嚴密監控，也逼使德國人更認真的思考，火箭在戰場上的潛力，以克服德國在其它軍備上所受到的限制。

　　1929 年秋天，德國陸軍開始慎重思考，火箭的潛在軍事用途。並針對當時已有的文獻、技術與火箭相關的活動，進行了深入的研究與探討。結論顯示，使用火箭做為一種兵器，其前景是非常令人期待的。剛開始的時候，大家腦海中的火箭，依然是中古時代的模樣：內裝燃料、具有噴嘴的火箭筒在前，後面拖著長長的桿狀尾巴，配合尾翼使火箭穩定飛行。德國在 1930、1931 年試飛的兩種新火箭：迷你火箭與推動者火箭，均不脫此一原型。以迷你火箭一型而言，如同我國南宋時代的火箭一樣，火箭的燃燒室與噴嘴，位於火箭的最前端，後面拖了一根長長的桿狀箭身，來提供火箭飛行的穩定性，簡直就是金屬版的飛火槍。上述兩種雛型火箭，很明顯地說明了，即使已經是 20 世紀 30 年代了，人類對火箭的理解與知識，竟然與 700 年前幾乎完全一樣！

　　1933 年德國人開始研發 A-1 火箭。A-1 火箭正是整個火箭科技得以重生的關鍵。在概念上 A-1 對後來的火箭發展，產生了革命性的影響。早

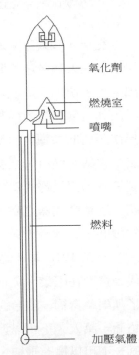

氧化劑

燃燒室

噴嘴

燃料

加壓氣體

圖 9-2　德國 1930 開發的迷你火箭一型，採用前置式發動機與穩定桿設計，儼然金屬版的飛火槍

期的火箭，從我國南宋時代的飛火槍開始，在造型上大都將推進的部份，放在火箭的最前端，少有置於後面的設計。A-1 火箭的發動機，從一開始就放在火箭的最後面。原因很簡單A-1 的設計推力為 300 公斤，如果發動機仍然放在火箭的最前端的話，則火箭燃燒後，由噴嘴所噴出的高溫廢氣，很快就會把後面的火箭主體燒毀。除非火箭主體放在很後面，以避開火燄。但是，如此一來，火箭的穩定性將會根本就無法維持。

然而，早期的火箭，將推進的部份都放在火箭的最前端，其原因是讓推力成為一個穩定的力量，可以提高火箭飛行時的穩定性。如果移到後面，則推力就變為一個不穩定的力量，反而會使火箭無法穩定飛行。A-1 火箭將發動機，放在火箭的最後端，前面是酒精箱，再前面是液氧箱，最前端的則是彈頭部份。最早的想法，是模仿高速旋轉的炮彈，將A-1 火箭設計成也可以高速旋轉，希望可以藉此提高火箭飛行的穩定性。然而，如果火箭的燃料箱，也跟著高速旋轉的話，由於離心力的作用，燃料輸送的困難度，將大幅增加。首先嘗試的，是僅讓彈頭部份高速旋轉，燃料箱部份則固定不動。後來透過使用陀螺儀，連彈頭也不用旋轉，就足以維持火箭的穩定飛行。結合當時人類已經擁有的各項科技，如三軸穩定陀螺儀慣性導航系統，A-1 火箭的開發，使得火箭的重生成為可能，也使的火箭的發展，從此步入康莊大道。

1942 年 10 月可以承載一頓重的彈頭、射程 300 公里的 A-4 導彈，首次試射成功。1944 年 9 月 6 日盟軍諾曼第登陸後三個月，A-4 以 V-2 之名，石破天驚之姿，連續兩枚射向法國巴黎，V-2 正式出現在戰場上，並徹底改變了人類的戰爭型態。雖然 V-2 的威力確實強大，可惜的是問世太晚。當第一波 V-2 開始攻擊法國與英國時，已經是盟軍登陸諾曼第三個月後的事了，已經晚到無法改變二次世界大戰的結局與納粹德國的命運。盟軍諾曼地登

陸的統帥，艾森豪將軍也是後來的美國總統，曾經說過一句話：「V-2 如果早 6 個月出現在戰場上的話，諾曼地登陸幾乎就完全不可能了」。

　　火箭，由於我國傳統思維方式之強大洞察力故，得以早早問世。問世之後，卻由於其它各項知識，都尚未發展出來而沒落。當西方人依其思維特色，所建立的科學為基礎，逐漸將火箭周邊所需的各項知識，陸續補齊之後，火箭終於風雲再起超越火炮，並以致命武器之姿，主導著人類的戰爭型態。火箭的發展歷程，對我們中國人而言，具有高度的啟發性。中華文化的早熟與早衰，有如火箭一般，早已無庸置疑。我們既不必引以為傲，也不必懷憂喪志，因為都已經過去了。我們該注意的是，火箭用它自己的生命，給我們展示出了一條路，一條中華文明該如何，才能像火箭一般重生的大道。縱觀這個世界上，有許多的發現與發明如火箭、火槍、指南針、印刷術等等，都起源於中國，卻大行於西方，並回過頭來，反而超越了原產地中國。諸多的例證再再說明了，我們中國文明的產物，藉著西方文明之助，是可以再一次躍升的，而且成功的

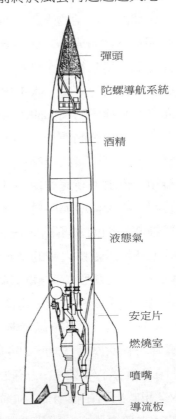

彈頭

陀螺導航系統

酒精

液態氣

安定片

燃燒室

噴嘴

導流板

圖 9-3　以 V-2 之名傳世之 A-4 火箭，改變人類戰爭型態的第一枚彈道導彈，被譽為人類戰爭史上，最偉大的武器。

機率非常大。以此類推，如果我們能將西方文明最大的核心優點融入我國，而成為中華文化的一部份，則中華文明將有如打通任督二脈一般，獲致再次躍升的最大助力。西方文明最大的核心優點是什麼？西方人的單線式思維而已。

9-2　公孫龍的遺憾

西方文明之所以能夠主導全球 500 年，來自科學的貢獻是無法忽略的。科學之所以能被西方人創造出來，與源自希臘的邏輯思維關係密切。希臘能產生邏輯學這樣的文物，核心關鍵正是來自拼音語言的單線式思維。當希臘人在建立邏輯學的時候，中華文化其實也嘗試過，建立如同西方人一般的邏輯思維，只是失敗了而已。在早期建構中國人邏輯思維的過程中，真正做過努力的，只有名家。先秦各家學派，基本上都重視思維方法的問題。然而，如果我們使用西方人的觀點，來定義邏輯：「將包括思維在內的思維對象，加以拆解至最基本的組成單元，再依據神聖的語言秩序，合成原思維對象，從而建立對思維對象更為深入的理解」，則真正嘗試對此類邏輯式的思維方式，進行嚴肅探索與討論的，確實只有名家聊聊數人而已。

名家在中國思想史上，是一個非常獨特的學派。從表面上來看，由於他們提出了某些奇特的論辯，而在歷史上被認為是詭辯或玩弄文字遊戲，使得名家被稱為詭辯家。莊子就說過：「辯者之徒，飾人之心，易人之意，能勝人之口，不能服人之心，辯者之囿也」。莊子稱公孫龍等為辯者之徒，又說他們見識不廣，顯然莊子對他們的評價並不高。荀子則是根本就全盤否定名家的學說：「王公好之則亂法，百姓好之則亂事」。由於受到莊子、荀子這些大學問家的影響，從秦漢以來，一直到清朝末年，歷代對

名家的看法，基本上都是負面的。清朝的四庫全書中還提到：「兩間紛然，不可數計，龍必欲一一核其真，而理究不足以相勝，故言愈辯而名實愈不可正」。

然而，清朝末年當我們被西方的船堅炮利，打到趴在地上之後，回過神來赫然發現，做為船堅炮利基礎的西方科學，最核心的邏輯思維，竟然跟名家的言論非常的類似。於是，大家開始了解到，名家諸公所提出的各種奇言怪論，其實就是西臘古聖先賢所提出的邏輯思想（陳榮灼，1996）。大家開始勉強承認，名家其實也有其可取之處，如追尋純粹的思辯、純粹的理性等等。同時也開始相信，名家所提出許多言論，是具有深刻獨創意義之邏輯思辯，代表了中國古代的形上學及初步的邏輯思想，在中國古代的思想史上，有其一定的地位（勞思光，1984）。可是，即便如此大家對名家的看法，依然以負面居多：「他的論證，表面上看來環環相扣，貌似嚴謹，實際上，是武斷、跳躍，絲毫沒有說服力」、「讀來令人如墮雲霧，莫名其妙，其實不過是作者賣弄機智、故弄玄虛而已」（孫中原，1993）。更有趣的，是有人從西方邏輯的觀點，做出名家的言論不合邏輯的評論（丁成泉，2008）。

古代人從中國傳統的觀點，批評名家是詭辯；現代人從西方邏輯的觀點，同樣批評名家不合邏輯，故弄玄虛。讓人不禁好奇，名家諸公到底在玩什麼遊戲？真的只有詭辯嗎？真的是不合邏輯嗎？還是另有蹊蹺？

名家這一稱呼，是西漢著名史學家，司馬談和司馬遷父子所提出的。司馬遷在《史記‧太史公自序》中，轉述其父司馬談的《論六家之要指》，將先秦學術派別，分成陰陽、儒、墨、名、法、道德等六家。對於其中的名家，司馬談和司馬遷有一段重要的評論：「名家，使人檢而善失真。然其正名實，不可不察也」

「名家，苛察繳繞，使人不得反其意，專決於名，而失人情。故曰：使人檢而善失真。若夫控名責實，參伍不失，此不可不察也」。即名家的功績，在於使人注意調整和矯正，錯綜複雜的名實關係；其過失在於過細地考察名詞、概念，而流於煩瑣，纏繞不識大體，而丟掉事物的真相，違背了人們的原意。司馬談和司馬遷，對先秦名家的分析，在歷史上是相當具有代表性的。

在古代的甲骨文、金文或秦篆中，都有「名」這個字。名是由「夕」和「口」這兩部分構成的，在較古老的甲骨文字中，「夕」的造字本義，是借用月牙的形狀，表示黑夜；「口」則是指人的口部形狀。「夕」和「口」會合而為「名」，表示在黑夜裏，用眼睛看不清東西，需要用口說出名稱、語詞來區分、說明事物。換句話說，「名」就是指「語言」或「語言所指稱的對象」。

漢代學者所稱呼的名家，在先秦時代常被稱為「辯者」或「察士」，是指以「辯」、「察」為職業的一些知識份子。「辯」在中國古文字中，兼有辨別和辯論二義。「辯」本作辨，從刀，意為將一物分裂為二，俗寫作辨。「察」即運用思考反覆地、仔細地審查，以求掌握隱藏在事物深處的奧秘。所以，綜合以上歷代的看法，我們可以認為，所謂的名家，追尋的目標是：「用語言，對事物進行裂解，並仔細審查，以追求掌握事物的本質」。這正是西方邏輯學的基本出發點。因此，如果把名家的言論視為詭辯，未免稍嫌膚淺。名家所努力追尋的，是嘗試使用語言的邏輯，來拆解與合成中國的圖像式思維，以追尋對思維對象更為深入的理解。雖然在當時，名家並不知道，什麼是語言邏輯、什麼是圖像思維。

名家的代表人物，是公孫龍。我們現在就以公孫龍的言論，來看名家諸公到底在玩些什麼遊戲。

公孫龍大約生於公元前 320 年，死於公元前 250 年。公孫龍出生的時候，大約正好是希臘大哲學家亞里斯多德去世的時間。公孫龍曾經是趙國平原君的門客，是戰國末期名家最著名的代表人物。大約在公元前 252 年，公孫龍被平原君驅逐，從此一蹶不振，不久便離開人世。曾經盛極一時的名家，也隨著公孫龍走入了歷史。

公孫龍所留下的著作，比較確定的，僅有五篇：白馬論、指物論、通變論、堅白論與名實論。其中使他名聲大噪的是白馬論，也就是盡人皆知的「白馬非馬」論，最讓人難懂的是指物論。現在，我們就以這兩篇，來討論公孫龍到底想說些什麼，以及名家到底在追尋些什麼。

白馬論的原文如下，我們以主客問答的方式來呈現：

客：白馬非馬，可乎？

主：可。

客：何哉？

主：馬者，所以命形也。白者，所以命色也。命色者，非命形也，故曰白馬非馬。

以上的論述，之所以難解，困惑了世人 2000 多年，最根本的原因，是語言思維與圖像思維夾雜不清所造成。就像是使用一條線，想要把一幅圖畫說清楚，而讓大家搞不清楚，公孫龍到底是在講線條、還是那幅畫。

客人首先問：白馬不是馬，可以嗎？主人回答可以。主人的解釋是：馬是依據形狀來命名的；白是依據顏色來命名的，稱呼顏色的名，不可以拿來稱呼形狀。白馬只能用來稱呼某一種特定顏色的馬，所以白馬不能代表馬。如果我們模仿西方的符號邏輯，用簡單的符號，來表達出「白馬非馬」的邏輯，我們可以這樣寫：給定 A 代表白，B 代表馬，A、B 為互斥，則 A＋B≠B

是百分之百符合語言邏輯的推論。當然，上式要成立，得先要確定「白」、「馬」是什麼概念，其次，「非」的意義是什麼。

　　首先，公孫龍將白馬中的「白」與「馬」，進行了嚴謹的切割與拆解，分離成互相排斥的兩個基本概念 A 與 B，一個命色，一個命形。這是百分之百的語言邏輯操作方式。並以此基本概念為立論的出發點，將此二基本概念合成為「白──馬」，一個同時擁有兩個互斥之基本概念的合成概念。依語言的邏輯，「白馬」中的「馬」是 B，「非馬」中的「馬」也是 B，因為是同一個符號，所以 A+B 當然不能等於 B。問題是在中國人的腦海裡，由於圖像思維之故，會自動從整體，朝各方向去搜尋意義的聯結。因此，對使用漢字的中國人而言，「白馬」中的「馬」是指白色的馬，「非馬」中的「馬」指的卻是所有的馬。兩個字形、字音完全相同的「馬」這個符號，由於上、下文的不同，在腦袋中的意義並不相同，而這正是圖像思維的特色之一。因此，如果我們還是用 B 來代表馬，則白色的馬勢必不可以再是 B，我們就用 b 來代表。圖像思維的人，看到「白馬非馬」時，腦海中出現的推理是 A＋B＝b 且 b $\not\subset$ B，這是非常荒謬的，毫無邏輯可言。因為白色的馬，當然還是馬，怎麼會不是馬了呢？因此，在圖像思維的國度裡，「白馬非馬」論立刻成為莫明其妙的詭辯。

　　除了基本概念混淆之外，「非」的意義，對兩種思維而言，也是落在灰色地帶。在對話中我們可以發現，主客兩人的腦袋中，「非」這個字的意義並不相同（陳癸淼，1986）。客人所說的「非」，是「是」的否定，意思是「不是」。主人顯然不是這麼用的。如果主人的意思是「不能代表」，則「白馬非馬」的說法完全合理。因此，如果我們將「非」字的名，所代表的意義，很清楚的定義成「不能代表」，則白馬非馬完全符合邏輯。可是有趣的是，為什麼客人腦中的「非」，是「不是」的意義呢？因

為，客人仍然是用語言思維來發問。語言思維就是單線式思維，單線式思維具有指向性，很容易形成對立、二分法。因此，用語言思維來理解「非」，腦海中出現的意義，就會是「是」的否定，也就是「不是」。然而，跟客人不同，主人是用中國人的圖像式思維在回答。圖像思維習慣看整體、依脈絡、找聯結。主人所說的「非」，其意義是看跟什麼做聯結來決定。因此，白馬與馬之間，什麼樣的聯結會得到「非」字？從整體去搜尋的結果，「不能代表」最能代表「非」這個字。所以，如果從語言思維來看「白馬非馬」中的「非」——不是，當然是詭辯、不合邏輯。可是，如果從圖像思維來理解「白馬非馬」中的「非」——不能代表，則毫無任何不妥之處。這不是在玩弄文字遊戲，而是思維方式使然。雖然大家正是因此而論斷，公孫龍在玩弄文字遊戲。

很清楚，在主客二方的對話中，分別都夾雜了兩種思維在內，以致於混淆不清。如果我們單純使用一種思維，不論是語言思維或是圖像思維，來理解白馬非馬，則只要定義清楚，都不會存在任何的問題。例如，單純使用語言思維，白馬非馬的解釋，應該是這樣的：「白色的馬，不是單純不帶顏色意義的馬」。如果我們使用圖像思維，對白馬非馬的理解，就應該是這樣的：「白色的馬，不能代表所有的馬」。白馬論的其它內容，都可以如是觀之。因此，從兩種思維的觀點，來檢視公孫龍的白馬論，不存在任何的矛盾、詭辯、不合邏輯。

從世人對白馬非馬的批評中，我們可以了解，幾乎所有的批評，都集中在白馬到底是不是馬，也就是思維對象——「馬」的身上。例如，論證公孫龍言論中的「馬」、「白」、「白馬」的內涵不同，或是「馬」、「白馬」的外延不同，或是「馬」、「白馬」的共相不同（馮友蘭，2005）；或者是把「白馬」視為個體，把「馬」視為類名（胡適，1983）等等。其實，公孫龍的

言論，討論的是思維本身，或者說是如何用語言來表達思維，而不是思維的對象──馬。公孫龍白馬論所呈現的，明顯是在說明整個語言思維的過程，也就是在論辯過程中間，所使用的邏輯程序：基本概念如何定義、如何拆解與如何再合成思維的對象，而不是思維的對象──馬。如果我們不能理解這一點，以為公孫龍是在講馬，誤解將在所難免。

然而，如果公孫龍在討論的，是思維的本身，也就是有關基本概念如何定義、如何拆解與如何合成思維對象等，諸如此類的邏輯程序的話，則當現代人，使用一模一樣的西方邏輯概念，來檢驗公孫龍的言論時，何以又會發現公孫龍所講的，根本就不合邏輯呢？公孫龍講的不就是邏輯嗎？

當現代人開始從邏輯的觀點，來看公孫龍時，儘管不得不承認，公孫龍的言論，確實包含了嚴謹的邏輯演繹與推論，卻還是認為公孫龍不合乎邏輯。這樣的批評，當然是失之偏頗。原因是：在討論公孫龍使用語言邏輯，來進行思維本身的探討時，一般人沒有理解到，公孫龍所討論的對象，是中國人的思維，而中國人的思維是圖像式的，並非西方基於字母的拼音文字、而形成的單線式思維或語言思維。西方人發明的邏輯，就是從語言思維而來的。因此，使用邏輯概念，來檢驗西方的語言思維，即屬循環論證，當然會得到合乎邏輯的結論。然而，中國人的思維是圖像式的。比起語言思維，不但認知建立的基礎不同，一個是聽覺，一個是視覺，而且還多了一個維度。中國人的圖像式思維，本身就不是語言式的，當然也就不會是邏輯式的，又怎麼可能合乎邏輯呢？

我們可以很合理的假設，公孫龍並不知道什麼是語言邏輯、什麼是圖像思維。公孫龍所努力的，只是在嘗試使用語言，來拆解中國人的思維，想辦法將我們腦袋中的思維過程，用語言說清

楚而已。不幸的是，正是因為這個原因，公孫龍非失敗不可。中國人的思維有如一幅畫，有順序的語言則有如一條線。要將一幅圖像，拆解成為如線條一般，有順序的一堆元素，再加以排列成原圖像，則拆解的方式，將不會是唯一的。任何的拆解，都無可避免的，必然會造成大家的困惑。此時，如果我們還是堅持按照西方的語言邏輯，以固定順序的拆解方式，來檢視白馬非馬，則我們「一定」會得出不合邏輯的推論。

　　雖然公孫龍的失敗，是無法避免的，然而，公孫龍對語言邏輯的掌握，卻讓人非常的佩服。思維的表達，要透過拆解與合成的程序，相信不是只有公孫龍知道而已。但是，公孫龍在堅白論中，展現出對語言邏輯的深刻理解，確實是讓人非常驚訝的。堅白論的最後一句結論：「離也者天下，故獨而正」，充份表明了在公孫龍的心目中，語言思維邏輯操作的終極目標。上句中「離」是指拆解、分析，天下沒有任何東西是不能拆的，包括思維的本身。因此，離也者天下，就是萬物皆可拆。如果拆解、分析的工作，能夠做到極致，也就是拆解到無法再拆解下去的最基本之組成單元，公孫龍把這樣的基本組成單元形容為「獨」，因為每一個基本單元，都必然是互相獨立、互不統屬、而且互相排斥的，也就是說，每一個單元都是真正獨立的個體。如果這樣的單元找得到的話，則不論拿來合成任何的思維對象，都不會有含糊不清的事情發生。也唯有如此，才能夠真正的「正名」。因此，「離」、「獨」、「正」這三個字，充份說明了公孫龍對語言邏輯的了解，已經達到了很多即使受過西方教育的現代人，都無法達到的境界。尤其是當我們了解到，中國人所使用的文字，根本就沒有字母，以致於在中國人的圖像思維中，無法產生基本組成單元的概念時，公孫龍竟然能夠提出「獨」的概念，並指出唯有獨、才能正的理論，不得不讓人讚嘆，公孫龍思想的精深。

然而，公孫龍何其不幸，如果公孫龍出生在西方，公孫龍的地位，將可以與亞里斯多德並列。不幸的是，他出生在一個圖像思維的國度——中國。當他使用語言邏輯，來討論圖像思維時，不論是從圖像思維來看他的古人，還是從語言邏輯來看他的現代人，都免不了產生極深的誤解。

平心而論，公孫龍的遺憾，不是他的錯；古代人與現代人對他的誤解，也是情有可原。中國人的圖像思維，確實是太複雜了，遠非語言邏輯所能一窺全貌。就以「白馬非馬」中的「馬」而言，當我們一看到這個符號時，它在我們大腦中，所反映出來的，並不是一個無法再進一步拆解的意義單元，而是一幅圖畫，一幅充滿非常複雜訊息的畫。一個「馬」字，在我們腦袋中出現的意義，可以是白馬、黃馬、黑馬、一匹馬、一群馬……等等。而真正的意義，則還要看上、下文的脈絡，才能得知。一個如此簡單的符號，在我們腦袋裡，所引發的意義，就已經是如此的複雜。所以自古以來，中國人就很清楚的理解到語言的局限性，並因而形成了輕視語言的文化傳統。久而久之，中國人針對使用語言，進行思維拆解的技巧，就一直停留在非常原始的狀態，以致於對思維乃至於所謂概念的釐清，顯得非常的無能。當公孫龍藉著一匹馬，指出了中國人在思維上與語言上，所存在的巨大落差時，中國人卻因為無法理解，反而批評公孫龍莫明其妙不知所云，使得中國人喪失了建立邏輯思維的機會。

中國人在語言與思維上的落差，是非常顯而易見的一個事實，造成了先秦各家都非常重視「名」的探討，如儒家的「正名」、道家的「無名」與墨家「立名」。名家自然更不能例外。前人常常認為，名家追尋的是名實相符，「審其名實、慎其所謂」也就是正名（胡適，1981），而將討論的重點，放在「名」與「實」的關係上（李賢中，1992），恐怕未必盡然。如果公孫

龍已經理解到，中國人在語言與思維上的巨大落差，則在不討論如何釐清思維的情形下，去追求語言與實物的一致，似乎不太合理也不太可能。思維才是名實能否相符的核心關鍵，因此，公孫龍用「指」來表達連結名實之間的思維代表，而把他的想法，寫在指物論中。指物論才是公孫龍整個思想體系的核心。

指物論的原文，除了開宗明義的八個字之外，只有兩段主客之間的問答。開宗明義的八個字，說明了指物論的宗旨：

物莫非指，而指非指。

公孫龍一開始，就把自己立論的依據先講清楚。其中的關鍵，顯然是公孫龍所說的「指」。指物論最難懂的地方，就在指這個字上。「指」的解釋，多少年來，各家的看法都不一樣有：「意識和思維」（龐樸，1982）、「一般概念」（孫中原，1993）、「共相」（馮友蘭，2005）、「集（即集合）」（勞思光，1966）、「物體的種種表德，如形色等等」（胡適，1981）、「主觀的影像」（徐復觀，1982）、「能指」、「所指」（伍非百，1984；劉宗棠，1991）、「記號」、「意謂過程」（陳榮灼，1996）等等。真可說是眾說紛紜，一人一把號、各吹各的調（譚戒甫，1963）。

要了解「指」是什麼意思，必先要弄清楚，人類是如何認識這個世界的。毫無疑問，人類只能透過大腦來認識宇宙萬物。人類認識的能力與認識的產物，必然受制於人類大腦的構造與運作方式。人類的大腦，是一個搜尋意義的機器，也是一個不斷說故事的機器。有意義的資訊，才能在大腦中留下印記，否則自然會被感官所篩選掉。而所謂的意義，就是我們大腦神經網路中，特定之電流活動的時空型態或其組合。宇宙萬物，經過我們認知的過程之後，只要我們認為有意義，由於大腦來自用進廢退的可塑性，都會在大腦中，留下某個電流活動型態。這種電流活動的時

空型態，又可以稱為「內建的環境代表」，也就是宇宙萬物，在我們大腦中的反射映像。只要這些型態，一旦被感官或思維所觸動，大腦就會自動訴說，該型態所代表的故事或意義。

　　人類是社會的動物，為了達到互相溝通的目的，人類通常會使用一些符號，來代表這些我們大腦中的電流活動型態。這個符號就稱為「語言」或「文字」。透過語言或文字這些符號的使用，人類就可以互相溝通腦袋中的意義，因而可以互相了解，進而互相合作，提升人類的環境適應力。只是，從來就沒有任何的符號，可以完整無缺地，清楚表達出我們大腦中，電流活動型態所呈現的意義，因為我們大腦中的電流活動具有量子效應，本質上是隨機的。

　　基於以上的理解，讓我們重新來檢視，公孫龍子書中，所提到的幾個名詞。公孫龍所稱的「物」，是天地與其所產稱為物，也就是宇宙萬物，或者是環境中的一切產物。至於「名」，指的是「語言」或「文字」。在這裡，我們用「符號」來代表名。因為，語言就是一種符號，文字也是一種符號。至於公孫龍所說的「指」，並不是名，也不是符號，而是大腦的「內建環境代表」，或大腦神經網路中，特定之電流活動的時空型態或其組合。然而，「指」並不是客觀實在的東西，它只能寄生於人類大腦神經網路的電流活動之上，就像電腦軟體一樣。了解這些之後，我們就可以知道「物」、「指」、「名」這三樣東西，基本上是可以互相獨立、毫不相關的。宇宙萬「物」，進入人類大腦之後成為「指」，再以「名」的形式離開大腦，進入人類社會，成為溝通的媒介。「物」、「指」、「名」三者的關係，就如圖9-4所示的是「山」的「物」、「指」、「名」。真實存在的山，是物；在人類大腦裡面所理解的山，是指；人類用來稱呼該物、與溝通用的語言、文字的山，則是名。它們之間的聯結，是人為

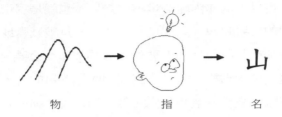

物　　　　　　　　指　　　　　　　　名

圖 9-4　山的物、指、名，及其間的關聯

任意的，不是天然的。

　　指物論中的物莫非指，是說任何人類所認知的宇宙萬物（物），在人類的大腦中，沒有一個不存在與之相對應的內建環境代表（莫非指）。然而，這個內建的代表，卻只是人類對該物的詮釋而已。而這個詮釋，雖然可以拿來代表該物，卻不是該物。例如 700 奈米波長的電磁波（物），在我們大腦中內建的代表，是紅色（指）。然而，在這個宇宙中，除了我們大腦之外，根本就沒有所謂的紅色這種東西，紅色並不是一個客觀存在的事實。所以，紅色所指稱的，雖然正是 700 奈米波長的電磁波，但是，紅色（指）自己卻「不是」它所代表的 700 奈米波長電磁波（非指）。因此，公孫龍說：而指（內建代表）非指（不是它所代表的宇宙萬物）。

　　了解指物論的宗旨：「物莫非指，而指非指」之後，指物論全篇極端詭譎的含意，當可迎刃而解。因為後面的主客問答，只是公孫龍藉著自問自答的方式，進一步闡明開宗明義的八個字而已。

　　現在，讓我們回到「名」與「實」的關係上。大多數學者都同意，公孫龍子全書的重點是「名實論」，是公孫龍採用完全直敘的形式，來闡述自己見解的一篇總論（陳癸淼，1986）。一般而言，「名」字的意義，歷來較無爭議。不論是指稱謂或是指語

言、文字等符號，大家都沒有異議。值得討論的是「實」。公孫龍以「物以物其所物而不過焉」為「實」。翻成白話就是：「任何一個東西，只能是它自己，而不可以是超越它自己的任何其它東西」。換句話說「實」就是「誠實」的意思，誠實就是：「一就是一、二就是二」、「黑就是黑、白就是白」、「馬就是馬、白馬就是白馬」。因此誠實也就是：「一不是二」、「黑不是白」、「白馬也不是馬」。此外，公孫龍又提到：「正其所實者，正其名也」。顯然，正名就是使用「恰如其實」之「名」，來代表「物」。例如：當我們說到「馬」的時候，誠實的態度是指「具有馬形狀的動物」。「馬」不可以有「顏色」的意涵在內，否則就是「不實」。所以，「正名」就是堅持「馬」只能有「形狀」，不可以有「顏色」。所以，白馬非馬才是正名所應該堅持的誠實態度。

公孫龍的論點，絲毫不難理解。名實之間的關係，只要定義清楚，大家都同意即可。可是，為什麼公孫龍還是被誤解了兩千多年？直到今天，依然還有人認為他不合邏輯？其中的關鍵就在「指」。

名實相符，其實也很簡單，只要我們所使用的「名」，確實能夠「物其所物而不過」，就是名實相符，就是正名。然而，從「名」到「物」之間的連結，卻一定要經過「指」才能建立。任何的物，自己都不可能「物其所物」，只能透過人類認知後的「指其所指」，再由適當的「名」，能夠正確反應「指」的「名」，才有可能誠實的物其所「物」而不過。所以，真正的關鍵，從來就不是「名」或「物」，而是「指」。任何的物，如果沒有相對應的指，是沒有意義的，沒有人會去討論一個沒有意義的對象，當然也就更不需要為它去找個符號（名）。如果連符號（名）都沒有，又怎麼會有名實符不符的問題呢？另外，任何的

名，如果沒有相對應的指，則名根本就不會存在，又怎麼會有名實符不符的問題呢？所以，名家所有的思想與言論，整個關鍵只有一個字：「指」。沒有正確地理解指，一切名實的討論，都將毫無意義。

我們以圖 9-4 的「山」為例。一個從小在市區長大的台北人，跟一個從小在山裡長大的原住民，一起去爬山。他們一起看山，一起討論山裡的景色。他們眼前的「物」──山，與他們口中的山──「名」，完全名實相符，符合物其所物的要求，沒有任何的模糊。但是，他們口中所說的「山」這個字，在他們兩個人的大腦中，所引發意義卻可能大異其趣。對台北人而言，山就僅只是一座美麗的青山。可是，原住民心目中的山，不但是家鄉，還是祖先埋骨之地，更是祖靈的寄託之所在。對原住民而言，同樣的「物」、同樣的「名」，「指」卻大不相同。對他們二人而言，山的「名實相符」，只能停留在非常膚淺的視覺層次，而無法進入到思維的領域。所以，如果這個原住民，有感於台北人心目中的山（青山），無法跟他心目中，山的深層意涵（祖靈）相比的時候，而發出「青山非山」的感慨，台北人一定會認為他在詭辯。

當我們使用語言、文字等符號，進行溝通的時候，真正進行交換的，其實是「指」，既不是「名」、也不是「物」。當公孫龍說「白馬非馬」的時候，任何人都是以他自己大腦中的認知，來理解「白」、「馬」、「非」等「名」。公孫龍所說的馬，「指」的是有馬的形狀、不具顏色意涵的馬；而大家聽到的馬，「指」的卻是所有的馬，相同的「名」卻有不同的「指」。因此，沒有清晰明確的指，名實永遠無法相符。或者換句話說，只要「指」與「名」之間有落差，溝通就有困難，名實即無法相符。

現在，我們可以初步理解，公孫龍之所以受到如此深刻的誤會，原因是在他的言論中，所使用各式各樣的「名」，背後所欲代表的「指」，讓大家無法理解。不論是從古代中國傳統的思想角度，或是從現代西方思想的角度，都無法獲致完整的解釋。這個困境，卻並非公孫龍的責任，關鍵在我國圖像思維的複雜性，與語言的局限性，換句話說就是「指」與「名」之間的巨大差異。所以，與其說名家在追尋的是「名實相符」，還不如說是在追尋「名指相符」較為貼切。

要降低「指」與「名」之間的落差，追尋「名指相符」，公孫龍告訴我們，關鍵在「獨」──尋找完全獨立的指。指必需要獨，才能正，名實也才有可能相符。由此觀之，從「離堅白」、「合同異」到「獨而正」，公孫龍確實已經完全掌握到，語言邏輯思維方式的根本精髓：將思維拆解至無法再拆解的基本概念單元。然而，非常的不幸，中國文字並沒有字母，因此，中國人的思維中，也就不可能產生基本單元的概念。換句話說，中國人的腦袋中，不存在完全獨立的指。針對中國人思維的拆解，因而無法達到公孫龍心目中「獨」得境界。甚至連簡單到像「馬」這個「名」，其背後的思維代表──「指」，在公孫龍一再「白馬非馬」的努力之下，仍然絲毫沒有達到「獨」的跡象，更不要講其它更為複雜的概念了。公孫龍的努力，終歸於失敗，原因也就在此。雖然，公孫龍對語言邏輯思維的掌握，確實是令人讚嘆。無奈，公孫龍所面對的，卻是中國人被漢字所塑造的圖像思維。公孫龍一生的努力，終究徒勞，留下了永恆的遺憾，讓後人噓唏不已。

9-3 圖像思維的推理與邏輯

圖像思維的推理

公孫龍是失敗了，但是，亞里斯多德卻獲得了空前的成功。尤其是在西方科學突飛猛進之後，語言邏輯思維甚至被西方人認為，是人類唯一的思維方式，與追尋真理唯一的正確方法。亞里斯多德何其幸運，出生在希臘——一個創造出希臘字母，並進而影響全人類的地方。亞里斯多德所面對的思維，是被拼音語言所塑造的單線式語言思維。因此，對希臘人而言，語言（名）與思維（指），根本就是同一個東西，把語言（名）講清楚，思維（指）也就清楚了。對他們而言，根本就不存在名指不符的問題。

受到漢字的影響，中國人的思維，並非語言式的，而是透過視覺的圖像式的。中國人的思考，就像在看圖畫一般。中國人喜歡講「觀想」，「觀」跟「想」常常是連在一起的。中國人也常常講「心眼」，「心」跟「眼」也常常是分不開的。其它類似把思維跟視覺連結的說法，也所在多有，如肉眼、天眼、慧眼、法眼、佛眼等等。一切的思維與領悟的不同境界，似乎都跟眼睛或視覺有關，充份說明了在中國人的心目中，「想」跟「看」似乎是同一件事情。我們的大腦，好像是一個視覺的器官，不像洋人他們的大腦，則像是一個語言的器官。

人類依靠各種感官，來接收環境的資訊，眼睛無疑是其中最重要的一種。因為，人類從環境所接收的訊息，有 8 成是透過眼睛而來。眼睛裡面有一片視網膜，視網膜上的視覺接受器，包含了約有 100,000,000 個桿狀細胞，與 300 萬個錐狀細胞，分別負責明暗與色彩的功能。跟接受器連結的神經細胞約有 160 萬個，可以將視覺訊息，傳送至大腦負責視覺的皮質區。至於聽覺方

面，主要是由在內耳中蝸牛內部的毛細胞，做為接受空氣振動的聽覺接受器。與毛細胞相連的神經纖維，將空氣振動轉為神經衝動，再傳送至大腦負責聽覺的皮質區。蝸牛內部的毛細胞，僅有約 2 萬個（周先樂，2000）。兩者相比，以接收訊息之神經細胞的數目來說，視覺是聽覺的 80 倍。如果我們再看大腦皮質分配給視覺與聽覺的範圍來看，視覺皮質區的面積，約為聽覺皮質區面積的將近 10 倍（Kalat, 2004）。因此，人類接收視覺訊息的量，遠大於聽覺的訊息。人類對於視覺訊息的處理，也遠較聽覺為複雜。因此，與聽覺思維相比，視覺所引發的相關思維，要來得高級複雜許多。

　　正因為視覺所引發的相關思維，屬於高級的思維方式，使得中國人自古以來，得以創造出燦爛輝煌的中華文明。在世界上其它文明，都還處於相對原始的狀態時，中華文明就已經非常的早熟（梁漱溟，1963，費正清，1994）。不過，也正因為圖像思維的高度複雜，無法透過語言，很簡單的加以闡述清楚，使得中國人對於自己的思維運作方式，「知其然而不知其所以然」始終搞不清楚。當公孫龍嘗試要去弄清楚時，反而讓人覺得他莫明其妙。西方人則剛好相反。由聽覺所引發基於語言的單線式思維，在資訊量跟複雜度上，遠遠比不上視覺思維。所以，西方人所掌握的思維工具，本身就比較簡單，也比較容易理解。因此，西方人在很早的時候，就能夠針對思維的本身，進行思維的探討，並得以透過語言，將其思維釐清至形成工具的程度，而建立了邏輯學。

　　當西方人建立了邏輯學之後，雖然歷經了基督教 1000 多年的阻撓，文藝復興之後，終於透過科學的成就，讓世人見識到，掌握思維工具之後，所能獲致的驚人成果。基於西方人的成功經驗，中國人勢必要徹底釐清，自己基於視覺所引發之思維方式，

其特性、結構與運作方式，好讓我們也可以掌握我們的思維工具。如此一來，透過標準化的教育方式，我們每一個人都可以模仿古聖先賢，學習他們高超的洞察力，「為往聖繼絕學」再創中華文明的下一個高峰。

從公孫龍失敗的教訓中，我們可以理解，建構圖像思維推理的最大難題，在於對圖像思維的掌握，是否一定要透過語言邏輯？換句話說，我們能否使用語言邏輯，來破解圖像思維的奧秘？古人認為公孫龍莫明其妙，是不了解他所用的是語言邏輯；現代人認為公孫龍不合邏輯，則是不了解中國人的思維是圖像式的。公孫龍的遺憾，已經告訴我們，我們已經不太可能，使用西方語言邏輯的形式，來拆解我國的圖像思維，而達到公孫龍所說的「獨」的境界。最根本的原因，是漢字沒有字母，不存在基本構成單元。然而，西方這套邏輯工具，卻已經被證明，可能是人類有史以來，最偉大的一套思維工具。因為人類所擁有的一切現代知識，幾乎全部都是這套工具的產物。因此，我們必然要從西方語言的邏輯中，去尋找啟發、尋找靈感。只是我們得要先放棄西方語言邏輯的形式，否則我們將重蹈公孫龍的覆轍，再次留下永恆的遺憾。我們應該直接從圖像思維出發，藉助於西方語言邏輯的精神，找出我國自古以來，源源不絕的創造力，是從何而來的。在完全沒有西方語言邏輯思維工具的情形下，依然可以不斷創造發明的原因何在。同時跳脫西方語言邏輯的框框，直接思考圖像思維是如何推理的，與圖像思維是如何從已知進入未知的。

因此，我們需要公孫‧亞里斯多德‧龍。我們需要使用亞里斯多德所建立的語言邏輯，基於單線式思維的語言邏輯，來繼續公孫龍所未完成的目標：分析圖像思維。我們的思想，不論想出了什麼，最後還是要靠文字，才得以流傳。因此，以符合條理的方式，來呈現圖像思維的過程，是無法避免的。所以，中華文化

必然要將單線式的思維方式，內化為圖像思維的一部份。也就是要能對整體性思維進行拆解，拆解成能用語言，很清晰、明確、條理分明的表達出來的形式，讓我們可以掌握圖像思維的運作方式，使圖像思維成為我們可以加以運用的思維工具。一個比西方邏輯思維更高級的思維工具，一個可以複製洞察力的思維工具。

西方語言思維所呈現出來的核心形式是「順序」，因為語言是有順序的。沒有順序的語言叫做「語無倫次」。然而，圖像訊息的傳遞，卻是沒有順序的。如果強制一定要按照某種固定的順序，來傳遞圖像訊息，就像傳統電腦用像素的方式，則我們所要處理的資訊量，將會以平方的比例增加。從我們大腦中，視覺皮質區與聽覺皮質區面積的比例來看，我們就可以知道，我們的大腦並不是按順序，來處理圖像資訊的。所以，在討論圖像思維的推理時，我們一定要放棄「順序」或「排列」的想法。

不論是從我們大腦的構造來看，還是從資訊工程的平行運算來看，要理解二維視覺思維的運作，都勢必要放棄「順序」的念頭。其實，順序只是西方語言思維所呈現出來的外觀而已，語言思維最基本的運作模式，是「拆解」與「合成」兩項。巧的是，名家在試圖以語言邏輯，來理解我國的圖像思維的時候，也曾經花了很多功夫，在澄清「離堅白」與「合同異」上，雖然他們是失敗了。儘管如此，「拆解」與「合成」仍然是我們最應該引用，並據以探討圖像思維運作的有力工具。因為這確實是語言邏輯思維成功的核心原因。問題是面對一幅圖像，我們要拆解什麼？我們又要合成什麼？

圖像思維與語言思維最大的不同，是思維與視覺直接的連結。漢字是一種言文分裂的文字，其意義直接透過形狀呈現，與讀音無關。在漢字的塑造之下，中國人的思維特徵與視覺的關聯，是密不可分的。使用現代的科學方法，來探討人類的視覺與

思維的關聯，並獲致某種成果的，首推德國人所建立的「完形心理學」（Koffka, 1935）。完形的德文原文是 Gestalt，中文有人直接音譯成「格式塔」。Gestalt 的英文往往譯成 form（形式）或 shape（形狀）。完形心理學在談到視覺所見之「形」時，強調的是形狀的整體性，所謂的整體性，是一種超越於形狀之上的認知。但是這樣的稱呼，仍然會給人造成誤解。因為「完形」這個字眼，給人的表面印象，似乎是指視覺的客體，也就是視覺所見之形狀的本身。然而，格式塔心理學所說的完形，指的卻是經由視覺所引發的整體認知。所以，完形從形而來，但卻不只是形。

格式塔有兩個最基本的特性（Arnheim, 1969）。第一個特性，凡是格式塔，雖說都是由各種要素或成份組成，但它決不等於構成它的所有成份之和。一個格式塔，是一個完全獨立於這些成份的全新的整體。這裡的新是相對於原有的構成成份而言。換句話說，它是從原有的構成成份中，突現出來的。因而它的特徵和性質，都是在原構成成份中找不到的。我們現在就以一個臉孔的圖形，來說明完形的第一個特性。一個卡通化的臉孔，假設由三部份組成：眼睛、鼻子、嘴巴。可是，如果將眼睛、鼻子、嘴巴位置隨便放，相同的眼睛、鼻子、嘴巴的組合，卻未必是一個臉孔。因此，眼睛、鼻子、嘴巴之和，並不等於一個臉孔，除非其間存在某種特殊的關聯。

格式塔的第二個基本特性，是在其可調變的性質。一個格式塔，即使在它的各構成成份，如大小、方向、位置等，均改變的情況下，格式塔仍然不變。也就是說，在某些情形下，即使一個圖形的外形已經改變，在我們心中的認知，卻依然不變。舉例說：一個正方形，不管將它用線條畫出、還是用色彩畫出，所用的色彩不管是紅的、還是藍的，也不管它變大變小，不管是用木條構成、還是用磚頭築成，也不管是用虛線畫、還是用折線畫，

它仍然是一個正方形。換句話說，形狀的變化，並不會造成認知的改變。

根據這兩個特性，我們可以了解，格式塔（完形）雖然來自於形，本身卻不是形。而是形在我們大腦中，所塑造出來的一個視覺意象，一個含意比原形還要寬廣的意象。除了形的本身，完形還包括了形之外的一切被視為構成整體的東西。因此，所謂完形，其實是一種高度組織化的知覺整體，它可以從背景形狀中，清晰地分離開來，而且自身有著獨立於其構成成份的獨特性質。完形在本質上，是從構成成份中，突現出來的一種抽象整體。換句話說，完形除了形狀本身之外，還包含了各構成成份之間，所具有的某種微妙之抽象關係。以完形的第一個基本特性而言，雖然各構成成份都一樣，但是，其間的關係如果改變，同樣的眼睛、鼻子、嘴巴，即無法構成一個臉孔。因此，完形的第一個基本特性，講的其實是一種「關聯」的認知，關聯決定認知對象是什麼。至於完形的第二個基本特性，即所謂的調變性；雖然即使各成份本身發生了改變，只要其中的某個抽象的認知保持不變，完形也就仍然保持不變。換句話說，形狀雖然改變了，其特徵只要一樣，在我們心目中的認知，就是一樣的。因此，完形的第二個基本特性，講的其實是一種「特徵」的認知。

根據完形心理學的理論，我們可以發現，所謂的完形，其實就是一種公孫龍所說的「指」，即指物論中的指，或是內建的環境代表。一種由形狀所引發，經過視覺的刺激，在大腦神經網路

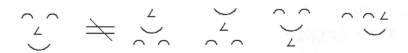

圖 9-5　一個臉孔，並不等於眼睛、鼻子、嘴巴之和。

圖 9-6　外形的改變不影響仍是正方形的認知

中，所產生的某些電流活動型態。如果我們接受公孫龍的說法，則我們可以用「形指」：一個由「形」狀所引發的「指」，來代表「完形」，即一種由形狀所產生的內建代表。此外，完形心理學說：任何一個形，都是一個完形。公孫龍說：物莫非指。完形心理學說：完形是一種高度組織化的知覺整體，可以從背景形狀中，清晰地分離開來，而且自身有著獨立於其構成成份的獨特性質。公孫龍則說：而指非指。很明顯的，完形心理學與公孫龍所講的對象，其實是同一個東西。只不過，公孫龍的指，所指的範圍更廣而已。

根據完形心理學，我們可以初步理解，人類視覺的基本運作方式。首先，任何具有形狀的物件，透過視覺的刺激，都會在我們大腦中，引發某種抽象的認知，也就是「形指」。其次，除非我們能辨識一件事物之突出、而又確定的特徵，否則這件事物，就不算是被我們所認識，也就不能被我們期望，和使我們對它作出反應。因為，只有把一個具體的視覺對象，簡化為一個具有基本特徵的結構，才有可能與思維活動本身達到同構。因此，我們可以說，視覺思維的最基本運作模式，是「特徵」的搜尋。視覺思維會自動淬取特徵、選擇特徵、比對特徵、分類特徵，並加以篩選組合，以為思維之所需。接下來，視覺思維能夠自動地建立「關聯」，並依據所建立之關聯，來解讀視覺對象。視覺思維建立的關聯，當然是依據各構成成份而來，但也未必盡然。有時候，即使構成成份並不完整，關聯性依然可以建立。因此，關聯

性的建立，並不是機械式的從構成成份而來，而是跳躍式的從特徵而來。所以才會有雖然成份並不完整，只要特徵存在，關聯性就可以建立的情形。

然而，人類的視覺思維，又是如何把構成成份，跟特徵連繫在一起的呢？當我們的視覺，在面對一幅完整的圖像的時候，我們可以很容易的「知道」，它是什麼意思。如果圖像並不完整，只要其中包含的訊息，足供我們進行判斷，我們還是可以知道，它代表什麼。當圖像越來越不完整，只要關鍵的訊息依然存在，我們還是可以知道，它是什麼。直到我們找不到任何訊息，做為判斷的依據。在這個過程當中，特徵是其中運作的關鍵。問題是，當我們在面對不完整的訊息時，是什麼樣的思維運作，讓我們有能力，從訊息中淬取並掌握到特徵？假設，一個人如果一生中，都沒有看過狗這種動物，也從來都未曾聽聞過狗這種動物。換句話說，在他的腦袋中，從來都不知道有狗這種東西，甚至根本就沒有這個概念。不要說我們給他看不完整的圖像，即便是把一條活生生的狗，牽到他的面前，他也不可能「認識」這是一條狗。為什麼？因為在他的腦袋裡面，沒有可以拿來比對的依據！因此，在視覺思維的運作中，從資訊到特徵之間的聯繫，明顯是靠「類比」建立的。當一群乍看沒有關聯性的個別物件，竟然真的存在某種關聯性，表示必然是經過了某種類比的程序。比對之後，依據相同或類似的特徵，然後才建立了對視覺對象的認知。

語言思維的基本運作模式，是單元的搜尋。一旦找到基本組成單元，接下

圖 9-7　具有「特徵」之各構成成份，透過「類比」，一旦可以建立其間的「關聯」，完整的「形指」就會出現——駱駝。

來的合成，按邏輯順序合成，才有可能進行。公孫龍失敗的最根本原因，就在於在漢字中，找不到基本組成單元。然而，公孫龍雖然失敗，他仍然認為「離也者天下，故獨而正」，把拆解成基本組成單元的操作，視為是正名的核心關鍵。語言思維的基本組成單元，指的是元音、輔音並以字母的形式來表達。圖像思維的基本組成單元，不可能是形狀，只可能是特徵。將聲音的基本單元結合，可以組合成語言，用來溝通訊息。同樣的，掌握圖像中的特徵，一樣可以組合成圖像，用來溝通訊息。當我們看到圖9-7時，我們知道那是一隻駱駝，原因正是因為我們掌握了特徵，才得以了解其傳遞的訊息。

如果聲音存在所謂的元音、輔音，可以做為基本組成單元，則圖像中的特徵，是否也存在所謂的基本組成單元？公孫龍認為，「離」的目標，是找出符合「獨」所要求的對象。換句話說，拆解的目標，就是要找到基本組成單元：一組無法再繼續拆解、互相獨立、互不統屬、互不相依的組成單元。我們假設，任何一個具有意義的圖像，都可以依其特徵進行拆解，並可以拆解至特徵資訊含量最少的基本組成單元，我們暫且稱之為「基本特徵單元」，或者可以稱之為「指元」。指元就像是字母一般，字母的組合，可以表達任何的語言；指元的組合，也可以表達任何的圖像。

一定有人會問，這個世界上，真的存在可以合成任何圖像的基本特徵單元嗎？確實存在！為什麼？因為，在字母沒有發明之前，沒有人會相信有字母這種東西。同樣的，就算是現在沒人知道指元是否存在，我們也可以肯定，在未來的某一天，可以合成任何圖像的指元，一定會被發明出來。根本的原因是，指元就像字母一樣，都不是大自然原本存在的具體事物，而是一種人類所創造出來的「思構」。就像質量、力量、智商一般，是隨人創造

的。

　　從圖像到指元的過程，是經過類比的操作。類比的意思，指的是將視覺所見的思維對象，跟我們大腦中所儲存各類資訊的特徵，進行比對。就像從語言到字母，是經過分析的操作一般。此外，對於語言思維而言，有了字母之後，透過某種特定的方式，即可以合成有意義的語言，甚至各種不同的語言。因此，從基本組成單元，透過符合邏輯的順序，合成語言或思維對象，語言思維的推理循環，即得以完成。同樣的，對於圖像思維而言，有了指元之後，透過某種特定的方式，即可以合成有意義的圖像，甚至各種不同的圖像。合成的方式，視所要表達的圖像而定。要合成不同的圖像，就要依照不同的關聯性。圖像特徵的關聯性，我們可以把它稱為「圖像邏輯」。就像語言邏輯即是字母的順序一般。因此，從指元開始，透過符合圖像邏輯的關聯性，即可合成圖像或思維對象，圖像思維的推理循環，在理論上，同樣也可以建立。

　　綜合以上所述，我們根據語言思維的運作模式，與圖像思維的特性，模仿語言思維的推理循環，初步建立了一個可能的圖像思維推理循環。語言思維的推理程序，是透過分析尋找單元，透過邏輯進行合成；圖像思維的推理程序，則是透過類比尋找特徵，再透過關聯進行推論。因此，語言邏輯是依單元進行拆解，再依邏輯合成。其中的關鍵，在於找到符合「獨」的基本單元，也就是字母，西方人在 2500 年前，就已經找到了。至於圖像邏輯，則是依特徵類比，再依關聯合成。其中的關鍵，則同樣在於找到符合「獨」的基本單元，也就是基本特徵單元或指元。只要能找到一組存在於所有圖像或形狀、且互相獨立的基本特徵單元，圖像思維的神秘，就可以解開。圖像思維就可以形成一個工具，一個每一個人都可以透過教育，而學會使用的工具，一個讓

我們可以掌握神秘洞察力的有力工具。

圖像邏輯論

語言思維最大的特色，毫無疑問是邏輯，邏輯也是構成西方文明的兩大支柱之一，更是西方科學的靈魂。然而，邏輯的基礎，卻是基本組成單元，即語言中的字母。如果沒有字母，語言思維恐怕很難演化出邏輯。同樣的，如果要以模仿語言邏輯的方式，來建立圖像邏輯，出發點仍在尋找基本特徵單元，即指元。因為，只有「獨」才能「正」。只是，指元的尋找，將會非常的困難。人類思維的基本組成單元，明顯是人類文明的思想基石，與創造發明的利器。字母的發明，將西方文明提升到令人讚嘆的地步，就是一個完美的證明（Logan, 1986）。可是，從蘇美人使用蘆葦桿，在泥土版上壓印楔形文字，到希臘人發明整套字母，整整經過了 3000 多年。因此，從無到發明字母，其困難可想而知。簡單如語言思維，人類都用了 3000 年才找到基本組成單元。對於複雜的圖像思維，人類要用多少年，才找得到基本特徵單元？

如何才能找到，可以合成所有圖像的基本特徵單元？擅長圖像思維而缺乏邏輯思維的公孫龍，歷史已經證明，是不足以成事

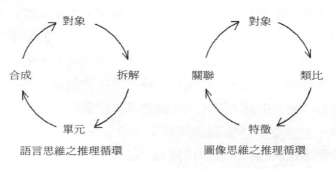

語言思維之推理循環　　　　圖像思維之推理循環

圖 9-8　語言思維之推理循環，與圖像思維之推理循環的比較。

的;同樣的,擅長邏輯思維而缺乏圖像思維的亞里斯多德,恐怕仍然是無濟於事。我們期待有人能結合公孫龍與亞里斯多德二者的思想與智慧,創立一套圖像邏輯哲學,釐清圖像思維的基本運作,來指引所有後世的學者,所應該努力的方向。當然,這絕對不會是一個人就有能力做到的,必然是透過一群公孫・亞里斯多德・龍們,前仆後繼的努力,經過數百年之後,或許有機會可以成功。本書嘗試提出一個非常粗淺的圖像邏輯論,期望能扮演第一塊磚的角色,發揮拋磚引玉的功能,引發大家對圖像邏輯的興趣,共同努力早日解開圖像思維之謎。

本書所提出的圖像邏輯論,代表一個大膽的嘗試。從吸收西方邏輯思維的長處:拆解與合成,結合圖像思維的特色:類比與關聯,嘗試提出一套思維方法,做為探索未知的工具。現在,我們首先假設,所有宇宙中的事實,所構成的集合,我們稱之為「物理空間」。空間中的任何一個點,代表一個基本事實或單元事實。當然,我們也可以模仿英國哲學家羅素的邏輯原子主義,用原子事實來稱呼。任何一個物或事實,都可以用物理空間中的一個集合來代表。而任何一個物、或事實,如果被我們的視覺所認知,我們的視覺思維,會透過類比的過程,將視覺對象,拆解成無法再繼續拆解的基本特徵單元或指元的組合。我們現在定義一個空間稱為「指元空間」,代表宇宙中,所有發生的事實之中,其形狀裡面,所具有的所有特徵之基本組成單元的集合。換句話說,指元空間中的任何一個點,即一個指元,代表一個無法再繼續拆解的基本特徵單元。指元空間中的任何一個集合,代表了某些特徵單元的某種組合,也就是一般所謂的特徵,可以讓我們賴以辨識事物的完整依據。另一方面,宇宙中的任何一個事實或「物」,都可以在指元空間中,找到一個集合與之相對應。這個集合,也就是公孫龍所說的「指」。這樣的對應關係,就是公

孫龍所說的「物莫非指」。羅素的學生維根斯坦，在他的邏輯圖像論中，也提出過幾乎一模一樣的看法：「一個圖像是一個事實」（韓林合，2007）。所以，指就是指元的集合。當然，在這裡我們要了解，「物理空間」代表真實的世界，所以「物」是真實存在的；「指元空間」則只存在於我們的大腦之中，即「指」是不存在的。而且，指僅是物的代表，跟物之間有一定落差。所以公孫龍所會說：「而指非指」。此外，指元空間比起物理空間要小得多，因為特徵所含的資訊量，比起原物件，當然少很多。

其次，我們再進一步地假設，任何人類的圖像思維活動，都是一種「轉換」，一種發生在物理空間與指元空間之間的轉換。任何的起心動念，都是一種轉換。當我們觀察物理世界中的一個「物」時，我們的認知活動，也就是思維，就已經在我們的大腦中，自動產生了一個與之相對應的「指」。從物到指之間，就是一種思維轉換。因此，拆解是一種轉換，合成也是一種轉換；解釋是一種轉換，推論還是一種轉換；當然，類比是一種轉換，關聯也是一種轉換。

圖像思維的推理循環，包含類比與關聯的思維運作。根據圖9-9 的定義，所謂的類比，是一種在指元空間中，尋找交集的轉換。兩個事實甲與乙，在物理空間中，不論具有任何的關係，或者根本就沒有關係，只要它們對應到指元空間中的集合，有交集存在，在我們的眼裡看起來，就會覺得甲與乙有共通的特徵，在某方面很類似。因此，所謂的類比，就是在指元空間中尋找交集的思維。類比思維的運作，我們可以用圖 9-10 來說明。

既然在指元空間中，有交集的事物，即可視為是具有某種共同的特徵。那麼，只要在指元空間中，具有交集的事物，透過共同特徵的連繫，即產生了關聯性。就如同圖 9-10 中的甲與乙，是有關聯的，雖然在表面上，可能完全看不出來。至於關聯思維的

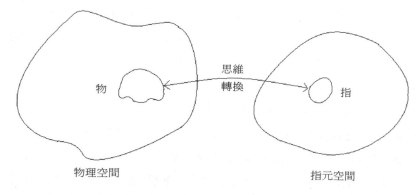

圖 9-9　圖像邏輯論的基本空間定義與圖像思維轉換

運作，我們可以用圖 9-11 來說明。在物理空間中，有一事物甲，在指元空間中，與其相對應的集合為 A。在指元空間中，與 A 有交集的集合有 B、C……等等，即 B、C……等，均與 A 擁有某部份的共同特徵。而 B、C……等集合，在物理空間中與其相對應的原事物，分別為乙、丙……等等。如此一來，在物理空間中，我們就可以說乙、丙……等與甲，具有關聯性，其關聯性如（甲乙）、（甲丙）等等。而且，乙、丙……等相互之間，也具有關聯性，如（乙丙）……等等。如此，從甲出發找到乙、丙

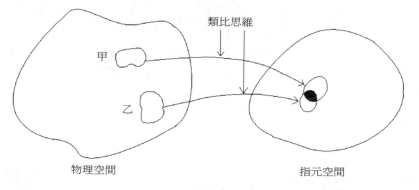

圖 9-10　在指元空間中尋找交集的類比思維運作

……等事物的轉換，即為關聯思維的基本運作方式。

　　以上的說明，顯示了圖像思維的運作，比起語言思維，要來得複雜許多。因為，語言思維是單因單果的序列式運作；圖像思維的運作，則是多因多果的平行式。不論是類比思維、還是關聯思維，圖 9-10 與 9-11 中，均清楚的顯示了平行處理的運作本質。因此，本圖像邏輯論，用來說明圖像思維的基本運作，是合理的且說得通的。當然，指元空間必須先要存在。

　　我們現在就用本書所提出的圖像邏輯論，來說明「白馬非馬」何以會造成上千年的誤解，其關鍵何在。在圖 9-12 中，物理空間裡，有白色與馬匹二物，白色泛指白色的東西，如白人、白色的房子、白色的馬匹等等。馬則包括所有的馬，如天馬、汗血馬、蒙古馬、白馬、黑馬等等。白色跟馬匹有交集，其交集就是白馬。所有這些物理空間的「物」，在人們的大腦裡面，或者說是在指元空間裡，形成了各種相對應的「指」。白色的指，與馬匹的指，當然也有交集，就是白馬的指。然而，這樣的思維轉換，卻是屬於圖像式的。換句話說，所有的中國人，都是這樣來

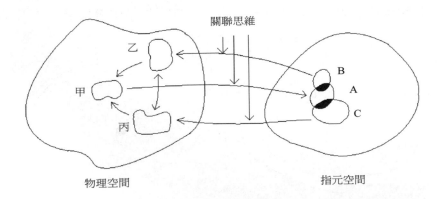

圖 9-11　從物理空間之事物甲，找出在指元空間中，與甲相對應之集合 A 有交集的
　　　　　集合 B、C……等，所對應的原事物乙、丙……，則乙、丙……與甲之間，
　　　　　及其相互之間，即具有關聯性。如此的轉換運作，即為關聯思維。

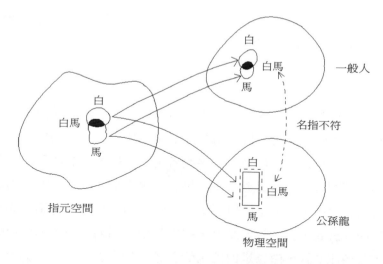

圖 9-12　白馬非馬論的圖像邏輯論說明

想白馬的，白馬就是白色的馬，毫無任何模糊之處。

　　然而，公孫龍卻嘗試引入語言邏輯思維的運作。公孫龍首先說：「馬者，所以命形也。白者，所以命色也。命色者，非命形也」，然後才提出他的論點：「故曰白馬非馬」。公孫龍的論述，其基礎顯然並非是基於一般的圖像思維。他把馬這個「物」，所相對應的「指」，加以規範，規定「馬」這個物的指，只能包含馬的「形狀」，而排除了其它的成份；他同時也規定「白」這個物的指，只能包含白的「顏色」，也排除了其它的一切。換句話說，公孫龍在此所進行的思維轉換，已經不同於一般人。他還進一步規範：「命色者，非命形也」。也就是說，馬的指，跟白的指，是沒有交集的。形狀不是顏色，顏色也不是形狀。其實，這正是公孫所努力的「故獨而正」。馬跟白，必需要互相完全獨立而不相依，才有「正名」的可能。所以，馬跟白的指，在指元空間中，完全沒有交集。換句話說，不可能有任何一

物，既是白又是馬，這是公孫龍論述的起點。從語言邏輯的觀點來看，這是合理的。因為在概念上，不可能有一物，既是顏色又是形狀。

一般人看到白馬，大腦中所出現的認知，是指元空間中，白與馬的交集部份，也就是白色的馬。既然是白與馬的「交集」，當然既是白的一部份，也是馬的一部份。所以，白色的馬，當然既是白色的也是馬。可是，公孫龍所說的白馬，指的卻是指元空間中，互相獨立之白與馬的「聯集」，是白加上馬。白加上馬而成為白馬之後，既不是白也不是馬。因為白馬比白多了馬、比馬多了白。因此，對一般人而言，白馬是白與馬的交集，即白色的馬；公孫龍卻說，白馬是白與馬的聯集，是白加上馬。白加上馬之後當然不是馬。兩套不同的思維轉換，造成了同一個物理空間中的白馬，在指元空間中，所對應的集合，並不相同。指已經不一樣了，卻仍然處於相同的名下，名指當然不會相符。

然而，現代人從語言邏輯的觀點，來看公孫龍的白馬非馬，卻也依然覺得公孫龍不合邏輯的結論。主要的原因，在於漢字不存在基本的組成單元。換句話說，白與馬，經過中國人的圖像思維轉換之後，並不是不能再繼續拆解的單元，因此，也就不可能是互相獨立的。所以，中國字的「白」跟「馬」，在圖像思維的國度裡，確實是存在交集。雖然，顏色與形狀，也確實是互相獨立的。但是，「白」跟「馬」卻並非互相獨立。雖然白確實是指顏色，但也還包含其它意義；馬也確實可以指形狀，卻同樣也還擁有其它意義。公孫龍並未能從白與馬之中，找出互相獨立且不能再繼續拆解的基本組成單元，完全不能滿足公孫龍自己所期望的「獨」的要求，以致於也無法滿足語言邏輯的要求。

接下來，我們繼續使用圖像邏輯論，嘗試來解釋，我國古聖先賢所展現令人讚嘆的洞察力，基本上是怎麼來的。我們現在透

過使用圖9-13，來說明洞察力運作的基本模式。

　　假設我們現在面臨一個問題需要解決，在給定的物理空間中，我們用集合甲來代表。透過圖像思維，甲被轉換成指元空間中的集合Ａ，Ａ代表該問題所有的特徵。在指元空間中，我們根據Ａ的特徵，將其擴大，找出所有與特徵Ａ有任何關聯的其它特徵，不論其關聯多麼的微弱或間接，也不論其關聯的形式是什麼，甚至是經過刻意設計的關聯也可以，只要有可能，我們就可以將其找出。假設我們用集合Ｃ，來代表其中可能找到的關聯特徵中之一組集合。現在，在物理空間中，原來毫不相干的二物甲與乙，在指元空間中，與其相對應的集合為Ａ與Ｂ，分別代表甲與乙的特徵集合。Ａ、Ｂ並沒有任何的交集，也就是說，甲、乙之間並沒有共同的特徵。此時，經過擴大Ａ之後所得到的Ｃ，如果包含了Ｂ，表示Ａ、Ｂ之間，開始產生了連繫。當然，這個連繫是透過特徵Ｃ而建立的。如此一來，乙與甲之間，也就發生了關聯。雖然從表面上看起來，甲與乙之間，毫無任何的關係，也不具有共同的特徵。如果，在事物乙中，包含了解決甲問題的關鍵或啟示，問題甲也因而獲得解決，則甲→Ａ→Ｃ→Ｂ→乙→

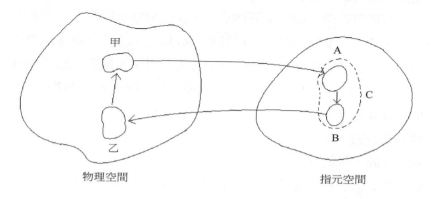

圖9-13　洞察力的基本思維運作模式

甲的循環，就可以認為是洞察力的一種展現。因為這個思維過程，完全無法用傳統的科學邏輯去理解。如果乙無法協助解決甲，則我們可以再搜尋另外的途徑，直到找到正確的乙為止。

在整個甲 → A → C → B → 乙 → 甲的洞察循環中，關鍵顯然是在集合 C 的尋找。從甲 → A 或 B → 乙，只要理解類比與關聯的思維運作，很容易就可以完成該動作。指元空間中，A、B 的特徵並沒有交集。表示如果單獨考慮 A 與 B，我們將找不到任何的關聯性，問題甲也就無法獲得解決。特徵 A、B 的關聯性，是透過特徵 C 而存在的，表示 A、B 特徵，存在一個更為抽象、更為根本的共同特徵 C。透過 C 的引入，原來毫無關聯的甲與乙，現在擁有共同的特徵 C。因此，一旦找到 C，洞察循環才有可能建立。所以，從 A 到 C 的步驟，是洞察力的關鍵。所謂的從 A 到 C 的步驟，是指從事物甲的特徵中，找出一個更基本包含更廣的特徵 C。這樣的動作，代表著一種特徵的擴展，擴展到能夠包含解決問題甲的啟示乙。這種運作方式，我們稱之為「在指元空間中的拼圖能力」。我們有理由相信，我國古代的古聖先賢，所展現出驚人的洞察力，其關鍵應該就在其高超之「在指元空間中的拼圖能力」！

我們現在舉一個科學的例子，來說明洞察思維的運作：在化學的領域中，苯環的發現，可以拿來做為解釋圖像思維運作的一個範例。對電磁學擁有不朽貢獻的英國科學家法拉第，也曾經研究過化學。法拉第在公元 1825 年發現了苯（Gribbin, 2002），苯的化學式是 C_6H_6，是一種在有機化學、化工應用領域內，很重要的化合物，其結構在化學研究上也很重要。苯被發現了之後的幾十年間，苯的分子結構，一直是 19 世紀一個很大的化學之謎。當時所有的證據，都顯示出苯的分子結構非常對稱。可是，大家實在很難想像，6 個碳原子和 6 個氫原子，怎麼能夠完全對稱地

排列而形成一個穩定的分子。最後，這個謎底是由德國化學家，也是結構有機化學的創始者 F. A. Kekule 所揭開。公元 1865 年在德國化學會成立 25 周年慶祝大會上，Kekule 報告了自己發現苯環結構的經過。會中，他開玩笑地對人們說：「讓我們學會做夢吧！」，因為 Kekule 是在夢境中受到蛇的啟發，而想出用一個平面六角形的環狀結構，角落各含一個碳原子，每個碳原子各接一個氫原子，就像一條首尾相連的蛇，圍繞成環狀，來呈現苯的分子結構。Kekule 藉著抓住夢中的靈光一閃，解決了長期困擾大家的問題，從而對有機化學理論做出了卓著的貢獻。

　　Kekule 藉著夢中的靈感，以及跟苯毫無關聯的蛇，解決了許多人長久以來無法突破的難題。他的創造力是從何而來？從傳統西方邏輯的觀點，甚至使用西方科學的方法，是找不到解答的。Kekule 發現苯環結構的經過，明顯是受到圖像的啟發，既不是語言、也不是邏輯、更不可能是數學方程式。因此，正是圖像思維，讓 Kekule 模仿蛇，而發現了苯環結構。不僅 Kekule 如此，愛因斯坦也常常使用類似的思維實驗，來進行思考。在愛因斯坦的著作與言論之中，我們可以看到，他常常假想自己，乘著一道光束在太空中前進；或是坐在火車上，觀察著另一列迎面駛來的火車。然後在這樣的背景之下，思考物理現象的進行，從而獲致獨特的角度，來理解我們這個宇宙。愛因斯坦曾經提過，他的思考方式，是透過一連串的圖像進行的。因此，我們有充份的理由相信，這正是圖像思維的特色之一──洞察力的來源。

　　從圖像邏輯論的觀點，Kekule 發現苯環的思維過程，可以這樣說明。在物理世界中的事物甲代表苯。在指元空間中，與之相對應的是集合 A。A 代表著苯的所有特徵，如對稱、6C-6H、液體、無色、易燃……等等。一個人在大腦裡面，根據這些特徵集合 A，建構了一個更為廣闊、包含更多相關特徵的特徵集合 C。

集合 C 裡面，包含了許多跟特徵 A 相關的延伸特徵。如對稱，就可以延伸出各式各樣的對稱，如平面對稱、軸對稱、左右對稱……等等數不清的對稱。因此，集合 C 比集合 A 要大很多。在某種情形下，集合 C 中的部份集合 B，其中的某項特徵，如首尾相連的蛇，被發現了具有某種特殊的意義，有可能跟苯擁有共通之處。而與集合 B 相對應的原物理空間的事物乙，就可以做為提供解決問題甲所需要的啟示。對苯而言，提供啟示的事物乙，被找到是蛇，則苯（甲）跟蛇（乙）的關聯性就出現了。蛇的首尾相連的姿態，提供了苯環分子結構的啟示，整個充滿創造性之洞察思維的循環，就此完成。

9-4 新思維與中華文化的躍升

西方在文藝復興之後，西方文明的兩大基礎，希臘哲學與基督教文明，先後獲得重生。從此，西方文明開始飛越前進。500年來西方文明不僅徹底的改變了世界的面貌，更主導了全世界的發展。其它文明甚至連表達意見的機會都沒有。隨著生物科技的持續發展，西方文明已經開始介入演化，一個原本專屬於上帝掌管的領域。西方文明會將人類，帶往一個什麼樣的未來，確實是人類的一大課題。

就在這個時候，中華文明卻幾乎已經停滯了不知道多少年。中華民族在春秋戰國時期，所展現的旺盛生命力與創造力，早已如明日黃花。只留下了一罈醬缸（柏楊，1985），與一付超穩定結構（金觀濤、劉青峰，1994），以及一些零星的文化殘片。尤其是在西方文明蓬勃發展的對照之下，中華文明更顯露出了讓人不忍猝睹的老態。一個曾經輝煌燦爛的偉大文明，竟然淪落到任人賤踏、任人羞辱，而毫無招架之力的地步。很明顯的，被迫處

於西方文明所塑造的環境之中，中華文明的不堪，暴露無遺。如果中華文化不能克服西方文明所加諸於我們的障礙，假以時日，中華文化的滅亡，不是沒有可能的事。

然而，中華文化需要改變，早就已經討論了上百年；改變的嘗試，也已經不曉得進行了多少次。雖然有是一些成績，但是，卻依然看不到任何足以超越西方文明的跡象。中華文化畢竟是老了，就像是一條老狗一般，已經玩不出任何新的花樣。一百多年來，儘在「恢復固有文化」與「全盤西化」之間打轉。恢復固有文化派的不可能成功，是顯而易見的。因為恢復儒、道、墨、法等諸子百家的思想，如果能夠帶給我們文化新血，則在 2000 的歷史之中，早就應該已經證明過許多次。然而，事實卻剛好相反。其次，將恢復固有文化與全盤西化折衷的「中體西用」派，在歷史的考驗之下，同樣是一敗塗地。因為西學不但有體，還不見得比中華文化淺。慘痛的歷史教訓，似乎告訴我們，全盤西化已經是剩下來的唯一一條路。

五四運動以降，全盤西化在全中國取得了思想上的正當性，在行為上，也讓所有的中國人俯首稱臣，心甘情願地追隨其後。只要是西方來的，我們都毫無任何排斥的予以接受。從極右的法西斯主義到極左的共產專制，在中國竟然不但都有市場，甚至還有落實的機會。然而，中華文化的作業系統，畢竟是太老舊了，老到根本就無法處理從西方排山倒海而來的新資訊。既不知道該如何區別好壞，更無法加以取捨，於是只能囫圇吞棗。結果，不但吸收不到什麼營養，反而把身體搞壞了許多次。

在人類歷史上，全盤西化最成功的案例，毫無疑問當屬日本。明治維新後的 30 年間，日本從一個落後的封建農業社會，徹底轉型成為一個現代化的資本主義工商社會。日本的成功，讓清末民初的有志青年趨之若鶩，一心以為向日本取經，就可以找

到使中國邁向成功之道。至今，已經過了 100 多年，日本全盤西化的成功，除了帶給我國創鉅痛深的甲午之戰與八年抗戰之外，完全沒有為中國的現代化，指出任何的明路。原因何在？很簡單，因為我們始終沒有弄清楚，日本為何成功、我們因何失敗。可是，如果我們真的弄清楚了日本成功的道理之後，日本是否還值得我們學習，恐怕還有很大的討論空間。

日本雖然有自己的文化，卻受中國影響極深。從表面上看，日本人使用漢字超過 1500 年，日本文化中的主要元素，不論是忠義、倫理還是武士道，都可以從中華文化中找到連結。甚至日本萬世一系的天皇，都很可能真的是從秦始皇的使臣徐福開始的。然而，長久以來，很多人因此而認為中、日兩國屬同文同種的認知，卻也是大謬不然。日本文化的作業系統，跟我們中國文化的作業系統，根本就完全不一樣。日本人雖然使用漢字甚久，其思維方式，卻是跟西方人一樣的單線式。

長久以來，日本人跟著中華文化走，以其單線式的思維方式，跟圖像思維的中華文化競爭。千百年來，「當然」始終無法超越中華文化，日本人永遠只是個追隨者。因為，在圖像思維的國度內，文化的先進與否，是中國人定義的，日本人是永遠也贏不了的。西方文明興起之後，終於讓日本人找到了思想的歸宿。日本文化開始發揮自己單線思維之所長，在西方科學的領域內突飛猛進。日本文化終於有機會超越中國，也真的超越了中國，而且還搖身一變，成為中國的老師，中國學習西方式單線思維的老師。原因很簡單。因為 15 世紀之後，文化的先進與否，是屬單線式思維的西方人在定義。日本人的思維，剛好跟西方人比較接近。然而，日本人卻因為日文中沒有字母，使得日本人的單線思維，無法達到跟西方人一樣的細緻、嚴密，以致於日本文化的作業系統，無法提升至與西方人一樣的先進。因此，日本人的全盤

西化，雖然全面性的成功，卻「永遠」也沒有機會超越西方。

　　日本，以前無法超越中國，因為如果競爭圖像思維，日本人雖然也使用漢字，卻因為將漢字拆解而失去競爭力。明治維新之後，日本借助於西方之力，改為跟中國競爭單線思維，而一舉擊敗中國。然而，日本卻依然無法超越西方，因為如果競爭單線思維，日本人雖然也使用拼音文字，卻因為沒有字母而再次失去競爭力。比圖像思維比不過中國，比單線思維又比不過西方，這樣的日本，是我們該學習的對象嗎？

　　日本的現代化，只能提供我們參考，而無法提供我們答案。我們勢必要靜下心來，傾聽我們內心的呼喚。如果我們從思維方式的觀點，回頭再來看我國的現代化，我們會發現，所謂恢復固有文化的路線，其實就是代表著堅守圖像思維的立場，繼續與單線思維對抗。然而，從鴉片戰爭之後的一連串失敗，早已證明，圖像思維是不足與單線思維對抗的。至於所謂的中體西用，根本就是荒謬至極的念頭。我們怎麼可能經由使用圖像思維，而能夠產生只有單線思維才能產生出來的文物？體用之說，明顯是完全不懂文化之為何物的人所想出來的夢囈。至於全盤西化，則代表著全面地放棄圖像思維，從頭學習單線式的思維方式，以求在中華文化的內部，建立起能夠處理科學資訊的作業系統。如果我們真的想要把我們的思維方式，從圖像式徹底改為單線式，則首先我們得要放棄使用漢字，改為使用字母拼音的文字。但是，要我們自己憑空發明出一種字母文字，其可能性幾乎是零。如果我們不自己創造字母，則勢必要使用已經成熟的拉丁字母。歷史上，也確實有人這樣建議過。如果我們真的做了，我們將會斬斷中華民族數萬年來的演化經驗，我們的文化，會立刻退回到茹毛飲血的洪荒時代。然後再在西方人的指導之下，從頭開始學習人類的文明，生生世世永遠做為西方人的追隨者。這樣的做法，其實是

根本就不可能的，即便我們願意也做不到，因為它違反了生命的本能，沒有任何的文化生命體能夠這樣做。既然我們不可能放棄漢字，就表示我們放棄不了圖像思維。既然我們不可能放棄圖像思維，又期望能夠與單線思維競爭，則除了改造我們的思維方式，改造中華文化的作業系統，讓它擁有競爭力，足以與單線思維對抗之外，實在很難找到第二條路。

　　可是，中華文化的作業系統，又要如何改造？傳統的思維，從恢復固有文化、中體西用、到全盤西化，歷史已經證明，全部都有問題。問題出在那裡？問題出在看待文化的角度錯誤。傳統中國從人文的角度來看文化，明顯是不足的。我們必需要引用最新的西方科學知識，如生物科學、資訊科學與腦神經科學等，來提供我們新的觀點。本書中所提出的思維文化理論，一個結合生物科學、資訊科學與腦神經科學，並把思維方式，視為文化作業系統的理論，代表了一個新的嘗試、新的選擇。一旦我們將思維方式，即人類腦神經網路中，電流活動時空型態之建構與運作，視為文化形成的基本力量之後，我們將能夠理解，應該如何才能基於自己的文化基礎，吸取西方的長處，從根做起，打造全新的文化作業系統，建立新思維。

　　中國文明的長處，是圖像思維；西方文明的優勢，則是單線思維。我們不可能放棄固有的圖像思維，我們更不可能不去學習西方的單線思維。中國文明的未來，除了結合圖像思維、與單線思維二者之長，創造出新思維之外，確實沒有其它的路可走。

　　西方單線式思維，是基於語言而建立的。其運作特色是拆解與合成，也就是所謂的分析與邏輯。其核心基礎是字母，即語言的基本組成單元。我國圖像式的思維，是基於漢字所建立，運作特色是類比與關聯。不幸的是，漢字並沒有基本組成單元，既無法拆解、也無所謂合成。使得在中華文化中，無法產生類似西方

的邏輯思維。造成我國在學習西方以邏輯為基石的科學時，屢遭挫敗。所以，中華文化在 21 世紀的首要任務，就是將圖像思維與單線思維共冶於一爐，設法將單線式的思維方式，內化為圖像思維的一部份，來建立一個兼具圖像思維與單線思維二者之長的新思維。換句話說，也就是要能夠對我國整體性的圖像思維進行拆解，拆解成能用語言，很清晰、明確、條理分明的表達出來的形式，讓我們可以掌握圖像思維的邏輯運作方式，使圖像思維成為我們可以加以運用的思維工具。一個比西方邏輯思維更高級的思維工具，一個可以複製洞察力的思維工具。換句話說，結合東西兩大文明的基本思維方式，就是將圖像思維抽象化，或者是將抽象思維圖像化。本書所提出的圖像邏輯論，代表著一個初步的嘗試，嘗試將單線思維的特色：拆解與合成，運用到圖像思維的運作：類比與關聯上，並將兩者結合。將類比等同於拆解，將關聯等同於合成。如此一來，在圖像思維的運作上，就具有分析與邏輯的特色與功能。當然，要達到這樣的境界，其中的關鍵，毫無疑問在於找到能夠組合成所有圖像的基本特徵單元，也就是指元。所有的語言，都可以用字母的排列組合來表達；同樣的道理，所有的圖像，都可以用指元的排列組合來表達。因此，指元之於圖像思維，就如同字母之於語言思維。只要中國人在 21 世紀，能夠像希臘人發明字母一般，發明一套指元，一套能夠組合成所有圖像的基本特徵單元，則圖像思維與單線思維的結合，就有可能實現。完全符合邏輯推理的圖像思維，就能夠建立起來。

　　字母的出現，證明了公孫龍的論點是正確的：「離也者天下，故獨而正」。天下萬物都是可以拆解的，只要能拆到互相獨立的基本組成單元，則正名就可以做到，名指也就可以相符。公孫龍的論點，既然可以用到語言思維上；沒有任何理由不能夠應用到圖像思維上，只要指元存在，圖像思維一樣可以達到名指相

符的理想。所以，指元的發明，是中國人在 21 世紀，最重要的
歷史任務之一。

　　一旦完全符合邏輯推理的圖像思維可以建立，表示我們已經
可以用標準化的程序，來拆解圖像思維，再以符合邏輯的型式，
合成思維對象，而增進對思維對象的進一步理解，甚至名指完全
相符的境界。標準化之圖像思維的邏輯推理循環，一旦能夠建
立，表示每一個人，都可以透過受教育的方式，學會掌握此一思
維工具。換句話說，每一個人都可以經由訓練，而掌握到我國文
化中，最神秘洞察力。如此一來，中華文化的創造力，將不必再
隨機性的倚賴少數的秀異份子，而成為每一個受過訓練的人，都
可以參與的活動。中華文化的創造力，將源源不絕。在中國的歷
史上，中華文化的創造力，僅僅因為少數的天才，掌握住神秘的
洞察力之後，就已經創造出了燦爛輝煌的中華文明。如果，這種
高超的洞察力，竟然可以透過教育，而讓大多數中國人都擁有，
那將會是一個多麼的令人神往的境界。當這一天到來的時候，毫
無疑問，中華文化將再次騰飛，光照環宇。

參考文獻

一、中文部分

丁成泉（2008）：新譯公孫龍子，三民書局，台北。

丁偉志、陳崧（1995）：中西體用之間，中國社會科學出版社，北京。

大美百科全書（1992），光復書局，台北。

于桂芬（2003）：西風東漸──中日攝取西方文化的比較研究，商務印書館，台北。

于曉、陳維鋼等（譯）（2006）：新教倫理與資本主義精神，陝西師範大學出版社，西安。（M. Weber 原著）

王玉波（1988）：歷史上的家長制，谷風出版社，台北。

王道還、廖月娟（譯）（1998）：槍炮、病菌與鋼鐵：人類社會的命運，時報文化，台北。（J. Diamond 原著）

王道還（譯）（2002）：盲眼鐘錶匠──解讀生命史的奧秘，天下遠見，台北。（R. Dawkins 原著）

文崇一（1972）：從價值取向談中國國民性，中國人的性格，李亦園、楊國樞主編，49-89 頁，桂冠，台北。

白川靜（1977）：甲骨文的世界──古殷王朝的締構，巨流圖書，台北。

左玉河、張國華（2008）：圖說世界思想文化，吉林人民出版社，長春。

田惠剛（1997）：中西人際稱謂系統，外語教學與研究出版

社，北京。

朱永新（1993）：論中國人的戀權情結，楊國樞、余安邦主
　　編，中國人的心理與行為，中國人叢書17，桂冠圖書，台
　　北。

朱岐祥（1998）：甲骨文研究，里仁，台北。

伍非百（1984）：先秦名學七書研究，洪氏出版社，台北。

交通部民用航空局（2000）：航空器失事調查報告書，中華航
　　空公司，空中巴士A300B4-622R，B-1814，桃園大園，中
　　華民國87年2月16日，中華民國89年5月18日。

交通部統計處（2003）：民用航空器駕駛員及飛航管制員對飛
　　航制度意見調查報告，2003年9月。

牟博（選編）（2008）：真理、意義與方法——戴維森哲學文
　　選，商務印書館，北京。

何友暉、陳淑娟、趙志裕（1991）：關係取向：為中國社會心
　　理方法論求答案，中國人的心理與行為，楊國樞，黃光國
　　主編，49-66頁，桂冠圖書公司，台北。

何運忠、胡長明（2007）：思想地圖，重慶出版社，重慶。

何靜、韓懷仁（主編）（2002）：中國傳統文化，解放軍文藝
　　出版社，北京。

李安修（2005）：宗教的故事——世界四大重要宗教的傳奇，
　　好讀出版，台中。

李茂盛主編（1991）：中華人民共和國史，中國廣播電視出版
　　社，北京。

李約瑟（1973）：中國之科學與文明（二）——中國科學思想
　　史，商務印書館，台北。

李梵（2002）：文字的故事，好讀出版社，台中。

李賢中（1992）：先秦名家「名實」思想探析，文史哲出版社，台北。

宋榮培（2006）：東西哲學的交匯與思維方式的差異，河北人民出版社，河北。

季平子（2001）：從鴉片戰爭到甲午戰爭，雲龍，台北。

周先樂（2000）：人體生理學，藝軒圖書出版社，台北。

周哲水（1995）：世紀大預言 —— 從台灣看東亞新思維，風雲時代出版公司，台北。

林宗德（譯）（2004）：文化理論的面貌，韋伯文化出版公司，台北。（P. Smith 原著）

林鈺峰（2005）：安全裕度──飛航人為疏失風險評估，碩士論文，國立成功大學，航空太空研究所。

邵維正（1991）：中國共產黨創建史，解放軍出版社，北京。

金耀基（1992）：關係和網絡的建構：一個社會學的詮釋，二十一世紀雙月刊，8 月號，143-157 頁。

金觀濤、劉青峯（1994）：興盛與危機──論中國社會超穩定結構，風雲時代，台北。

韋政通（1972）：傳統中國理想人格的分析，中國人的性格，李亦園、楊國樞主編，1-45 頁，桂冠，台北。

柏楊（1985）：醜陋的中國人，林白出版社，台北。

柏楊（2002）：中國人史綱，遠流，台北。

胡適（1930）：胡適文選，亞東圖書館，上海。

胡適（1981）：中國哲學史大綱，台灣商務印書館，台北。

胡適（1983）：先秦名學史，學林，上海。

孫中原（1993）：中國邏輯學，水牛，台北。

紐先鍾（譯）（1982）：劍與犁──泰勒將軍回憶錄，黎明文

化，台北。

紐先鍾（1996）：孫子三論——從古兵法到新戰略，麥田出版，台北。

馬克思、恩格斯（2004）：共產黨宣言，管中琪、黃俊龍譯，左岸文化，台北。

高承恕、陳介玄（1989）：台灣產業運作的社會秩序—人情關係與法律，社會與經濟，3 卷，4 期，頁 151-165。

耿昇（譯）（2002）：發現中國，山東畫報出版社，濟南。

殷海光（1988）：中國文化的展望，桂冠圖書，台北。

翁紹軍（譯）（2007）：古希臘哲學史綱，山東人民出版社，濟南。

徐復觀（1982）：公孫龍子講疏，學生書局，台北。

孫蓉蓉（2001）：中國古代文學批評思維方式研究，暨南出版社，台南。

唐德剛（1998）：晚清七十年，遠流，台北。

啟功（編）（2004）：漢字古今談，Voldemeer，Zurich。

張有恆、徐永浩、楊博文、耿驊、黃曉棻（2001）：我國民航飛航安全回顧與檢討，民航季刊，第三卷，第二期，89-141 頁。

張有恆、何慶生、徐永浩、楊博文（2001）：航空安全人為因素探討及案例分析，民航季刊，第三卷，第二期，1-14頁。

張君勱等（2008）：科學與人生觀，黃山書社，合肥。

張朋川（1990）：中國彩陶圖譜，文物出版社，北京。

張欣戊（1993）：中文閱讀過程中的斷詞與剖句，Advances in the Study of Chinese Language Processing, Volume 1, pp285-302，台大心理系。

張純如（1996）：中國飛彈之父——錢學森之謎，天下文化，台北。

張蔭麟（1942）：論中西文化的差異，思想與時代，第11期，民國31年6月

許列民等（譯）（2004）：劍橋世界宗教，城邦文化，台北。

許倬雲（1990）：西周史，聯經，台北。

許倬雲（1999）：中國文化的統攝性，系統視野與宇宙人生，陳天機、許倬雲、關子尹主編，商務印書館，香港。

許倬雲（2006）：萬古江河——中國歷史文化的轉折與開展，英文漢聲，台北。

許烺光（2000）：文化人類學新論，南天書局，台北。

許烺光（2002）：中國人與美國人，南天書局，台北。

許逸之（1991）：中國文字結構說彙，台灣商務印書館，台北。

郭兆林（譯）（2005）：相對論的意義，商務印書館，台北。（A. Einstein 原著）

陳波（2004）：邏輯學，五南圖書出版公司，台北。

陳癸淼（1986）：公孫龍子今注今譯，台灣商務印書館，台北。

陳榮灼（1996）：公孫龍與演繹思維，中國古代思維方式探索，楊儒賓、黃俊傑編，正中書局，台北。

盛嘉昇（2006）：飛航安全之幾何觀點——飛航安全裕度，碩士論文，國立成功大學，航空太空研究所。

梁漱溟（1963）：中華文化要義，正中書局，台北。

陸鵬舉、柯慧貞、王小娥、戴佐敏、景鴻鑫、袁曉峰

（2000）：飛行安全人為因素——組員資源管理與企業文化研究，財團法人成大研究發展基金會，行政院飛航安全委員會。

莊耀嘉、楊國樞（1997）：角色規範的認知結構，本土心理學研究，6 月號，頁 282-338。

彭大成、韓秀珍（2005）：魏源與西學東漸——中國走向近代化的艱難歷程，湖南師範大學出版社，長沙。

馮友蘭（2005）：中國哲學簡史，三聯書店，香港。

黃仁宇（1997）：中國大歷史，三聯書店，北京。

黃光國（1995）：中國人的人情關係，中國人:觀念與行為，文崇一、蕭新煌主編，巨流圖書，台北。

黃光國（1998）：人情與面子:中國人的權力遊戲，中國人的權力遊戲，巨流圖書，台北。

黃俊傑（1996）：中國古代儒家歷史思維的方法及其運用，中國古代思維方式探索，楊儒賓、黃俊傑編，正中書局，台北。

費正清（1987）：劍橋中國史、第十冊——晚清篇，D. Twit-chett & J. K. Fairbank 主編，張玉法主譯，南天書局，台北。

費正清（1994）：費正清論中國，正中書局，台北。

費正清（2002）：中國——傳統與變遷，世界知識出版社，北京。

費孝通（1947）：鄉土中國，香港：三聯書局。

曾仰如（1989）：亞里斯多德，東大圖書公司，台北。

曾炆星（1972）：從人格發展看中國人的性格，中國人的性格，李亦園、楊國樞主編，227-250 頁，桂冠，台北。

勞思光（1966）：公孫龍子指物篇疏證，崇基學報，第6卷，第1期，25-49頁。

勞思光（1984）：新編中國哲學史，三民書局，台北。

程樹德、傅大為、王道還、錢永祥（譯）（1994）：科學革命的結構，遠流，台北。（T. S. Kuhn 原著）

景鴻鑫（1998）：本土化之飛安理念，飛航安全檢討與提升研討會，國科會工程科技推展中心，交通部民用航空局，台北市，民國87年4月28日。

景鴻鑫、李家宏（2001）：中文群組型態對中文飛航操作手冊閱讀理解之影響，民航季刊，第三卷，第四期，43-58頁。

景鴻鑫（2003）：大一統科技的危機與契機，科學月刊，第406期，850-854頁。

景鴻鑫、楊連誠（2004）：威權網路——威權文化類神經網路之建構，民航季刊，第六卷，第三期，43-54頁。

景鴻鑫、何崇德、彭上吉（2007）：實驗火箭原理設計與製作，科學月刊雜誌社，台北。

辜鴻銘（2001）：中國人的精神，廣西師範大學出版社，桂林。

楊中芳（2001）：如何理解中國人，遠流，台北。

楊中芳（2001）：中國人的人際關係、情感與信任——一個人際交往的觀點，遠流，台北。

楊宜音（2000）：自己人：一項有關中國人關係分類的個案研究，本土心理學研究，6月號，277-316頁。

楊連誠（2004）：威權網路——威權文化類神經網路之建構，成大航太所碩士論文。

楊國樞（1981）：中國人性格與行為：形成及蛻變，中華心理

學刊，23 期，397 頁。

楊國樞（1993）：中國人的社會取向：社會互動觀點，中國人的心理與行為—理念及方法篇，楊國樞，余安邦主編，87-142 頁，桂冠圖書公司，台北。

裘錫圭（1995）：文字學概要，萬卷樓圖書公司，台北。

趙淑妙（譯）（1995）：自私的基因，天下遠見出版公司，台北。（R. Dawkins 原著）

劉元滿（2003）：漢字在日本的文化意義研究，北京大學出版社，北京。

劉世南（譯）（2007）：思維的疆域－東方人與西方人的思維方式為何不同？聯經出版公司，台北。（R. E. Nisbett 原著）

劉志雄、楊靜榮（2001）：龍的身世，臺灣商務印書館，台北。

劉芳（譯）（1998）：查爾斯達爾文——最偉大的博物學家，幼獅文化，台北。

劉長林（1990）：中國系統思維，中國社會科學出版社，北京。

劉長林（1992）：中國智慧與系統思維，商務印書館，台北。

劉宗棠（1991）：指物論與指號學，邏輯符號學論集，百家出版社，上海。

劉明勳（譯）（1997）：驚異的假說——克里克的心視界，天下文化，台北。（F. Crick 原著）

鄭伯壎（2005）：華人領導——理論與實際，桂冠，台北。

蔡維先、杜默（譯）（1998）：東方與西方——彭定康治港經驗，時報文化，台北。（C. Patten 彭定康 原著）

聯合報，中華民國 83 年 4 月 29 日。

韓林合（2007）：邏輯哲學論研究，商務印書館，北京。

譚戒甫（1963）：公孫龍子形名發微，中華書局，北京。

嚴文明（1987）：中國史前文化的統一性和多樣性，文物，1987 年 3 期。

龐樸（1982）：公孫龍子研究，中華書局，北京。

二、英文部份

Adorno, T. W., Frankel-Brunswik, E., Levinson, D. J., Sanford R. N. (1950). The Authoritarian Personality, New York: Harper, USA.

Allman, J. M. (1999). Evolving Brain, New York: W.H. Freeman and Company, USA.

Arnheim, R. (1969). Visual Thinking, University of California Press, USA.

Babbie, E. R. (2004). The Practice of Social Research, Wadsworth, USA.

Baum, R. (1982). Science and culture in contemporary China: The roots of retarded modernization. Asian Survey, 22, 12, 1166186.

Bodde, D. (1981). Essays on Chinese Civilization, ed. By C. Le Blane and D. Borei, Princeton: Princeton University Press, USA.

Boeing Commercial Airplane Group (1994). Flight Safety and Accident Investigation Workshop, Institute of Aeronautics and Astronautics, National Cheng Kung University, Tainan, Taiwan, R.O.China, June 1-2, 1994.

Braithwaite, G., and Caves R. (1997). Airline safety-some lessons from Australia, The Aeronautical Journal, 29-32, January.

Buck, R. N. (1995). The Pilot's Burden: Flight Safety and the Roots of Pilot Error. Iowa State University Press, USA.

Carman, W. Y. (1955). A History of Firearms-From Earliest Time to 1914. Routledge & Kegan Paul Ltd, London.

Ch'en, J. (1979). China and the West, Bloomington and Landon: Indiana University Press, USA.

Civil Aeronautics Administration, M.O.T.C. (2001). Aircraft Accident Investigation Report : Formosa Airlines SAAB-340, B-12255, March 18, 1998.

Cohn, R. L. (1994). They Called It Pilot Error. TAB Books, USA.

Cowan, G. A., Pines, D., Meltzer, D. (1994). Complexity — Metaphors, Models, and Reality, Perseus Books, Cambridge, MA. USA.

Dale, N. & Lewis, J. (2007). Computer Science Illuminated, MA: Jones and Barlett Publishers, USA.

Darley, J. M. (1981). Psychology, NJ: Prentice-Hall, USA.

Dewey, J. (1958). Experience and Nature, New York: Dover, USA.

Dirac, P. A. M. (1930). The Principle of Quantum Mechanics, London: Oxford University Press, UK.

Edwards, E. (1972). Man and machine: system for safety. Proceedings of The BALPA Technical Symposium, London.

Gribbin, J. (2002). Science: A history 1543-2001, BCA, London.

Haarmann, H. (2002). Geschichte der Schrift, Verlag C. H. Beck oHG, Munchen.

龍
在
座
艙

■

Hawkins, F. H. (1984). Human factors education In European air transport operations. Breakdown in Human Adaptation to Stress. Towards a multidisciplinary approach, Vol.1, for the Commission of the European Communities, The Hague: Martinus Nijhoff.

Haykin, S. (1999). Neural Network, NJ: Prentice-Hall, USA.

Helmreich, R. L. & Merritt, A. C. (1998). Culture at Work in Aviation and Medicine, Ashgate, England.

Ho, D. Y. F., & Lee, L. Y. (1974). Authoritarianism and attitude toward filial piety in Chinese teachers. Journal of Social Psychology, 92, 30506.

Hofstede, G. (1980). Culture's Consequences: International Differences in Work-Related Values. Sage Publications, USA.

Hsu, F. L. K. (1973). Prejudice and its intellectual effect in American anthropology: An ethnographic report. American Anthropologists, 75, 19.

Hurst, R. & Hurst L. (1982). Pilot Error: The Human Factors. Granada Publishing, USA.

Jean, G. (1992). Writing: The Story of Alphabets and Scripts, NY: Harry N. Abrams, Inc., USA.

Jing, H.-S., Lu, C. J., & Peng, S.-J. (2001). Culture, authoritarianism and commercial aircraft accidents. Human Factors and Aerospace Safety, 1, 4, 34159.

Jing, H.-S., Lu, P. J., Yong, K., Wang, H. C. (2002). The dragon in the cockpit: the faces of Chinese authoritarianism. Human Factors and Aerospace Safety, 2, 3, 25775.

參考文獻

■

Jing, H.-S. (2004). Differentiated order in the cockpit. Human Factors and Aerospace Safety, 4, 2, 13143.

Jing, H.-S., Yang, L. C. (2005). Authoritarianism: a construct of Chinese culture using a neural network. Human Factors and Aerospace Safety, 5, 4, 30922.

Jing, H.-S., Chang, L. S. (2006). Guanxi gradient and flight safety. Human Factors and Aerospace Safety, 6, 1, 174.

Kalat, J. W. (2004). Biological Psychology, CA: Wadsworth/Thomson Learning, USA.

Kaplan, A. (1964). The Conduct of Inquiry. San Francisco: Chandler, USA.

Kobasa, S. C. (1979). Stressful life events, personality, and health: An inquiry into hardiness. Journal of Personality and Social Psy chology, 37, 11.

Koffka, K. (1935). Principle of Gestalt Psychology. Harcourt Brace Jovanovich Company, New York.

Logan, R. K. (1986). The Alphabet Effect, William Morrow and Company, Inc. New York.

Mannion, J. (2006). Essentials of Philosophy: The Basic Concepts of the World's Greatest Thinkers, Barnes & Noble, New York, USA.

Maslow, A. (1943). A theory of human motivation, Psychological Review, 50, 37096.

McCormick, B. W., & Papadakis, M. P. (1996). Aircraft Accident Reconstruction and Litigation, Lawyers &Judges Publishing Company, Inc., USA.

Meade, R. D., & Whittaker, J. O. (1967). A cross-cultural study of authoritarianism. Journal of Social Psychology, 72, 3.

Ministry of transport, Aircraft Accident Investigation Commission, Japan (1996), "Aircraft Accident Investigation Report", China Airlines, Airbus Industrie A300B4-622R, B1816, Nagoya Airport, April 26, 1994, July 19, 1996.

Neal, V., Lewis, C. S., & Winter, F. H. (1995). Spaceflight: A Smithsonian Guide, NY: Macmillan, USA.

Perrow, C. (1984). Normal Accidents: Living with High-Risk Technologies, NJ: Princeton University Press, USA.

Perrow, C. (1994) The limits of safety: The enhancement of a theory of accidents", Journal of Contingencies and Crisis Management, 2, 4, 21220.

Poincare, H. (1913). The Foundation of Science, NY: The Science Press, USA.

Pye, L. W. (1968). The Spirit of Chinese Politics: The Psychocultural Study of the Authority Crisis in Political Development, Cambridge, MA: MIT Press, USA.

Pye, L. W. (1981). The Dynamics of Chinese Politics, Cambridge, MA: Oelgeschlager, Gunn &Ham, USA.

Rasmussen, J., & Jensen, A. (1974). A mental procedures in real life tasks: A case study of electronic troubleshooting, Ergonomics, 17, 29307.

Reason, J. (1990). Human Error, Cambridge, MA: Cambridge University Press, UK.

Reid, W. (1976). The Lore of Arms-A Concise History of Weaponry, Facts on File, Inc. NY.

Ridley, M (1997). Evolution, Oxford University Press, UK.

Riesman, D., Glazer, N., & Denny, R. (1950). The Lonely Crowd, Yale University Press, USA.

Russell B. (1938). Power : A New Social Analysis, George Allen & Unwin Ltd., London.

Sahakian, W. S., Sahakian M. L. (1966). Ideas of The Great Philosophers, Barnes & Noble, NY.

Schwartz, J. M., & Begley, S. (2002). The Mind and the Brain - Neuroplasticity and the Power of Mental Force, Harper Collins Publishing Co., USA.

Seymour-Smith, M. (1998). The 100 Most Influential Books Ever Written - The History of Thought from Ancient Times to Today, Barnes & Noble, NY.

Silberschatz, A., Galvin, P. B., & Gagne, G. (2006). Operating System Principles, John Wiley & Sons. Inc., NY.

Singh, P. N., Huang, S. C., & Thompson, G. C. (1962). A comparative study of selected attitude, values, and personal characteristics of American, Chinese, and Indian students. Journal of Social Psychology, 57, 12332.

Trompenaars, F. & Hampden-Turner, C. (1998). Riding the Waves of Culture: Understanding Diversity in Global Business, McGraw-Hill, USA.

van Creveld, M. (1991). The Transformation of War, Free Press, USA.

von Karman, T. & Edison, L. (1967). The Wind and Beyond: Pion-

龍在座艙

■

eer in Aviation and Pathfinder in Space, Little, Brown and Company, Canada.

Watanabe, M. (1998). Styles of reasoning in Japan and the United States: Logic of education in two cultures. American Sociological Association, San Francisco, CA.

White, Leslie A. (1949). The Science of Culture: A Study of Man and Civilization, Farrar, Straus and Girous, USA.

Wolko, Howard S. (1987). The Wright Flyer: An Engineering Perspective, Smithsonian Institute Press, Washington, D.C., USA.

Wood, R. H., Sweginnis, R. W. (1995). Aircraft Accident Investigation, Endeavor Books, WY, USA.

Wrong D.H. (1988). Power : Its Forms, Bases, and Uses, Basil Blackwell Publisher, NY.

Yang, L. S. (1957). The concept of "pao" as a basis for social relation in China. In J. K. Fairbank (Ed.), Chinese thought and institutions (pp.291-309). Chicago, IL: University of Chicago Press.

參考文獻

■

【通識叢書】

龍在座艙——中華文化與科技的百年掙扎

作者◆景鴻鑫

發行人◆王學哲

總編輯◆方鵬程

主編◆葉幗英

美術設計◆吳郁婷

校對◆吳素娟

出版發行：臺灣商務印書館股份有限公司

台北市重慶南路一段三十七號

電話：(02)2371-3712

讀者服務專線：0800056196

郵撥：0000165-1

網路書店：www.cptw.com.tw

E-mall：ecptw@cptw.oom.tw

網址：www.cptw.com.tw

局版北市業字第 993 號

初版一刷：2009 年 10 月

定價：新台幣 420 元

龍在座艙：中華文化與科技的百年掙扎 ／
　景鴻鑫著 － 初版. -- 臺北市 ： 臺灣商務,
　2009.10
　　面 ； 公分. --（通識叢書）
參考書目：面
　ISBN 978-957-05-2407-9(平裝)

　1.航空事故　2.飛行安全　3.文化研究

557.909　　　　　　　　　　98014393